明星照

孙孟英◎编著

影记沪上

1843
……
1949

生活·讀書·新知 三联书店

图书在版编目(CIP)数据

明星照/孙孟英编著. — 北京：生活·读书·新知三联书店，2017.8
（影记沪上：1843—1949）
ISBN 978-7-108-05978-9

Ⅰ.①明… Ⅱ.①孙… Ⅲ.①电影演员-生平事迹-上海-近代-图集 Ⅳ.①K825.78-64

中国版本图书馆 CIP 数据核字(2017)第 165086 号

责任编辑 赵 炬 刁俊娅
封面设计 储 平
责任印制 黄雪明
出版发行 生活·讀書·新知 三联书店
（北京市东城区美术馆东街 22 号）
邮　　编 100010
印　　刷 常熟市人民印刷有限公司
版　　次 2017 年 8 月第 1 版
2017 年 8 月第 1 次印刷
开　　本 650 毫米×900 毫米 1/16 印张 12.75
字　　数 130 千字
定　　价 28.00 元

序

20 世纪二三十年代的上海，经济兴旺发达，文化市场繁荣昌盛，电影行业更是欣欣向荣、蒸蒸日上，各类影片接连公映，且与世界发达国家接轨，欧美电影特别是好莱坞大片常常在上海同步放映。彼时的上海被世人称为“东方的好莱坞”，各类影片公司如雨后春笋般生机勃勃，极大地丰富了市民的文化生活和城市的文化市场。其中天一影片公司、明星影片公司、联华影业公司、文华影业公司及大中华影片公司等深受影迷欢迎。

影片公司培育出一批又一批电影明星，上海又成了佳人云集的宝地，同时也是她们展示自我、争妍斗艳的艺术圣地，更是她们追求事业、实现理想的福地。

她们在影片中的精彩表演深深吸引着观众，引发了不少影迷的迷恋、追求与向往，从商贾名流至文人墨客，纷纷趋之若鹜，甘愿拜倒在她们的石榴裙下。有的美女明星在糖衣炮弹的轰炸下陷入爱情，早早披上嫁衣；也有的一心沉醉于演艺事业，不顾父母反对，不为金钱所动，将一生献给了舞台……

不同的选择，不同的追求，美女明星们的最终命运也各不相同，而本书向读者讲述的是她们背后许多鲜为人知的精彩故事，同时书中还配有不少珍贵的生活照和剧照，可以让读者一睹当年的时尚潮流和美女明星们的迷人风采。

孙孟英

2017年1月

目录

第一章　胡蝶：人间芳菲不足歇 /1

众生晓梦迷胡蝶 /2

终身免费的摄影师 /4

脱不下的戏服，拍不完的照片 /8

“皇后”印上了明信片 /12

海上第一婚礼 /15

第二章　邬丽珠：娇花有铁骨 /19

一身好功夫打到南洋 /20

“禁片”方显英雄本色 /21

第三章　殷明珠：被火吻过的夜明珠 /23
中西女校的“首席校花” /24
情郎易得，伯乐难寻 /26
战火烧不尽电影梦 /28

第四章　白光：两栖妖姬 /29
敢与桃李争春风 /30
纸醉金迷多优游 /34
歌舞一生 /36

第五章　徐琴芳：何必将军是丈夫 /40
女老生留在了大银幕 /41
叫一声“荒江女侠” /44
流亡路上戏正酣 /44

第六章　路明：“悲歌之后”恋清欢 /47
唱尽悲欢离合 /48
“严肃无过的私人生活” /55

第七章　李丽华：华语电影史的最厚一卷 /56

骨里流着梨园血 /57

戏服穿到银幕上 /60

电影宣传“炒作”之范本 /62

第八章　王人美：落难美人王 /64

“小猫”乘着海风 /65

流血的野玫瑰 /67

第九章　黎明晖：流行音乐的第一个音符 /71

歌声打动了英国贵族 /72

柴米油盐里开出花 /76

第十章　陈燕燕：甜美的“悲剧皇后” /79

毛遂自荐的小影迷 /83

“南园乳燕”起飞了 /85

欠了观众一生眼泪 /88

第十一章　陈云裳：南园美人醉申城 /92
天上掉下个杨玉环 /93
木兰风靡上海滩 /95
生日那天轰轰烈烈地嫁了 /101

第十二章　严珊珊：中国第一位女演员 /103
"庄子试妻"试来了好姻缘 /104
中国娇娥首登美国银幕 /105

第十三章　谈瑛："黑眼圈女郎" /108
蓝布校服间的时装 /109
因"失足"而得名 /111

第十四章　黎莉莉："甜姐儿"传奇 /114
"红色家庭"漂出的浮萍 /115
毛主席在延安宴请她 /118

第十五章　顾兰君：纽约人都爱她的脸 /122
"小姨明星"演活了貂蝉 /123

天价照片与双旦争艳 /126

第十六章　**徐来：清风徐来动银屏 /127**

"东方标准美人" /131

聘请秘书来读信 /134

第十七章　**周璇：天涯海角难觅卿 /137**

亲日歌词被她踩在脚下 /138

"油条卷"与鹅蛋脸 /142

"派头大"带来的好人缘 /145

第十八章　**袁美云：小美人，大风光 /149**

梨园西施倾倒梅兰芳 /150

"小女伶"占领银幕 /153

百货巨头争抢代言人 /155

第十九章　**黄柳霜：一个人的星光大道 /163**

游子的船停在上海滩 /166

从星光大道到无字碑 /172

附：黄柳霜《我的自述》/175

第二十章　陈玉梅：这个“老板娘”不寻常 /183
失而复得的“电影皇后”/184
“节俭明星”的大手笔 /187

第二十一章　白虹：中国第一位“歌唱皇后”/189
声催泪，影醉人 /192
玲珑美人爱高髻 /193

第一章

胡蝶：人间芳菲不足歇

众生晓梦迷胡蝶

终身免费的摄影师

脱不下的戏服，拍不完的照片

『皇后』印上了明信片

海上第一婚礼

胡蝶1908年（一说1907年）生于上海虹口，原名胡瑞华，祖籍广东鹤山。她天生丽质，天资聪颖，从小喜欢唱歌跳舞，活泼好学，记忆力好。1924年，中国第一所培养电影人才的学校——上海中华电影学校的电影演员班招生，当时有1000多人报名参加考试，胡蝶也是报考者之一。由于她能歌善舞，又有一副楚楚动人的容貌，一亮相就被拍板录取，并被认定是这一行的“千里马”，前途无量。在学习过程中，胡蝶特别认真、有悟性，成绩始终名列前茅，成为学员中的佼佼者。学业还未结束，胡蝶就被大中华影片公司邀请参与电影《战功》的拍摄，初次上镜即获得导演好评，此后片约不断，事业一帆风顺。

众生晓梦迷胡蝶

从1925年到1927年，胡蝶先后在天一、友联等公司主演了《秋扇怨》《梁祝痛史》《夫妻之秘密》《电影女明星》《珍珠塔》《孟姜女》《白蛇传》《女律师》等20余部电影。

1928年，胡蝶进入明星影片公司。公司高层认准她是一名颇具

才华和实力的演员，对她颇为重用，让她主演公司着力打造的新片，如《女侦探》《大侠复仇记》《侠女救夫人》等。胡蝶很快步入演艺事业的第一个高峰期，她主演的电影《火烧红莲寺》令她红遍全国各地，受到更多观众的瞩目与青睐。她还主演了中国第一部蜡盘发音片《歌女红牡丹》，开创了我国有声片的先河。同时期的其他作品包括《白云塔》《空谷兰》《啼笑因缘》等，都是既有票房号召力又有艺术影响力的佳作。随着左翼电影运动的兴起，胡蝶又相继主演了一批反映现实生活的电影，如《狂流》《姊妹花》等，其中《姊妹花》堪称其艺术生涯的代表作，连续放映的两个月中场场爆满。

1935 年，胡蝶应邀随中国电影代表团一行赴莫斯科参加国际电影节，后又赴德、法、英、意等国考察，以学习更先进的表演艺术。胡蝶一生共主演了 100 余部电影，获得过“电影皇后”称号、亚洲电影节最佳女主角奖及台湾电影金马奖终身成就奖。

终身免费的摄影师

20 世纪二三十年代，电影明星胡蝶的芳名人人皆知，家喻户晓。观众除了在银幕上欣赏她的一颦一笑之外，还喜爱以明信片的方式收藏她的倩影。透过照相馆的镜头，她的美以一种比银幕上更真实和隽永的形态定格在上海乃至全国影迷的眼前。

1925 年，胡蝶拍摄了她的第一部电影——《战功》。自此到 1937 年，这 12 年里上海的报纸杂志上胡蝶的出现频率无人能比，到处都是她美丽的风姿。而这些照片几乎都来自同一个人——姚国

荣，一位留日归来的摄影师，也是南京路上沪江照相馆的老板。

当时，声名鹊起的胡蝶在上海滩已是一个万人迷，不少影迷开始向她索要签名照片。胡蝶是一个非常随和且热心的人，为了满足影迷的要求，她在当时红遍上海滩的电影明星张织云的介绍下来到沪江照相馆拍照。老板姚国荣尤其擅长拍摄人像艺术照，他根据胡蝶的长相特点，从正面、侧面不同角度为她拍了20多张照片：站着的亭亭玉立，如一枝怒放的玫瑰；坐着的姿态优雅，像一朵宁静的睡莲；侧面的如轻风拂柳，妩媚动人……

妙龄少女胡蝶，正是风华正茂之时，这些照片将鲜花盛开的美淋漓尽致地展现了出来。胡蝶非常满意，她要把照片全部买回去，同时还加印了100多张打算送给好友和影迷。付款时，老板姚国荣却笑着摆了摆手："小姑娘，钞票不用付了，我请客，但我想拿侬的照片挂在店堂里，可以伐？"

胡蝶半信半疑地问："侬讲的是真话？不会骗我是伐？"

姚国荣笑了："我当然是讲真话，怎么会骗侬小姑娘呢？"

"那好，我们一言为定，我的照片侬随便放大挂在店里，我同意，这样也为我做宣传，我要好好谢谢侬。"胡蝶说着，心里有说不出的高兴。

姚国荣也很高兴："小姑娘，我看侬以后拍照就都到我这里来吧，我为侬免费拍照怎么样？"

"姚老板，侬这不是开玩笑吧！"

"我30岁的人了，干吗要骗侬这样一个黄毛小丫头？我说一不

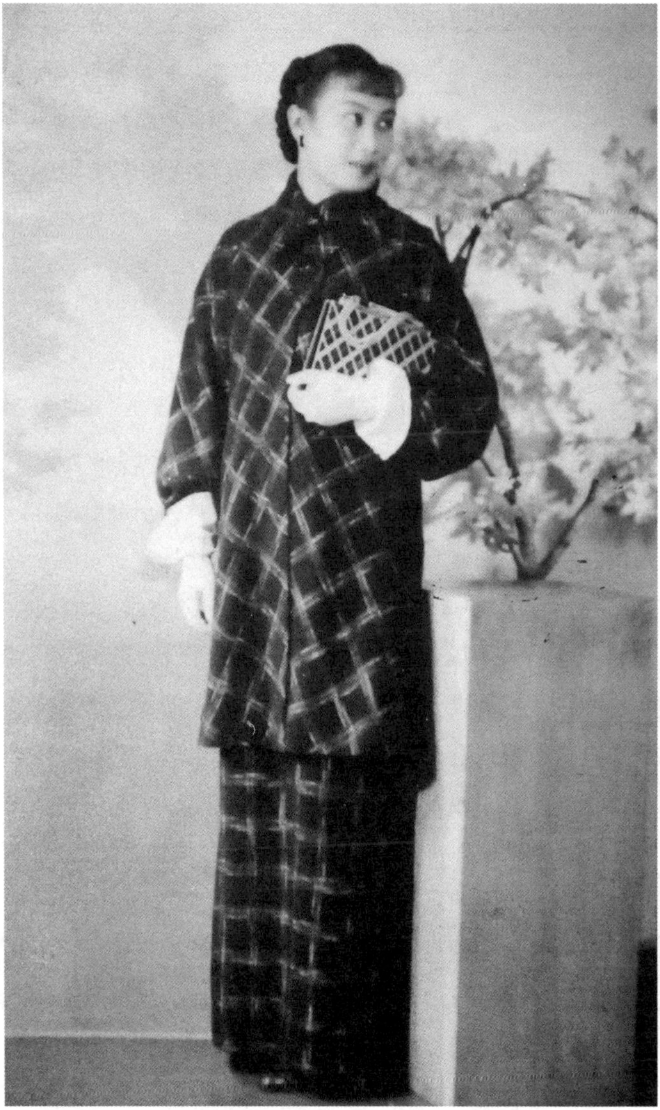

二，侬以后只要想拍照就把这里当自己的家，想来就来吧！”姚国荣认真地回答，他需要像胡蝶这样漂亮的电影演员来打响照相馆的知名度。

从此，胡蝶成了沪江照相馆的常客。每次拍完电影需要制作海报时，她就带上演出服来这里拍些宣传照，供报纸杂志和电影院使用。

脱不掉的戏服，拍不完的照片

20世纪30年代，胡蝶的电影事业迎来了一段最为繁荣的时期。1930年，由明星影片公司与上海百代唱片公司联合制作、由胡蝶主演的中国第一部蜡盘发音影片《歌女红牡丹》公映后，在上海乃至全国各地轰动一时，南洋片商也竞相购买电影的放映权。

胡蝶一下子从中国红到了东南亚，各大报刊纷纷来索要照片。胡蝶知道剧照登在纸页上并不很美，因为剧中的人物形象往往没有艺术照漂亮，有时还会失真。于是，她穿着电影中的戏服在沪江照相馆拍摄了许多艺术照，这样的照片既完美呈现了胡蝶的风采，又同电影中的人物造型保持一致，将胡蝶的万种风情烙印在人们心中。

此外，由于电影的宣传海报对照片的要求相当高，而从电影胶片中裁下的底片非常模糊，为了保证效果并还原电影场景，胡蝶有时还会请姚国荣到拍摄电影的外景地或摄影棚为她拍一组剧照，以供电影公映前宣传之用。姚国荣还曾跟随胡蝶来到苏州，在小桥流水、亭台楼阁间为她留下了一张张经典的古装剧照。

得月橋

20 世纪 30 年代初，不少杂志社还没有摄影记者，电影的宣传往往需要明星自己提供照片，而胡蝶照片的需求量尤其大。所以胡蝶时常请姚国荣拍照，姚国荣可谓胡蝶形象宣传的总设计师。

“皇后”印上了明信片

1933 年，上海《明星日报》发起了选举“电影皇后”的活动，由全国观众参与投票。当时入选的女明星不少，排名前三的分别是胡蝶、陈玉梅、阮玲玉，最后胡蝶以 21334 票的绝对优势一举夺得“电影皇后”的称号，并在北京路上参加了颁奖典礼。

影迷们兴奋起来，纷纷写信给胡蝶讨要她的签名照片，有的甚至蹲守在明星影片公司门口。各大报刊将她视作宠儿，还有的杂志社要为她出版个人写真集。为了满足各方人士的要求，胡蝶又来到沪江照相馆。这一次，姚国荣一连为她拍摄了三晚，照片数量总计近 200 张，其中有些照片一次就印了 400 多张。

姚国荣从不向胡蝶收取拍摄费，只与她达成了一个“口头协议”，那就是由沪江照相馆出钱，把胡蝶的照片制作成明信片对外出售。这样既可以给照相馆补贴“损失”，又能为胡蝶减轻被影迷索要照片的压力，同时也等于在帮胡蝶做宣传。果然，这批明信片面世后，很快就成为热销产品。

曾有摄影专家对胡蝶不同时期的各类照片进行比较，发现无论在用光、层次还是姿态神韵等方面，姚国荣的作品都最为出挑。他把胡蝶的美永远地定格了下来。

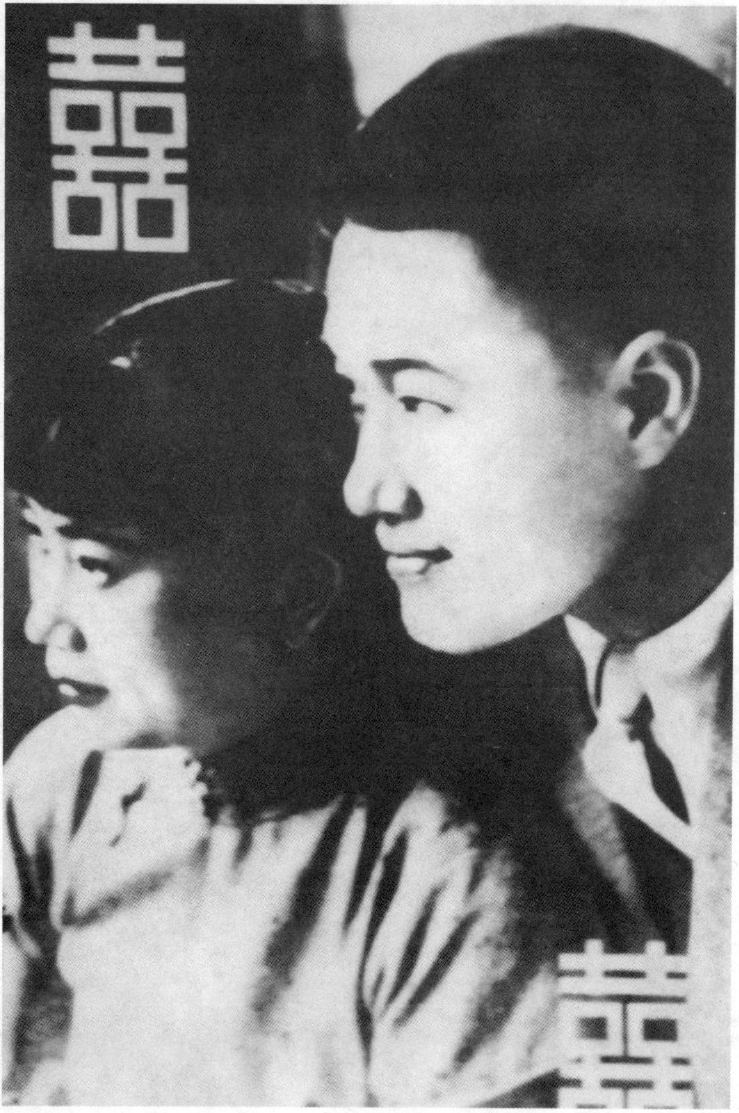
囍
囍

海上第一婚礼

胡蝶的美丽让人仰慕，而她那场距今70多年的婚礼，更令人难忘。

胡蝶要结婚的消息在报上一刊登，就成了上海市民关心的大新闻。特别是胡蝶的影迷们，满心欢喜地期盼着见证偶像一生中最重要的一天。1935年11月23日，成了一个万众期待的日子。

婚礼仪式定在圣三一堂举行，这是上海闹市区中最大的一座基督教教堂，地处公共租界的九江路上，离繁华的南京路仅有几十步之遥。胡蝶结婚也成了南京路上一些商家的大事："远东第一流理发店"新新美发厅的老板汪志良特聘留美归来的高级美容顾问周曼云为胡蝶化妆，所用全是美国或法国的进口化妆品；闻名全国的鸿翔服装店常年为胡蝶定制时装，这一次，老板金鸿翔专门派出一名设计师为婚礼全程服务；沪江照相馆更是胡蝶的老朋友了，为了拍好胡蝶的结婚照，老板姚国荣一早就把摄影棚布置得喜气洋洋，贴上了红双喜字，令胡蝶与新郎潘有声非常满意。

婚礼当天，许多市民一早就赶到了圣三一堂，只为一睹这位"电影皇后"的芳容。上午8点，九江路上已是人头攒动，其中大多是青年男女。随着时间的推移，围观群众越来越多，给行人与车辆通行带来了不便，大量巡捕不得不在教堂附近维持秩序。上海的各大报社与杂志社也纷纷派出记者在教堂大门两侧守候，等着捕捉美人

的身影。

上午 10 点，胡蝶的婚礼车队缓慢地驶来，围观群众很有礼貌地为婚车让出了一条车行道，大家兴奋地叫着胡蝶的名字。新娘胡蝶从车窗中探出头，微笑着挥手致意。下车后，她站在教堂大门前的台阶上，朝人群深深鞠了一躬。这一举动深深打动了在场的每一个人，人群中爆发出一阵热烈的掌声，还有此起彼伏的祝福。

上午 11 点，胡蝶与潘有声的婚礼正式开始。庄严的乐曲在教堂内响起，只见头披白纱的胡蝶由父亲胡少贡牵着迈向神圣的婚礼殿堂。花童牵着她身后缀满蝴蝶的长长的裙摆，童星黎坚手捧盛满花瓣的银托盘紧随其后，胡蓉蓉和陈娟娟一路撒着花瓣。婚礼场面如梦如幻。

礼毕，悠扬的乐曲响起，明星影片公司的演员们齐声唱起了专门为这场婚礼谱写的《胡蝶新婚歌》：

胡蝶，你可实现了你全部的希望。
胡蝶，幸福紧紧跟着你咧。
假使你遭到不赏心的事，不必皱眉啊也不必忧愁，
因为你的生命就是一支歌，平静而美丽……

翌日，上海媒体纷纷报道：此为“海上第一婚礼”。

第二章

邬丽珠：娇花有铁骨

一身好功夫打到南洋

『禁片』方显英雄本色

对今天的观众来说，邬丽珠这个名字已经颇为陌生。然而早在20世纪20年代，中国的武侠片就是因为她而红遍海内外，她正是中国第一位武侠片女演员。

邬丽珠1907生于上海，祖籍浙江省定海县。1925年，她主演了第一部武侠影片《情天劫》，并以此一举走红，名声远扬。邬丽珠一生从影20余年，共拍摄了50多部电影，不仅在国内有“女泰山”之称，在东南亚也很受欢迎。1946年，息影后的邬丽珠由香港移居泰国曼谷，1978年6月23日逝世，享年71岁。

一身好功夫打到南洋

邬丽珠是那种充满东方古典气质的长相，苗条而婀娜，走在马路上，总让人情不自禁地驻足多看几眼。然而谁也不会想到，在那纤弱的外表下却藏着一身高强的武艺，舞刀弄枪、擒拿格斗都不在话下。

从5岁起邬丽珠就跟着父亲习武，到了12岁，已与诸多高手交过手。由于她天资聪颖，再加上刻苦努力，很快便练就了一身难得的真功夫。

1925年，邬丽珠跟随着姐姐邬爱珠及姐夫——著名导演任彭年，走上了影坛。处女作《情天劫》上映后，她美丽的容貌和精湛的武艺惊艳了全国观众。一炮打响后，邬丽珠拍片不断，演技也不断进步和成熟，影迷遍布全国及东南亚，尤其受到南洋华侨的热烈追捧。

1931年，邬丽珠出访东南亚各国，请求签名的影迷将她所到之处围得水泄不通。1939年，她又应华侨邀请在泰国拍摄了多部武侠电影，从此在东南亚地区家喻户晓，被奉为“中国的武侠皇后”。

“禁片”方显英雄本色

邬丽珠不仅深爱武侠电影，还颇有侠义风范。“九一八”事变爆发，日本侵占我国东北三省，引起了包括邬丽珠在内的中国人民的极大愤怒，她毅然投身到抗日的浪潮中，主演了痛斥日本侵略者的电影《恶邻》。电影在上海租界内放映后，博得了广大观众的一片激赏，他们为这名侠女身上所体现的中华民族的骨气深深感动。

然而，日本当局得知了此事，认为这部影片在攻击和诋毁“大日本帝国”，于是向上海租界施加压力，并以武力胁迫，最终使《恶邻》在上海各大电影院被禁止放映。邬丽珠也因此受到日本“浪人”的威胁。但铁骨铮铮的侠女邬丽珠却是横眉冷对：“如果日本人真敢碰我一根毫毛，我一定同日本人真刀真枪地比试一下高低，看谁怕谁！”

《恶邻》在上海遭禁，邬丽珠就把影片带到泰国、马来西亚及菲律宾等国放映。当地爱国华侨争相观看，大有万人空巷之势。他们称她为“爱国侠女”，还有人写道：“古有花木兰，今有邬侠女。两者皆武高，同有保国心。”

1937 年，上海沦陷，邬丽珠不愿为日本及伪政权拍电影，带着一身正气与铁骨远走他乡。

第三章

殷明珠：被火吻过的夜明珠

中西女校的『首席校花』

情郎易得，伯乐难寻

战火烧不尽电影梦

殷明珠1904年出生于江苏吴江，祖辈为官，父亲为书画家，母亲通琴棋书画。从小养尊处优的殷明珠天资聪颖，6岁进入当地一所洋学堂接受新文化教育，14岁随母亲来到上海，就读于上海中西英文女校，17岁因拍摄无声电影《海誓》而走红影坛。她一生共拍了50部电影，其中20余部为无声电影，为中国早期电影留下了一抹亮色。1989年，殷明珠在香港逝世，享年85岁。

中西女校的“首席校花”

1918年，14岁的殷明珠遭遇家庭变故，父亲去世后，她随母亲来到上海。此时的她已是一个亭亭玉立的少女，如一朵含苞待放的鲜花般惹人注目。在崇尚西式教育的学校里，她学会了骑马、驾驶、游泳、柔道、舞蹈、唱歌以及演话剧，真正称得上是一个才艺双全的美少女。加上性格活泼、热情大方，她很快便成了学校里的“大明星”，同学们家里开派对都争相邀请她参加。当时能进入上海中西英文女校读书的女孩子，出身非富即贵，家庭也多半支持女性受教育。殷明珠在这样的环境中度过青春期，自然眼界很高，见识也很广。

1920 年，美国电影《宝莲历险记》在上海上映，女主角宝莲的服饰与装扮深深迷住了殷明珠。从小擅长画画的她，竟然把那些服装的款式画了下来，并拿着图纸与布料到南京路上的鸿翔服装店去做洋装。当殷明珠穿着自己模仿设计的衣服出现在一些社交场合时，许多青年男子被深深地迷住了。不过幸运儿只有一个，有一次，殷明珠在一个女同学的派对中认识了画家、电影导演但杜宇，两人一见钟情。这位幸运儿还在她生命中扮演了伯乐的角色，牵着她走上了影坛。

情郎易得，伯乐难寻

1920 年，殷明珠进入了由但杜宇独自创办的上海影戏公司，成为一名真正的电影演员。她主演的第一部电影《海誓》是无声片，对演员的演技及肢体动作表现力要求特别高，观众只能从演员的神态、动作来感受人物的内心世界和理解影片内容。殷明珠悟性极高，她将一位在爱情与物质间纠结辗转的摩登女郎的角色诠释得淋漓尽致，博得了影迷们的一致好评。

殷明珠一下子成了上海滩的宠儿。当时曾有媒体写道，但凡舞会、歌厅、咖啡馆、大酒店，只要有“海上电影名媛”殷明珠的身影，那里必定人头攒动。一些多情郎常常到上海影戏公司大门口等候她，争相送鲜花、送香水。然而，殷明珠早已认准自己的爱人，那就是但杜宇，还有他背后那个美妙的电影世界。

1926 年，在拍完《重返故乡》《传家宝》两部电影之后，殷明珠嫁给了但杜宇，两人比翼齐飞，双双为电影事业燃烧自我。

战火烧不尽电影梦

常言道：命运弄人。正当殷、但二人迎来事业上的又一次飞跃时，1932 年，上海爆发了“一·二八”事变，他们最新成立的联华五厂及摄影棚全部毁于日本侵略者的炮火。一夜之间，一无所有。然而，这对坚忍执着的伉俪不甘心就此放弃电影梦，他们靠画画和演戏一点点累积财富，终于在 1934 年又创办了上海有声影片公司，并拍摄了《黄金时代》《桃花梦》等十余部由殷明珠主演的电影。浴火重生，殷明珠再一次红遍上海滩，当时南京路上的照相馆橱窗内全是她的倩影。

然而，噩运再次敲门。1937 年，“八一三”事变爆发，他俩一手创办的上海有声影片公司再次被侵略者的炮火吞噬。战乱中，夫妇俩去了香港，从此以画画为生。他们也曾想东山再起，却终究回天无力。

第四章

白光：两栖妖姬

敢与桃李争春风
纸醉金迷多优游
歌舞一生

白光 1921 年生于北京一个国民党军官家庭，原名史永芬。她从小就喜欢唱歌跳舞，天生一副好嗓子，音色特别甜美圆润。学生时代，她就参加了北平沙龙剧团，演出过曹禺的名剧《日出》。1937 年，白光到日本东京女子大学攻读艺术系，从此走上艺术之路。归国后，她以《桃李争春》一鸣惊人，此后又接连主演了《荡妇心》《一代妖姬》《柳浪闻莺》《十三号凶宅》等电影。值得一提的是，她的电影几乎都由她自己演唱主题曲或插曲，而且这些歌曲总能风靡一时，令她成为中国早期著名影歌两栖明星之一。1959 年，她从香港移居马来西亚吉隆坡，1999 年逝世，享年 78 岁。

敢与桃李争春风

20 世纪三四十年代里，上海滩有不少影歌双绝的明星，其中最有名气的就要属白光了。1943 年，由白光与陈云裳主演的电影《桃李争春》引起轰动，由白光演唱的同名主题曲更是风靡全国。

窗外海连天，

窗内春如海，

人儿带醉态，

你醉了吗？

你醉的是甜甜蜜蜜的酒，

我醉的是你翩翩的风采。

……

这首主题曲除歌词优美外，获得观众和歌迷青睐的关键还在于白光采用的女中音美声唱法和一口带有“京味儿”的普通话唱腔。那低沉又清亮、慵懒而柔美的嗓音，令她和被誉为“金嗓子”的周璇在歌坛上平分秋色，不分上下。1943年6月9日，闻名全国的上海百代唱片公司特邀白光录制《桃李争春》主题曲唱片，该唱片发行后被抢购一空。“桃李热”持续升温，广播电台反复播放，舞厅、歌厅演奏不停，大街小巷人人哼唱，就连拉黄包车的车夫、弄堂内擦皮鞋的老头儿也都会唱上几句。而那些会吹拉弹唱的音乐爱好者还对这首歌进行各种改编，简直到了如痴如醉的地步。

也不知是白光唱红了“桃李”，还是“桃李”为白光添了异彩，总之，因一部电影、一首歌而声名鹊起，风头一时无两，这在中国影坛和歌坛历史上都可以说是无人可比的。

纸醉金迷多优游

白光不仅歌声有特色，她在电影银幕上的形象也是独树一帜的。与常见的“清纯玉女”不同，她擅长并喜欢扮演妖艳、野性、奔放甚至放荡的女性角色，常给人一种“坏女人”的感觉，而她也因这“妖姬”之名在百花争艳的电影界独领风骚。

白光成了电影中扮演“荡妇”“坏女人”的不二人选，再没有谁能将反派角色演绎得如此迷人。她所主演的电影只要一公映，总是满堂喝彩，白光已然成为电影公司老板们的摇钱树。然而，电影公司找白光拍片也不是一件易事，必须先给钱再拍片，否则别想请

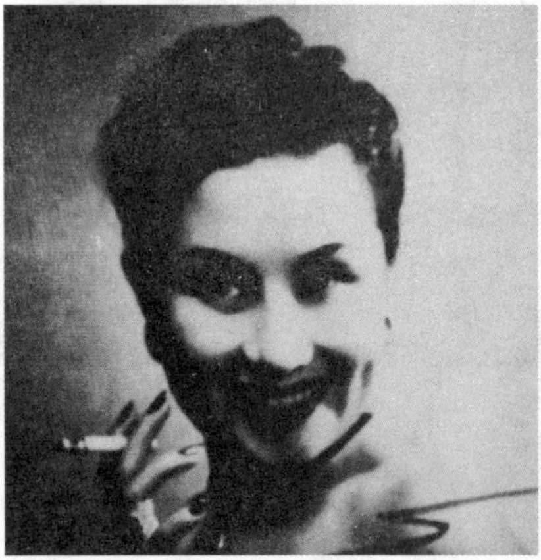

明星照

得动她。拍摄电影《626间谍网》前，约定好分三次给钱，开拍时付三分之一，拍到一半付第二笔，可正逢上电影公司的老板一时资金不到位，没能按时付酬，白光立马就停拍了。这就是身价响当当的白光。

可以看出，白光是一个很有经济头脑的人。1943年，中华联合制片公司斥巨资筹拍电影《桃李争春》，女主角之一确定为曾因《木兰从军》而名声大噪的当红影星陈云裳。白光认定这部影片可以“名利双收”，于是向公司老板兼制片人张善琨提出合股，自己出资五万元，并出演电影中的另一个主角。电影放映后，场场满座，人人叫好，白光作为投资人之一也分到了一笔丰厚的红利。此后，只要碰上前景看好的电影，她都会投资，而且每次都能得到不菲的回报。

歌舞一生

“我喜欢唱歌跳舞胜过拍电影。”白光在接受一家杂志专访时直言不讳地说道。

白光在唱歌方面不仅有天赋，还可谓科班出身。她曾东渡日本，一边跟随日本音乐家三浦环女士学习声乐，一边在广播电台做歌手赚钱养活自己。回国后，一度在北京、天津的歌舞厅表演，红极一时，又辗转到上海拍电影，并把电影中的插曲唱了个遍。著名作曲家陈瑞桢、陈歌辛多次同白光合作，留下了不少传世佳作。

1945 年，南京路上最高档的国际饭店决定同白光合作，每晚 8 点的舞会表演由她“承包”。消息一传出，首晚的舞会门票就被抢购一空，连加座票也甚为抢手。演出当天，只能容纳 500 人的摩天厅竟挤入了 700 多人，只为一睹白光的风采。

时针指向晚上 8 点，司仪宣布舞会开始，话音刚落，原先人声鼎沸的舞场一下子变得鸦雀无声，众人的眼光不约而同地投向舞池的入口。

只见白光身着长摆晚礼服，一头波浪长发，与一位外国舞伴携手走进舞池中央，开始翩翩起舞。掌声与呼喊声如潮水般涌来：

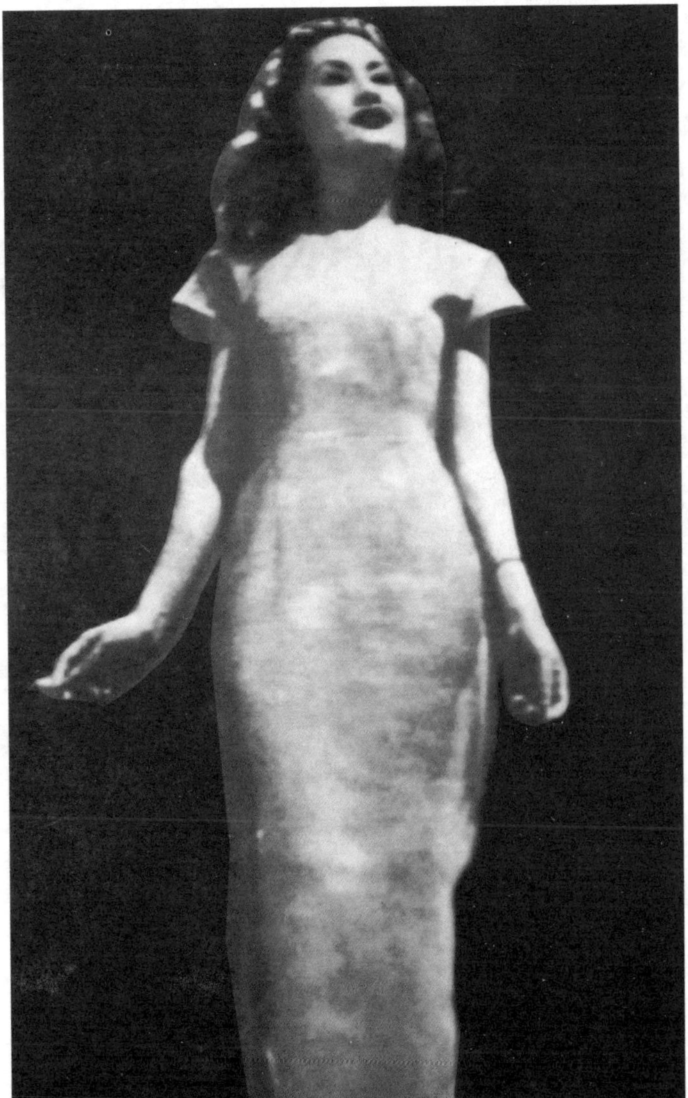

“白光、白光、白光……”

舞毕，白光走上舞台，开始了她的专场演唱。成名作《桃李争春》开了场，一首接着一首金曲流淌，最后则是白光主演的电影《恋之火》的同名主题曲：

红的灯，
绿的酒，
纸醉金迷多优游！
眼波流，
半带羞，
花会憔悴人会瘦……

在白光、周璇、李香兰、吴莺、张露中，百代唱片公司付给白光的版税是最高的。

1999年，“一代妖姬”白光长眠于马来西亚，墓碑上镌刻着琴键和五线谱，其中藏着她的名曲《如果没有你》中的一段旋律。

第五章

徐琴芳：何必将军是丈夫

女老生留在了大银幕
叫一声『荒江女侠』
流亡路上戏正酣

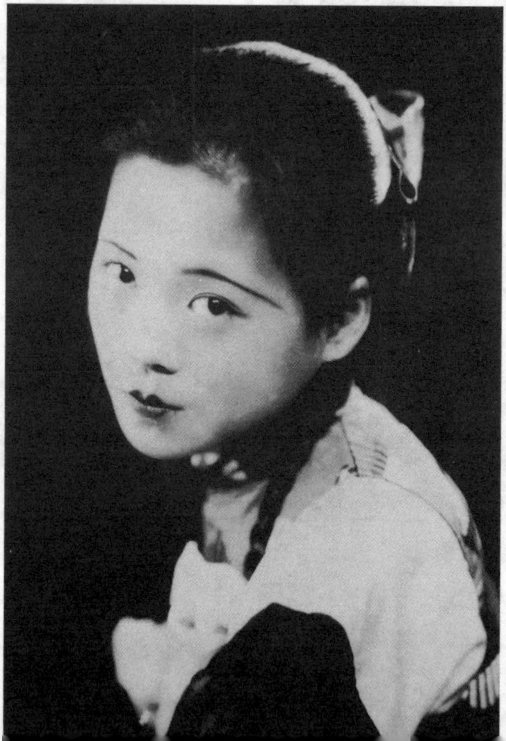

徐琴芳1907年出生于江苏武进。受父母的熏陶，她非常热爱京剧，小小年纪便拜师学艺，而且学的是谭派老生。不过，最早为她积累起观众缘的却是大银幕上的表演。1924年，徐琴芳主演了《秋扇怨》和《影城记》两部无声电影，由此开启从影生涯。抗日战争爆发后，为维持生计，又转而登台演京剧。她一生共拍摄了50余部电影，在京剧舞台上也颇受追捧，是中国早期当红的明星之一。

女老生留在了大银幕

徐琴芳的父亲徐涵生酷爱戏剧，尤其喜欢京剧，他希望自己的女儿能成为一名京剧演员。从小跟着父亲看戏的徐琴芳也渐渐迷上了京剧，并独爱女扮男装，专攻老生。在拜师学艺的过程中，她还练就了一身好武功，舞刀弄枪、擒拿翻滚皆不在话下。

1924年，17岁的徐琴芳满怀着成为一名京剧演员的理想随父母来上海闯荡，却开局不利。谁知“柳暗花明又一村”，正逢中国第一所培养电影演员的学校——上海中华电影学校面向全社会招生，徐琴芳从众多报考者中脱颖而出，并同后来名扬天下的胡蝶成

为同班同学。1925年,徐琴芳作为中国电影史上第一批“科班毕业生”加盟上海友联影片公司,同年和胡蝶联袂出演了无声电影《秋扇怨》。

初出茅庐便一举成名,“女老生”徐琴芳就这样阴差阳错地留在了大银幕上,成了一名电影演员。

叫一声“荒江女侠”

尽管转入了电影的跑道，徐琴芳依然不忘昔日舞刀弄枪的岁月，一直想把自己所学的武功用到拍电影上。

她力争出演武侠片的想法得到了影片公司老板的赞同。从《山东响马》到《红蝴蝶》，徐琴芳的名气逐步提升，1928 年，她还尝试参与编剧工作，由她自编自演的武侠片《双侠剑》在上海各大影院上映后，一下子博得专家与影迷的交口称赞。此时，武侠电影也开始在上海乃至全国范围内升温。

1930 年，友联影片公司瞄准武侠片即将进入“高温市场”，不惜斥巨资开拍 13 集武侠片《荒江女侠》，由徐琴芳饰演女主角方玉琴。影片公映后引起了极大的轰动，甚至风靡东南亚地区，“徐琴芳”三个字一度成为武侠片的代名词，更有人直呼她为“徐女侠”。

流亡路上戏正酣

进入 20 世纪 30 年代，武侠电影已占据中国电影市场的半壁江山，徐琴芳正是这半壁江山中的领军人物之一，不少电影公司竞相以高薪向她发出邀请。1933 年，徐琴芳加入上海明星影片公司，先后主演了《健美之路》《妇道》《女儿经》等影片，上座率都很高。1935 年，徐琴芳又为上海新华影业公司主演了一部以太平天国运

动为题材的《红羊豪侠传》，再次刮起“女侠风潮”。

正当徐琴芳的演艺事业蒸蒸日上之时，风云骤变，日寇侵略中国，抗日战争全面爆发。具有民族气节的徐琴芳不愿为侵略者和伪政府演戏，毅然和亲人离开上海。1940 年，她在广西桂林一带流亡。为了维持生计，徐琴芳不得不一路登台唱京剧，以此养活家人。由于徐琴芳在南方也是家喻户晓，每到一处登台演出，总能吸引许多当地的影迷和戏迷。多年深厚功底犹存，加上扮相俊秀，唱腔悦耳，她在流亡途中演出的《文昭关》《乌盆记》《捉放曹》及《四郎探母》等剧都是场场爆满。由此，徐琴芳再次一头扎进京剧天地，开始探索京剧表演艺术的精髓和真谛。

中华人民共和国成立后，徐琴芳加入了上海市戏剧家协会，并与华香琳、高盛麟等业内名人组班演出，还曾同“四大名旦”之一的程砚秋合作演出《四郎探母》。抗美援朝期间，徐琴芳积极参与由上海艺术界发起的捐献飞机大炮的义演活动，与京剧名家周信芳、盖叫天、李玉茹、言慧珠及白玉艳等同台献艺。1954 年，徐琴芳加盟上海大众京剧团，从此真正转型为一名专攻老生的京剧演员。

1981 年，徐琴芳被聘为上海文史馆馆员。1985 年，一代侠女就此香消玉殒，而侠骨犹存。

第六章

路明：『悲歌之后』恋清欢

唱尽悲欢离合

『严肃无过的私人生活』

路明1919年出生于江苏常州，原姓徐，小名薇官。大她12岁的姐姐正是因主演《荒江女侠》而走红的徐琴芳，而姐夫陈铿然作为资深导演，除了曾执导《荒江女侠》外，还冒着生命危险拍摄了纪录片《五卅沪潮》，以及中国第一部正面描写工人斗争的影片《香草美人》。1936年，陈铿然应艺华影业公司之邀，接拍了根据李涵秋长篇小说改编的故事片《广陵潮》。谁知在片中扮演配角的女演员许曼丽突然生病，陈铿然就请薇官来救急，并为她取艺名为路明。无心插柳柳成荫，《广陵潮》上映后，路明得到了不少观众的喜爱，艺华公司慧眼识珠，当即与她签订了三年合同，并让她在《弹性女儿》和《女人》两部影片中扮演主角。之后路明又拍摄了《影城记》《神秘夫人》《女子公寓》《香江歌女》《刺秦王》《风流冤魂》《红粉飘零》等30多部电影，成为20世纪三四十年代的当红明星。

唱尽悲欢离合

路明不仅电影演得好，还曾师从著名音乐家张昊，在唱歌和演奏上均有不俗的造诣，被公认为多才多艺的“多面手”。

1937 年，路明在影片《弹性女儿》中演唱了一首同名主题曲：

都会里燃着狂欢的火焰，
热情飞跃在脚尖。
生活变成固定的旋律，
永远旋转在迷梦之间。
浪掷虚伪的情感，
展露乔装的欢颜，

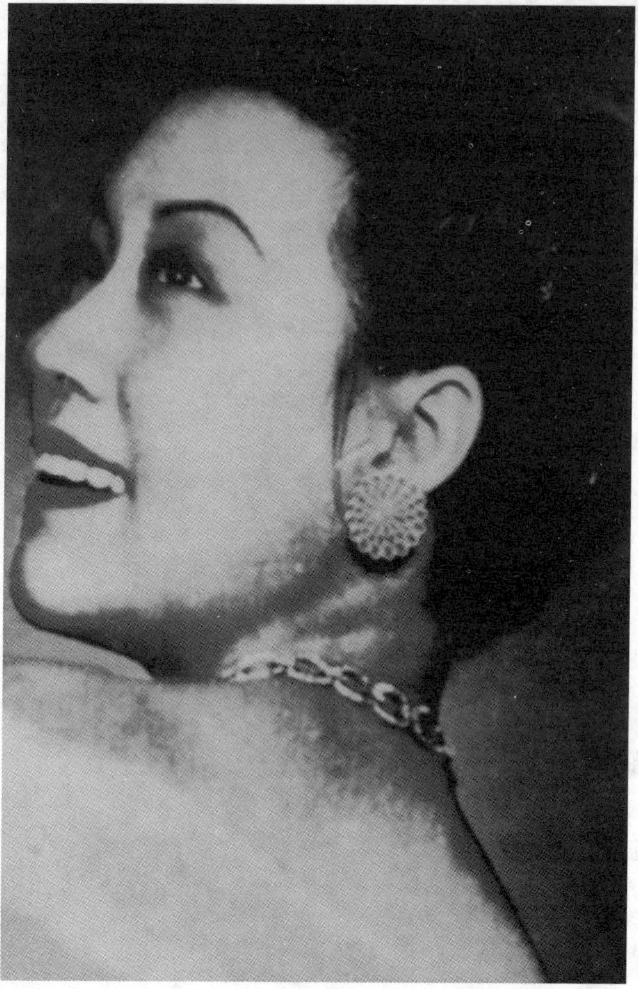

明星照

在重重压迫下，

依旧要巧语花言。

看，每张笑脸都含着哀怨，

看，每张笑脸都含着辛酸……

这是一首反映舞女悲苦生活境遇的歌。歌词写得惆怅忧伤，乐曲悲凉哀婉，加上路明的一副好嗓子，深深打动了许多女性。路明由此成了歌迷心中的“悲歌演唱家”。当时上海的舞厅纷纷邀请路明去演唱《弹性女儿》，舞女们听得泪流满面，悲泣不已。

路明不但善唱“悲歌”，也善唱“壮歌”。1937年抗日战争爆发，由路明主演的《红嘴唇》不得不停拍，但那首由她主唱的主题曲《长城谣》却广为流传：“万里长城万里长，长城外面是故乡……”她唱得慷慨激昂，唱出了对祖国的热爱和对日本侵略者的愤怒之情。一天，路明应电台相邀现场演唱这首抗日歌曲，听众反响非常热烈，纷纷打电话到电台要求路明再唱一遍。那天，路明一连唱了三遍《长城谣》。

路明的演奏天赋也没有被浪费。抗日战争胜利后，路明受邀拍摄电影《天堂春梦》，并演唱了片中的两首插曲，其中《孩子你乖乖地睡吧》就是由她自弹自唱的：“孩子睡吧，你乖乖地睡吧，今晚在皎洁的月光下，让妈妈多看你一眼……”这首歌也陪伴了无数人的梦乡。

明星照

“严肃无过的私人生活”

文艺界从来美女如云，却少有路明这样的才女。她喜欢清静，自有一套“养心”之术，拍片之余不是在看书读报，就是在写小品短文。

路明的与众不同还在于她从未将自己视作明星。她举止大方，没有半点矫揉造作的打扮，平时穿戴素朴，不浓墨重彩地涂脂抹粉，也不爱穿博人眼球的奇装异服，始终保持本色端庄的自然之美。人们都说旧社会的娱乐圈是鱼龙混杂之地，可她宛如一湾清泉般宁静清澈，遵循的是“严肃无过的私人生活”。

然而在旧上海，即使是路明这样安分守己的淑女，也会被谣言缠身。求爱者众多而始终未公布恋爱消息的路明，在八卦小报上被塑造为一个“待价而沽”的“野心家”，自恃貌美而要攀附一个“地皮像跑马厅一样大，住宅堪比哈同花园”的巨贾。路明对此从来一笑了之，更不去登报澄清，无数女星的“求富”悲剧，早已成为她心中的一面明镜。

最终，她在月下老人的指引下遇见了志同道合的心上人——著名剧作家陈西禾，从此携手走过风雨一生。

2001 年春，路明逝世于上海，遵遗嘱，无讣告，无追悼会，一如她生前的淡泊宁静。

第七章

李丽华：华语电影史的最厚一卷

骨里流着梨园血

戏服穿到银幕上

电影宣传「炒作」之范本

李丽华1924年出生于上海一个著名的梨园世家，从小被寄予厚望，在上海最好的教会学校读书成长。但她天生反骨，12岁辍学唱京戏，16岁开始拍电影，因主演《三笑》一炮打响。她一生从影40多年，拍摄电影120余部，堪称中国影坛的常青树，更曾凭电影《飞虎娇娃》（*China Doll*）成为勇闯好莱坞的华语女星第一人。

骨里流着梨园血

李丽华的父亲李桂芳、母亲张少泉皆是20世纪20年代闻名戏坛的京剧名角，耳濡目染之下，李丽华自然对戏剧世界情有独钟。尽管有悖于父母的期待，她还是选择了跟随自己的天性，在12岁那年从教会学校辍学，拜师于京剧名宿穆铁芳和章遏云门下。

也许是身上天生流淌着表演艺术的血液，李丽华天赋极高。只要师傅稍稍一点拨，她就能步步到位，有时甚至无师自通。她的戏路也特别宽，不仅主学青衣，还兼学花旦、武旦、老旦等，唱念做打样样在行。三年后，李丽华首次登台亮相即惊艳四座：只见她扮

明星照

相俊美，身段窈窕，双袖拂起若仙，身姿似垂柳依依……

这一亮相，京剧界震动可不小。同行们纷纷向李丽华的父母道喜，认为小丽华前途无量，必将风光无限。

戏服穿到银幕上

正当人们一致看好李丽华，期待她有朝一日成为京剧名角时，她却一个转身，爱上了拍电影，并立志成为像胡蝶、周璇一样的万人迷。

一天，李丽华赴姐夫姚一本生日宴席，席间遇见了上海艺华影业公司老板严春堂，后者正在为自己筹拍的古装电影苦寻女主角。看到李丽华，他眼睛蓦地一亮，当场向她发出了加盟邀请。彼时正做着明星梦的李丽华自然一口答应，这使严春堂喜出望外，当即拍板签约。

那是 1940 年，李丽华正值 16 岁花季，就像一朵鲜艳夺目的花儿等待着在银幕上绽放。她的第一部电影是古装片《三笑》，讲述的是在民间广为流传的“唐伯虎点秋香”的故事，李丽华在影片中扮演秋香一角。电影开拍前，不少人担心这个从未拍过电影的黄毛丫头胜任不了这一经典角色，暗暗为这部“大制作”捏把汗，唯独老板严春堂胸有成竹。他看准了李丽华身上的那股“劲儿”，确信她能挑起重担。

一切正如严春堂预料的那样：李丽华把秋香“演活了”。这同

她从小学习京剧自然分不开。李丽华尤其擅长青衣，在戏台上不管是坐着、站着还是行走，都须保持一只手端平在胸口和肚子之间，一只手在身侧，行或止皆是慢条斯理，神态含羞。这一副模样扮演秋香一角，真是信手拈来。于是有人说，李丽华把秋香演得比真正的秋香还要迷人。

电影宣传“炒作”之范本

1940 年是中国古装电影争奇斗艳的一年。由李丽华主演的《三笑》刚刚上映一周，由上海国华影业公司拍摄、周璇主演的同名古装电影《三笑》紧跟而来，并在广告宣传上做足了阵势，力求在票房方面后来居上。两大电影公司的争夺战拉开了序幕，而真正的较量则将在女主角李丽华与周璇之间展开。可想而知，一个名不见经传的新人想要同如日中天的大明星周璇一争高下，那真是痴人说梦。眼看“周旋风”即将取得压倒性胜利，不甘人后的艺华公司老板严春堂绞尽脑汁想出了一个新招，他在上海许多报纸杂志上刊登了同一则寻物启事，内容是：艺华影业公司《三笑》女主角李丽华看马戏演出时丢失罕见钻戒，寻得归还者重赏！这条子虚乌有的启事一登出，一石击起千层浪，引发了许多影迷的好奇与遐想。尽管不少人对它的真实性颇有怀疑，但是吸引人眼球的效果却是实实在在地实现了，人们纷纷把目光转向了这位“秋香”身上。最后，两部《三笑》竟在票房上平分秋色，李丽华由此一炮而红，成为上海滩上又一颗冉冉升起的新星。

第八章

王人美：落难美人王

「小猫」乘着海风

流血的野玫瑰

王人美1914年出生于湖南长沙一个知识分子家庭，排行家中第七。因家中变故，13岁便来到上海，从此活跃在舞台上。1931年，因电影《野玫瑰》而一举成名，之后拍摄了《芭蕉叶上诗》《都会早晨》《渔光曲》《风云儿女》《壮志凌云》等20多部电影，其中《渔光曲》于1935年在莫斯科举行的国际电影节上获"荣誉奖"，这是我国电影第一次享誉国际影坛。

作为一个颇具传奇色彩的两栖明星，她的歌声甜倒了整片上海滩，她所扮演的角色魅力独具，被人奉为"野玫瑰"，但她的人生旅途却写满了悲剧与磨难。

"小猫"乘着海风

王人美出身于书香门第。其父是湖南第一师范学校的老师，毛泽东曾是他的学生。少年时代的王人美聪明可爱，曾考入省立第一女子师范学校。但由于父母相继去世，王人美失去了生活依靠，只能跟随哥哥姐姐来到上海，并为了生存进入黎锦晖创办的"美美女校"学习歌舞。天资聪颖的王人美一下子成了学生中的佼佼者，甚

明星照

至还兼职当起了“教员”，有了收入。1928 年 5 月，王人美跟随校长黎锦晖组团赴南洋巡演，开始了与舞台难舍的情缘。1931 年，著名导演孙瑜看了她的多场演出后，将她锁定为自己正在筹拍的一部爱国题材电影《野玫瑰》的演员人选。女主角是一位渔行杂工，必须带点儿活泼的“野性”，这正与王人美的形象气质相符。电影一开拍，王人美就很快进入了角色：她带着一群小孩在海边奔跑、玩耍、戏水，活脱脱就是个渔家里冒出来的“野姑娘”。这部电影只用了 20 多天就拍摄完成，让许多同行惊讶不已。电影上映后，王人美那种天真、自然、健康、奔放的新形象一扫往日银幕上惯见的忸怩作态之风，引领了电影行业乃至社会范围内的审美新潮流。由此王人美“一夜成名，万人皆知”，且片约不断。其中，1933 年的电影《渔光曲》中的“小猫”一角助她再登高峰。影片在上海金城大戏院首映后可谓盛况空前，一连放映 84 天，近 300 场，场场爆满，创下了当时华语电影放映率的最高纪录。此外，由王人美演唱的电影主题曲《渔光曲》也以悠扬的旋律、动人的歌词深得人们喜爱，风靡海内外 70 余年而不衰。

流血的野玫瑰

拍摄成名作《野玫瑰》时，王人美与美男子金焰搭档而擦出了火花，两人很快坠入了爱河。1934 年，王人美与金焰喜结良缘，从此“洗手作羹汤”，每天把家里打理得井井有条。对于“家庭主

妇”这个新角色，她如同一只被驯服的野猫，甘之如饴。这是她一生中最宁静与甜蜜的一段时光。然而好景不长，1937年抗日战争爆发，王人美与金焰开始了漫长的逃亡生活。因战局变化与其他因素，二人在1941年分别，金焰留在成都拍片，王人美去了云南，在美军总部物资处任打字员。长期分居使他们的感情出现了危机，1945年初夏，金焰向王人美提出了离婚，让一心深爱金焰的王人美深受打击，但倔强的她还是同意了离婚。她曾对好友黎莉莉说，金焰离她而去，她除了失落与怀念之外，整个心灵就像一块落入大海的石头，难以回归，而脑海里只留下一份无可奈何的感伤，泪水将陪伴她的终生。此后10年，王人美一直独身度日，并为远离伤心地，于1945年底去香港生活。

1950年，王人美怀着一颗爱国之心回到上海。然而正赶上全国大范围地开展文艺整风，她被人诬蔑与戴笠常来往，精神几近崩溃。病愈后她曾拍过电影，演过话剧。1956年，42岁的王人美在话剧《家》中扮演17岁的少女瑞珏，获得同行与观众的一致好评。然而，正当事业回升之际，1957年全国掀起了新一轮政治运动，王人美再次被推上风口浪尖。精神脆弱的她受到刺激，旧疾复发，被送进了精神病院。“文革”开始后，王人美又遭到批斗与审讯，本就已经脆弱不堪的她几乎被彻底击垮。“文革”结束后，一心想再登舞台的她却突发中风，从此与轮椅为伴，与舞台无缘。1987年4月12日，一代美人带着对世界的爱、恨与不解，驾鹤西去。

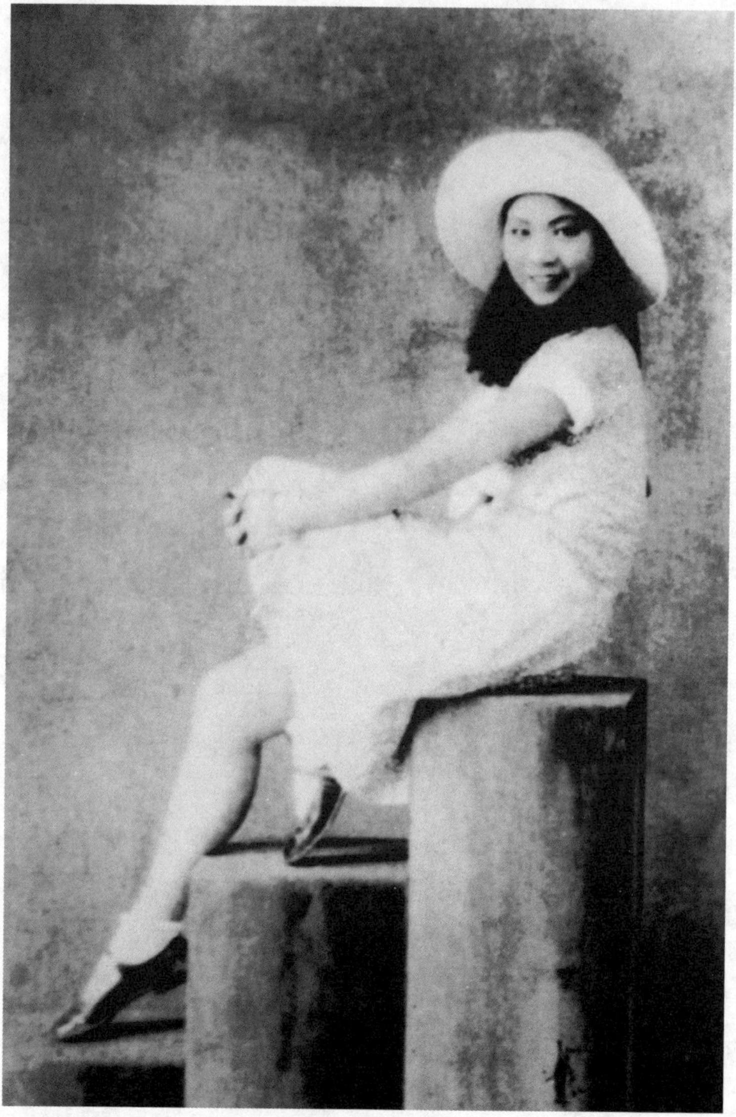

第九章

黎明晖：流行音乐的第一个音符

歌声打动了英国贵族

柴米油盐里开出花

黎明晖生于1909年，祖籍湖南湘潭。她从小生活在上海，跟随作曲家父亲黎锦晖学唱歌跳舞，并表现出极佳的表演天赋。尽管从艺生涯只有短短10余年，她却交出了一份几近完美的答卷，除了50余张唱片外，还先后出演了《战功》《新人的家庭》《花好月圆》《透明的上海》《殖边外史》《探亲家》《压岁钱》等30多部电影，更享有“中国第一位流行歌星”的美誉。

歌声打动了英国贵族

黎明晖的父亲黎锦晖是中国早期的著名作曲家，更创办了中国流行音乐的摇篮——明月歌舞团。他特别宠爱女儿黎明晖，从她出生起就把她一直带在身边。由于他没有儿子，于是干脆把黎明晖当成男孩来养，让她理短短的发型，穿男式的短衫，一副轻便简洁的小男孩打扮。黎锦晖还时常带女儿去打球、跑步、游泳、骑马、骑自行车等，聪明好动的黎明晖在体育运动方面特别有天赋，学什么会什么，仅游泳一项就掌握了多种泳姿，如仰泳、蛙泳、蝶泳等，并多次在比赛中夺得第一名。由于黎明晖穿着打扮

像男孩子，体育运动又样样在行，左邻右舍便喜欢用上海话管黎明晖叫“小玩头”（男孩子）。除了体育运动之外，在父亲的悉心培育下，她歌唱得好，舞跳得好，舞台表演形象也好。1928 年黎锦晖创办了中华歌舞团，19 岁的黎明晖同父亲共挑重担，担任副团长兼台柱，带团赴香港及东南亚举办巡回演出。在香港的首场演出中，黎明晖、徐来、王人美等八名少女理着童花头、身穿白裙走上舞台，宛如天使落入凡间。当黎明晖领唱起《总理纪念歌》时，不少观众激动得流出了泪水。演唱结束，台下掌声雷动，就连那些身穿礼服的英国贵族，也被这天籁深深打动，从座位上站起身鼓掌，这在当时的香港是极为少见的场景。

在赴新加坡、马来西亚、泰国等地的演出中，黎明晖始终是领唱，而压轴节目往往就是她的独唱。新加坡那一场她唱了《人面桃花》，那甜美圆润的歌声犹如高山流水般抚平了所有观众心头的褶皱，而最后一首《毛毛雨》更是让她谢幕了好几遍，被掌声百般挽留而迟迟不能走下舞台。翌日，当地华文报纸称赞黎明晖为“天才女歌星”。

柴米油盐里开出花

黎明晖不仅能歌善舞，还拥有与众不同的表演悟性。她没有学过专业的电影表演艺术，但只要看过别人的表演就能精准模仿，一招一式都能到位。1929 年，黎明晖从东南亚巡回表演结束回到上海，便开始了从影生涯。她先后拍摄了《女人》《生之哀歌》《清明时节》《压岁钱》等多部由史东山、夏衍等著名编剧加持的影片，其中《女人》曾在1935年代表中国参加莫斯科国际电影节展映。当时上海影坛把黎明晖、胡蝶、阮玲玉和陈玉梅并称为“影坛四大金刚”。

然而，正当名气如日中天之时，多情思嫁的黎明晖却有了心上人。那个幸运儿名叫陆钟恩，是上海东华足球队的著名门将。1934年春，香港南华足球队来沪与东华足球队进行比赛，这是一场旗鼓相当的实力派较量，吸引了许多球迷前去观看，其中就有从小喜欢运动的黎明晖。比赛中，陆钟恩活力四射、英俊洒脱的样子给黎明晖留下了深刻的印象。后经媒人介绍，黎明晖与陆钟恩开始了自由恋爱，黄浦江畔、苏州河边，处处都留下了他们相依偎的身影，坠入爱河的他们很快喜结良缘。婚后的黎明晖在拍摄最后一部电影《凤求凰》后便退出了演艺圈，当起了全职太太。1938年黎明晖生下了一个男孩，取名陆震东。从此，她把全部的爱倾注在孩子与丈夫身上，成为一名再普通不过的贤妻良母。10多年后，黎明晖丈夫因病去世，她从此与痛苦相伴，过着朴素清贫的生活，直至2003年12月9日在上海逝世。

第十章

陈燕燕：甜美的『悲剧皇后』

毛遂自荐的小影迷

『南园乳燕』起飞了

欠了观众一生眼泪

陈燕燕1916年1月12日生于浙江宁波。少年时代随父母迁居北平，就读于北平圣心女子学校。1930年入联华影业公司，在暗房当练习生。1932年因主演无声片《南国之春》而出名。1936年起，陆续主演有声片《孤城烈女》《联华交响曲》《慈母曲》《新旧时代》等，

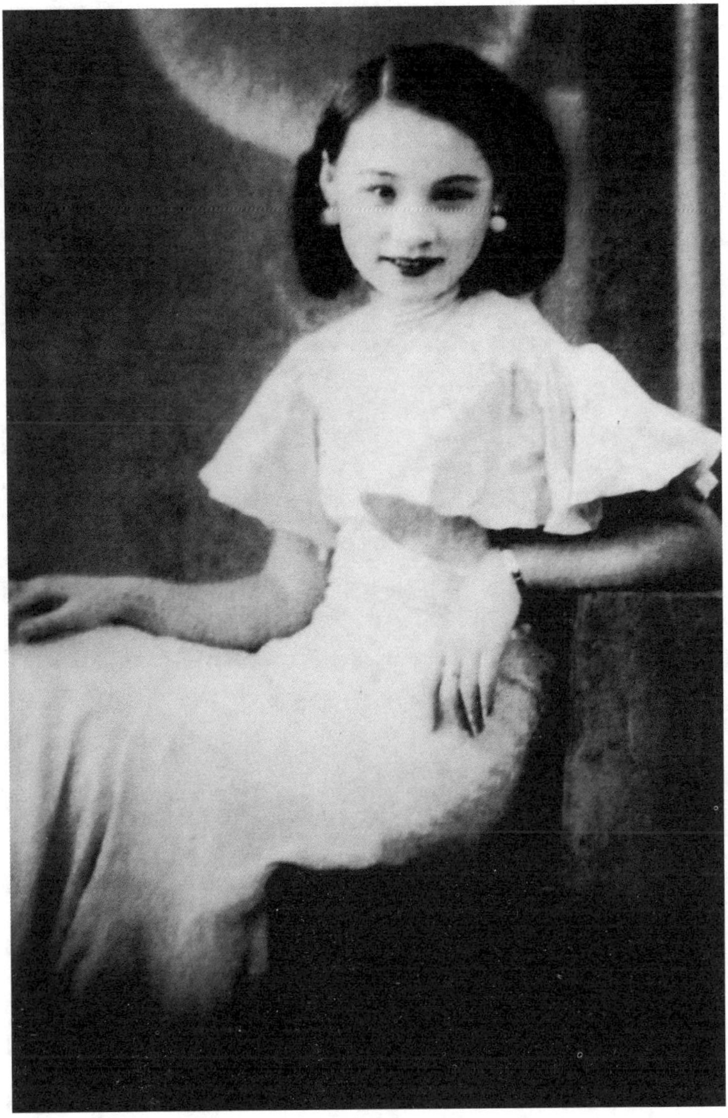

明星照

以饰演纯真可爱的少女见长，被影迷们亲切地称为“美丽的小鸟”。1938年至1947年是她演出生涯的高峰期,《乞丐千金》《琵琶记》《杜十娘》《蝴蝶夫人》《芳华虚度》《情潮》《不了情》《天魔劫》等作品为她累积了巨大的人气，20多岁的她，已被列为影坛“四大名旦”之一。同时，她的戏路逐渐拓宽，开始以古装片和文艺悲剧为主要阵地，故又有“悲剧皇后”之称。1949年陈燕燕移居香港，1952年与王豪创办海燕影片公司,并主演了《恋歌》《两地相思》等影片。她于1972年息影，1999年5月7日逝世，一生共拍了70多部影片，从少女到慈母，在银幕上留下了人生各阶段的不同风采。

毛遂自荐的小影迷

陈燕燕是家里的独生女，自然从小被视为掌上明珠。她的父母吸取了一部分开明思想，希望女儿得到良好的教育，送她到北平圣心女子学校读书，但另一方面，骨子里仍然偏守旧，对她管教甚严。

外面的世界日新月异，家里的天地却传统闭塞，在这样的情况下，电影成了陈燕燕了解世界的一个窗口。当时，中国的电影业正值快速发展期，许多年轻人都深深爱上了电影，陈燕燕就是一个铁杆小影迷。为了看电影，她几乎把所有零花钱用在了买电影票上，钱用完了，她就去一个在电影院工作的亲戚那里“蹭”电影。电影世界给了她意想不到的快乐，而她的明星梦也比同龄女孩来得早得多，强烈得多。

机会总是眷顾有心之人。1930年，上海联华影业公司到北平拍摄电影《故都春梦》，女主角的扮演者正是当时红透半边天的阮玲玉。陈燕燕得知消息后，只要一有机会就去拍片现场“看热闹”，阮玲玉等人的精彩表演深深迷住了她，那个怀揣已久的明星梦简直要呼之欲出了。

终于，陈燕燕鼓足勇气，向导演孙瑜毛遂自荐，并讲述了自己想成为一名电影演员的夙愿。孙瑜端详着眼前的姑娘，长得漂亮，身材不错，神韵也不错，便让她在片中客串了一个角色。这个最终被剪掉的貌不惊人的小角色，却成了她从影的起点。

起初，思想保守的陈燕燕父母坚决反对女儿拍电影，认为姑娘应该深养在闺房之中，而在银幕上抛头露面不成体统。面对父母的反对，陈燕燕没有屈服，抗争到底，最终，对女儿疼爱有加的父母拗不过她的倔脾气，只好默认了她的选择。就这样，陈燕燕在母亲的陪伴下南下，来到上海，成为联华影业公司的一名练习生。

“南园乳燕”起飞了

所谓练习生，就如同演艺圈中的一名学徒，不仅要学习技能，也要做一些杂事。陈燕燕在当练习生的时候就常驻暗房，冲片、洗片、修片都是她的工作。不过在这段时期，她也先后在《自杀合同》《一剪梅》等电影中饰演配角，尽管戏份很少，但能同像阮玲玉这样的大牌明星一起演戏，对陈燕燕来说正是最好的学习机会。

1931年，陈燕燕在《恋爱与义务》中扮演了一个重要的配角，电影上映后很受观众喜欢，陈燕燕也就此引起了圈内人士的关注。1932年，她的从影生涯出现了关键转折——导演蔡楚生的目光落在了她身上。他决定让陈燕燕主演他执导的故事片《南国之春》。这部爱情悲剧片讲述的是一个在城里读书的大学生爱上了一个家境破败的已故银行家之女，终于双双坠入热恋之中。一天，男大学生收到家里的急电，赶回家探望病危的父亲，为了完成其父最后的心愿，无奈之下与自己的表妹结了婚。而在城里一心等待的痴情姑娘在得知心上人的婚讯后，非常痛苦和绝望，最后在忧郁中“含情屈死”。陈燕燕在这部电影中精准地把握住了女主角由喜转悲的心理变化，把一个天之骄女为爱情而迷失自我的形象，演得分外真切，令许多观众为之悲泣。陈燕燕由此声名鹊起，事业开始走红。

作为陈燕燕的成名作，《南国之春》不仅为她打下了深厚的观众基础，更为她留下了一个特别好听的昵称——“南国乳燕”。观众们把陈燕燕作为轻盈的燕子，尽管刚刚起飞，但未来无限宽广，天空中大有她施展才华的舞台。

欠了观众一生的眼泪

自从出演《南国之春》一举成名后，陈燕燕成了悲剧片的不二人选。《三个摩登女性》中，她是殉情自刎的女子；《暴雨梨花》中，她是遇人不淑的卖花姑娘；《母性之光》中，她是独自抚养儿子的

无助妇人；《自由天地》中，她是身世凄惨的女伶……陈燕燕塑造了一个又一个拥有不同悲剧命运，但同样令人动容心痛的“弱女子”形象，彰显出愈发精进的表演水平。

1935年，陈燕燕的新作《寒江落雁》上映。这一回，她是身世凄苦的贫家女。当她扮演的角色忍辱负重生下孩子，并在绝望中把孩子送到另娶妻子的丈夫手中时，影院内的观众无不鼻酸。特别是当银幕中的陈燕燕跌跌撞撞来到江边，双目定定地看着奔流的江水，最终纵身一跃时，影院内早已是抽泣声和呜咽声一片。

悲情催人泪下，悲剧使人难忘，悲者引人动情，人的良心与同情心都是偏向弱者与悲者的。但是在表演艺术中，如何以假的故事去调动观众真的情感，却十足考验演员的功力。陈燕燕之所以能成功诠释那么多不同类型的悲剧人物，就在于她总能让自己“身临其境，深感其苦”，说服了自己，才能令观众信服。由此，陈燕燕成了影迷们公认的“悲剧皇后”。

第十一章

陈云裳：南园美人醉申城

天上掉下个杨玉环

木兰风靡上海滩

生日那天轰轰烈烈地嫁了

20 世纪 30 年代末的上海滩百花齐放，已不再是胡蝶一枝独秀，更有来自南国的美人陈云裳，接过了“电影皇后”的桂冠。

天上掉下个杨玉环

陈云裳 1919 年出生在香港，后随父母移居广州。她从小擅长舞蹈，先后在广州大新歌舞团和健全音乐社跳舞营生，并学习了京剧，同时还拜广州著名艺术家紫罗兰为师，迅速成长为一个“文艺多面手”。

1935 年广东省成立了国乐研究会，陈云裳被其聘为歌舞指导。她的天生丽质同时引起了电影界的注意。正巧广州新成立的一家有声电影公司要拍一部名为《唐宫绮梦》的古装片，苦于找寻不到一个适合扮演女主角杨贵妃的演员。陈云裳经老师紫罗兰的推荐前去试镜。当她出现在摄影机前时，几个导演都愣住了：时值青春年华的陈云裳如一朵盛开的牡丹，微微丰满的身材令肌肤显得格外洁白，椭圆形的脸蛋染着淡淡红晕，一对乌黑发亮的大眼睛顾盼生姿。导演们一致认定：杨贵妃一角非陈云裳莫属。

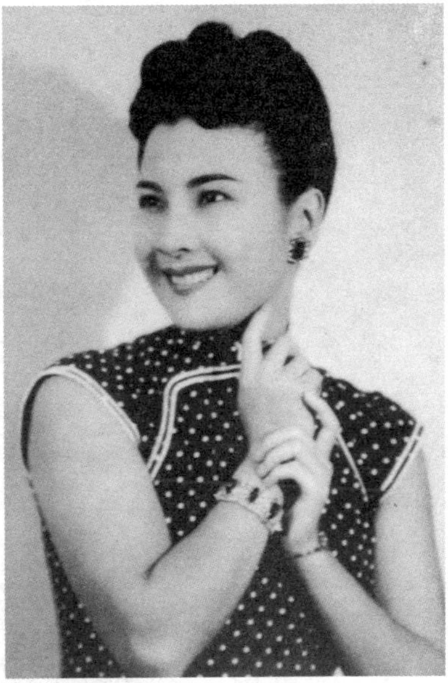

电影《唐宫绮梦》上映后艳惊四座，陈云裳饰演的杨贵妃从一颦一笑到一步一回眸都可谓摄人心魄。这位南国美人，自此便被人誉为“国色天香”。

木兰风靡上海滩

《唐宫绮梦》一炮打响后，陈云裳片约不断，先后在《粉碎姑苏台》《新青年》《大义灭亲》等10多部电影中出演主角，渐渐在南方地区家喻户晓。就在这时，上海电影界也投来了热切的目光。

1938年，上海新华电影公司筹拍古装片《木兰从军》，陈云裳在老板张善琨的盛情邀请下来到上海，担纲花木兰一角。为保证电影票房，陈云裳想出了一个妙计：她到南京路上的王开照相馆拍了近百张剧照和艺术照，并制成明信片，用以营销宣传。观众购票看电影即可参加抽奖，获奖者可得到一张陈云裳的照片，同时可自己到王开照相馆拍一张照片。这一招果然效果显著，《花木兰》从1939年2月16日在新落成的沪光大戏院首映开始，连续三个月场场爆满，后又转战新光大戏院继续放映，仍然座无虚席。如此盛况，在中国电影史上也是极少见的。那段时期，银幕上、报纸上、热闹的南京路上，全是陈云裳。

生日那天轰轰烈烈地嫁了

美得如此惊天动地，陈云裳的追求者自然是不计其数，其中不乏豪门公子。片场里每天收到的鲜花、求爱信连绵不绝，有人甚至在她录影结束后一路驱车尾随，仍进不得她的芳心。

或许，月下老人早已为她写下了一段美丽的缘分：她从小因父母多病而对医学兴趣浓厚，恰巧在一次聚会中认识了一位名叫汤于翰的海归医学博士，两人在彼此的真诚交谈中深感相见恨晚，很快陷入了甜蜜的恋爱中。

1943 年 8 月 10 日，正是陈云裳 24 岁生日那天，修成正果的两人在上海法国总会（今茂名南路花园饭店）举行隆重的婚礼。婚礼场面堪称豪华至极，仅新郎新娘的男女傧相就有 10 人，开道撒花引路及拉裙尾的男女小花童也有 10 人，远远超过了同时期其他女明星的婚礼规格。大厅内外的花篮，更是排成了一条梦幻般的长长花径。

这场据传花费高达百万元的盛大婚礼，成为陈云裳在公众视野中留下的最后一页绝色剪影。那之后，陈云裳便隐退艺坛，与汤于翰厮守 70 余载，耄耋之年依旧恩爱如初。

第十二章

严珊珊：中国第一位女演员

『庄子试妻』试来了好姻缘

中国娇娥首登美国银幕

严珊珊1896年出生于广东南海，原名严淑姬。出身豪门的她从小养尊处优，天赋过人，且颇有男子气概。在香港懿德师范学院读书时，她与中国早期电影先驱黎民伟相识，敢于突破封建思想的羁绊，以中国第一位女性演员的身份出演了故事短片《庄子试妻》。此后又主演了《和平之神》《五女复仇》及《再世姻缘》等10余部电影，1928年息影后开始经商，1952年去世，享年56岁。

“庄子试妻”试出了好姻缘

1896年6月，上海闸北唐家弄徐园的主人徐棣山与长子徐贯云通过怡和洋行从国外购得放映设备与电影拷贝，在自家花园放映了外国影片。这是中国人接触电影的起点。1905年，中国第一部电影《定军山》由北京丰泰照相馆拍摄而成，此后，电影在中国渐渐出现蓬勃发展的趋势。然而彼时，在传统思想笼罩下的中国人是不能接受女性曝光在大庭广众之下的，所以电影中的女主角都是由男人男扮女装。

1913年，香港电影先驱黎民伟计划拍摄《庄子试妻》。电影根据粤剧《庄周梦蝶》改编，主要情节是庄子用诈死来考验妻子田氏。田氏为庄子操办丧事之际，受到由庄子假扮的翩翩公子楚王孙的吸引，为了讨好新欢，她不惜劈开丈夫之棺，欲取庄子之脑为楚王孙治病。庄子试出了妻子的真实想法，愤怒地责骂她。田氏羞愧难当，最后悬梁自缢。在这部电影中黎民伟男扮女装饰演田氏，但电影中另一个女性角色——婢女也是点睛之笔，关于扮演她的人选，黎民伟第一个想到了气质不俗的新女性严珊珊。接到黎民伟的邀请后，严珊珊一口答应了下来。

然而，这件事遭到了严珊珊全家人的一致反对。在他们看来，好男不当兵，好女不演戏，更何况是一个大家闺秀在银幕上供人评头论足，简直有辱门楣。面对激烈的反对，严珊珊一度难过犹豫，生怕伤了父母的心，但是在黎民伟的一再鼓励下，她还是硬着心肠走上了从影之路，并成为黎民伟事业与生活上的忠诚伙伴。1914 年 1 月 7 日，他们喜结连理，从此夫唱妇随，成为中国第一对共同从事电影事业的伉俪。

中国娇娥首登美国银幕

1914 年《庄子试妻》试映，在影坛引起巨大轰动。让人们由衷欣赏的并不仅仅是精彩的电影内容，更是严珊珊的“壮举”。作为中国电影史上第一个“吃螃蟹”的女人，她以不可思议的勇气与果敢，只身一人为中国女性开启了通往电影世界的大门。

从此，人们走进影院看电影，也开始欣赏一个真正的女人在银幕上的独特魅力。男性影迷们对《庄子试妻》这部电影更是情有独钟，为了能多看几遍严珊珊这位漂亮的姑娘，他们成了影院的常客。在那个大多数女性尚不能走出闺房的时代，银幕上突然出现了一位活泼灵动的漂亮姑娘，怎能不吸引男人们好奇的目光呢？

《庄子试妻》的艺术性和先锋性，也引起了外国电影界同行与商人们的关注。南洋的华商们争相购买此片的拷贝，美国人也将其引入国内，并在一些主流影院公映。这是中国最早被引入美国的一部电影。

多方鼓舞之下，严珊珊与丈夫黎民伟在1923年在香港成立了民新影片公司，并于1926年将公司迁至上海，继续为他们所热爱的电影事业奋斗。此后的作品中，严珊珊扮演的多个美少妇形象尤其深入人心，她也成了中国早期影坛中格外耀眼的万人迷。

1928年，事业有成的严珊珊急流勇退，由演艺圈转身进入商界，并成为当时为数不多的女性大商贾。不过，她生命中最为浓墨重彩的一笔，还是落在了中国电影史的第一页中。

第十三章

谈瑛：『黑眼圈女郎』

蓝布校服间的时装
因『失足』而得名

谈瑛1915年生于上海，原名谈素珍。1931年经著名导演但杜宇发掘走上影坛，处女作《失足恨》一夜爆红，此后又陆续拍摄了《暴雨梨花》《小玲子》《夜奔》等影片。在百花争艳的演艺圈，谈瑛自有其独特魅力，她气质性感，作风前卫，尤其是那标志性的黑色眼影妆容，令她被人们称为“黑眼圈女郎”。

蓝布校服间的时装

谈瑛最令人印象深刻之处莫过于她充满个性的打扮，而这主要源自她倔强的性格。

在上海务本女中读书时，她就开始模仿西方女性的时髦打扮。学校规定学生应该穿蓝布校服，背统一的书包，但叛逆的谈瑛却坚持只穿自己喜欢的漂亮时装。每天上学前，她还要精心打扮一番：脸上擦白粉，嘴唇涂口红，画上细细的双眉，脚踩高跟尖头皮鞋。在同学的眼里，她就是时尚的风向标。

我行我素的少女谈瑛尽管令老师头疼不已，但也有自己的过人之处。每逢学校或社会团体组织歌舞类比赛，活泼好胜的她都会参

加，而且总是能成为舞台上最令人瞩目的一道风景线。

1931 年，16 岁的谈瑛到联华影业公司片场观看阮玲玉拍摄电影《玉堂春》，被导演但杜宇一眼相中，从此开启了影坛之旅。

因“失足”而得名

但杜宇慧眼识珠，立即启用谈瑛，请她在自己编导的电影《失足恨》中担任主角。影片中，谈瑛是一个爱慕虚荣的渔家女，在富家子弟的勾引下抛弃深爱她的男友，并失身产子，但终遭遗弃。这样的“一失足成千古恨”的故事，在当时的影坛已并不新鲜，如何能吊足观众的胃口呢？

但杜宇策划了一场震惊四座的炒作：让谈瑛控告曾同她有过一段风流往事的建筑师顾宝森诱奸她，并在法庭上指出顾某身上的“特殊记号”，以示铁证如山。这与电影《失足恨》的情节恰恰吻合。

一个漂亮的女学生竟然在法庭上大胆控告男人诱奸她，这在当时是绝无仅有的事情。消息被刻意放出后，舆论一片哗然。这事一下子成了上海大街小巷热议的话题，几乎人人皆知。不过法院识破了但杜宇的别有用心，判谈瑛败诉，并对但杜宇进行了一番训斥：“小姑娘不懂事随你摆布，你在寻法院开心！”

但他们的目的还是达到了，经过这一场闹剧，人们都把电影《失足恨》中渔家女的故事当作谈瑛的“亲身经历”，种种好奇的目光聚焦在这部影片上。

《失足恨》公映那天，天公不作美，下了一场大雨，但仍浇不熄影片的热度，几个专场外早早挂出了“上下客满”的牌子，场内座无虚席。显然，大多数观众都是冲着谈瑛的美貌及这场桃色官司而购票的。谈瑛也就由此一举走红，并为这部电影的出品方联华影业公司赚了一大笔钱，很快被签约为正式演员。

这种通过打官司而捧红一部电影及一位演员的事情，在中国电影史上实属第一例。

第十四章

黎莉莉：『甜姐儿』传奇

『红色家庭』漂出的浮萍
毛主席在延安宴请她

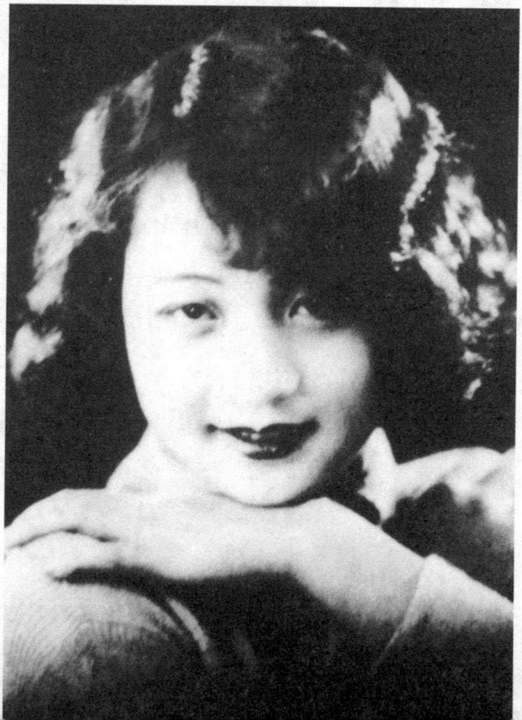

黎莉莉1915年出生于浙江湖州，原名钱蓁蓁。11岁那年，她出演《燕山侠隐》，早早便与大银幕结缘，此后陆续拍摄了《芭蕉叶上诗》《火山情血》《天明》《小玩意》《体育皇后》等30余部电影，其中以《体育皇后》一片中所展示的矫健身姿和青春活力获得广大观众的喜爱，并带动了健美女性的风尚。

然而，在她被大家公认的“甜姐儿”的外表之下，那动荡的童年生活、神秘的家庭背景，更让她的一生充满了传奇色彩。

“红色家庭”漂出的浮萍

黎莉莉出生在一个极不平凡的家庭里，父母都是中共地下党员。她的父亲钱壮飞，曾为保卫中共力量做出了重大贡献。

钱壮飞的公开身份是北京光华影片公司编导，实际上却从1925年加入中国共产党开始，一直从事着工人运动和秘密情报收集等相关工作，并于1928年来到上海，渐渐打入国民党内部。1931年，作为中共领导人之一的顾顺章叛变，钱壮飞冒着生命危险把消息告诉了周恩来，从而避免了一场巨大的灾难。

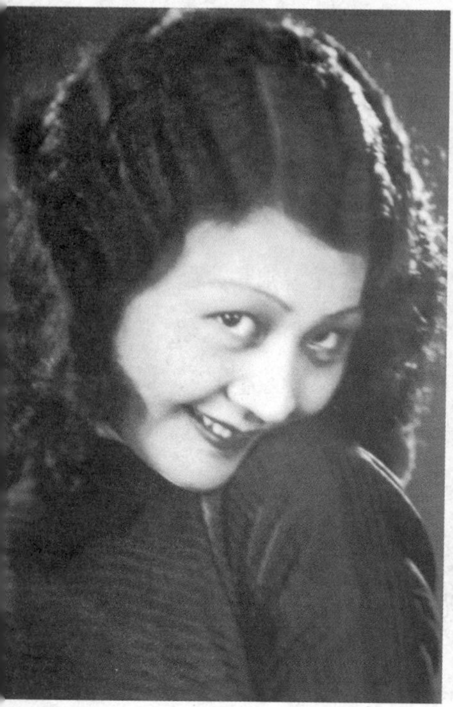

由于父母身份特殊，黎莉莉的童年就在四处漂泊中度过。她从私塾辗转到教会寄宿小学、孤儿工读园以及当时被人看不起的戏班，为的只是能有一个吃饭和睡觉的地方。父母为了确保她的安全，不敢把她带在身边，苦命的黎莉莉只能孤单一人。1928 年春，钱壮飞在报纸上看到中华歌舞团招收新学员，就把黎莉莉送去报名，没想到被歌舞团老板黎锦晖一眼相中。而天赋极高、又有丰富表演经

验的黎莉莉很快成为团里的台柱之一，同王人美、胡蝶一起被称为“歌舞三杰”。

1929年2月，中华歌舞团解散，无家可归的她认黎锦晖为干爹，并改姓为黎，艺名莉莉。

毛主席在延安宴请她

1937年抗日战争爆发，上海成为“孤岛”，骨子里流淌着爱国之血的黎莉莉利用自己的表演特长，时常在会场与街头表演抗日爱国的小剧目。然而这并不能令她满足，为了进一步宣传抗日，黎莉莉毅然辞去联华影业公司的工作，只身离开上海，加入了位于武汉的中国电影制片厂。在去往武汉的列车上，她遇见了爱情。由于战争，许多人逃往内地，火车上人满为患，黎莉莉人虽挤上了车，却无法带上行李。到了晚上，没有被褥的她冻得浑身发抖。这时，一位坐在她身边的小伙子悄悄地把自己的棉被盖在了她身上。当她从温暖的被窝中醒来时，感动得流出了眼泪。此后一路上，那男青年一直关心、照顾她。无巧不成书，经过交谈他们才发现，这位名叫罗静予的英俊、文雅的男青年正是黎莉莉要去报到的中国电影制片厂里的一位技术骨干。

神奇的缘分令二人充满烈焰的心共同掀起了爱情的巨浪，他们很快走进了婚礼殿堂。婚礼那天，郭沫若担任证婚人，荷兰纪录片导演伊文思为二人致贺词。

明星照

1940年，黎莉莉主演电影《塞上风云》，和摄制组一行30余人从重庆远赴塞北。途中，他们经过了革命圣地延安，并多次为当地军民演出抗日剧目，受到热烈欢迎。

毛泽东和朱德也曾在露天广场观看他们演出的抗日话剧。当他们得知黎莉莉是革命英烈钱壮飞的女儿时，很是激动，在演出结束后上台同她紧紧握手，晚上还专门让厨房做了饭菜招待她，甚至亲自为她夹菜。这也成了黎莉莉一生中最难忘的一件事。

第十五章

顾兰君：纽约人都爱她的脸

『小姨明星』演活了貂蝉

天价照片与双旦争艳

顾兰君1918年生于上海，原名顾小蝉。作为20世纪三四十年代最具古典气质的女演员，她将貂蝉、潘金莲、武则天等各色奇女子演了个遍，且皆有自己的独特诠释。她从影22年，共拍摄影片50余部，其中不乏艺术水准颇高的佳作，足以担当得起“影坛四大名旦”之一的美誉。

“小姨明星”演活了貂蝉

1933年，顾兰君与姐姐顾梅君先后被推荐到明星影片公司做演员。是年，她与赵丹共同出演电影《上海二十四小时》，并凭纱厂童工的姐姐一角初露锋芒。1935年，顾兰君顶替怀孕的姐姐在姐夫徐欣夫导演的影片《翡翠马》中再试身手，受到观众的称赞，并被戏称为“小姨明星”。不过，真正为她奠定影坛地位的，还是要属那一部蜚声海内外的《貂蝉》。

1937年，19岁的顾兰君由明星影片公司转投新华影业公司旗下，第一部作品便是大型古装片《貂蝉》，影片着力塑造貂蝉深明大义、胸怀天下的丰富的内心世界。悟性很高的顾兰君准确地把握

了人物特色，将这一绝代佳人的外在美和内在美同时表现了出来。1938 年电影上映后，在整个上海引起了轰动，顾兰君的名字一夜之间红遍上海滩。此前只放映美国影片的大光明电影院当机立断抢下放映权，开创了该影院放映国产电影之先河。

很快，该片又红到了国外，在东南亚地区受到了当地华人的一致好评。1938 年 11 月，《貂蝉》被美国引进，并在纽约最高档的大都会歌剧院首映，这样高的规格在中国电影史上还是第一次。

第十六章

徐来：清风徐来动银屏

『东方标准美人』聘请秘书来读信

徐来 1909 年出生于上海，原名小妹，学名洁凤。她生活在一个普通商人家庭，父亲在南市区经营一家名为“曹鼎盛”的小店，专门卖秤。

由于家贫没能上学，徐来 13 岁便在一家英商工厂做工补贴家用。后来秤店生意好了，家境有所改变，她才离开工厂入学读书。1927 年，18 岁的徐来考入黎锦晖主办的歌舞学校，毕业后加入中华歌舞团，并与黎锦晖结婚。

1933 年，明星影片公司负责人周剑云向徐来发出邀请，请她主演无声片《残春》，令她从此拥有了知名度。次年，徐来又主演了由程步高导演的抗日影片《华山艳史》，还有《到西北去》《路柳墙花》，都是叫好又叫座。然而 1935 年，阮玲玉的自杀给徐来带来了很大刺激，她同友人说：“原来一个有了顶高地位的艺人，她的结局就是这样！真不高兴再干电影了。”那一年，她在主演了最后一部作品《船家女》后便选择了息影。经杜月笙介绍，徐来结识唐生明，与黎离婚。此后她与丈夫唐生明秘密打入汪伪政府内部从事地下情报工作，久负骂名，直到抗战胜利后才得以真相大白。然而
运多舛，“文革”中徐来遭到迫害，1973 年 4 月 4 日

明星照

终年 64 岁。1980 年 4 月被平反昭雪。

“东方标准美人”

谈起徐来，就不得不说到她那“东方标准美人”的称号。中国古代崇尚樱桃小口、柳条细腰之美，从近代起，国人审美日益多元，西式的审美标准也渐成时尚。徐来正是两者的融合，无论古装或洋装，都能被她穿出独特的风情，让人赏心悦目。

徐来成名于舞台，或者应该说，她就是为舞台而生的。她 14 岁开始登台，16 岁便跟随清风歌舞团到广东、香港等地演出，加入中华歌舞团后，又陆续到新加坡、马来西亚、泰国等国家巡演。

舞台下，从来不乏多情的文人。徐来正如同文人的缪斯女神，他们为她留下了许多动人的诗篇。在他们不吝笔墨的极力赞扬下，徐来“东方标准美人”的称号逐渐家喻户晓，也为她进军影坛铺好了一条满是鲜花的大道。

徐来的美惊艳了舞台，也惊动了电影界的伯乐。他们意识到，徐来的美貌足以成为电影世界里的一笔巨大资本。

1933 年，明星电影公司的周剑云抢得先机，将徐来收入麾下。同年，徐来的处女作《残春》上映，尽管电影从内容到形式都称不上经典之作，但仍赢得满堂喝彩，因为银幕上的徐来实在太漂亮了，几乎令观众舍不得挪开目光。

聘请秘书来读信

徐来走红后片约不断，各类事务应接不暇，尤其是影迷们从四面八方寄给她的信，可以用堆积如山来形容。

每天忙于拍戏的徐来只好利用工作间隙和吃饭时间阅读这些来信。信的内容虽说是五花八门，但归纳起来不外乎这么几种：要么毛遂自荐希望能与徐来一起拍电影，要么索要徐来的签名照，要么是一些老板邀请徐来做模特宣传产品，还有一些是热情的求爱信。

有的影迷生怕徐来收不到他们的信，甚至会天天寄信给她，希望借此引起她的注意。面对每天越堆越高的信件，徐来经过一番苦思冥想后终于豁然开朗：既然大老板处理企业事务有助理和秘书帮着解决，那么阅读影迷来信也可以请人来帮忙啊！她立即聘请了一个口风紧、有文化的女朋友做自己的秘书。

一个 20 多岁的年轻女演员竟然聘起了私人女秘书，这在当时可真是一件新鲜事。不少同行对她刮目相看，佩服她的聪明和主见。徐来成了中国影坛上聘用私人秘书的第一人。

这以后，徐来就不用再亲自处理琐事，全身心投入电影拍摄，同时她与影迷的交流也没有减少，秘书会挑选出有价值的观众来信给她看，或把信中的重要内容简明扼要地告诉她，其中不少好的建议在表演艺术、为人处世方面对徐来都起到了帮助作用。徐来也一直将观众称为自己的良师益友。

除了聘请秘书这段佳话，徐来“有车一族”的身份也常常为人所津津乐道。

20 世纪 30 年代的上海如同一幅流动的画卷，上海女性则是画中最娇艳的一笔。除了时髦的打扮之外，不少女明星还紧跟好莱坞的潮流，购买私人小轿车来兜风，徐来就是其中之一。

每当打扮入时的徐来驾着自己的私车行驶在南京路上时，总会引来许多人惊诧而艳羡的眼光，一些风流倜傥的公子哥为了一览芳容，还会驾车紧随其后，成为马路上一道奇异的风景线。

关于买私车这件事，有人说徐来是为了工作方便，也有人说她是为了摆阔、引人注目。不过，至少有一点可以证明徐来的品性：每当拍片拍晚了，她都会主动让没有车的女性朋友上车，并一一送她们到家。凡是同徐来一起工作过的人，都说她为人豪爽大气，很好相处。

第十七章

周璇：天涯海角难觅卿

亲日歌词被她踩在脚下
『油条卷』与鹅蛋脸
『派头大』带来的好人缘

周璇1920年8月1日生于江苏常州，原名苏璞。兴许是怜悯她自小颠沛流离的悲惨遭遇，上天赐给了她一副名副其实的“金嗓子”：不仅音色细腻、音质甜美，而且发音时有一种特别的“金属声”，经过麦克风传出来更是委婉动人，如燕语莺呼。那首脍炙人口的《天涯歌女》，将她的名字塑成了华语流行音乐的金字招牌。

1931年，周璇加入明月歌舞团，因主演歌舞剧《特别快车》而崭露头角，从此风靡歌坛。凭着姣好的容貌，她又一步步走上了大银幕，其中最为人称道的作品莫过于1937年由明星影片公司拍摄的《马路天使》。周璇在片中扮演女主角小红，成功地塑造了一个在旧社会受尽侮辱和伤害，但仍然抱有美好理想的歌女形象。这部影片成为她个人乃至20世纪30年代中国电影的杰出代表作。

亲日歌词被她踩在脚下

周璇被人们铭记的，不仅是她那天籁般的歌声和一个个生动的电影人物形象，还有她娇媚外表下不畏权势、拒绝同流合污的高尚气节。

1941 年太平洋战争爆发后，日本侵略者占领了上海租界。周璇不愿为日伪政权拍戏唱歌，于是以休养身体之名一度退隐，不问世事。

1943 年，周璇在卜万苍的极力劝说下重返银幕，并加入中华电影联合股份有限公司，以《渔家女》为全新起点。她扮演的渔家姑娘唱着歌儿、摇着船儿，在水波荡漾的河面上缓缓前行，也游进了许多人的梦里。这部电影让周璇再一次引起轰动，同名歌曲也广为传唱。紧接着，1944 年的电影《鸾凤和鸣》引发又一波强烈反响，特别是插曲《讨厌的早晨》中有这样一段歌词："破尿布飘扬像国旗，这是晒台上的开幕礼。"因为日本人占领租界后，要求所有的商店、公司、工厂等都必须在早上挂日本旗，所以反日的上海市民都暗地里称日本太阳旗就像是早上晒在窗外晒台上的尿布。这句歌词引起了日伪当局的强烈不满，最终被迫将"尿布"改为"旧被面"，事情才算完结。此外，日伪当局还要求以后每拍一部电影都必须插入"东亚共荣"相关的宣传图片和歌曲，而这些，都遭到了周璇的强烈反对。

一天，当华影公司总经理张善琨把一首宣传"东亚共荣"的歌曲拿给周璇看时，周璇愤然把歌词朝地上一扔，道："汉奸电影我不拍，汉奸歌曲我不唱，卖国事情我不做！"还用脚猛踩地上的歌词。

这就是爱憎分明的周璇。

“油条卷”与鹅蛋脸

周璇的美，既是与生俱来的，又是通过自身打扮精心设计的。她那水汪汪的眼睛、舒展的眉毛、线条分明的嘴唇，加上卷曲松软、如花绽放的发型，使她富有一种油画般的和谐之美。

20世纪40年代初，西方国家的女性之中很流行的一种卷发造型，即把脑袋后部的头发梳理成一条条空心卷的形状，使之自然下垂，就像是一根根悬挂的油条，于是后来就被称为“油条卷”发型。

一个星期六的上午，周璇手拿一本法国画报走进南京路上的

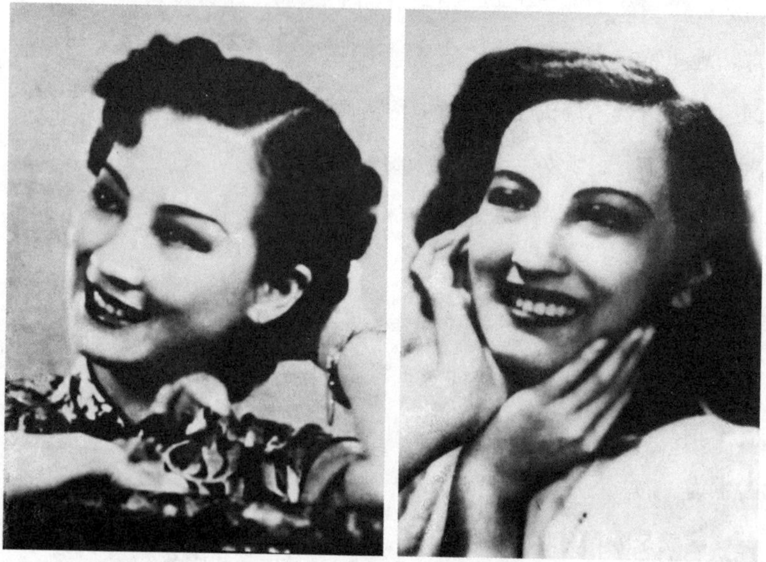

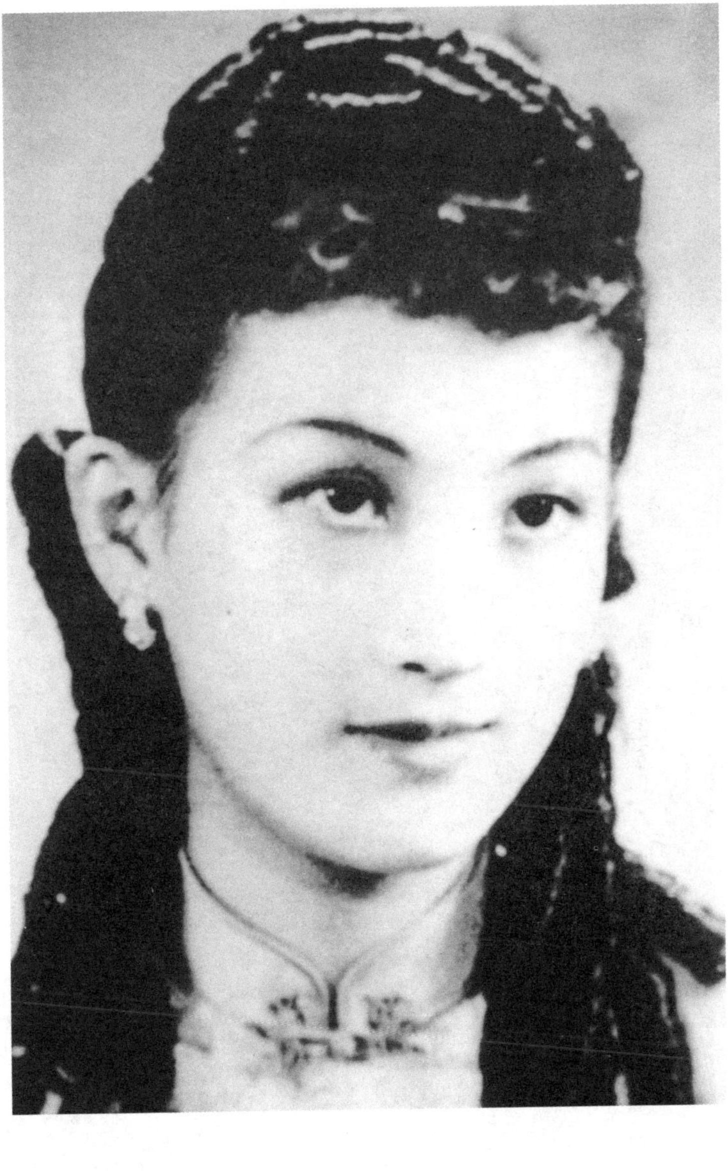

新新美发厅，要求理发师按照画报上的洋女郎模样为她也做一个“油条卷”发型。经过一番精心的修剪和卷烫，一根根长短不一、模样俏丽的“油条”出现在周璇头后，把她的鹅蛋脸衬托得更加立体，且多了一份西洋风情。周璇非常满意，还专门到照相馆去拍了照留念。

据这位理发师回忆，周璇特别注重自己的仪表，几乎每个星期都要到理发店做一两次美发，而且每烫一个新潮发型都要到照相馆拍照留念，她很喜欢拍照。理发师还曾得到过几张周璇的签名照，每张照片的发型都不一样，有长波浪，有童花头，有俏丽的刘海，也有成熟的“三七分”。

“派头大”带来的好人缘

周璇长得漂亮，歌唱得漂亮，做人做事也很漂亮。凡是同她接触过的人都说她“派头大”，这可不是贬义，是用上海话夸她大方呢。

每次去理发店，周璇总要带一些好吃的东西给理发师、美容师还有洗头工，比如糖果和糕点，中秋节时她就曾经买月饼请大家吃。周璇花钱一点也不吝啬，总是大大方方地给予别人好处。

一次，周璇在理发店里烫发，因早餐没有吃，到中午就感到肚子饿了，便让理发店里的一个学徒去买几个“老大房”鲜肉月饼充饥。那学徒拿了钱出了门，却迟迟没有买回月饼。半个多小时后，

他垂着头，两手空空走到周璇跟前，不敢说话。周璇问他是怎么回事，那小学徒一下流出眼泪，说他把钱放在上衣袋里排队等候买月饼，就在轮到他时，一摸口袋，钱没有了！他急得一路寻找，就是没有找到。小学徒没有买成月饼却丢了钱，这让他的师父很恼火，上去就要打他，却被周璇给拦住了。她又拿出钱让小学徒再去买。

在过去，服务业都时兴收小费，理发店也不例外。一般顾客只将小费给主要为其服务之人，周璇却不一样，她每次理完发后，会给所有为她服务过的人小费，哪怕只为她递了一条毛巾，都能拿到小费，因而周璇每次只要一踏进理发店大门，就会有很多人迎上去，并非完全是冲着她给的小费，而是对她的为人充满好感。

有一位曾为周璇理发、烫发的理发师告诉笔者："周璇对我们好，我们也对她好，有时我们从老家扬州探亲回来时也带一些土特产给周璇，如扬州酱菜，甜甜的，周璇非常喜欢吃，要付钱给我们，我们也不收她的钱，但她会通过其他方法来还我们的'礼'，比如买些东西送我们。她呀，是一个宁可自己吃亏的人。"

明星照

第十八章

袁美云：小美人，大风光

梨园西施倾倒梅兰芳
『小女伶』占领银幕
百货巨头争抢代言人

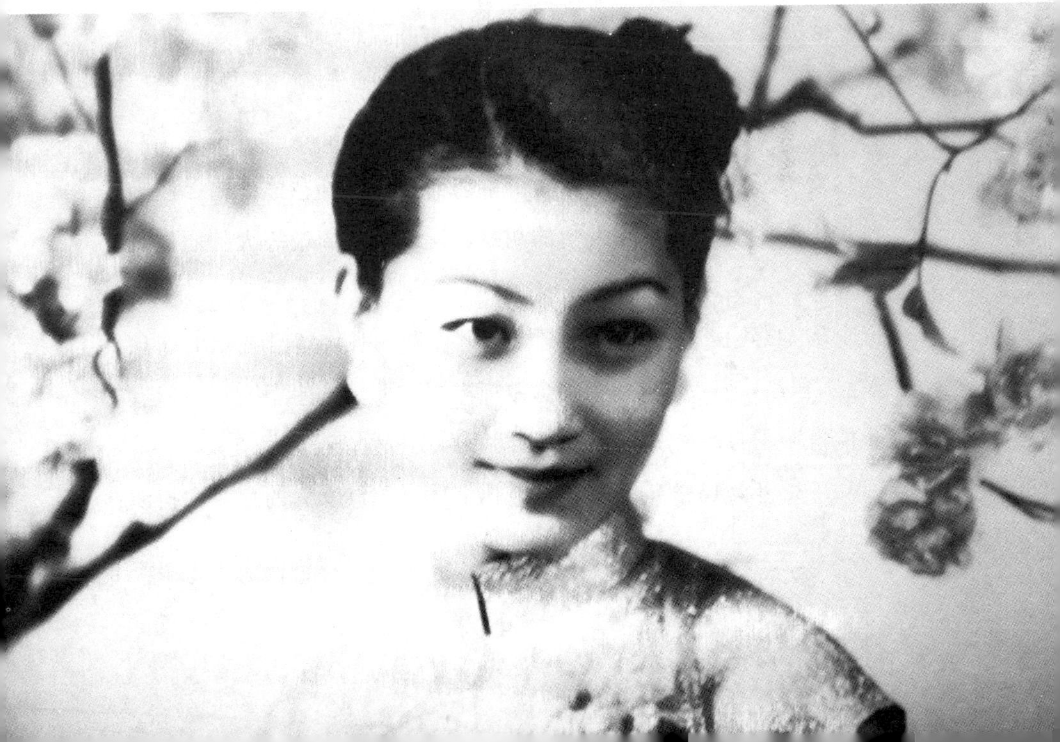

袁美云 1917 年出生于浙江杭州，原名侯桂凤。她幼年丧父，10 岁那年被母亲以 500 元的价格过继给苏州人袁树德，并改名为袁美云。此后她便跟随养父学戏，1928 年在上海新舞台初登台，颇受好评，渐渐名扬江浙。这引起了天一影片公司邵醉翁的注意，他“三顾茅庐”，终于在 1932 年签下了袁美云，并以电影《小女伶》将她一举捧红，使她从梨园花旦摇身一变成了风靡大银幕的“小女伶”。

梨园西施倾倒梅兰芳

袁美云的美并不艳丽，显得小巧而单纯，却也能凭借“江南小美人”的美称与大红大紫的胡蝶、阮玲玉、周璇等大牌明星一争高低。

从 11 至 14 岁，她在京剧舞台上逐渐成长，留给观众的印象是：人虽小，但戏非常好，唱念做打样样在行，既能唱伶俐的花旦，也能扮端庄的青衣，而且嗓音甜润，身段轻盈，形态优美。

1932 年，15 岁的袁美云在一出名为《浣纱女》的京戏中扮演

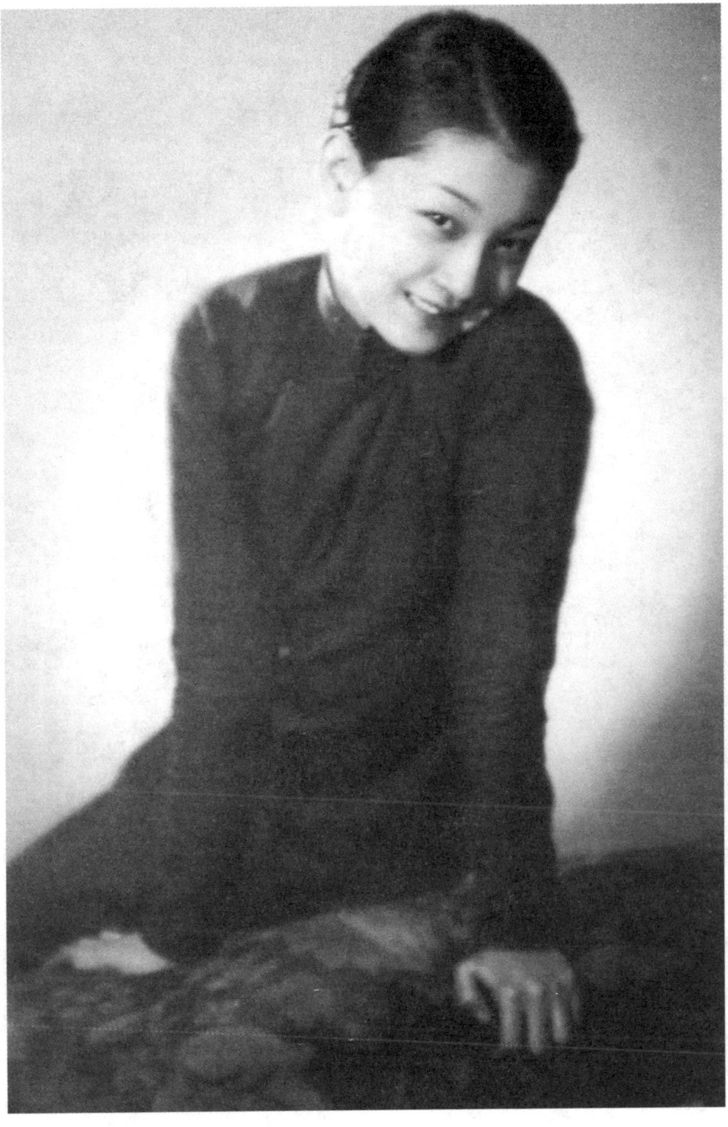

西施。同为浙江籍的两位江南女子，在戏台上跨越千年，相融为一体。只见她柳姿花貌，婀娜窈窕，江边浣纱，如出水芙蓉。衣衫一飘动，犹如凤凰飞舞，衣裙刚拂动，好似荷花绽放。那仿佛朝霞映红江河水的娇媚，令她在后来的电影《西施》中再次完美诠释了这一角色，为抗战期间的国产影片留下了宝贵的杰作。当然，这是后话了。

20 世纪 30 年代的上海，听戏、看戏、说戏、唱戏皆成风尚，是市民生活中不可缺少的亮色。在梨园中，谁的戏唱得好，谁就有观众，谁就是头牌。年纪轻轻的袁美云能在上海高手如云的戏台上脱颖而出，成为受人追捧的名角儿，实属不易。

这引起了上海不少戏剧行家的关注，其中就有京剧大师梅兰芳。他亲临戏院，悄悄地当起了观众，只为一睹袁美云的庐山真面目。一场戏下来，梅兰芳的评价是：小姑娘将来前途无量。

这次经历也促成了二人之后的合作。1933 年梅兰芳与夏莫洛夫联合导演一部音乐哑剧《琴心波光》，由袁美云担当主角。后来，她又同周信芳合作了有声戏曲片《斩经堂》，颇得大师的好评。

“小女伶”占领银幕

袁美云走红戏台后，自然吸引了来自各界的目光。戏院的老板将她视作头牌，电影公司的老板也极力将她收入麾下，不仅是看中她的美貌，更看中她已有的观众基础。

1932 年，袁美云刚刚接触天一影片公司，在有声纪录片《游

艺大会》中演出京剧片段《游龙戏凤》，这是她在银幕上的初亮相，好评如潮。老板邵醉翁敏锐地预感到这是一棵“摇钱树”，立即以高薪把袁美云正式揽入天一影片公司，让其从此挑起大梁。

袁美云主演的第一部电影是裘芑香导演的《小女伶》，故事内容就是根据袁美云的身世而写成，这使她演起来如鱼得水，发挥得淋漓尽致。电影上映后受到空前欢迎，一度出现一票难求的盛况。

从此，袁美云真正成为影坛上一颗冉冉升起的新星。一举成名的次年，袁美云先后又在《生机》《飞絮》《中国海的怒潮》等影片中担当主角，其中最突出的要属《中国海的怒潮》。袁美云在片中扮演渔家女阿菊，很好地把握了阿菊从一个饱受凌辱的弱女子成长为坚强反抗者的成长过程，再次博得观众青睐。

1936 年的《化身姑娘》则是另一种轻松喜剧的风格，袁美云在影片中首次女扮男装，西装笔挺，分头短发，令人耳目一新，以至于这部电影一连拍了好几次续集。也正是凭借这部影片，袁美云顺利跻身当红明星的行列，从此与胡蝶、阮玲玉比肩。

百货巨头争抢代言人

袁美云在戏台和银幕上广受追捧，也成了商家们“争夺”的对象。商家们争相邀请她为自家推出的新款服装拍摄样照，再将照片制成宣传广告，大约类似于现在所说的“形象代言人”。

这其中，就有当时闻名上海的几大百货公司巨头——永安公司、先施公司、新新公司等。这些百货公司几乎一年四季都要搞促销，自然少不了要请有知名度的模特来诠释这些不同季节的时装的风采。袁美云身材小巧玲珑，气质多变，又人气颇高，相当能吸引人们的眼球，是商家们的不二人选。

于是我们可以看到，在20世纪30年代，上海的报纸及杂志常常被袁美云“占领”。有时她身穿白色长裙，外披风衣；有时上身穿毛衣，下身着碎花裙，脚蹬白色高跟尖头皮鞋；有时身穿西式毛领大衣，头戴礼帽，西洋味十足。这些装扮直到今天来看也毫不过时，在当年更是颇受那些追逐新时尚、追求新文化的新女性们的喜爱。就这样，袁美云成了当时上海的时尚风向标。

第十九章

黄柳霜：一个人的星光大道

游子的船停在上海滩

从星光大道到无字碑

附：黄柳霜《我的自述》

黄柳霜，第一位美籍华人好莱坞影星，也是第一位在好莱坞星光大道上留名的华人女性。

她1905年生于洛杉矶，原籍广东台山。家中靠经营洗衣店为生，共有兄弟八人，黄柳霜排行第二。她的童年时代正逢好莱坞电影初兴期，看电影成了全美范围内的一种时尚，小小的黄柳霜也被电影深深吸引。彼时的好莱坞，常常到“中国城”出外景，并“就地取材”招用华裔临时演员。1919年的一天，一部叫作《红灯笼》的影片在“中国城”出外景，14岁的黄柳霜毛遂自荐，获得了一个龙套角色，从此踏入电影之路。其后陆续参演《羞耻》《海上灾祸》《雷鸣的黎明》等影片。1924年，她在道格拉斯·范朋克主演的神话片《巴格达窃贼》中扮演一名蒙古女奴，从此扬名好莱坞。

1928年起，黄柳霜旅欧三年。她在德国拍摄了电影《歌》，知名度大大提升。从英国到荷兰，从西班牙到意大利，报刊上随处可见她那张充满东方风韵的脸。德国著名摄影家爱德华·史泰钦为她拍摄写真照片，照片刊登在全球发行的杂志《名利场》上。这份杂志当年在上海法租界也可买到。欧洲影迷对她的热情反应，也使得美国国内的高级杂志为她保留版面。不久，黄柳霜又在法国掀起

旋风，继而来到英伦三岛，完成了她的代表作《唐人街繁华梦》。电影巨大的宣传海报悬挂在伦敦大街小巷，盛极一时。

20世纪30年代初，黄柳霜自欧返美，片约立刻如雪片般飞来，但她却选择了先在百老汇演出167场舞台剧，证明自己的表演实力。此后，黄柳霜的表演事业如日中天，在好莱坞活跃了10余年。直到20世纪60年代，她还受到了电影《花鼓歌》及《苏丝黄的世界》的相继邀请。然而天有不测风云，1961年2月2日下午，黄柳霜因突发心脏病而猝逝寓所，一颗巨星由此陨落。

游子的船停在上海滩

1936年春天的一个下午，黄浦江上春风吹拂。下午2时左右，一艘巨轮由东向西转弯，缓缓地驶入外滩水域，船的旗杆上飘着星条旗。

这是一艘从美国加州开来的巨型客轮，乘载着2000多名欧美游客和商人，其中就有名扬欧美影坛的华裔明星黄柳霜。

客船缓缓地停靠在十六铺码头。码头内早已挤满了各大媒体的记者，有的是靠关系直接进入码头，有的甚至租小木船借水路抢占有利地形。

记者们瞪大眼睛注视着船舱出口，半个多小时后，只见一个身材颀长的黑发女子在几个随行者的簇拥下走下舷梯，气质卓尔不群。

“黄柳霜！”一个记者突然大声喊道。

快门声此起彼伏，黄柳霜微笑着挥手致意，并不时地摆出各种造型供记者拍照。这是她首次踏上母国的土地，眼前的一切都让她感到惊喜和亲切。

这一场寻根之旅规格甚高，迎接黄柳霜的不仅有上海电影界的明星胡蝶、杨耐梅、黎明晖等，还有外交家顾维钧、作家林语堂等一批社会名流。黄柳霜深知自己因在好莱坞扮演“底层华人形象”而为人所轻视，此次受到如此礼遇，心里有一种说不出的欣慰，她对顾维钧等人激动地说：“我太爱母国了，我虽然生长在美国，但一踏上这片土地就使我备感亲切和温暖。”

黄柳霜还将林语堂在美国出版的《吾国与吾民》中的句子背诵给众人听，博得了一阵喝彩。她一再强调自己非常喜欢中国的灿烂文化，还说自己的根永远在中国，自己要为中华文化做宣传，让欧美国家的人们了解它的博大精深。

黄柳霜在上海无疑是颇受宠爱的。胡蝶与丈夫潘有声请她到家里做客，林语堂为她设宴，京剧大师梅兰芳也对她“情有独钟”，敬佩她能在华人备受歧视的西方国度里脱颖而出，不仅在金门饭店宴请黄柳霜，还请她在黄金大戏院观看自己的京剧演出。黄柳霜也由此爱上了京剧，还学会了几段经典的京剧唱段，尤其是《贵妃醉酒》。她说，京剧太有艺术感染力了，可以同电影相媲美。

上海素有“东方巴黎”之称，上海的南京路更是格外西化，步行于此，仿佛置身于西方国度，一切是那么相似。在上海，黄柳霜

最爱的就是南京路，更爱极了南京路上的商店，琳琅满目的商品使她目不暇接。

对南京路再熟悉不过的胡蝶，自告奋勇地当起了黄柳霜的购物向导。她先把黄柳霜带到老介福绸缎商店挑选布料，再到不远处的鸿翔时装店为她量身定做各种款式的旗袍。旗袍做成后，她们又来到以拍电影明星、梨园艺人而闻名上海滩的沪江照相馆，拍摄了一组身穿旗袍的艺术照。此后，沪江照相馆老板姚国荣把黄柳霜的照

片制成明信片出售，黄柳霜自己也冲印了很多照片，一一签名送给朋友和采访她的记者。当时《良友》杂志上刊登的黄柳霜照片正是其中之一。

临别前，胡蝶又带黄柳霜到老凤祥选购了耳环、戒指、手镯、项链等。回美国时，黄柳霜的行李足足装满了两个大箱子，其中服装和饰品最多，仅旗袍就有 20 件。

回到美国后，黄柳霜在一部名为《好莱坞派对》的电影中展

示了这一件件漂洋过海的旗袍。受到称赞时，她总会很兴奋地对人说：“这是我在中国上海南京路的服装店定做的旗袍。”

从星光大道到无字碑

尽管出生于美国，但黄柳霜一直心系中国。1937 年日本发动全面侵华战争，面对自己的同胞被杀害，黄柳霜忧心忡忡，心如刀绞。每逢有活动，她就借机上台发表演说，呼吁美国人民和美国政府积极支持中国的抗日战争。她还把自己的各种珠宝首饰拿出来参加义拍，最终将筹得的所有钱款于 1939 年汇到中国。

然而，黄柳霜的这一颗拳拳赤子心并没有打动所有人。1942 年至 1943 年，宋美龄访问美国，在美国国会发表宣传中国抗战的演说，并把握时机将影响力辐射到好莱坞。在好莱坞的演讲台上，众多明星围绕在宋美龄周围，却唯独不见华裔明星黄柳霜的身影。这是因为黄柳霜在银幕上“代表了旧中国的底层华人”，是一个“不入流”的人，因此受到了排挤。为此，黄柳霜非常失落。

在爱情方面，黄柳霜也是非常不顺心，她曾勇敢拒绝父亲为她定下的亲事，与电影制片人米奇 · 尼兰相爱并同居，但当时美国加州法律规定白人不能同华裔女子结婚，这位圈内知名的花花公子也以此为借口离开了她，这使黄柳霜很受打击。

然而，最让黄柳霜感到心酸的还是来自同胞的声音。由于长期扮演身份低微的华人角色，一些在美华人和国内同胞视她为“华人

败类”，对其极尽讽刺、挖苦之能事。

黄柳霜就在这样一种被白人歧视、被同胞误解的环境中生活着，她的内心始终感到冰冷和孤独，既没有享受到为人妻、为人母的平凡快乐，对于镁光灯下的繁华也惶惶不可终日。

死后，黄柳霜被安葬在位于洛杉矶的母亲的坟墓旁，她的墓碑上没有一个字。

附：黄柳霜《我的自述》

做戏可以说是我的第二生命。我自幼就喜欢对着镜子表演戏剧的动作，或者将我所玩的傀儡当作我的观众来表演。那时候我没有想到我会在银幕上，或者在真正的观众面前表演。到了11岁时，我才发现了电影这一种东西，于是我就找着机会尽量地去看电影了。

我的父亲虽然生长在美国，但还带着中国人的旧头脑，以为好儿子是不做戏的。我们日间在美国公立学校读完书，父亲却同时要我们到华侨学校读中国书，所以我对中文倒认识几个字。英文学校是由上午9时读到下午3时，读中文的华侨学校是由4时至7时半。这样长时间的读书，我是没机会去满足我的欲望——看电影的，除非我是欺骗教员或是瞒着父亲，而偷偷地去看一趟。

厕身于电影界，我记起第一次在幕上出现是在米高梅公司摄制的片子《红灯笼》（*The Red Lantern*）中，女主角是当时著名电影明星娜萨穆华（Nazimova）。摄片时适值学校放假，所以我有机会放着胆子加入电影场。那天我所扮演的是300个临时演员中的一个，虽然角色很微小，但这个机会已给我一份莫大的快感了。

第一次上镜头我并不觉得有什么害怕，因为平日我对自己都是做戏的，我的脑子里构造幻想的世界，我置身于飘渺之境。所以做起戏来，我就感觉很快乐，好像是表现我自己似的。

我的电影生活可说是从艰苦中讨来的，起初所得的待遇，真是

非常之薄，头一年在电影界不过做了几天工作。当时我的父亲知道我要做戏，极力反对，但我并不因此灰心。虽然做戏机会来得很慢，我却愿意耐心地等候我的日子的来临。

做了几次零碎的配角以后，我才在《月宫宝盒》（*The Thief of Bagdad*）一片中得到一露头角的机会，这片大概许多同胞都看过，是武侠明星范朋克主演的。范朋克在那片中，给我许多表演的机会。

此后我的做戏机会便渐渐地多起来，不过好的角色不常有，而薪水也不过是按片子给的。多年之后，才和派拉蒙公司订立正式的合同，在派拉公司旗下，我与德国女明星玛琳·黛德丽（Marlene Dietrich）曾合演过《上海快车》（*Shanghai Express*），也曾与乔治·赖甫（George Raft）合作《石灰屋之夜》（*Limehouse Blues*）等片。至于我主演的片子自己认为满意的是那部《海逝》（*Toll of the Sea*）。

在美国电影界做了好几年，我觉得没有什么发展的机会。因此便想到欧洲去。那时德国电影很盛行，如《风流女伶》《大都市》等影片都很有名。名导演如刘别谦（Ernst Lubitseh）、杜邦（Dupont）等是人才辈出，于是我便决心到德国去走一趟。

我初到德国因为不懂德语，还没有找到工作。我费了几个月时光学习德语之后，第一次在德语片中出演，便被社会所欢迎。在德拍了几部片子之后，我又在舞台上继续工作，我觉得在舞台上工作是更让我感兴趣的。

后来我又由德国到伦敦，在英国也登台做了几个月。在伦敦做的舞台剧叫作《灰阑记》（*The Circle of Chalk*），是取材于中国古

剧的。同时我在英国也拍了几部片子。

欧洲方面，他们对我的印象很好，所以当我回美国的时候，我的声誉地位便增高了许多。随后便在纽约舞台也表演了好几次，在芝加哥、西雅图、盐湖城、三藩市等地，更以个人表演歌舞，博得很多的好评。

外国人常常对中国人有很多的误解，尤其是往往坐井观天，武断地评判了全部，所以我每次登台在未启幕之前，必定对着观众说几句声明，说无论我所扮演角色怎样坏，不能代表我们中国人的全体，希望在座观众不要误会。这句话说完之后，我从他们的掌声中知道他们对我的话是很同情的。因此，在外国他们都叫我是“中国善意的使者”(the ambassdor of goodwill)。

我虽未回过祖国，但我到底是中国人，记得我在柏林演了第一部片子而侥幸成功之后，戏院的客厅挤满了等着看我的人，我从影迷中挤过去，忽然感到我是孤独的，因为我发觉围在我旁边的都是异国人。我在那边学习德语、法语等，学习愈深，对中国的怀恋也愈甚，我竭力在我们民族的传统精神上找寻安慰的哲学。我觉得欣慰，因为我现在到底踏进这梦想了许久的中国来了。到上海没几天，人人都问我对中国的感想如何。当我在国外的时候，我时常阅读中国寄来的文章杂志，在外国所出版的中国书籍，我也常买来看。林语堂先生用英文写作的《吾国与吾民》，在美国出版时很受欢迎。我以为中国人的好处，有许多为外国人所不及。昨天有一位周先生来看我，他是在青年会教书的，我敬慕他那种中国学者温文尔雅的态度，同时他是受过外国教育的，看他好像把中西文明融合得很好。

我这次回国，想从教育方面多得一点学问，游历中国名胜，领略各地民俗风土习惯。至于我是否要在中国拍戏，我现在还没有这计划。中国影片在世界市场是很有希望的，我很奇怪为什么中国影片在外国公映的这样少，因为我在美国时看过一部叫作《人道》的中国片，在伦敦也看过几部，片子都很不错。

国人对于我所扮演角色，有点指责，这使我很不安，因为我这种错误是无意中种下的。在初期入电影界，我只能完全受着导演的指挥，不要说所扮演角色是什么连自己也不知道，甚至片中的情节他们也未必说明白。这是事实，导演对于“闲角演员”是不重视的，除了几个重要角色有权审查剧本内容是否与自己主张有冲突之外，其余是不闻不问的了。近年因为我的地位有所提高，对于扮演有关国体的角色，我都很审慎，而且对于剧本也常常提出修改的意见。

最近米高梅摄制《大地》一片，虽然曾派大队人员来华实地摄取外景，但带回美国之后，有许多地方是不适用的。《大地》的原著，已遍传遐迩，这样有关中国整个国家的影片，而担任主要角色者没有几个中国人，我觉得不太对，所以当他们请我担任片中的一要角时，我也表示拒绝了。

我今次回国，目前的志愿是看看祖国的实况和学会语言。电影工作方面，更希望能够做到一个完善的演员的地步，能够充分地把艺术贡献于大众之前。

（原载于《良友》第114期，部分文字有改动）

第二十章

陈玉梅：这个『老板娘』不寻常

失而复得的『电影皇后』
『节俭明星』的大手笔

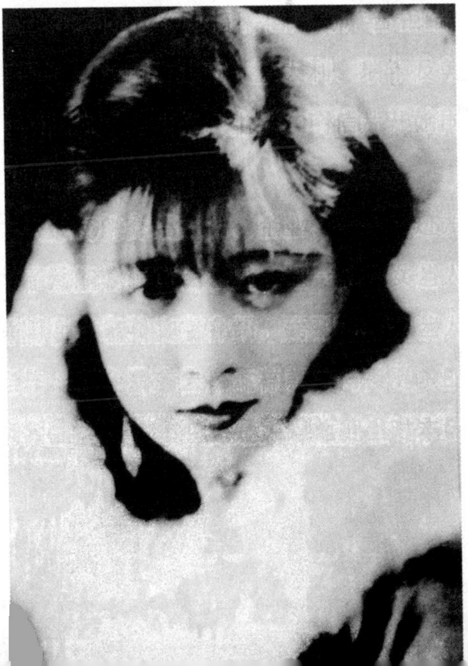

陈玉梅1910年生于江苏盂河，原名费梦敏，15岁进入邵氏“笑舞台”训练班，16岁进入天一影片公司，1923年在《松柏缘》一片中出演配角，1926年因在《唐伯虎点秋香》中主演秋香而成名，此后陆续主演了《生机》《挣扎》《芸兰姑娘》等30余部电影，曾被选为“中国十大男女明星”之一和“电影皇后”。

失而复得的“电影皇后”

1926年，上海天一影片公司投资拍摄古装片《唐伯虎点秋香》，老板邵醉翁在自己的“笑舞台”培训班里物色扮演秋香的女演员，基本要求是年轻貌美、气质文静，同时还要有表演天赋，且能跳能唱。经过堪比选美的多轮筛选，刚满16岁的陈玉梅脱颖而出，这个如出水芙蓉般的花季少女活脱脱就是一个从画中走出的俏秋香，同时，她也走进了邵醉翁的心间。

同年底，《唐伯虎点秋香》在各大影院上映，陈玉梅那纯情而矜持的、带有中国传统女性古典美的形象很快就赢得了影迷的青睐，这让邵醉翁欣喜至极，下定决心力捧她，接连为她拍摄了《铁

扇公主》《夜光珠》《莲花洞》等电影，其中最为成功的要数1931年的《芸兰姑娘》，女主角苏芸兰的悲剧命运被陈玉梅演绎得真实而富有感染力，影院中常常泣声一片。

20世纪30年代，电影界的竞争已趋白热化，陈玉梅显然成了不少公司争抢的香饽饽。或许是为了稳住陈玉梅这一不可多得的当家花旦，又或许是在长期合作中产生了真情，总之，邵醉翁立即向陈玉梅表白，娶其为“二太太”，并投入资金继续力捧陈玉梅。在糖衣炮弹的攻势下，陈玉梅也就一心一意地留在了邵醉翁身边，全心全意地当他的摇钱树，也被电影界戏称为“老板娘”。

1933年1月，上海《明星日报》举办了一次声势浩大的“电影皇后”评选活动，明星公司、联华公司各有胡蝶、阮玲玉参与角逐，天一公司自然力推陈玉梅。在激烈的“明争暗斗”过程中，邵醉翁可谓“无所不用其极”，他花钱买来大量《明星日报》，并雇人一一剪下选票为陈玉梅投票，同时还打点好报社有关人员，坦言如陈玉梅当上“电影皇后”一定重谢。就这样，陈玉梅的票数一路领先。但是，到了宣布评选结果的那天，意想不到的事发生了，最高票数的获得者竟是胡蝶而非陈玉梅。这让邵醉翁非常生气，深感在陈玉梅面前大跌面子，为了补偿陈玉梅，他又力挺她参加由《大晚报》发起的“中国电影皇后”的评选，可惜，陈玉梅最终排名第六，仍未能成为“皇后”。邵醉翁大呼评选不公正，有暗箱操作之嫌。

1934年，上海《影戏生活》日报再次推出评选“电影皇后”活动，邵醉翁愈战愈勇，总结经验，事先把主要环节打通，终于将自己的

"老板娘"送上了"皇后"的宝座。

这场"电影皇后"的风波之后，陈玉梅和邵醉翁举办了一场隆重的婚礼，从此退出影坛，当起了真正的"老板娘"。

"节俭明星"的大手笔

电影明星，在众人眼里往往是追求时尚与奢侈的代名词，无论如何也不会与"俭朴""节约"这些字眼发生联系。陈玉梅却是明星中的一个异类。她有钱却从不乱花，穿着朴素，素面朝天，从不穿昂贵的名牌服装或使用进口的化妆品。她几乎不进饭店，不去舞厅，甚至不上电影院，自觉与种种五光十色的生活绝缘，故得了一个雅号——"节俭明星"。

更令人称奇的是，她平时所穿的套裙、旗袍、风衣等全都是用国产的阴丹士林牌土布缝制而成，无论是去参加电影首映式还是朋友的生日宴或婚礼，陈玉梅始终只穿土布服装，也正因为如此，在那轰轰烈烈抵制洋货、提倡购买国货的年代里，陈玉梅也被人称为"爱国明星"。

陈玉梅对自己的生活节俭得近似抠门，在公益事业方面却很是慷慨。当时南方许多地区闹水灾，除了捐钱外，她还积极参加赈灾义演，募集资金帮助救灾。为了响应"航空救国"活动，她曾去电台义唱，抗日战争爆发，她也积极捐钱及参加各种宣传抗战的演出。上海沦陷后，陈玉梅随丈夫邵醉翁去香港定居，此后一直生活在香港，直至1985年去世。

明星照

第二十一章

白虹：中国第一位『歌唱皇后』

声催泪，影醉人

玲珑美人爱高髻

白虹1919年出生在北京，原名白丽珠。她从小就对音乐有悟性，能歌善舞。1931年，上海明月歌舞团北上招收团员，年仅12岁的白虹因嗓音甜美而被破格录取，从此孤身闯荡上海，开始了自己的演艺生涯。

白虹以唱歌出道，颇受欢迎，同时又凭借良好的舞台形象与表演才华被黎锦晖重用，在他的引荐下参与拍摄了《人间仙子》《国色天香》两部电影，得到但杜宇等知名导演的赏识。到了20世纪30年代中后期，白虹的事业已经如日中天，在歌唱领域，她与周璇、龚秋霞被誉为“三大歌声”，并在演唱风格上独辟蹊径，以轻松活泼、自然流畅的唱法自成一派，还特别擅长演唱爵士风格的歌曲。同时，她在电影领域和话剧舞台上也如鱼得水。

白虹在东南亚的名气比在国内更大。在新加坡、马来西亚、菲律宾等国家，至今还能听到白虹在20世纪三四十年代唱的那些老歌，如《恼人的夜雨》《爱情与黄金》《雨不洒花花不红》《别走得那么快》等。

白虹的多才多艺赢得了老一辈演艺圈人士对她的交口称赞，他们尊她为“全能表演艺术家”。1992年，白虹去世，享年73岁。

声催泪，影醉人

1941年秋，上海新光剧场放映了一部名叫《玉碎珠圆》的新电影，电影中，由白虹扮演的女主角荷珠颠沛流离终遇真爱，却为了心上人的前途不得不忍痛离开。

正当银幕上的白虹满脸泪水，银幕前的观众也愁肠百结时，一首幽怨的小调在影院中响起：

梧桐叶落落花残，
伊人一去何日再回还，
我的泪已流尽，
我的肠已寸断。
记起离别的那天，
我倚着窗栏只有静静的思念，
只有阵阵的心酸，
我无数的衷言无从诉说，
一声再会吧，
也未曾向你呼唤……

这首《别离相思》被白虹唱得凄凄切切，如泣如诉，使观众们愈发沉浸在悲惨的电影情节中不能自拔。渐渐的，影院中竟已哭声一片。电影散场后，只见每一个观众都红肿着双眼以手绢掩面走出影院，一时成为上海影坛的奇观。

玲珑美人爱高髻

生活中的白虹十分爱美，除了在穿着打扮上偏好高雅外，对发型的要求也非常“高”。

20 世纪 80 年代中期，笔者在主编《黄浦区志》时采访了南京路上华安美发厅的理发师陈大牛（外号）。陈大牛在 20 世纪三四十年代以擅长梳女子发髻而闻名于上海理发界，不少当红歌星、影星都是他的老顾客，白虹就是其中之一。

据陈大牛回忆，白虹双眼发亮，很是有神，脸蛋甜美，总是带着微笑的表情。但白虹的个子不太高，为了提升舞台效果，她就特别喜欢穿高跟鞋，而且喜欢梳高高的发髻，这样就能将自己“拔高”许多。1941 年的一天，为了参加一场中秋歌舞晚会，白虹来到华安美发厅美发。陈大牛特意为她梳了一个云髻，层层叠叠，高高束起，如重峦叠嶂。当晚，当白虹在舞台上亮相时，台下众人都情不自禁地为她的美丽而沉醉。

明星照

内容简介

本书从文化科普的角度，将盐文化的相关内容与故事，以通俗易懂的语言介绍给广大读者。全书分为两个部分，第一部分将盐的传说、典故、考古、用途、未来的发展等，以及上海浦东地区的盐文化内容以文字与插图的形式进行介绍；第二部分以古籍《熬波图》为蓝本，采用卡通画风，用生动活泼、年轻人喜欢的绘画语言以及青少年的语言风格作了“新绘”“新说”，把古籍中煮盐的工艺过程和图解再现得通俗易懂、有趣易读，符合现代阅读习惯和审美要求。

序言

滨临江海的浦东，其西部有唐代捍海塘显迹于冈身，东部有宋代里护塘贯穿南北，宋、元、明、清历代村落、市镇星罗棋布于浦东大地。通江达海的浦东，自古至今物产十分丰富，其中海水曾为浦东带来最重要的物产之一，就是盐。

盐乃百味之首，人之必需品，如今已很少有人知晓浦东滨海之地曾是重要的产盐区，其产盐历史达千年之久，历经宋、元、明、清、民国五个不同历史时期，留下了丰厚的产盐史料。从海水中提取食盐，是先民们的一种智慧，食盐也是上苍赐予人类生存的一种宝物。当年，从长江口往南至浙江沿海一带排列着十多处盐场，其中下沙盐场就位于今天的浦东地区。就当时的产盐组织团灶而言，自南而北列有九个团，其中大团、六团、六灶、三灶等地名沿用至今。而以灶为名的河道更有南北之分，多至十余条。

浦东许多市镇多因盐业而兴起，灶港运河，舟楫载盐，盐商云集，盐运使司，衙署掌管。先有鹤沙古镇起始于宋，瞿家三代盐使富甲江东；后开新场盐署鼎盛于明，商贾胜似苏州宅院重重；南有大团长街盐客往来广运天下，金大团之名传播远而响；北有八团乔氏筑堡抗倭寇，场盐大使署驻川沙城。浦东可谓因盐业而兴起于古代，广纳著姓大族创始立家业，海滨之地逐成江南水乡，而后耕读之家，诗文渐盛，才子辈出，地灵人杰。产盐的艰辛，养就了浦东人顽强拼搏的精神；向海取盐的劳作，培育了浦东人团结合作的理念；而心灵手巧的盐民们，在生产海盐的过程中，经过不断的探索，形成了一套产盐的工艺流程，这便是元代陈椿在下沙盐场当盐司时，依据盐场前任官员所作旧图加以编写的传世之作《熬波图》。

《熬波图》用图谱的形式详细记载了当年产盐的过程。这是一本看似几乎被我们已经遗忘了的小书，其所记载的工艺，正是浦东先辈们在当年用以从海水中获取人们每日不可或缺的食盐，透过该书纸页，我们可以看到那一座座冒着熊熊烈火的铁盘灶煮熬海水成盐，看到盐民们冒寒暑辛劳的场景，看到那一座座雪山似的盐堆，从而深深体会到一粒白盐不仅是海水的结晶，更是盐民无数汗水的结晶。该书包涵的历史信息十分丰富，如何解读这些信息，从而让古籍里的文字活起来，为当代文化建设提供优秀传统文化的养分，在有幸读了胡杰明副教授领衔的文艺创作团队所编著的浦东历史文化系列绘本丛书之一《盐文化故事:〈熬波图〉新说新绘》后，可以说对这一问题有了解答，一种观古树逢春的喜悦感油然而生。一本古书获得一种新生，使人从深邃的历史隧道中看到瞬间闪出一缕春的阳光。这是对盐文化的一种理解，对浦东历史文化的一种演绎，更是一种创新的实践。这既是一本解读盐文化之书，又是一本弘扬浦东优秀传统文化之书。

浦东历史文化系列绘本丛书的出版，是对浦东优秀历史文化的又一次深度挖掘和再创作，把她打造成浦东文化软实力建设中的一张品牌，无疑是一件十分有意义的事。盐，人们天天离不开它，但对盐的历史有所知晓的人并不多，而文化的意义在于教化。把浦东优秀历史文化中的物、事、人，化作市民日常生活中时时可悦目、可触摸、可感知的文化元素，这需要文化研究者的不断探索和创新。《盐文化故事:〈熬波图〉新说新绘》的出版，在一粒盐上演绎出了浦东物产文化的大器，在雅和俗的共赏上显示出作者的文化情怀，在古与今的延绵中反映出作者的深远目光，在中与西的交融间揭示出作者的海派胸怀。现今，浦东已不再产盐，但盐文化永载浦东史册，在浦东文化中，盐永远是一味调和百物的圣品。

上海市地方史志学会副会长

2022 年 11 月

前言

文化是一个国家一个民族的灵魂。习近平总书记指出："中华文明源远流长、博大精深，是中华民族独特的精神标识，是当代中国文化的根基，是维系全世界华人的精神纽带，也是中国文化创新的宝藏。"中国拥有卷帙浩繁的古代文献典籍，这些古籍是中华民族的宝贵精神财富，是我们坚定文化自信的重要源泉，要"深入挖掘古籍蕴含的哲学思想、人文精神、价值理念、道德规范，推动中华优秀传统文化创造性转化、创新性发展"。

上海浦东地区拥有众多自然村落和千年集镇文化资源，尤其是沪南公路（古捍海塘）沿线村落带，这里是随海岸线发展而来的滨海放鹤、产盐之地，历史上宋室南迁带来的中原文化与苏浙之地延伸至此的吴越文化融合，经传承嬗变，形成了独具特色的地域文化。

浦东是海里长出来的！从 1726 年下沙盐场的全境示意图可想象出在元明两代历居浙西所属 27 个盐场之冠的下沙盐场的极盛场景。如今，大家来到浦东，从诸多与盐文化相关、保存至今的地名，如三灶、六灶、南八灶、四团、大团、下盐路、盐仓、盐铁塘等，都能感受到 1 000 多年前的盐场气息。

从留住乡愁记忆这个朴素的点出发，历经"千年浦东！""在地与悬浮"到"高质量构建上海城市文化展示力"，初心是弘扬浦东的地域文化。讲好浦东文化对于海派文化定义的修正与筑魂具有重要意义。盐文化和移民文化，即是"海纳百川，兼容并蓄"开放、包容、多元的精神所在。2018 年起东华大学与浦东航头镇下沙社区开启了"党建引领，文化结对"校地合作项目，我们集学校多艺术学科的优势，以"艺术 + 科技 + 美学"的维度，来合力打造进而丰满我们的本土地域文化版图，赓续人文精神之脉。

无论是中国海盐博物馆还是中国盐文化研究的专著，在相关盐文化的论述中都会提及《熬波图》一书，可见该书在盐文化研究领域的重要地位。朱自清先生曾经高度评价《熬波图》一书的政治、学术和艺术价值。

此次《熬波图》新绘新说，尽可能保留原著中“着的闲笔”“图绘的场景”“图说的叙事”“图咏的舆情”，并在充分理解工艺的基础上查漏补缺，从文化科普的角度，采用卡通画风，用生动活泼、年轻人喜爱的绘画风格和语言风格作了新说、新绘，把古籍中关于煮盐的工艺过程讲解得有趣易读。希望这本小书的“线画”能拉近和小读者的距离，在诵“咏”的同时，可阅图与读文，让更多的人了解煮盐工艺、了解盐文化的魅力，体会制盐的工艺之美及“工役之劳”，让盐文化与讲述元代制盐方法仅存之书、难见之奇书——《熬波图》走向大众。

在此书成稿过程中，我们能深研并体会盐文化的博大及原著《熬波图》绘画的工细与生动，真是幸事！由于时间仓促，学术水平有限，此次新说新绘难免有不足和疏漏之处，欢迎广大读者批评指正，不胜感谢！

胡杰明

2022 年 12 月

目录

1 **盐，知多少?**

2 国之大宝——盐

2 盐的传说

4 盐的历史与文化

6 盐的科学与用途

8 上海浦东地区的盐文化

8 浦东地区与盐有关的地名

9 浦东地区与盐有关的非物质文化遗产

11 浦东地区与盐有关的历史人物和文化典籍

15 **《熬波图》**

15 题熬波图

16 熬波图序

17 《熬波图》· 卷上

18 各团灶座图 · 第一
20 筑垒围墙图 · 第二
22 起盖灶舍图 · 第三
24 团内便仓图 · 第四
26 裹筑灰淋图 · 第五
28 筑叠池井图 · 第六
30 盖池井屋图 · 第七
32 开河通海图 · 第八
34 填堰蓄水图 · 第九
36 就海引潮图 · 第十
38 筑护海岸图 · 第十一

40 车接海潮图 · 第十二
42 疏浚潮沟图 · 第十三
44 开辟摊场图 · 第十四
46 车水耕平图 · 第十五
48 敲泥拾草图 · 第十六
50 海潮浸灌图 · 第十七
52 削土取平图 · 第十八
54 棹水泼水图 · 第十九
56 担灰摊晒图 · 第二十
58 筱灰取匀图 · 第二十一

61 《熬波图》· 卷下

62 筛水晒灰图 · 第二十二
64 扒扫聚灰图 · 第二十三
66 担灰入淋图 · 第二十四
68 淋灰取卤图 · 第二十五
70 卤船盐船图 · 第二十六
72 打卤入船图 · 第二十七
74 担载运卤图 · 第二十八
76 打卤入团图 · 第二十九
78 樵斫柴薪图 · 第三十
80 束缚柴薪图 · 第三十一
82 砍斫柴生图 · 第三十二
84 塌车镭车图 · 第三十三
86 人车运柴图 · 第三十四
88 镭车运柴图 · 第三十五
90 铁盘模样图 · 第三十六
92 铸造铁柈图 · 第三十七
94 砌柱承柈图 · 第三十八
96 排凑盘面图 · 第三十九
98 炼打草灰图 · 第四十
100 装泥柈缝图 · 第四十一
102 上卤煎盐图 · 第四十二
104 捞洒撩盐图 · 第四十三
106 干柈起盐图 · 第四十四
108 出扒生灰图 · 第四十五
110 日收散盐图 · 第四十六
112 起运散盐图 · 第四十七

116 参考文献
117 后记

盐，知多少？

盐，百味之祖，五味之首。现代科学还告诉我们，盐与人的健康生命和社会进步发展有着密切的关系。让我们先来看看汉字“盐”的演变：

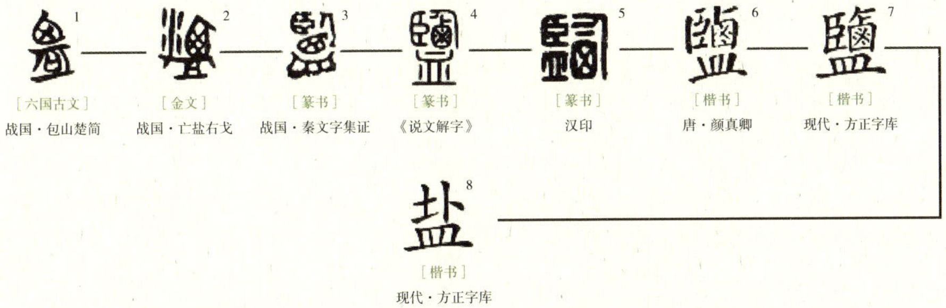

《说文解字》这样说明：“盐，卤也，天生曰卤，人生曰盐。”自然形成的叫“卤”，人工冶炼出来的才叫“盐”。“盐”字的本意，就是“人用器皿来熬煮卤水”。我们看上面的字形演变图，可知由“臣”“人”“卤”“皿”四个部分组成了《说文解字》的“鹽”。这个字蕴含了制盐的工具，人的技术和管理，以及卤水原材料。这个盐字，其实就是我国盐文化的生动体现。

也许你未必能看懂每一次字形演变的意义，但是，你应该能从中领会“天生为卤，人生为盐”的意思。盐须得有人去生产才会得到，盐是人类的劳动成果。所以，就地取材，因地制宜地生产“盐”，是很久远以前就开始的生产劳动。

国之大宝——盐

❶ 盐的传说

从古代流传的白鹿饮泉而发现盐井的故事，到群猴舔地、牛羊舐土等传说，可知早在远古洪荒时代，我们的祖先已经发现并开始利用自然盐（卤）了。尽管当时的“利用”，只是无意中的发现，满足的只是人的生理需求本能。千百年来，盐不但是生活的必需品，关于盐的故事和传说也一直源远流长。

白鹿饮泉

在江苏扬州的“盐宗庙”里，供奉着三尊盐宗：夙沙氏、胶鬲、管仲。

夙沙氏

相传五千年前，山东半岛胶州湾的夙沙氏，最早用火来煎煮海水而制盐，被尊为盐业鼻祖、盐宗之首。传说夙沙氏是夙沙部落的首领，骁勇强健、聪明能干。一天，他在海边生起篝火，将煮水陶罐架在火上准备做饭时，一头野猪从他面前飞奔而过，待捉住野猪回到篝火边时，陶罐里的海水已经熬干了，只见罐底留下了一层白白的细末。这种白色细末的咸味，给他带来了前所未有的滋味和体验，他欣喜地召集部落成员一起来品尝。从此，夙沙部落煮海为盐，开始了有盐的生活。盐给部落的人们带来了更为强健的体格，盐带来的美味体验使人们进一步摆脱了茹毛饮血的状态，开始走向更高层次的文明。夙沙氏因此被认为是有着与神农氏创造农耕文明一样的崇高地位，被后世尊为“盐宗”。

夙沙氏煮海水取盐

胶鬲

胶鬲

胶鬲，是盐宗庙里供奉的第二位盐宗，他因为最早进行盐的买卖，扩大了盐的社会作用和影响，受到后人尊奉。《孟子·告子下》有："舜发于畎亩之中，傅说举于版筑之间，胶鬲举于鱼盐之中，管夷吾举于士，孙叔敖举于海，百里奚举于市。"这里的胶鬲正是盐宗胶鬲。

胶鬲怎么会"举于鱼盐之中"呢？原来胶鬲本是商纣时期的贵族大夫，正逢世事变乱，就隐居在民间，以买卖鱼盐海产品为生。周文王发现了这个人才，从大局考虑，安排他继续在商朝作为自己的内应。文王死后，胶鬲继续为武王伐纣效力，辅助武王经过牧野大战，建立周朝。胶鬲死后葬在无锡胶山，而"胶山"就是因胶鬲而得名。虽然胶鬲实际上更是一位政治人物，但是民间却因为他对盐业买卖的促进，而尊他为盐宗。可见千百年来，老百姓对历史人物的认识，有着最朴素、最简单的认知。

管仲

管仲

司马迁《史记·管晏列传》记载："管仲夷吾者，颍上人也。"管仲，名夷吾，死后谥号是"敬"，所以后人也称他"敬仲"。管仲是古代著名政治家，辅佐齐桓公成就了霸业，并有重要的治国理政论著《管子》。正是在《管子》的论述中，管仲提出了"盐铁官营"的思想雏形，这对政府掌控经济，"通货积财，富国强兵"有积极作用，并在后世发展成重要的经济国策。由于管仲将"盐"与国计民生紧

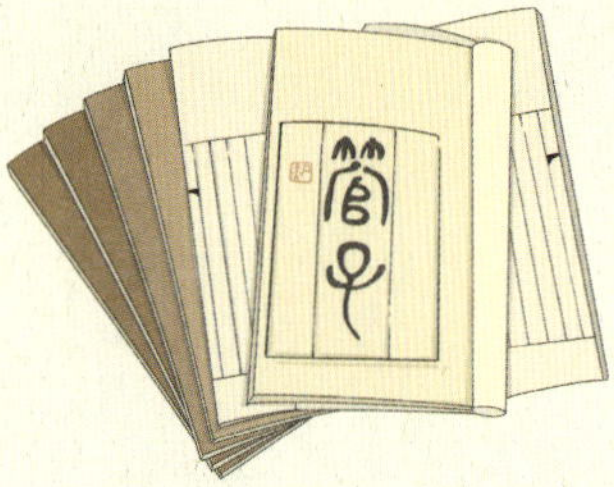

《管子》

密结合起来，提高了“盐”在社会生活中的地位，所以他也成为后世尊称的盐宗之一。

从夙沙氏经胶高而管仲，能看出我国盐文化发展的清晰脉络：早期，人们只是被动地知道了盐的好处，慢慢地人们通过买卖来主动获得盐，最后，人们了解了盐在国计民生中的巨大作用，就以政治手段来控制盐。盐在人们生活中的地位越来越高，盐的进化史，就是人类文明史的一页啊！

❷ 盐的历史与文化

我国人民传统用盐，主要是海盐、池盐（湖盐）、井盐和矿盐四大类。从地理环境来说，东南沿海多用海盐，西北多用池盐，而西南地区则多用井盐。二十世纪五十年代，福建出土了远古的煎盐器具，从中可以证明，早在仰韶文化时期（公元前 5 000 年—公元前 3 000 年），我们沿海地区的祖先就已摸索掌握了以海水制海盐的技术。

盔形器、尖底陶器——古人用来煮盐的工具

《尚书 · 说命》中有“若作和羹，尔惟盐梅”，说明早在商代，食盐已经是调味的必需品了。在《周礼》中，有“盐人”这个职官，就是掌理盐务的。当时由国家统一管理的盐有四种——苦盐、散盐、形盐和饴盐。苦盐含有较多“镁”元素，在没有脱除卤汁时带有苦味。《本草经》称它为“大盐”，唐朝称“印盐”，后世也称“颗盐”，这其实就是一种镁盐。散盐是一种细粒的盐，它是经海水熬煮蒸发得到的，也可以把海边地面上的盐土铲刮起来，经煎炼而得到。古代文献记载了“散盐煮水为之，出于东海”的事实。形盐是指大块的盐。而饴盐，则是产生于西北地区的一种口感较好的盐。周朝社会等级分明，也体现在用盐的讲究上，当时，给大王用的是饴盐，祭祀用的是苦盐和散盐，而招待客人，则要用形盐。

西汉时期，学者桓宽写下了著名的《盐铁论》，全书记载了当时围绕“盐铁官营”问题展开的一场大讨论、大争辩，反映了当时国家对盐铁生产经营的管理思想和方针政策。从这本著作中，我们可知在汉代，我国沿海已经有很多盐场，大规模的盐场甚至有一千多名盐工。而由朝廷出面展开一场关于盐铁生产经营的大讨论、大争辩，也反映出“盐”和“铁”一样，在当时国计民生中占有极其重要的地位与影响。西汉司马迁的《史记》里，也能找到有关佐证，如《列传·吴王濞传》有“濞招人钱，煮海水为盐”，就是说吴王刘濞煮盐盈利。

《盐铁论》

沿海地区煮海为盐，盐务影响到人们生活的方方面面，以致许多地方因此得名。东汉的《汉书·地理志》对此已经有所记载，如会稽郡有海盐县、盐官县等，这些地名很多沿用至今。

在晋代，东南沿海更是布满了盐场。当时有个叫阮升的人，写了《南兖州记》，书中说到“南兖州有盐亭百二十三所，县人以渔盐为业，略不耕种，擅利巨海，用致饶沃。公私商运，充实四达，舳舻往来，恒以千计”。这段话说明了当时扬州、盐城一带“南兖州”靠海吃海、渔盐业丰富、航运发达。

历史发展到元明清三代，留给我们今天可见的关于盐的各种历史文献，就比较多了，具体制盐过程的记载也出现了。例如，元代陈椿的《熬波图咏》，明末宋应星的《天工开物》，清代王守基的《盐法议略》等，都从不同角度记载了当时的盐业生产和盐务管理。著名古典小说《红楼梦》里，林黛玉的父亲林如海，不正是扬州的一位巡盐御史么！

古人的肇基创业，一代代前辈的继承发展，历经千百年的经验教训，汇成了我们今天宝贵的盐文化资源。盐文化是中华文明宝库中的一颗璀璨明珠。

煮盐

❸ 盐的科学与用途

在日常生活中，盐对于我们，不仅是重要的调味品，更是维持人体正常发育，保证健康的不可缺少物质。电影《闪闪的红星》里，吴大叔告诉潘冬子:“人不吃盐，就没有力气。”所以山下的老百姓想尽一切办法越过封锁线，给山上的红军游击队送盐。盐为什么对人如此重要呢?

盐的主要成分是氯化钠，它的化学分子式是 NaCl。钠元素不仅维持了人体内的水平衡和代谢，维持细胞内外的渗透压，它也参与了胃酸的形成，维持人体内酸碱度平衡，促使消化液分泌，从而增进食欲帮助消化。此外，它还参与人体肌肉、神经、心脑血管等器官组织的正常运作。

盐的家族有一万多个品种，不单是厨房烹饪的第一宝物，还在生活中处处陪伴着我们，可以用来洗涤、杀菌、健肤等。同时，盐广泛地用于工业生产，是现代工业重要的基础原料之一。

盐的妙用

在民间，还流传着许多关于“盐”在调味以外的用法，如：

· 早晨空腹喝一杯淡盐水，有助于大便通畅；

· 油炸食物时，锅内放入一点盐，油就不会向外溅出了；

· 煮鸡蛋时，水里放点盐，破壳蛋的蛋白就不会流出来；

· 将胡萝卜捣碎拌上盐，可将衣服上的血迹擦掉；

· 洗衣服时，在水中放些盐，可防止衣服褪色；

· 新的玻璃杯或瓷碗，使用前先在盐水里煮一下，就不易破裂；

· 铜器上的黑斑，可以用盐擦掉；

· 花盆里稍稍浇上几滴盐水，花色就会更加鲜艳；

· 冬季手脚生了冻疮，奇痒难耐，可通过用盐水洗手洗脚来止痒；

……

至于盐在工业方面用途，那就太多啦！它在食品、饲料、皮革、陶瓷玻璃、制碱制皂、染料、油脂、矿冶、医药等工业部门以及水处理，制冰冷藏、公路除雪等方面，都有非常重要的作用，还能广泛地应用于农牧渔业。盐，是国民经济发展的重要原材料！

我国的人口基数决定了我们是用盐大国，同时丰富的自然资源和良好的制盐技术，也使我们成为世界第一产盐大国。但是，如何更合理地利用资源，与环境协调发展，还是我们要继续钻研的大学问。

知识扩展：推荐“盐”相关纪录片

- **《海盐传奇》**：从历史的角度，述说自春秋以来，盐在漫漫岁月中，怎样踏出推动历史发展的伟大步伐。
- **《咸说历史》**：从政治、经济、文化等多角度，全方位展示盐在漫长历史中，对文明的促进作用。盐文化也是民族发展的文化。
- **《生命之盐》**：从盐业生产、盐业科技、盐业发展的角度，了解盐业文明的发展进程。
- **《天下逐盐》**：从文化历史的角度，再现千年盐都曾经的辉煌。

上海浦东地区的盐文化

上海浦东地区，熬波煮盐的历史有上千年，无论地名、习俗、生产技术、盐政管理，都形成了自己的特色。

❶ 浦东地区与盐有关的地名

今天的上海浦东地区，自西向东逐渐成陆是在一千多年前。当捍海塘以东部分还是泱泱大海之时，浦东的先民们，就已经开始在海滩上煮海熬波、开创盐业生产了。

到了五代时期，下沙盐场已成为华亭五大盐场之一，可见盐业发展之盛。北宋后期，官府的盐监和当时的两浙盐运司松江分司，都设在下沙盐场本场，下沙镇也由此得名，这也是上海地区最早的二十多个市镇之一。发展到元明时期，下沙盐场的盐业生产，高居浙西27个盐场之首。遍布的盐业生产组织盐场、盐团、盐灶、盐仓，造就了如今独特的与“盐”有关的地名，如下沙、新场、大团、六灶、盐仓、下盐路等。而为了引水制盐，方便运输，人们还要开沟引水，从而形成无数大小河港，这又形成了诸如一灶港、咸塘港、运盐河、盐铁塘等地名。今天飞驰在浦东大地上的各个地铁，有几个站名直接取用了这些地名？大家不妨做个有心人，认真想一想，专门去看一看。

❷ 浦东地区与盐有关的非物质文化遗产

兴旺几百年的下沙盐场，是盐业史辉煌的一页。盐业发展带来的经济发展，也为百业兴旺带来了契机，给我们今天留下了许多相关的非物质文化遗产。

特色小吃：下沙烧卖

下沙烧卖是上海浦东南汇地区代表小吃之一。烧卖皮要用特殊的擀面杖手工擀制，馅料分为甜咸两种口味：甜味的以豆沙、核桃仁、瓜子仁和陈皮制馅；咸味烧卖以鲜笋、猪肉和秘制猪皮冻为馅料。咸味烧卖以其独特风味更受偏爱。

下沙烧卖

南宋建炎年间（1127—1130年），朝廷在浦东鹤沙镇（今浦东航头镇下沙社区）建立盐场，并设盐监署主理盐务。盐业发展带来了经济繁荣，经济的繁荣，却招来了倭寇的骚扰。至16世纪，地处东海边境地区的下沙，更是经常遭受倭寇的大肆劫掠。明嘉靖三十一年、三十二年，朝廷派兵，驻守在下沙打击倭寇，深得民心。为了慰问官军，老百姓用新鲜的竹笋拌在猪肉里，包出模样别致的精美点心。将士们问这美味点心的名称，下沙乡亲卖了个关子:“边烧边卖！”于是，下沙镇的“烧卖”由此得名。

2011年，起源于明朝的下沙烧卖制作技艺，被列入上海浦东新区非物质文化遗产目录。2015年，进一步被列入为上海市非物质文化遗产保护名录。

民间舞蹈 卖盐茶

《卖盐茶》是浦东地区一种古老的民俗歌舞节目。它诞生于元代至顺时期，即1330—1333年间，萌发于下沙西鹤坡塘拨赐庄一带的古盐场。

卖盐茶

《卖盐茶》表现的是古代盐民们煮海熬波，备受辛苦，迫于生活只好私下冒险卖盐的生活真实。盐民挑着盐篰出门过关卡，盐篰下面装盐，上面却用茶叶遮盖着，自己也打扮成卖茶叶的小贩，在街上串门兜售。由于《卖盐茶》表现的都是盐民真实的生活，深受盐民喜爱。演出时再配以《盐妇苦》《盐夫叹》的诗文歌谣，把盐场艰辛盐民苦的主题渲染得扣人心弦，也映射了南汇地区民间的盐文化特色。

《卖盐茶》又称“挑盐篰”“卖盐婆”。挑盐篰慢慢演变成挑花篮、舞花篮，后人又把花篮改成宫灯，演变成了一种花灯舞。《卖盐茶》一般在民间庙会和传统节日时上演，风行于南汇以及浦东各地。2007年，《卖盐茶》被收入上海市非物质文化遗产保护名录。

③ 浦东地区与盐有关的历史人物和文化典籍

瞿霆发（1251—1312）

瞿霆发

新场古镇入口处有一尊雕像，是元代初年两浙都转运使瞿霆发的雕像。瞿霆发，字声父。土生土长的古鹤沙人氏，他家祖籍在河南开封。宋室南渡后，其祖先移居浦东鹤沙，并担任盐务官。官职世代相继，到了曾孙瞿霆发主理盐务的时候，其职责范围涵盖浙江沿海及长江以南沿海的 34 个盐场，而瞿家也已经是主持上海和浙西盐政达一百年之久的老官家了。

瞿霆发从小刻苦好学，且过目成诵，为人慷慨，乐于助人，深得乡人喜爱和信任。元朝至正初年，夏季东海发生特大潮汛，整个下沙场的盐场一夜间摧毁殆尽，瞿霆发拼尽全力赈济灾民，同时组织力量抢修盐田，重建盐灶，召回离乡逃荒的盐民，帮助他们在短时期内恢复生产，重建家园，深得百姓爱戴。

元仁宗皇庆元年（1312），瞿霆发病故于鹤沙宅第中，并于次年葬于鹤沙祖墓。浙东廉访副使臧梦解特地为瞿霆发写了传。而在瞿霆发逝世 35 年之后，国史院编修官张翥，还为他补写了墓志铭，纪念这位为鹤沙百姓谋福利的官员。

《熬波图》

相传《熬波图》是元代初年一位“名守义，号鹤山”的下沙人士主持绘制的（“熬波”也称“煮海”或“煮水”，是我国古老的海水煎盐手工业技术）。守义出身盐官世家，对当地的盐务生产经营活动十分熟悉，他了解熬波煮盐的过程，也懂得各地不同的具体做法和大家共同遵守的经验。当时流传的制盐专著是淮南人陈华的《通州煮海录》，这本书大约在南宋初期问世，内容包括削灰、刺溜、澳卤、试莲、煎盐、采薪等工序的基本过程，以及当时通州五个盐场的具体位置。守义受到了这部南宋时期制盐专著的启发，决定根据自己所见所知，请人另行绘著一本《熬波图》，记录当时制盐现状、熬波煎盐的具体工艺手段，以及盐工们的艰苦辛劳。

《熬波图》中每幅图画都配了简单的文字说明，守义只完成了草卷，并未能刊刻印行。若干年后，已经残破的图册由守义的儿子交到了时任盐务官陈椿手中，却引起了陈椿的注意。陈椿，元代天台人氏，曾做过华亭县下沙盐场的盐司，很熟悉地方上的盐务事项。他如获至宝，对《熬波图》非常欣赏，也非常钦佩前人的创意和基础图卷的绘制，赶紧找人在原画的基础上，修复增补，自己又为每幅图配上了一段诗文，使全书显得真实生动，图文并茂。

陈椿还为图册作了序言，虽然自己为本书的问世做了重要贡献，但是他并不掠人之美，而对过程作了清楚说明，并指出了这部图册的现实和历史意义。元朝至顺元年（1330），该图册开始刻版、流传，终于有了社会影响。

《熬波图》表现的我国元代海盐冶炼工艺，已经从粗放阶段进入了较为高级的精细阶段了，不仅记录了冶盐技术的发展，也是我国工艺技术和元代社会生产力发展的佐证。明代的《永乐大典》和清代的《四库全书》都注意到了《熬波图》，并将其收入。在千年历史波涛中，民间早已不见此书，《永乐大典》也遭到了毁灭性破坏。幸亏《四库全书》有所收存，尽管原书的图画有 5 幅缺失，但是终于为我们保住了这部重要典籍。有幸我们不仅了解了元代海盐生产技术，也看到了当时围绕制盐生产而展开的社会方方面面的图景。《熬波图》作为我国现存的最早的盐业史专著之一，为研究宋元制盐技术演变史保存了珍贵的史料。

现存《熬波图》的图画每幅都配有文字说明和诗歌图咏，细腻而形象地记录海盐的整个生产流程。分析《熬波图》中画面的内容，大致可以归纳为10组，每一组表现一种工序：

1 基础设施

《各团灶座》《筑垒围墙》
《起盖灶舍》《团内便仓》

2 裹筑灰淋及池井

《裹筑灰淋》《筑叠池井》
《盖池井屋》

3 引取卤源

《开河通海》《填堰蓄水》
《就海引潮》《筑护海岸》
《车接海潮》《疏浚潮沟》

4 辟治摊场

《开辟摊场》《车水耕平》
《敲泥拾草》《海潮浸灌》
《削平取土》《棹水泼水》

5 晒灰淋卤

《担灰摊晒》《筱灰取匀》
《筛水晒灰》《扒扫聚灰》
《担灰入淋》《淋灰取卤》

6 载卤入团

《卤船盐船》《打卤入船》
《担载运卤》《打卤入团》

7 斫柴运柴

《樵斫柴薪》《束缚柴薪》
《砍斫柴生》《塌车镭车》
《人车运柴》《镭车运柴》

8 铁盘冶制

《铁盘模样》《铸造铁柈》
《砌柱承柈》《排凑盘面》
《炼打草灰》《装泥柈缝》

9 撩盐煎盐

《上卤煎盐》《捞洒撩盐》
《干柈起盐》《出扒生灰》

10 收盐运盐

《日收散盐》《起运散盐》

朱自清评《熬波图》(节选)

· 近来读了元朝陈椿的《熬波图》。这是一本有趣的书，记着那时松江一带煎盐的生活。

· 这一本《熬波图》，有三种价值，我们可从三方面论之：一是政治的，二是学术的，三是艺术的。

· 一是此书乃难见之奇书，足备藏书家之一格；二是此书乃研究元代制盐方法仅存之书……自甚有关于史学；而有图佐说，尤为可贵之至。

· 艺术的一面，最值得注意的，自然是那些图的画工……本书绘画的工细，确是可爱。工细而能生动，所以才好；若笔下板滞，虽工细也无味了。本书中便是“界画”，也鲜明有致；其余画工作则确是正在工作，画休息则确是正在休息。

· 最有趣的，各图都能“于百忙中着些闲笔”。每幅上端，往往有些远景：或写乱山，或写烟水，又以小桥村舍，杂树飞禽，点缀其图。每幅中间，灶丁们工作之外，又往往插入些闲人闲事：如老翁负小儿，指点工作，少妇门内看闲，儿童画地着棋，或倚栏垂钓；乃至群鸡觅食，两狗相扑，等等。

· 图咏多五言，也有杂言的。图咏本以补图与说之不及，而实侧重在陈说灶户的疾苦，冀人“寓目动心”；与白居易的《秦中吟》《新乐府》旨趣略同……图咏与说，皆楷书，字体在欧、赵之间，极秀整有致。说中偶有夹注，大抵解释名义。

· 诸咏虽一再力陈灶户的疾苦，但丝毫不带着不平的气氛，这正是时代使然。他们是很安分的，所要求的只是一些怜悯，一些仁政而已。灶户这样想，陈椿等也为他们这样想；反映在那些诗里的，便都是些“怨而不怒”，低首下心的哀诉了。他们的理想，取诗中三语，便可包括罄尽：所谓“公利私亦利”是一，“但愿天公平，无水亦无旱”是二；而后者尤重。这也就是全部图咏的精神了。

原稿发表于 1927 年《小说月报》第 18 卷第 2 号

《熬波图》

题熬波图[1]

〔元〕陈椿

钱塘江水限吴越，三十四场分两浙[2]。
五十万引课[3]重难，九千六百户优劣。
火伏上中下三则，煎连春夏秋九月。
程严赋足在恤民，盐是土人[4]口下血。

[1] 本诗亦为陈椿所作，选自清雍正纂修，乾隆重镌版《敕修两浙盐法志》卷一六《艺文下》。

[2] 两浙：盐区名。钱塘江呈西南、东北走向，江北称浙西，江南称浙东。

[3] 课：税。

[4] 土人：指盐民。

熬波图序

〔元〕陈椿

浙之西华亭东百里，实为下砂。滨大海，枕黄浦，距大塘，襟带吴松、杨子二江，直走东南，皆斥卤之地，煮海作盐，其来尚矣。宋建炎中始立盐监，地有瞿氏、唐氏之祖为监场、为提干者。至元丙子，又为土著相副管勾官，皆无其任者也。提干讳守仁，号乐山，弟守义，号鹤山。诗礼传家，襟怀慷慨。二公行义，表表可仪，而鹤山尤为温克，端有古人风度。辅圣朝开海道，策上勋，膺宣命，授忠显校尉、海道运粮千户，深知煮海渊源，风土异同，法度终始。命工绘为长卷，名曰“熬波图”，将使后人知煎盐之法，工役之劳，而垂于无穷也。惜乎辞世之急。仆曩吏下砂场盐司，暇日访其子讳天禧号敬斋于众绿园堂。出示其父所图草卷，披览之余，了然在目，如示诸掌。呜呼，信知仁民之心如是其大乎！抑尝观淮甸陈晔《通州鬻海录》，恨其未详，仅载西亭、丰利、金沙、余庆、石堰五场，安置处所，捎灰、刺溜、澳卤、试莲、煎盐、采薪之大略耳。今观斯图真可谓得其情备而详矣。然而浙东竹盘之殊，改法立仓之异，犹未及焉。敬斋慨然属椿而言曰：成先君之功者子也，子其为我全其帙而成其美云。椿辞不获已，敢为略者详之，阙者补之，图几成而敬斋不世。至顺庚午始得大备，行锓诸梓，垂于不朽，上以美鹤山存心之仁，用功之勤，下以表敬斋继志之勇，托付之得人也。有意于爱民者将有感于斯图，必能出长策以苏民力，于国家之治政，未必无小补云。

时元统甲戌三月上巳，天台后学陈椿志。

《熬波图》

上卷

第一 各团灶座图

《各团灶座》图咏

〔元〕陈椿

东海有大利，斯民不敢争。
并海立官舍，兵卫森军营。
私鬻[1]官有禁，私鬻官有刑。
团厅严且肃，立法无弊生。

盐业生产是国家经济利益的体现。从选址开始，就要通盘考虑生产过程和生产能力，合理组织、合理安排，组建起一个个熬盐的生产单位——“团灶”。其中“灶”是最小生产单位，一个灶有一二十个煎盐的灶户或称盐户，灶户中从事制盐的劳动人员称为灶丁、盐丁、煎丁、场丁等；两个或三个灶，可组建为“团”。灶团院落的四周需要修筑围墙，开挖壕沟；院落中要修筑池井、修盖存储盐的便仓，并且设置院落大门，并有官兵巡视驻守。官府据此出台了严厉的法令，并加强生产场地和生产过程的管控，以保证盐业生产链的安全和盐业经济的安全。

[1] 鬻（yù）：卖。

第二 筑垒围墙图

《筑垒围墙》图咏

〔元〕陈椿

立团定界址，分团围短墙。
垒土为之限，开沟为之防。
版筑[1]已完固，厥[2]土燥且刚。
团门慎出入，北军[3]守其旁。

熬盐生产的团灶精心组织起来以后，建筑要像城池一样牢牢地围起四周，墙顶要做墙垛，不仅能挡风能排水，还要有人守护，这既是防止闲人随便进出，也为防御海边随时的风潮侵袭，便于及时修复各种原因造成的损毁。

[1] 版筑：指筑土墙时，用两版相夹，填泥其中，用杵捣实成墙，因此称土墙为"版筑"。

[2] 厥（jué）：撅，挖。

[3] 北军：指元代守卫灶团的官兵。

第三 起盖灶舍图

《起盖灶舍》图咏

〔元〕陈椿

筑团未脱手[1]，柈[2]舍又兴工。
运茆[3]上高屋，畚[4]泥矮墙东。
所喜手脚健，敢言腰背慵[5]。
何以门东南[6]，盖以朝其风。

为了保证从春天开始，四季都可日夜不停地熬煮煎盐，要在煎盘上加盖灶舍。灶舍的建筑要求是求结实而不求豪华，建筑物料必须坚固耐用，建造要求需服从团灶生产流程的顺序。房舍的门窗设计要依照海风东南来的规律，顺应风向、吹炉助燃，既保证屋舍安全，又减少盐工烟熏火燎之苦。

[1] 脱手：完工。
[2] 柈：通“盘”，指煮卤水的铁盘。
[3] 茆：通“茅”，指茅草。
[4] 畚（běn）：用木、竹等制成的撮东西的器具，畚箕。
[5] 慵：劳累。
[6] 门东南：将门做成东南朝向，朝风的方向，方便烧火及散烟。

第四 团内便仓图

《团内便仓》图咏　〔元〕陈椿

便仓以便民，规模在经始。
地土既高燥，水港亦通济。
砖壁连屋山，瓦沟建瓴[1]水。
众灶各设仓，公利私亦利。

由于各团灶的盐额多少不同，与总部官仓的距离也不一样，再加天气变化与河水水位的高低涨落不同，产出的盐怎么贮存运输，就是大问题。在生产现场的旁边建造小型的临时仓库——便仓，用以调整运力，调节各团灶生产安排，于公于私都有利。

[1] 瓴（líng）：房屋上仰盖的瓦形成的瓦沟。

第五 裹筑灰淋图

《裹筑灰淋》图咏

〔元〕陈椿

百炼无生泥，万杵[1]皆实地。
池井既坚牢，裹筑又完备。
作劳口舌干，咸水觉有味。
早知作农夫，岂不太容易。

存放含盐灰土的坑，叫“灰淋”。砌造“灰淋”的工艺要求是：①选择摊晒淋卤场地边的高地，挖一个深2尺[2]、宽五六尺的坑；②牵牛在事先选好的草地上反复踩踏，使草筋与淤泥糅合成有韧劲的熟泥，叫做“生田”；③用铁铧锹[3]将生田整齐地铲出，排砌在灰淋坑底和四壁；④再用木槌和草鞭反复捶打抽甩，使之平整紧实不渗漏。

同时，还要在近旁挖一口深度和宽度都为六尺的卤井，同样用生田砌筑，并用一根竹管连通起来，以使卤水流入井内。如此可见，盐工比农夫更为辛苦。

铁铧锹

[1] 杵：一头粗、一头细，用于捣东西的圆木棒。
[2] 尺：1尺=33.33厘米。
[3] 铁铧锹（huá qiāo）：又名锸（chā），一种农具。

第六 筑叠池井图

《筑叠池井》图咏

〔元〕陈椿

凿井以潴卤[1]，井欲实且坚。
又恐风雨至，炼泥包四边。
小块少者抱，大块壮者肩。
临归鞭又鞭，恐为蝼蛄[2]穿。

盐场的卤水池、井有多种，长方形的称“池”；圆形的称“井”。圆形的又有两种：大的叫卤井（直径 6 尺），小的叫缸头（直径 3 尺）。但是池与大小井的深度都是约 8 尺。它们的砌筑工艺都和灰淋池一样，底部都敷设竹管连通。熬卤时，可以从缸头里舀取卤水入煎盘。

[1] 潴（zhū）：积聚。

[2] 蝼（lóu）蛄（gū）：一种昆虫，生活在泥土中，俗称“土狗子”。

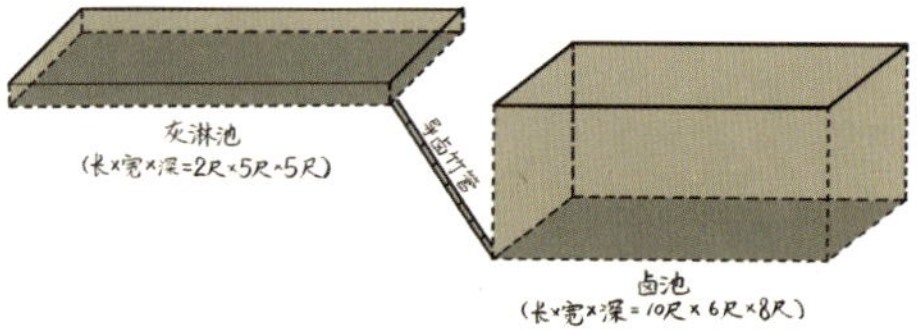

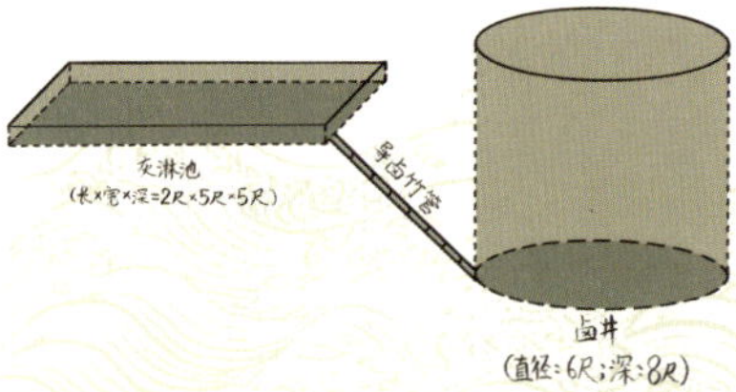

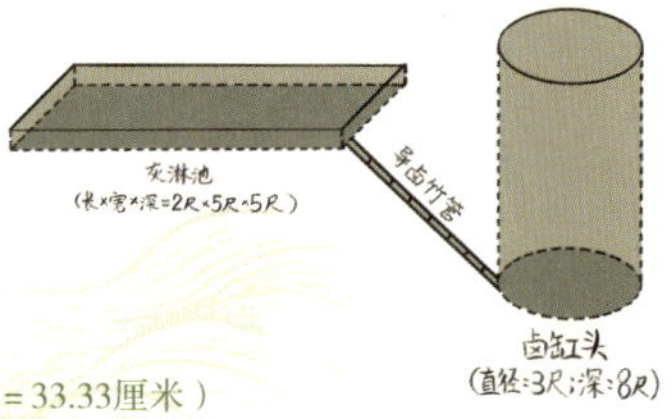

（1尺 = 33.33厘米）

第七 盖池井屋图

《盖池井屋》图咏

〔元〕陈椿

穿凿池井完，上盖数椽[1]屋。
老妇挽[2]茅柴，壮丁担竹木。
檐楹[3]苫[4]着地，难用擎天柱。
固非人所居，但防天雨雨[5]。

雨水会冲淡卤水，所以在池井上要加盖屋棚防雨。虽然不是高大敞亮供人居住的，但是木柱、竹椽、芦墙、茅苫，依然费工费时，并要时时注意修补。一旦雨水入侵，盐卤就要重新淋滤才能使用。

[1] 椽（chuán）：承托屋面的方形构件。
[2] 挽：拉，牵引。
[3] 檐楹（yán yíng）：屋檐下厅堂前部的梁、柱。
[4] 苫（shān）：茅草编成的覆盖物。
[5] 雨（yù）雨：下雨漏水。

第八 开河通海图

《开河通海》图咏

〔元〕陈椿

平地海[1]可通，要非一日劳。
成云举万锸[2]，落地连千锹。
水性元润下，满沟来滔滔。
海水无尽时，要在人煎熬。

煎盐摊晒从原材料到成品运输，从砌筑屋舍到熬波煎盐全过程，都离不开海水。熬波的大小团灶在熬波煎盐之前，必须挖掘引入海水的河道，在港口筑坝，开挖月河[3]，并根据潮汐，设闸控制。由于河道经常被沙泥淤塞，所以必须经常捞泥疏浚，以保证河道畅通。

[1] 平地：指滩涂。

[2] 锸（chā）：挖泥的锹。万锸，形容开河的人众多。

[3] 月河：为减缓水力，开凿成的偃月形河道，河上一般设有闸，根据水位高低、水势大小，开关水闸调节。

注：北宋官员余靖的经典科技著作《海潮图序》中最早确认了月球引潮的现象，在月球和太阳等天体引力作用下产生了海洋的潮汐现象。因为月亮比太阳离地球的距离近的多，所以月球对海水的引力比太阳要大很多。

第九 埧[1]堰[2]蓄水图

《埧堰蓄水》图咏

〔元〕陈椿

今晨海多风，潮水来浩瀚。
未作西头埧，先捺[3]东头堰。
蓄水不患多，将以备烹炼。
复防有泛溢，[4]适中乃为善。

为合理利用海潮，团灶必须筑堤坝、置设备、专人看守。大潮汛时，人人坚守岗位，彻夜守候，既要引潮入月河，又要防潮淹晒场。倍加辛劳，只求水遂人愿。

[1] 埧（jù）：堤塘。

[2] 堰：挡水的堤坝。

[3] 捺（nà）：抑制、挡。

[4] 泛溢：高潮时海水涌溢，翻过堤，淹没摊场。

注：盐文化造就了浦东地区如今众多河流的走向都是东西向的河道。东引大海的海水通过作为引潮河道的月河。引潮的河道后来逐渐变成了运盐的河道，因与灶团相通，这些河道又称为灶港。如今浦东地区东西向的河道从一灶港、二灶港一直到五灶港、六灶港。从地名就可以知道盐文化在浦东地区是如何的根深蒂固。

第十 就海引潮图

《就海引潮》图咏

〔元〕陈椿

人言只手河可塞，我见众力海可通。
东南财赋大渊薮[1]，货财所殖[2]源无穷。
海波万顷取无禁，千夫奔锸来如风。
须臾[3]引海出平地，非人之力天之功。

每日熬波煎盐，用水量极大，六七月烈日烤晒，蓄水月河里的水渐渐不够盐场用了，海上大潮汛也不能接济。人们必须到海边开挖河沟，把海水引到河港内，再用水车把水打上来，以供盐场使用。

[1] 渊薮（sǒu）：人、财聚集的地方。“渊”指深水聚鱼的之处；“薮”指草木茂盛聚兽之处。

[2] 殖：经营。

[3] 须臾（yú）：片刻，很短的时间。

第十一 筑护海岸图

《筑护海岸》图咏

〔元〕陈椿

去海无十里，水可狎[1]而玩。

曾闻十年前，沸腾[2]无畔岸。

所以预隄[3]防，不独为水患。

煮海且富国，民力惜有限。

夏季的台风，给熬波煎盐带来很大麻烦，往往潮水漫灌，破坏了设施，影响了摊晒工期。这时必须多雇人力，筑高堤岸[4]，多观察，常巡视，勤维护。盐业是经济发展重要支柱，但是所费的人力难以计数。

[1] 狎（xiá）：轻慢，指戏水。

[2] 沸腾：指海水泛滥成灾。

[3] 隄（dī）防：隄通“堤”，防水的堤坝，引申为防备，意“提防”。

[4] 三国时期，浦东地区就开始人工修筑海塘。如今的沪南线位置在唐代就是捍海塘。修筑海塘需要在内侧开挖取土，河道随着海塘筑成便自然挖成。宋代形成的里护塘便是原来的运盐河，是如今浦东大运河的前身。

第十二 车接海潮图

《车接海潮》图咏

〔元〕陈椿

翻翻联联，荦荦[1]确确，东海巨蛇[2]才脱壳。
滔滔车腹水逆行，辊辊车声雷大作。
能消几部旱龙骨，翻得阳侯[3]波欲涸。
谁家少妇急工程？径上车头泥两脚。

暑天大旱酷热，即使汛期，潮水也到不了河港。为了不影响摊晒，盐场雇佣大量人工到海边开河引水，并用多部水车，将水从低处一点一点引入晒场，才能满足团灶需求。连妇女也参加了车水劳动。

[1] 荦荦（luò）确确：指水车翻滚转动发出的声响。
[2] 巨蛇：比喻水车很长。
[3] 阳侯：古代传说中的波涛之神。阳侯波此指海波。

第十三 疏浚潮沟图

《疏浚潮沟》图咏

〔元〕陈椿

潮来沟水满，潮落三寸泥。
十日泥三尺，沟与两岸无高低。
长柄锨[1]桷短柄锹，开深八尺过人头。
但得朝朝[2]水满沟，一生甘作泥中鳅[3]。

人工开挖的引海水潮沟，因潮水的涨落带来了大量泥沙而时不时淤塞，人们便拿着各种工具前来疏浚。辛苦得浑身汗泥，像泥鳅一样。

[1] 锨（xiān）桷：即锨，农具名，似锹而铲的部分更方。有铁锨、木锨。铁锨用来挖土，木锨用来撒肥、抛扬谷物。

[2] 朝（zhāo）朝（zhāo）：每天，天天。

[3] 泥中鳅：生活在河湖、水沼中的鱼类，喜欢潜伏于泥中。此处比喻疏浚污泥的劳工。

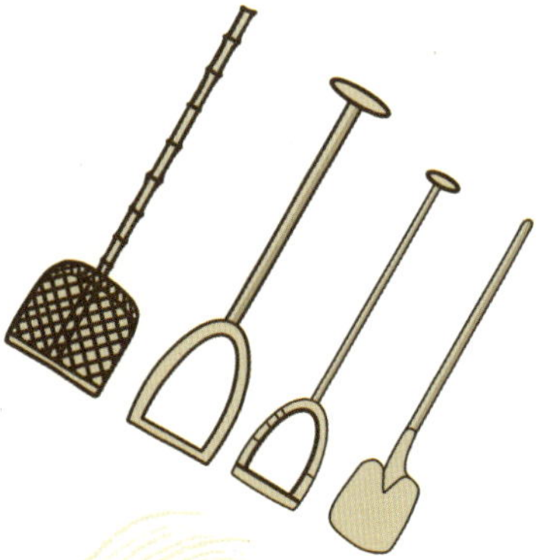

锨

第十四 开辟摊场图

《开辟摊场》图咏

〔元〕陈椿

盐事有先后，首当开摊场。
深犁辟两岸，坚堑[1]壅[2]四傍[3]。
细草不留根，咸波无清光。
但恐人力疲，牛疲亦何伤。

熬波煎盐也要因地制宜，首先需要有较大的摊晒场地，这是最紧要而技术要求又高的事情。场地需选在团灶旁边靠海的盐碱地上，要严格按工艺流程建造。每个摊场长 80 步，宽 24 步，内部划分为三四片区。人力畜力因此极为疲劳。

[1] 堑：沟渠。
[2] 壅（yōng）：隔绝。
[3] 傍（páng）：通“旁”。

第十五 车水耕平图

《车水耕平》图咏

〔元〕陈椿

场面有凸凹[1]，水力均浸灌。
车声接海声，鸦尾衔[2]欲断。
将来晒灰时，恐有不平患。
但愿天公平，无水亦无旱。

为了筑好摊场，牛拉犁，人用铁搭[3]，在初步开辟的场地上反复平整翻耕，整平场地后反复引海水咸潮浸灌，使海水的盐分被场地充分吸收，待水分蒸发后，坚实的地坪上还要再敲碎泥块，拾去杂草，务求光洁平整。

[1] 凸凹：地面高低不平。

[2] 鸦尾衔：乌鸦衔着尾羽排列，形容水车相接相连。

[3] 铁搭（dā）：农具名，用于刨土的工具，有4～6个微钩的锐齿。

铁搭

第十六　敲泥拾草图

《敲泥拾草》图咏

〔元〕陈椿

拾草草叶空，敲泥泥粉碎。
虽如镜面平，犹恐蚁穴坏。
十指尽皲瘃[1]，那复问肩背。
抛却犁与锄，平地且拾芥[2]。

咸水漫浸场地，要等它干燥。这时应该找人将地坪上野生的杂草连根除尽，并防止有虫窝蚁穴孳生。细小的土块也要敲碎铺平，使地坪蓄满盐分，又板结平实。人们顾不上双手冻伤和肩背部累出的伤痛，在地坪上辛苦忙碌。

[1] 皲瘃（jūn zhú）：手足受冻而开裂。瘃，冻疮。
[2] 芥（jiè）：小草。

第十七 海潮浸灌图

《海潮浸灌》图咏

〔元〕陈椿

浙东把土刮，浙西将灰淋[1]。
开得摊场成，车引海潮浸。
土润咸花生[2]，地瘠咸波渗。
煎盐工力繁，惟此艰难甚。

场地清理平整之后，要在它的四边加筑围堤，并再次车海水浸没。等过了几天，地坪渗透吸足了盐分，水也差不多干了，才在上面开出沟渠，重整被沟渠划分成几片的摊场地坪。盐工繁重的劳动中，这是最为吃力辛苦的环节。

[1] 灰：草木灰。这里提到浙东、浙西采用不同的制盐方法，其中“浙西将灰淋”采用的淋灰取卤法（参考68页），主要利用草木灰的载体性能、生盐性能、吸附性能、过滤性能、提浓性能等。草木灰的质量好坏直接影响煎盐的效果和成本，在熬波过程中起到极其重要的作用。

[2] 咸花：盐花，指结在土壤表面上极细的盐粒。

第十八 削土取平图

《削土取平》图咏

〔元〕陈椿

潮泥不厌捣，细草不厌刬[1]。

四方贵匀净，一孔防漏绽。

牛间卧碌碡[2]，鹿过绝[3]町疃[4]。

不日即兴煎，盐事不可缓。

修筑平整摊场，工序沉重而繁琐，被浸透的地坪在几经修整后，根据灰淋的具体需求，将场地划为大小不等的几片，要在其周边及中间开挖浅渠，并在河岸边挖蓄水池。每天引水从池到渠，就是为了反复平整浇泼地坪，务必使它像镜面般平整，既不会有凹下的积水处，也不能有凸出的浇泼不到处，这才能满足后面的摊晒工艺需求。淋卤马上就要开始了。

[1] 刬（chǎn）：通“铲”。

[2] 碌（liù）碡（zhóu）：碾压用的畜力农具。

[3] 绝：越过。

[4] 町（tǐng）疃（tuǎn）：房舍边空地。此处是说厂工忙于盐场事，无暇干农活。

第十九 棹水泼水图[1]

《棹水泼水》图咏

〔元〕陈椿

灰场欲润不欲干，长绳戽海[2]海水翻。
分沟通流护场面，平铺灰了[3]摊复摊。
就场棹水仍泼水，却恐风来一扫间。
健妇肩灰何火急，不顾饥儿扳[4]担泣。

每天上午摊场开始摊晒灰土，下午收走，摊场就空了下来。傍晚，男女劳力都到河边棹水。两人一组，用水桶将水打到蓄水池，水便从蓄水池沿沟渠流到摊场。人们再用渠水泼浇场地，一夜浸润后，第二天早上，又开始摊晒灰土。

[1] 棹（zhào）水：用棹桶舀水。棹，晃动。棹桶，两侧带有绳子的水桶。

[2] 戽（hù）海：取（提）海水。

[3] 了：完成。

[4] 扳（bān）：往下或往里拉。

第二十 担灰摊晒图

《担灰摊晒》图咏

〔元〕陈椿

海天无风云色开，相呼上场早晒灰。
满场大堆仍小堆，前担未了后担催。
少妇勤作亦可哀，草间冬日眠婴孩。
正苦饥腹鸣如雷，转头馌妇[1]从西来。

因为处在不同的处理工序，盐灰有淋过卤水的残灰和未经淋过从炉灶刚出来的生灰两种。每个灰淋每天添入生灰两担，分别用于铺底和盖面。盐工在晴朗的早晨，要将盐灰挑到摊场，一锹一锹撒开摊晒。无论酷暑严冬，男女老少齐出动，连婴儿都带到现场，睡在草堆里，吃饭都是家里人送来。炎炎夏日大汗淋漓，寒冬腊月脚踩冰霜、手脚皲裂，也没有人敢偷懒。

[1] 馌（yè）妇：送饭的妇女。

第二十一 筱[1]灰取匀图

《筱灰取匀》图咏

〔元〕陈椿

筑场才罢随上灰，灰如细尘地如席。
更持长筱轻拂拂，灰中莫有块与核[2]。
一片灰场几经手，壮者尪[3]羸肥者瘠[4]。
飞扬最怕海边风，不怕天边日头赤。

晒灰时，先将盐灰用木锹撒开，再用筱竿掸打，这就叫筱灰。筱竿是用一根六尺长的竹竿，梢头再绑上两三支小竹竿做成的，用以将盐灰掸打均匀。一切考虑都是为了熬煮时易于出盐，而不会结成块垒。虽然时值盛夏，盐工心忧盐灰质量，只愿有烈日不愿有风。

[1] 筱（xiǎo）：小竹枝。
[2] 核：指小土块。
[3] 尪（wāng）羸（léi）：身体瘦弱、虚弱。
[4] 瘠（jí）：消瘦。

《熬波图》

下卷

第二十二 筛[1]水晒灰图

《筛水晒灰》图咏

〔元〕陈椿

风日太燥灰欲飞，灰底太湿生地衣[2]。
老丁[3]调停视干湿，或晒或洒随其宜。
长撩[4]取水信手泼，灰不至死[5]长含湿。
水匀不燥亦不湿，明朝卤成咸到骨。

摊晒中的盐灰容易被风吹刮，但是太湿了又会粘在地上生出盐花。这时，需要有经验的盐工，手拿长柄浇水工具——浣料[6]，站立在上风，手中浣料一泼洒，水花均匀地洒到盐灰上，正好滋润盐灰，避免风吹灰散，又不至于太湿。这种燥湿相宜恰到好处，必是行家里手的活计，才能确保质量。

[1] 筛：指用手抖动，使泼出的水呈扇形均匀展开。
[2] 地衣：苔藓。
[3] 老丁：有经验的煎工。
[4] 撩：舀水由下往上泼出去。
[5] 死：结成团。
[6] 浣（huàn）料：指盛水用的小桶，装有长柄。

第二十三 扒扫聚灰图

《扒扫聚灰》图咏

〔元〕陈椿

扫开扫闭秃千帚，推去扒来穿两肘。
百堆千堆乱人行，一尝再尝硷[1]人口。
千夫上场争晒灰，晒灰亦有高低手。
尔曹[2]慎勿叹苦辛，明日成盐此其母[3]。

夏季摊晒至午后，灰的浓度已然达标。盐工们从摊晒场的各个部位，将盐灰扫拢成堆。冬季，这个摊晒过程要两三天。整个摊晒的工艺是非常复杂而辛苦的，老盐工都是有丰富经验的高手，这才为熬制成盐打下基础。

[1] 硷：土内含有的一种物质，成分为碳酸钠，性滑味咸。这里是说，尝了又尝，使人嘴里充满了咸味（硷味）。

[2] 尔曹：你们。

[3] 母：根本。

第二十四 担灰入淋图

《担灰入淋》图咏

〔元〕陈椿

一淋灰半湿，再淋灰欲泣。
三淋四淋灰底透，竹笕[1]通池如雨集。
闲投石莲[2]就卤试，三莲四莲直沉入。
丁夫闲少辛苦多，却恐无灰可相接。

摊晒后扫拢的灰堆，满场都是。现在要把它们挑到灰淋里去了，一般一个灰淋要挑三十担，但是具体要根据灰场和灰淋的实际大小而定。底下先挑一担生灰铺底，最上面也必须有一担生灰盖面，并要将盐灰都踩实。只有踩实了，卤水才能下得顺畅，否则不容易出卤水。灰堆顶上，放一束草把，卤水从草把中浇下来，这样可避免灰堆直接受到水流的冲击。浇水时，还要注意掌握好盐分的浓淡程度。

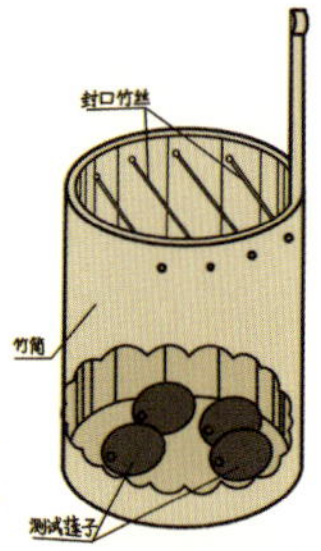

莲管图

[1] 竹笕（jiǎn）：引水的长竹管。

[2] 石莲：莲管秤里的石莲子，是用睡莲科植物莲的干燥老熟果实加工而得。

第二十五 淋灰取卤图

《淋灰取卤》图咏

〔元〕陈椿

扻[1]灰上担去复还，倾灰满淋高如山。
小池畜水待浇泼，外面虽湿中央干。
灰如命脉卤如血，血与命脉相流连。
便须载卤入团去，官司明日催装柈。

灰淋出卤了，卤水顺着建筑时埋下的管道流入旁边的卤井。这时就要用石莲子对卤水的浓度进行检测，这就是石莲试卤咸淡之法，要把淤泥浸过的石莲分别浸泡四种不同咸度的卤水。卤水分成几种：最咸的是一等全卤；卤 3 水 1 的是二等卤；卤 1 水 1 的是三等卤；卤 1 水 2 的就是四等卤了。卤水中放入测试石莲，看石莲在卤中沉浮，区别出卤水浓度。眼看着卤水要送到灶上开煎了。

[1] 扻（zhì）：通“栉”，耙。

石莲试卤咸淡之法

第二十六 卤船盐船图[1]

《卤船盐船》图咏

〔元〕陈椿

大船小船名虽共，盐船卤船各适用。
卤船浅浅构作舱，盐船实实装其舸。[2]
灰卤附[3]团便且轻，盐鹾[4]到仓远而重。
也无桡[5]桨与风帆，篾缆[6]牛牵运防送。

船和船都是本地盐业运输工具。运送卤水到团灶熬煮的是船，它吃水很浅，船形也不大。盐船则专门用于运送成品盐往仓库，它可以几条合并在一起，外面盖上府衙官印，由牛牵着竹篾编成的绳子拖着行进。

[1] 船（diāo）：小船，吴船的一种，用于运盐。
[2] 舸（tóng）：木船，这里指船舱。
[3] 附：归。
[4] 鹾（cuó）：盐。
[5] 桡（ráo）：桨、楫。
[6] 篾（miè）缆：篾，薄竹片，可用于编席子、篮子。篾缆，竹篾编成的绳索。

第二十七 打卤入船图

《打卤入船》图咏

〔元〕陈椿

大池小池无著处[1]，相呼上卤入团去。
舠[2]船满载百余石，艚[3]船塞港百余只。
看船人丁暂得闲，牵牛从此无余力。
最喜长年[4]老怕事，满船不敢偷涓滴。

运卤船拉倒灰场边的河上，盐工通过浣料和竹管，把卤水送进船上的卤舱，让牛牵引着卤船行进到团灶。一时间，河道里挤满了运卤船只。有经验的掌船人这时最受欢迎，他们掌控的船，船中的卤水一滴也不会浪费。

[1] 著处：空余（存卤）之处。
[2] 舠船：一种小船名。
[3] 艚船：一种船名。
[4] 长（zhǎng）年：船工，掌船人。

注：下沙盐场是当时中国沿海的大盐场之一。“大池小池无著处，相呼上卤入团去。舠船满载百余石，艚船塞港白余只”正是描绘了那时下沙盐场运卤入团的盛况。

第二十八 担载运卤图

《担载运卤》图咏

〔元〕陈椿

担夫负担赪[1]两肩，两牛拽船行且鞭。
人力不甘牛有力，岸傍水底争相先。
牛肥且健不惜力，担夫惟愁桶底穿。
日西比及到团前，牛却长叹人无言。

摊场与团灶的距离各不相同，地形也有高低不平，牛和船只不能通达的地方，只得人工挑着卤桶运送。待傍晚先后到达团灶时，人牛皆疲惫不堪。

[1] 赪（chēng）：赤红。

第二十九 打卤入团图

《打卤入团》图咏

〔元〕陈椿

团前运卤船衔尾，上卤分沟入团里。
长笕短笕断复连，行地滔滔如注水。
今年天道好晒灰，那更淋灰清彻底。
试来入口十分咸，守煎欢赏管煎喜。

卤船到了团灶外河港，盐工将船上的卤水舀卸到池中，再经事先敷设的竹管内，卤水便从这里流入团灶的沟渠卤池。看着上好的卤水，大家心里充满了期盼。

第三十 樵斫[1]柴薪图

《樵斫柴薪》图咏

〔元〕陈椿

黄茆白苇地，一望百余里。
长镰[2]莹如雪，动手即披靡[3]。
纵横卧荒野，海风吹不起。
虽有菅与蒯[4]，亦毋弃憔悴[5]。

熬波煮盐，离不开柴草。官府盐额不断增加，而草荡并没有扩大，所以柴草燃料成了大问题。春天为了不让人们过早砍伐嫩草，草荡有人“看青”防守，而有些缺燃料的人家，四月柴草才长到一尺左右，就迫不及待地砍斫了。梅雨过后小暑节气，砍伐季到了，砍伐时人们要注意自我保护，避免被柴根杂草扎伤。熬煮时，卤水浓并不费柴火，而卤水淡了，熬煮就特别费火，往往要多烧几倍柴草。当柴草不够时，就要再花钱买麦秸秆来烧，成本更高。因此，不同地区因燃料充分与否，产盐的成本有很大差异。

[1] 樵（qiáo）斫（zhuó）：樵，柴；斫，用刀斧砍削。
[2] 镰（héng）：镰刀。
[3] 披靡：倒伏。草纷纷被割倒。
[4] 菅（jiān）与蒯（kuǎi）：茅草之类。
[5] 憔悴：枯萎的草。

第三十一 束缚柴薪图

《束缚柴薪》图咏

〔元〕陈椿

平明[1]加束缚，委地何纷纷。
一亩当几束，一束当几斤。
一际[2]万余束，际际连青云。
余草任狼藉[3]，待与樵者分。

雇人斫柴，要翻晒两三天，待柴草干了，把它们扒拢，再用茅草搓成的七尺长绳子，把柴草扎成捆垛，每捆有周长六尺，堆在草荡，再由牛车或人工运送至团灶。柴草倘遭到雨淋，就会因受潮腐烂而火力不足，而散落在草荡的不成捆的碎草，就随樵夫们安排了。

[1] 平明：天刚亮时。
[2] 一际：一堆。
[3] 狼藉：散乱的样子。

第三十二 砍斫柴生[1]图

《砍斫柴生》图咏

〔元〕陈椿

黄茅斫尽盐未足，官司熬熬催火伏。
有钱可买邻场柴，无钱之家守盐哭。
茅根得雨力未衰，昨日犹短今日齐[2]。
乱包急束少作堆，三寸五寸寻柴生。

宋代熬波煮盐，由官府指定草荡，而且当时规定的盐额不高；元代，盐额增加了，而可供砍斫的草荡却并没有增加划拨，所以熬煮的燃料成了大问题。往往刚刚开煮就缺柴，春天柴草刚刚生长已经被砍斫，到了秋天却无柴可砍了，只好再雇人到草荡内，把茅根树桩，或者已经砍伐的残桩上新长出的杂柴再刮削砍斫来，用草绳捆绑几道成横包柴[3]，当作柴草燃料，集中堆成垛，陆续搬运入灶团。

[1] 柴生（gǎ）：除去枝丫、树梢枝干之后的树桩。

[2] 齐：长高。

[3] 横包柴：柴桩、草根被捆绑成方块状的柴草捆。

第三十三 塌车[1]镭车[2]图

《塌车镭车》图咏
〔元〕陈椿

千牛密攒蹄，车声雷长堤。
担夫欲争道，长驱与之齐。
束草如山高，牧子犹嫌低。
陆地行尚可，可怜行深泥。

柴草运输需用车，造车的木料必须坚硬耐用。穷人家用塌车，塌车平底，没有车轮；而富庶人家用镭车，配以铁轴车轮。每辆镭车的车轮轴头由四根生铁铸成的铁管构成，穿套做成笼轴，耐磨的车轴叫“团穿[3]”。镭车制作成本和运输成本虽然很高，但是效率也提高了，车上柴草堆得跟小山似的，一次可以同时运更多。

[1] 塌（tā）车：不带轮子的运货车。
[2] 镭（léi）车：带轮子的运货车。
[3] 团穿：用硬木制成的耐磨车轴。

第三十四 人车运柴图

《人车运柴》图咏

〔元〕陈椿

塌车无两轮，陆地行如飞。
肩拖与背负，右挽仍左推。
家家牛正忙，不念人力疲。
运柴恐不迭[2]，一日知几回。

每日熬波煎盐不断，到了阴雨天往往柴草燃料跟不上。外面的柴草不可能随要随到，而团灶内又不可能贮存太多，狭窄的空间堆放太多柴草会有火灾的危险。因此每天运送柴草的车辆和人员奔波不息，往往还要再临时加雇人手运送。

[1] 不迭：不停

第三十五 辒车运柴图

《辒车运柴》图咏

〔元〕陈椿

平明驱群牛，驾以大小车。
车上何所有，束束黄茅柴。
行行[1]亦良苦，牧竖[2]不停挝[3]。
空车晚归去，牛背载寒鸦。

阴雨天路面泥泞积水，塌车和担夫都难以行进时，辒车就发挥出其有车轮的巨大优势。在运力上，一辆辒车可以装运 50 捆柴草，而塌车只能装 15 捆。牛拉着辒车也很辛苦，赶车人的鞭子不断地策挝着。

[1] 行行：牛来回运草，行走不停。
[2] 牧竖：牧童。
[3] 挝（wō）：鞭打。

第三十六 铁盘模样图

《铁盘模样》图咏

〔元〕陈椿

方盘虽薄容易裂，圆镬[1]虽深又难热。
不方不圆合而分，样自两淮行两浙。
洪炉一鼓焰掀天，收尽九州无寸铁。
明朝火冷合而观，疑是沅江九肋鳖[2]。

煎盐的煎盘[3]有不同材质和形制，方盘薄而容易碎裂，圆镬厚深耐用，但是受热较慢。各地煎盐技术也不断互相学习借鉴。煎盘大了接缝多，煎盘没有接缝的却很小。盘脚是为了搁置稳固方便。也有篾质的煎盘，但用两三天就容易烧坏，只能应付临时性差事，还是铁盘经久耐用。

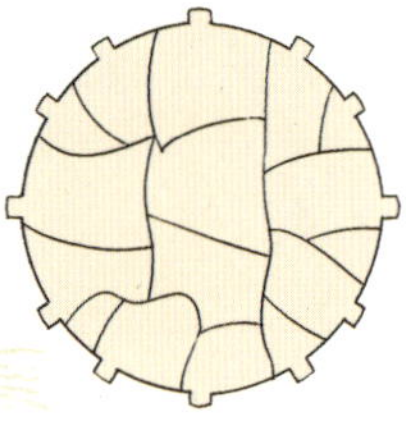

[1] 镬（huò）：古时的大锅。

[2] 九肋鳖：产自沅江的一种鳖。

[3] 煎盘：煎盐工具。汉曰牢盘，唐、宋曰盘铁，厚至五六寸。

第三十七 铸造铁柈图

《铸造铁柈》图咏

〔元〕陈椿

大柈大小十余片，中盘四片小盘二。
谁将红炉生铁汁，泻入模中随巨细[1]。
神槌[2]击后皆有用，良冶[3]收功在零碎[4]。
闲看炉鞴[5]弃荒郊，当时闹热今如水[6]。

铸造铁盘先要根据各自需要定下大小。以破旧铁锅的铁料为最佳。先用当时的各种耐火材料造好熔冶炉，再根据入炉的铁块重量，以一斤铁块一斤炭的比配计算总量。拉动风箱扇火熔铁，再让铁水顺着耐火材料做的槽管流泻到准备好的模具内，用小麦穗加泥和成一块，放在木杖顶堵塞即可止住铁水，这就浇铸成煎盘了。一般一张煎盘需要生铁原料一两万斤。几户合用一个煎盘，可以平摊降低成本。

[1] 巨细：大小。
[2] 神槌：检验铁盘的敲击工具。
[3] 良冶：善于铸制金属的人。
[4] 零碎：指合零为整。
[5] 鞴（bèi）：鼓风吹火的皮囊，风箱。
[6] 如水：比喻受到冷落，指熄炉后铸盘厂的现状。

第三十八 砌柱承柈图

《砌柱承柈》图咏

〔元〕陈椿

灰泥炼得如蒸土，巨砖为驼石为虎。
四垠[1]打就围火城，中间屹立承柈柱。
此时筑打不加工，他日难禁大火聚。
满盘白雪积如山，不比金茎[2]但承露[3]。

煎盘安装之前，先要用上千块砖砌好两排砖柱，才能承受铁盘的重量。在灶口的前后方向还要砌好灶门。铁盘周围是土砖墙壁，高约二尺多，要求结实坚固，铁盘才能搁在上面，每隔三五日要重砌柱墙。对盐工而言，这个砖柱就好像铜柱支撑着承露盘一样可贵。

[1] 四垠（yín）：四边。
[2] 金茎：铜柱。
[3] 承露：承露盘。

第三十九 排凑盘面图

《排凑盘面》图咏

〔元〕陈椿

形模[1]本浑沦[2]，何乃散而聚。
世无乌获[3]力，万钧[4]未易举。
片段合凑成，冶工费熔锢[5]。
虽曰小铁驼，能补空缺处。

盘块浇铸出来的形状会有所不同，这就需要几十个盐工用各种工具，想尽办法，把盘块安置到砖柱上，排列拼凑成盘。如果有的地方碰不到砖柱，就要用铁块打造成盘驼[6]，用曲头挂在两边的大铁块上，因势借形，凑补调整，力保煎盘平稳搁置。

[1] 形模：形状。
[2] 浑沦：整体、完全。
[3] 乌获：战国时秦国力士，指古代有力气的人。
[4] 钧：古代的重量单位，一钧为三十斤。
[5] 锢（gù）：用熔化的金属液灌堵空隙。
[6] 盘驼：铁驼。

第四十 炼打草灰图

《炼打草灰》图咏

〔元〕陈椿

草灰将何用？鞭打不停手。
明朝装盘时，泥箯[1]护柈口。
壮夫打鞭千百折，炼得白灰成黑雪。
谁知只是炉与篾[2]，泥向盘边坚似铁。

铁盘排装完成后，它的接缝处必须涂塞黏合。黏合用的黏土，是用一种茅草先搓绞成大绳，再切剁成寸长的碎股，和入生灰，并用少量卤水滋润，以免风吹飞扬。盐工们围坐旁边，用木棒反复捶打两三天，黏土方可备用。待需用时，加入适量石灰和盐卤，再捶打黏稠，这就成了涂塞盘缝的上好材料。

[1] 箯（biān）：竹编制品。这里指芦苇做的围圈。
[2] 篾（miè）：薄竹片。

注：草灰拌和石灰、盐卤等，用于涂塞盘缝，这种方法又称为苑（yuán）灰勾缝法。

第四十一 装泥梓缝图

《装泥梓缝》图咏

〔元〕陈椿

三长四短铸盘片，五合六聚凑盘面。
老丁自有生锌[1]药，灰日千舂[2]泥百炼。
深深抹缝工[3]补插，五六乌金小驼健。
补虚架满荀目前，安得天地为炉阴阳炭？

铁盘装凑完整，会有大小不等的缝隙，宽的 4 ~ 5 寸，窄的 1 ~ 2 寸，必须糊平填满。一般先用柴草充塞并用竹签穿入固定，再用打好的灰胶黏土嵌涂平整。煎盘周边也要包围起五六寸高的芦席，再涂裹上灰泥，还要用大牛骨片压实并打磨光洁，然后用 10 余束柴草火烤以使之坚固。拔去竹签后，接着就要对煎盘的各种拼接缝及盘壁反复刷盐卤，并烤灼打磨，等它坚实稳固了，才可用于熬波煎卤。这繁重又精细的工艺，每三五天就需要重复一次。

[1] 锌：通“焊”。
[2] 舂（chōng）：捣碎。
[3] 工：精心。

第四十二 上卤煎盐图

《上卤煎盐》图咏

〔元〕陈椿

竹筩[1]泻卤初上盘，今日起火齐著团。
日煎月炼不得闲，却愁火急柈易干。
炎炎火窖去地三尺许，海波顷刻熬出素[2]。
烹煎不顾寒与暑，半是灶丁流汗雨。

盘面装泥完成，煎盘点火熬波开煎，这就不能停火了。盐工要排好班次轮流上岗值守。卤水从缸头舀到排好的竹管内流入煎盘，距离远的就要加长竹管。这时如发现煎盘有渗漏，可用牛粪和石灰来补缝隙。经酷暑历严冬，那结晶的盐粒，也是盐工的辛苦血汗。

[1] 筩（tǒng）：通“筒”。
[2] 素：白，指盐。

第四十三 捞洒撩盐图

《捞洒撩盐》图咏

〔元〕陈椿

火伏上则盐易结，日烈风高胜他月。
欲成未成干又湿，撩上撩床[1]便成雪。
盘中卤干时时添，要使柈中常不绝。
人面如灰汗如血，终朝彻夜不得歇。

如果是旺季，卤水很浓就易于熬出盐。盐工安放一两个五六尺宽的木架，铺上竹篾，称之为“撩床”，再将盘内凝结起的盐糊扫拢铲起，放在撩床上沥去卤水，这就成了干盐。煎盘内不断加入生卤熬煮，又不断撩起盐糊。卤水太浓了，还要加入清水防止粘底，如此日夜不断。要是等一盘煎干了再撩盐，速度就慢了，而厚厚的盐像锅巴一样结在盘底，影响火候也影响质量，就要用盘槌铲去，这对煎盘会有很大伤害。

[1] 撩床：放置湿盐的竹篾架。

第四十四 干柈起盐图

《干柈起盐》图咏

〔元〕陈椿

大柈未冷火初歇，轻轻铲柈休铲铁。
有如昨夜未完月，妖蟆[1]食破圆还缺。
又如水晶三角片，又如蒸饼十字裂。
正愁天上多苦雾，却喜海滨有咸雪。

到了淡季卤水不浓，结盐就慢了，利用湿糊撩盐的方法难以实施，只得等盘中盐卤熬干了再铲起盐粒。煎盘厚重难以冷却，盐工穿着木底拖鞋在盘边走动扫拢盐粒。动作要小心，不能铲坏了煎盘。看着雪花一样的盐晶，盐工忘却了屋外的恶劣天气。

[1] 妖蟆（má）：古代传说中的月亮上的蟾蜍。

第四十五 出扒生灰图

《出扒生灰》图咏

〔元〕陈椿

死灰不复燃，生灰[1]犹未死。
昨朝火窖中，今日冷如水。
莫嫌灰担重，积灰那忍弃。
晒干再下淋，又作还魂鬼[2]。

摊晒的咸灰每天要与生灰拌和，所以烧火时从盘下扒出生灰，用水浇灭火星而保存其生灰特性。盐工将这些生灰挑到场头，准备再次下淋使用。这些材料当然是储备越多越好。

[1] 生灰：出炉后未摊晒淋卤过的草木灰。
[2] 还魂鬼：指生灰再经晒淋变成的盐灰。

第四十六 日收散盐图

《日收散盐》图咏

〔元〕陈椿

一日煎几何，一日收几多。

但忧办不上，不独遭讥诃[1]。

日课有工程，官事无蹉跎。

月月无虚申，不敢连司磋[2]。

盐工在煎盘上轮值，一班接着一班，周而复始。如果有一户完成了煎盐额度，团灶的组长就会前来计数核验，并收入团灶的盐仓。组长根据数量的多少，支付劳动成本、生产费用以及人工口粮，奖勤罚懒。如果有盐户完不成额度或虚报数量，不仅盐户受罚，还要连累盐官。

[1] 讥诃（jī hē）：责难。

[2] 连司磋（cuó）：连累管盐官。

第四十七 起运散盐图

《起运散盐》图咏

〔元〕陈椿

散盐如积雪，地上数百堆。
关防少[1]不密，团门或夜开[2]。
多备牛与船，加以人力推。
总仓有统摄[3]，不招还自来。

各团灶每天产盐源源不断，自建的便仓满了，必须及时运送到官家总仓。政府对盐业经济实施严控，统一征收，统一发往各地。各团灶每天人工挑盐装运，严格监管并钤印作记，沿途还要有军队警护监督，直到送抵官仓交货。至此，整个熬波煎盐的辛苦才告一段落。

[1] 少：稍。

[2] 或夜开：指偷漏私卖。

[3] 统摄：总管。

注：《熬波图》重点介绍煎盐过程，图至《起运散盐》为止。王定安等编修的《重修两淮盐法志》卷十五《图说门》中，后续收有《归垣》《捆盐》《过称》《收买》等图。盐事始末方见全。

1726年下沙盐场全境示意图

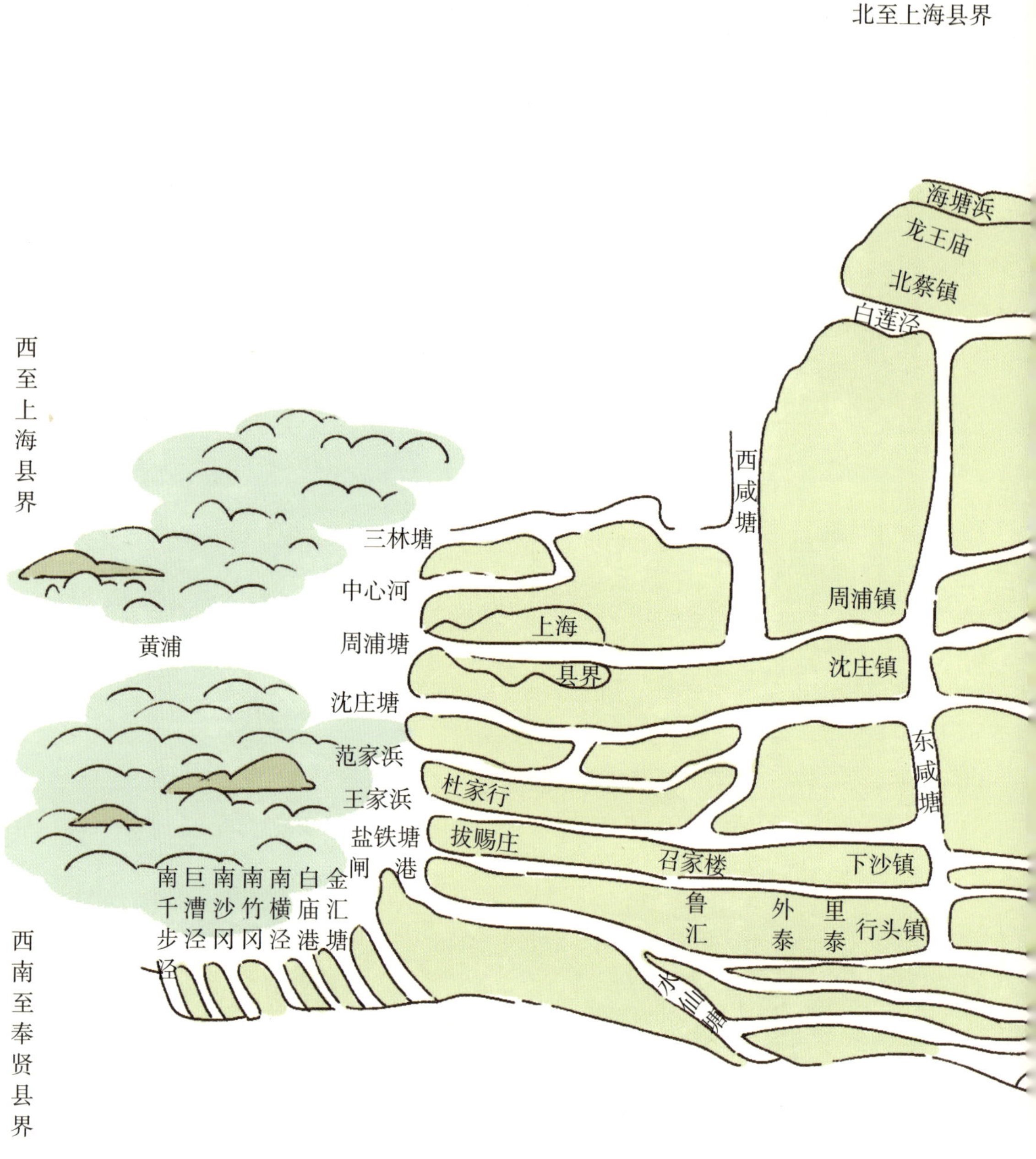

东北至宝山县界
九团
十四墩
添设墩
外十六墩
曹家路墩
北新墩
邱家路墩
蔡家洼
青蓬港
老洪洼
三尖子
界浜
张家浜
顾家浜
三林浦
沈沙港
十三墩
东台浦港
马家浜
张江栅
第四灶港
第三灶港
川沙营城
八团
十二墩
十一墩
南新墩
川沙洼
杨家路墩
瞿家港
横沔港
横沔镇
七团
十墩
大洪墩
虹桥港
小五港
南场界港
江家路墩
盐船港
赵行
六团
九墩
外十墩
五洳
东至大海
八灶港
七灶港
八墩
殷家路墩
潘家洪
六灶镇
六灶港
五团
七墩
外八墩
老洪
四团
六墩
宋家栅墩
四团洪
五灶港
四灶港
坍石桥镇
朱箍桶港
外六墩
三灶洼
三灶港
五墩
赵家墩
二灶洼
二灶港
北一灶港
南汇县城
三团
四墩
新建墩
中港洼
七灶港
七灶港
六灶港
分水墩
新场镇
方家栅墩
六灶港
董家洼
五灶港
二团
黄家洼墩
四灶港
四灶港
三灶港
三墩
三灶港
羊叶港
二灶港
二墩
靖氛墩
石皮洳
黄沙洳
新哨洳
南一灶
董家宅墩
川沙洳
界浜
一团
头墩
靖海墩
大洳
护塘港
上海洳
东南至奉贤县界

参考文献

[1] 陈椿．熬波图．北京：中国书店，2018.8.

[2] 李梦生，韩可胜，顾建飞．熬波图笺注．北京：商务印书馆，2019.1.

[3] 辰阳．熬波图探解．南京：东南大学出版社，2019.8.

[4] 陈红红．盐城海盐文化．南京：南京大学出版社，2015.12.

[5] 于云汉．海盐文化研究（第二辑）．青岛：中国海洋大学出版社，2015.11.

[6] 曾凡英．中国盐文化（第 8 辑）．北京：中国经济出版社，2015.8.

[7] 陶玉鸣，胡龙昌，鹤沙千秋．上海：上海社会科学院出版社，2019.1.

目录

卷一

第一段 四时的情趣 001

第二段 时节 002

第三段 正月元旦 002

其二 除目的时候 005

其三 三月三日 005

其四 贺茂祭的时候 006

第四段 言语不同 007

第五段 爱子出家 008

第六段 大进生昌的家 009

第七段 御猫与翁丸 014

第八段 五节日 018

第九段 叙官的拜贺 019

第一〇段 定澄僧都 019

第一一段 山 020

第一二段 峰 021

第一三段 原 021
第一四段 市 021
第一五段 渊 021
第一六段 海 022
第一七段 渡 022
第一八段 陵 022
第一九段 家 022
第二〇段 清凉殿的春天 023
其二 宣耀殿的女御 026
其三 女人的前途 028
卷二
第二一段 扫兴的事 031
第二二段 容易宽懈的事 036
第二三段 人家看不起的事 036
第二四段 可憎的事 037
第二五段 小一条院 040

第二六段 可憎的事续 042
第二七段 使人惊喜的事 045
第二八段 怀恋过去的事 045
第二九段 愉快的事 046
第三〇段 槟榔毛车 047
第三一段 说经师 048
第三二段 菩提寺 051
第三三段 小白河的八讲 052
第三四段 七月的早晨 057
卷三
第三五段 树木的花 061
第三六段 池 063
第三七段 节日 064
第三八段 树木 068
第三九段 鸟 071
第四〇段 高雅的东西 074

第四一段 虫 075
第四二段 七月的时节 076
第四三段 不相配的东西 077
第四四段 在后殿 078
第四五段 主殿司的女官 079
第四六段 睡起的脸 080
第四七段 殿上的点名 084
第四八段 使用人的叫法 086
第四九段 年轻人与婴儿 086
第五〇段 在人家门前 087
第五一段 瀑布 088
第五二段 河川 089
第五三段 桥 090
第五四段 里 090
第五五段 草 090
第五六段 歌集 092

第五七段 歌题 093

第五八段 草花 093

第五九段 担心的事 096

第六〇段 无可比喻的事 097

第六一段 秘密去访问 097

第六二段 从人 098

卷四

第六三段 稀有的事 101

第六四段 后殿女官房 102

其二 临时祭的试乐 104

第六五段 左卫门的卫所 105

第六六段 无聊的事 106

第六七段 可惜的事 107

第六八段 快心的事 107

第六九段 优待的事 108

第七〇段 琵琶声停 108

第七一段 草庵 109
第七二段 二月的梅壶 116
第七三段 昆布 120
第七四段 可怜相的事 124
第七五段 其中少女子 124
第七六段 常陆介 125
其二 雪山 129
卷五
第七七段 漂亮的事 141
第七八段 优美的事 145
第七九段 五节的舞女 147
第八〇段 无名的琵琶 153
第八一段 弹琵琶 155
第八二段 乳母大辅 156
第八三段 懊恨的事 157
第八四段 难为情的事 160

第八五段 愕然的事 161
第八六段 遗憾的事 162
第八七段 听子规 164
其二 元辅的女儿 170
第八八段 九品莲台之中 173
第八九段 海月的骨 175
第九〇段 信经的故事 176
第九一段 信经的故事二 177
卷六
第九二段 信经的故事三 179
第九三段 登华殿的团聚 180
第九四段 早已落了 187
第九五段 南秦雪 188
第九六段 前途辽远的事 189
第九七段 方弘的故事 190
第九八段 关 193

第九九段 森 193
第一〇〇段 淀川的渡头 194
第一〇一段 温泉 195
第一〇二段 听去与平日不同的东西 195
第一〇三段 画起来看去较差的东西 196
第一〇四段 画起来看去更好的东西 196
第一〇五段 觉得可怜的 196
第一〇六段 正月里的宿庙 201
第一〇七段 讨厌的事 207
第一〇八段 看去很是穷相的事 208
第一〇九段 热得很的事 209
第一一〇段 可羞的事 209
卷七
第一一一段 不像样的事 213
第一一二段 祈祷修法 214
第一一三段 不凑巧的事 214

第一一四段 黑门的前面 216

第一一五段 雨后的秋色 218

第一一六段 没有耳朵草 219

第一一七段 定考 220

第一一八段 饼餤一包 220

第一一九段 衣服的名称 223

第一二〇段 月与秋期 225

其二 头中将齐信 226

第一二一段 假的鸡叫 227

第一二二段 此君 230

第一二三段 藤三位 233

第一二四段 感觉无聊的事 236

第一二五段 消遣无聊的事 236

第一二六段 无可取的事 237

第一二七段 神乐的歌舞 238

第一二八段 牡丹一丛 242

其二 棣棠花瓣 244
其三 天上张弓 246
第一二九段 儿童上树 248
第一三〇段 打双六与下棋 250
第一三一段 可怕的东西 250
第一三二段 清洁的东西 251
第一三三段 肮脏的东西 251
卷八
第一三四段 没有品格的东西 253
第一三五段 着急的事 254
第一三六段 可爱的东西 255
第一三七段 在人面前愈加得意的事 257
第一三八段 名字可怕的东西 258
第一三九段 见了没有什么特别，写出字来觉得有点夸大的东西 259
第一四〇段 觉得烦杂的事 260

第一四一段　无聊的东西特别得意的时节　260
第一四二段　很是辛苦的事　262
第一四三段　羡慕的事　265
第一四四段　想早点知道的事　267
第一四五段　等得着急的事　267
第一四六段　朝所　270
第一四七段　人间四月　273
第一四八段　露应别泪　274
其二　未至三十期　276
第一四九段　左京的事　280
第一五〇段　想见当时很好而现今成为无用的东西　281
第一五一段　不大可靠的事　282
第一五二段　近而远的东西　283
第一五三段　远而近的东西　284
第一五四段　井　284

第一五五段 国司 285
第一五六段 权守 286
第一五七段 大夫 286
第一五八段 女人独居的地方 287
第一五九段 夜间来客 287
第一六〇段 雪夜 289
第一六一段 兵卫藏人 291
第一六二段 御形宣旨 292
卷九
第一六三段 中宫 293
其二 喷嚏 298
第一六四段 得意的事 300
第一六五段 风 303
第一六六段 风暴的翌晨 304
第一六七段 叫人向往的事 305
第一六八段 岛 306

第一六九段 滨 306
第一七〇段 浦 306
第一七一段 寺 307
第一七二段 经 307
第一七三段 文 308
第一七四段 佛 308
第一七五段 小说 309
第一七六段 野 310
第一七七段 陀罗尼 310
第一七八段 读经 310
第一七九段 奏乐 311
第一八〇段 游戏 311
第一八一段 舞 311
第一八二段 弹的乐器 312
第一八三段 曲调 313
第一八四段 吹的乐器 313

第一八五段 可看的东西 315
其二 贺茂的临时祭 315
其三 行幸 316
其四 祭后归还的行列 317
第一八六段 五月的山村 320
第一八七段 晚凉 320
第一八八段 菖蒲的香气 321
第一八九段 余香 321
第一九〇段 月夜渡河 322
第一九一段 大得好的东西 322
第一九二段 短得好的东西 323
第一九三段 人家里相宜的东西 323
第一九四段 各样的使者 324
第一九五段 拜观行幸 324
第一九六段 观览的车子 324
第一九七段 湿衣 326

第一九八段 青麦条 328
第一九九段 背箭筒的佐官 331
第二〇〇段 善能辨别声音的人 332
第二〇一段 耳朵顶灵的人 332
第二〇二段 笔砚 333
第二〇三段 书信 335
卷十
第二〇四段 驿 337
第二〇五段 冈 338
第二〇六段 社 338
其二 蚁通明神缘起 339
第二〇七段 落下的东西 342
第二〇八段 日 343
第二〇九段 月 343
第二一〇段 星 344
第二一一段 云 344

第二一二段 吵闹的东西 345
第二一三段 潦草的东西 345
第二一四段 说话粗鲁的事 346
第二一五段 小聪明的事 346
第二一六段 公卿 347
第二一七段 贵公子 348
第二一八段 法师 348
第二一九段 女人 349
第二二〇段 宫中供职的地方 349
第二二一段 转世生下来的人 350
第二二二段 下雪天的年轻人 350
第二二三段 后殿的前面 351
第二二四段 一直过去的东西 352
第二二五段 大家不大注意的事 352
第二二六段 五六月的傍晚 352
第二二七段 插秧 353

第二二八段 夜啼的东西 354

第二二九段 割稻 355

第二三〇段 很脏的东西 356

第二三一段 非常可怕的东西 356

第二三二段 可靠的事 356

第二三三段 男人的无情 357

第二三四段 爱憎 358

第二三五段 论男人 358

第二三六段 同情 359

第二三七段 说闲话 360

第二三八段 人的容貌 361

第二三九段 高兴的事 361

第二四〇段 纸张与坐席 364

第二四一段 二条宫 367

其二 偷花的贼 370

其三 花心开未 374

其四 乘车的纷扰 374
卷十一
第二四二段 积善寺 377
其二 瞻仰法会 381
其三 盛会之后 387
第二四三段 可尊重的东西 388
第二四四段 歌谣 389
第二四五段 缚脚裤 389
第二四六段 狩衣 390
第二四七段 单衣 390
第二四八段 关于言语 391
第二四九段 下袭 392
第二五〇段 扇骨 392
第二五一段 桧扇 392
第二五二段 神道 393
第二五三段 崎 394

第二五四段 屋 394
第二五五段 奏报时刻 394
第二五六段 宫中的夜半 397
第二五七段 雨夜的来访者 398
其二 月夜的来访者 401
其三 月明之夜 401
其四 再是雨夜的来访者 402
第二五八段 各种的书信 403
第二五九段 辉煌的东西 405
第二六〇段 冬天的美感 407
第二六一段 香炉峰的雪 408
第二六二段 阴阳家的侍童 409
第二六三段 春天的无聊 409
第二六四段 山寺晚钟 411
第二六五段 月下的雪景 412
第二六六段 女主人 414

卷十二

第二六七段 女主人之二 415

第二六八段 看了便要学样的事 416

第二六九段 不能疏忽大意的事 416

第二七〇段 海路 417

其二 海女的泅水 419

第二七一段 道命阿阇梨的歌 420

第二七二段 道纲母亲的歌 421

第二七三段 业平母亲的歌 422

第二七四段 册子上所记的歌 422

第二七五段 使女所称赞的男子 423

第二七六段 声惊明王之眠 423

第二七七段 卧房的火 426

第二七八段 没有母亲的男子 428

第二七九段 又是定澄僧都 429

第二八〇段 下野的歌 429

第二八一段 为弃妇作歌 430
第二八二段 迸流的井泉 430
第二八三段 唐衣 431
第二八四段 下裳 432
第二八五段 汗衫 432
第二八六段 织物 432
第二八七段 花纹 433
第二八八段 一边袖长的衣服 433
第二八九段 弹正台 434
第二九〇段 病 434
第二九一段 不中意的东西 436
其二 在女官房里吃食的人 437
第二九二段 拜佛的民众 438
第二九三段 不好说的事情 439
第二九四段 束带 439
第二九五段 品格 439

第二九六段 木工的吃食 440
第二九七段 说闲话 441
第二九八段 九秋残月 441
第二九九段 借牛车 442
第三〇〇段 好色的男子 443
第三〇一段 主人与从仆 444
第三〇二段 邪祟的病人 445
第三〇三段 法师家的童子 447
第三〇四段 难看的事情 448
第三〇五段 题跋 450
其二 又跋 451
关于清少纳言

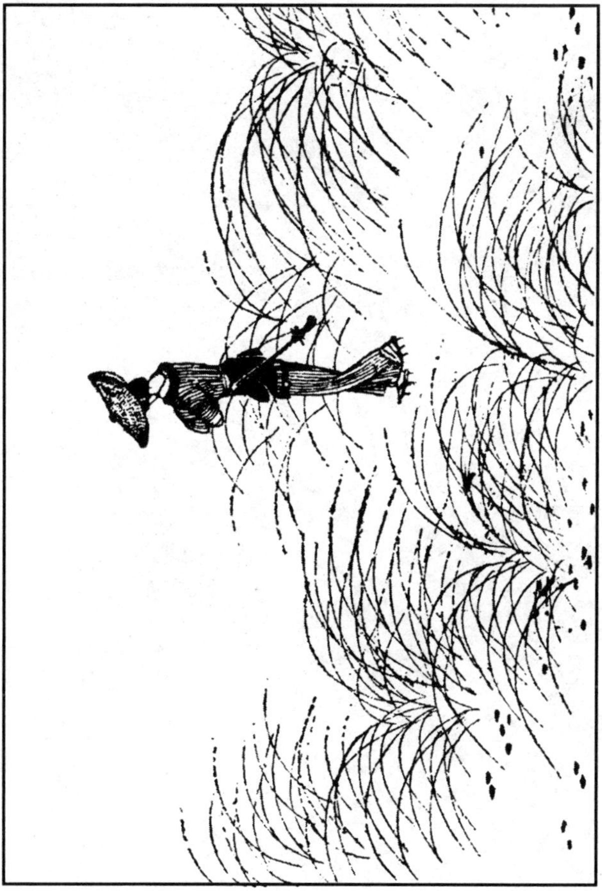

卷一

第一段 四时的情趣

春天是破晓的时候〔最好〕。渐渐发白的山顶，有点亮了起来，紫色的云彩微细的横在那里〔，这是很有意思的〕。

夏天是夜里〔最好〕。有月亮的时候，这是不必说了，就是暗夜，有萤火到处飞着〔，也是很有趣味的〕。那时候，连下雨也有意思。

秋天是傍晚〔最好〕。夕阳很辉煌的照着，到了很接近了山边的时候，乌鸦都要归巢去了，便三只一起，四只或两只一起的飞着，这也是很有意思的。而且更有大雁排成行列的飞去，随后变得看去很小了，也是有趣。到了日没以后，风的声响以及虫类的鸣声，也都是有意思的。

冬天是早晨〔最好〕。在下了雪的时候可以不必说了，有时只是雪白的下了霜，或者就是没有霜雪也觉得很冷的天气，赶快的生起火来，拿了炭到处分送，很有点冬天的模样。但是到了中午暖了起来，寒气减退了，所有地炉以及火盆里的火，〔都因为没有人管了，〕以至容易变了白色的灰，这是不大对的。

第二段 时节

时节是正月，三月，四五月，七月，八九月，十一月，十二月，总之各自应时应节，一年中都有意思。

第三段 正月元旦

正月元旦特别是天气晴朗，而且很少有的现出霞彩，世间所有的人都整饬衣裳容貌，格外用心，对于主上和自身致祝贺之意〔1〕，是特有意思的事情。

正月七日，去摘了在雪下青青初长的嫩菜〔2〕，这些都是在宫里不常见的东西，拿了传观，很是热闹，是极有意思的事

〔1〕对主上致祝贺之意即指朝拜，对自己的祝贺则指新年的有些仪式，如新正三日例有“固齿”之习惯。牙齿的意思通于“年龄”，所以有祈祷延龄之意。古时吃鹿肉或野猪肉，其后佛教兴盛，戒食兽肉，改食盐鱼及年糕，此风至今犹存。

〔2〕原文“若菜”，指春天的七草，即是荠菜，蘩蒌，芹，芜菁，萝菔，鼠麹草，鸡肠草。七种之中有些是菜，有的只是可吃的野草，正月七日采取其叶食作羹吃，云可除百病，辟邪气。

情。这一天又是参观“白马”〔3〕的仪式，在私邸的官员家属都把车子收拾整齐，前去观看。在车子拉进了待贤门的门槛的时候，车中人的头常一起碰撞，前头所插的梳子也掉了，若不小心也有折断了的，大家哄笑，也是很好玩的。〔到了建春门里，〕在左卫门的卫所那边，有许多殿上人站着，借了舍人们的弓〔4〕，吓唬那些马以为玩笑，才从门外张望进去，只见有屏风立着，主殿司〔5〕和女官们走来走去，很有意思。这是多么幸福的人，在九重禁地得以这样熟悉的来去呢，想起来是很可羡慕的。现在所看到的，其实在大内中是极狭小的一部分，所以近看那舍人们的脸面，也露出本色，白粉没有搽到的地方，觉得有如院子里的黑土上，雪是斑剥的融化了的样子，很是难看。而且因为马的奔跳骚扰，有点觉得可怕，便自然躲进车里边去，便什么都看不到了。

正月八日〔是女官叙位和女王给禄的日子，凡是与选〕的人都去谢恩，奔走欢喜，车子的声响也特别热闹，觉得很有意思。

---

〔3〕 中国旧说，马为阳兽，青为阳春之色，故正月七日看青马，可以禳除一年中的灾害。日本遂有天皇于是日看马的仪式，自十世纪初改用白马，故文字上亦改写“白马节会”，唯仍旧时读法曰青马云。

〔4〕 殿上人指公卿中许可升殿者，其品级须在五位以上。舍人系禁中侍卫，由有爵位者的子弟中选拔，任左右近卫府舍人各三百人，各带弓箭兵仗，司警卫之役。

〔5〕 主殿司为后宫十二司之一，专司宫中薪炭灯油的事，皆由女官任之。

正月十五日有“望日粥”[6]的节供〔，进献于天皇〕。在那一天里，各家的老妇和宫里的女官都拿粥棒[7]隐藏着，等着机会，别的妇女们也用心提防着后边，不要着打，这种神气看来很有意思。虽是如此，不知怎的仍旧打着了，很是高兴，大家都笑了，觉得甚是热闹。被打的人却很是遗憾，那原是难怪的。有的从去年新来的赘婿[8]，一同到大内来朝贺，女官等着他们的到来，自负在那些家里出得风头，在那内院徘徊伺着机会，前边的人看出她的用意，嘻嘻的笑了，便用手势阻止她说：“禁声禁声。”可是那新娘若无其事的样子，大大方方的走了来。这边借口说：“且把这里的东西取了来吧。”走近前去，打了一下，随即逃走，在那里的人都笑了起来。新郎也并不显出生气的模样，只是好意的微笑，〔新娘〕也不出惊，不过脸色微微的发红了，这是很有意思的事情。又或是女官们互相打，有时连男人也打了。〔原来只是游戏，〕不知是什么意思，被打的人哭了发怒，咒骂打她的人，〔有时候〕也觉得是很好玩。宫中本来是应当不能放肆的地方，在今天都不讲这些了，什么谨慎一点都没有了。

---

〔6〕正月望日也是节日，煮粥加小豆，称“望日粥”，此种风俗至今也还留存。

〔7〕煮粥用过的木材，称为粥棒，或曰粥杖，用以打女人的背后，云可宜男。

〔8〕日本古时结婚，皆由男子往女家去，称为“往来”，写作“通”字。在《源氏物语》及中国唐代传说中，多说及此事，与平常的入赘情形有别。

其二 除目[9]的时候

有除目式的时候，宫中很有意思。雪正下着，也正是冰冻的时候，四位五位的人拿着申文[10]，年纪很轻，精神也很好，似乎前途很有希望。有的老人，头发白了的人，夤缘要津有所请求，或进到女官的司房，陈说自身的长处，任意喋喋的讲，给年轻的女官们所见笑，〔偷偷的〕学他的样子，他自己还全不知道。对她们说："请给好言一声，奏知天皇，请给启上中宫吧！"这样托付了，幸而得到官倒也罢了，结果什么也得不到，那就很是可怜了。

其三 三月三日

三月三日，这一天最好是天色晴朗，又很觉得长闲。桃花这时初开，还有杨柳，都很有意思，自不待言说。又柳芽初生，像是作茧似的，很有趣味。但是后来叶长大了，就觉得讨厌。〔不单是柳叶，〕凡是花在散了之后，也都是不好看的。把开

---

〔9〕原文"除目"系用中国古语，"除"谓除旧官，后转称拜官曰除，除书曰除目，犹后世所谓推升朝报。唐人诗云，一日看除目，三年损道心，日本古时除官，有内外之分，正月九日至十一日，为地方官任免日期，文中即指此事。国司例用五位以下的官，但亦兼用四五位的。

〔10〕申文系本人自叙履历愿望，遇官职有阙，申请补用，亦有请文章博士代撰者，《枕草子》第一七三段列举"文"之美者，于《白氏文集》及《文选》之外，有"博士的申文"，即指此，例用汉文，参照唐时公文程式而成。

得很好的樱花，很长的折下一枝来，插在大的花瓶里，那是很有意思的。穿了樱花季节的直衣和出袿的人〔11〕，或是来客，或是中宫的弟兄们，坐在花瓶的近旁，说着话，实在是有兴趣的事。在那周围，有什么小鸟和蝴蝶之类，样子很好看的，在那里飞翔，也很觉得有意思。

其四 贺茂祭的时候

贺茂祭的时候很有意思。其时树木的叶子还不十分繁茂，只是嫩叶青葱，没有烟霞遮断澄澈的天空，已经觉得有意思，到了少为阴沉的薄暮的时候，或是夜里，听那子规那希微的鸣声，远远的听着有时似乎听错似的，几乎像没有，这时候觉得怎样的有意思呢？到得祭日逼近了，〔做节日衣服用的〕青朽叶色和二蓝的布匹成卷〔12〕，放在木箱的盖里，上面包着一些纸只是装个样子，拿着来往的〔送礼〕，也是很有意思的。末浓，村

---

〔11〕这里是指夹衣，三月里穿的。直衣是指贵人的常服，与礼服相对。“直”犹言平常，但非许可升殿的人不能着用。“袿”意云里衣，谓穿在直衣底下的衣服，常时衣裾纳入裳内，其露出在裳外者称为出袿。

〔12〕青朽叶系贺茂祭时所穿的服色，乃是经线用青，纬线用黄所织成的丝织物，夹衣的里子系用青色。二蓝为蓝与红花所染成的间色，即今的淡紫色，若织物则经线为红，纬线为蓝。

浓以及卷染等种种染色[13]，在这时候比平常也更有兴趣。〔在祭礼行列中的〕女童在平日打扮，洗了头发加以整理，衣服多是穿旧了的，也有绽了线，都已破旧了的，还有屐子和鞋也坏了，说："给穿上屐子的纽袢吧！""鞋子给钉上一层底吧！"拿着奔走吵闹，希望早日祭礼到来，看来也是有意思。这样乱蹦乱跳的顽童，穿上盛装，却忽然变得像定者[14]一样的法师，慢慢的排着行走，觉得是很好玩的。又应了身份，有女童的母亲，或是叔母阿姊，在旁边走着照料，也是有意思的事情。

第四段　言语不同[15]

言语不同者，为法师的言语，男人的与女人的言语，又身份卑贱的人的言语，一定多废话的。

---

〔13〕末浓谓染色上淡下浓，多系紫或绀色。村浓用一种染色，处处浓淡不一样，村或作斑，二字读音相同。卷染为绞染之一种，用绢线随处结缚，及染后则缚处色白，中国古称绞缬。

〔14〕定者即香童，大法会在行道的时候，由沙弥执香炉前导，祭礼中以女童充任。

〔15〕此节谓言语内容虽同而格调各别，贫贱的人因文化缺少，故言词拖沓。

第五段 爱子出家

使可爱的儿子去做法师，实在是很可怜的。这虽然很是胜业，但世人却把出家的看作木块一样的东西，这是很不对的事情。吃的是粗恶的素食，睡眠也是如此，其实年轻的人对于世上万事，都不免动心吧，女人什么所在的地方，有什么嫌忌似的不让窥见，若是做了便要了不得的加以责备。至于修验者〔16〕的方面，那更是辛苦了。御岳和熊野以及其他〔17〕，没有足迹不到的地方，要遇到种种可怕的灾难，〔及至难行苦行的结果，〕渐渐闻名，说有灵验了，便这里那里的被叫了去，很是时行，愈是没有安定的生活。遇有重病的人，去给降伏所凭的妖鬼，也很吃力，到得倦极了瞌睡的时候，旁人就批评说："怎么老是睡觉。"也是苛刻，在他本人不知道怎样〔，但是也觉得是可怜的〕。不过这已经是从前的事情了。现在〔法师的规矩也废弛了，所以〕已是很舒适的了。

---

〔16〕 修验道系日本佛教真言宗（密宗）的一支，专修祈祷符咒，跋涉山谷，为种种难行苦行，以求得法力，修验者称为"山伏"，在中古时代甚有势力。

〔17〕 御岳即大和之金峰山，熊野在纪伊，其山皆甚险峻，为修验道之灵地。

第六段 大进生昌[18]的家

当中宫临幸大进生昌的家的时候，将东方的门改造成四足之门[19]，就从这里可以让乘舆进去。女官们的车子，从北边的门进去，那里卫所里是谁也不在，以为可以就那么进到里面去了，所以头发平常散乱的人，也并不注意修饰，估量车子一定可以靠近中门下车，却不料坐的槟榔毛车[20]因为门太小了，夹住了不能进去，只好照例铺了筵道[21]下去，这是很可愤恨的，可是没有法子。而且有许多的殿上人和地下人[22]等，站在卫所前面看着，这也是很讨厌的事。

后来走到中宫的面前，把以上的情形说了，中宫笑说道：

“就是这里难道就没有人看见么？怎么就会得这样的疏忽的呢？”

---

〔18〕 大进是官职的名称，这是中宫附属的官，品级不过从六位，但是属于亲近的侍从。生昌为平珍材的儿子，由文章生任为中宫大进，后仕至郡守，兄平惟仲任中纳言，执行太政官的职务。中宫为藤原定子，系关白（古代官名，辅佐天皇，位在太政大臣之上）藤原道隆的女儿，正历元年（九九〇）为一条天皇的中宫，著者即在她的近旁，任职女官。

〔19〕 四足门即谓有四只脚的门，实际上于门枋之外，左右各添两柱，故实有六足，日本旧时唯高贵人家始得有此，盖以备停车之用。

〔20〕 槟榔毛车文字虽说是槟榔，其实却是用蒲葵叶盖顶的车子，蒲葵乃炎热地方的植物，似棕榈而大。槟榔毛车是四位以上的官吏所坐的车，女官们亦得乘用。

〔21〕 筵道犹言席道，系在院外或室内铺席作道路，席边用绢作缘，或于其上加铺毯子绸缎。

〔22〕 地下人与殿上人相对，指五六位以下的人，于例不许升殿。

“可是谁都看惯了我们的这一副状态的人，所以如果特别打扮了，反会著目叫人惊异的。但是这么样的人家，怎么会得有车子都进不去的门的呢？见着了〔主人翁〕，回头且讥笑他看。”

说着的时候，生昌来了，说道：

“请把这个送上去吧。”将文房四宝从御帘底下送了进来。便对他说道：

“呀，你可是不行哪！为什么你的住宅，把门做的那么的小呢？”生昌笑着说道：

“什么，这也只是适应了一家和一身的程度而构造的罢了。”又问道：

“但是，也听说有人单把门造的很高的哩。”生昌出惊道：

“啊呀，可怕呀！那是于定国[23]的故事吧。要不是老进士[24]的话，恐怕就不会懂得这个意思。因为偶然于此道稍有涉猎，所以还能约略懂得呢。”我便说道：

---

〔23〕此指前汉于定国的父亲于公的故事。据《蒙求》说，于公为县之狱吏，决狱平允。其闾门坏，父老方共治之。于公谓曰：“可稍高大闾门，令容驷马高车。我治狱多阴德，未尝有所冤，子孙必有兴者。”至定国为丞相，封西平侯，孙永为御史大夫，封侯世袭。

〔24〕日本古时，仿中国唐代制度，以文章取士，先由各地方的国学，选拔学生，进于大学，再经考试，及第者称“拟文章生”，随后更经宣旨，由式部大辅即文部大臣考过，成为正式的“文章生”，亦称进士云。

“可是你这个道[25]可就不很高明了。铺着筵道，〔底下的泥泞看不出来，〕大家都陷下去了，闹得一团糟呢。”生昌答说：

“天下雨了，所以是那样的吧。呀，好吧，若在这里，又有什么难题说出来也不可知。我就此告辞了吧。”就退出去了。之后中宫说道：

“怎么样了？生昌似乎很是惶恐的样子？”我回答说：

“没有什么。不过说那车子不能进来的事情罢了。”说完了便即退了下来。

那天夜里，同了年轻的女官们睡了，因为很是渴睡，所以什么事也不知道的睡觉了。这屋乃是东偏殿的一间，西边隔着厢房，北面的纸障[26]里没有闩，可是〔因为太是渴睡了，〕也没有查问。但是生昌是这里的主人，所以很知道这里的情形，就把这门打开了。用了怪气的有点沙哑的声音说道：

“这里边进去可以么？”这样的声音说了好几遍，惊醒来看时，放在几帐[27]后面的灯台的光照着，看得很清楚。只见纸障打开了约有五寸光景，生昌在那里说话。这是十分可笑的事。〔像这样钻到女人住屋来似的，〕好色的事情是决不会干的人，

---

〔25〕生昌说“于此道稍有涉猎”，是指学问之道，现在便借用了，来说“道路”，所以说这不很高明。

〔26〕用木作格子，上糊薄纸，今译为“纸门”，其用厚纸者今译为“纸障”，原来同样的称为“障子”。

〔27〕几帐为屏风之属，设木架，上挂帷帐凡四五幅，高五尺余，冬夏用材料不同。

大概因为中宫到家里来了，便有点得意忘形，想来觉得很是有趣。我把睡在旁边的女官叫醒了，说道：

“请看那个吧。有那样的没有看惯的人在那里呢！”女官举起头来看了，笑说道：

“那是谁呀，那么全身显现的？”生昌说道：

“不是别人，乃是本家的主人，来跟本房主人非商谈不可的事情，所以来的。”我就说道：

“我刚才是说门的事嘛。并没有叫你打开这里的纸障的呀。”生昌答说：

“不，也就是说关于那门的事。我进来成么，成么？”还是说个不了，女官说道：

“嗳，好不难看！无论怎么总非进来不可么？”笑了起来。生昌〔这才明白，〕说道：

“原来这里还有年轻的人们在呢。”说着，关了纸障去了以后，大家都笑了。〔凡是男子将女人的房门〕开了之后，便进去好了，若是打了招呼，有谁说“你进来好吧”的呢。想起来实在好笑得很。次日早晨走到中宫面前，把这事告诉了，中宫说道：

“生昌平日并没有听说这种的事，那是因为昨夜关于门的这番话感服了，所以进来的吧，那么的给他一个下不去，也实在可怜的。”说着就笑了。

在公主[28]身边供奉的女童。要给她们做衣服的时候，中宫命令下去，生昌问道：

“那女童衵衣的罩衫[29]是用什么颜色好呢？”这又被女官们所笑，〔因为那不是有汗衫的正当的名称么？〕又说道：

“公主的食案[30]，如用普通的东西，便太大了，怕不合适。用小形食盘和小形食器好吧。”我们就说道：

“有这样的奇怪的食器，配着穿衵衣的罩衫的童女，出现在公主前面，这才正好哩。”中宫听了说道：

“你们别把他当作平常的人看待，这样的加以嘲笑。他倒是非常老实的人哩。这么笑他实在太可怜了。”把我们的嘲笑制止了，很是有意思的事。

正在中宫面前有事的时候，女官传达说：

“大进有话要同你说呢。”中宫听见了，说道：

“又要说出什么话来，给大家笑话吧。”说得很有意思。接着又说道：

“你就去听听看吧。”我便出来到帘子旁边，生昌对我说道：

“前夜关于门的那番话，我同家兄中纳言说了，他非常的

---

〔28〕公主指一条天皇第一皇女修子内亲王，其时年方四岁。

〔29〕“衵衣”本系中国古字，训作“里衣”，罩在衵衣外面的衣服，日本却称为“汗衫”，生昌不用这正式名称，却说是“衵衣的罩衫”，所以为女官们所笑了。

〔30〕日本食案即中国古代所谓“案”，其大小高低皆有一定的尺度，今如改作小形的，便显得奇怪。

佩服，说怎么样找到适当的机会，想见面一回，领教一切。”就是这个，此外别无事情。我心想把生昌在夜里偷偷进来的时候的事拿来，戏弄他一番，心里正踌躇着，他却说道：

“一会儿在女官房里会见，慢慢的谈吧。”就辞去了。我回来的时候，中宫问道：

“那么，有什么事呢？”我便把生昌的话，一五一十的照说了，且笑说道：

“本来没有值得特别通报，来叫了出去说的什么事情，那样子只要等候在女官房里的时候，慢慢的来谈，岂不就好了么！”中宫听了却说道：

“生昌的心里觉得顶了不得的哥哥称赞了你，你也一定很高兴吧，所以特别叫你出去，通知你一声的吧。”这样的说了，也是很有意思的事情。

第七段 御猫与翁丸

清凉殿里饲养的御猫，叙爵五位，称为命妇[31]，非常可爱，很为主上所宠爱。有一天，猫出来廊下蹲着，专管的乳母马命

〔31〕 日本古时女官的名称，官位在四五位以上，中国旧时用于官吏之妻，日本袭用之，至近时才废止。这里系用以称呼御猫，《花柳余情》引《小石记》云：“长保元年（九九九）九月十九日，大内御猫生子，皇太后及左右大臣有隔日赐宴等事，又任命猫乳母马命妇，时人笑之，真怪事也。”

妇[32]看见，就叫它道：

“那是不行的，请进来吧！”但是猫并不听她的话，还是在有太阳晒着的地方睡觉。为的要吓唬它，便说道：

“翁丸在哪里呢，来咬命妇吧！”那狗听了以为是真叫它咬，这傻东西跑了过去，猫出了惊，逃进帘子里去了。正是早餐的时候，主上在那里，看了这情形，非常的出惊。他把那猫抱在怀中，一面召集殿上的男人们，等藏人[33]忠隆来了，天皇说道：

“把那翁丸痛打一顿，流放到犬岛去，立刻就办！”大家聚集了，喧嚷着捕那条狗。对于马命妇也给予处罚，说道：

“乳母也调换吧。那是很不能放心的。”因此马命妇便表示惶恐，不再敢到御前出仕。那狗被捕了，由侍卫们流放去了。

女官们却对于那狗很觉得怜惜，说道：

“可怜啊，不久以前还是很有威势的摇摆走着的哩！这个三月三日的节日，头弁[34]把它头上戴上柳圈，簪着桃花，腰间又插了樱花，在院子里叫走着，现在遇着这样的事，又哪里想得到呢。”又说道：

“平常中宫吃饭的时候，总在近地相对等着，现在却觉得

---

〔32〕猫的乳母系看管猫的人。马命妇为乳母的名字，通例大率以其父兄或丈夫的官职连带为名，这里称马命妇，大概因她有直系亲属在马寮（御马监）任职的缘故吧。

〔33〕藏人为藏人所的官员，专司宫中杂役事务。忠隆即源忠隆，长保二年任藏人之职。

〔34〕太政官的弁官，兼任藏人头之职者，其时的头弁为藤原行成。

怪寂寞的。”这样说了，过了三四天的一个中午，忽然有狗大声嗥叫。这是什么狗呢，那么长时间的叫着？正听着的时候，别的那些狗也都乱跑，仿佛有什么事的叫了起来。管厕所的女人走来说道：“呀，不得了。两个藏人打一只狗，恐怕就要打死了吧！说是给流放了，却又跑了回来，所以给它处罚呢！”啊，可怜的，这一定是翁丸了。据她说是忠隆和实房这两个人正打那狗，叫人去阻止，这才叫声止住了。去劝阻的人回来说道：

“因为已经死了，所以抛弃在宫门外面了。”大家正有觉得这是很可怜的，那天晚上，只见有遍身都肿了，非常难看的一只狗，抖着身子在院子里走着。女官们看见了说道：

“啊呀，这可不是翁丸么？这样的狗近时是没有看见嘛。”便叫它道：

“翁丸！”却似乎没有反应。有人说是翁丸，有人说不是，各人意见不一，乃对中宫说了。中宫道：

“右近[35]应该知道。叫右近来吧。”右近这时退下在私室里，说是有急事见召，所以来了。中宫说道：

“这是翁丸么？”把狗给她看了，右近说道：

“像是有点相像，可是这模样又是多么难看呀。而且平常叫它翁丸，就高兴的跑了来，这回叫了却并不走近前来。这好像是别的狗吧。人家说翁丸已经打死，抛弃掉了，那么样的两

〔35〕即下文的右近内侍，内侍为女官名称，右近为右近卫府的略称，盖因其家族有任近卫府官员的缘故。

个壮汉所打的嘛，怎么还能活着呢。”中宫听了，显得怜惜的样子。

天色暗了下来，给它东西吃也不吃，因此决定这不是翁丸，就搁下了。到了第二天早晨，中宫梳头，漱口，我在旁边侍候，拿了镜子给看，那个狗在柱子底下趴着。我就说道：

“啊，是昨天翁丸给痛打的吧。说是死了，真是可悲呵！这回要变成什么东西，转生了来呢？想那〔被打杀的〕时候，是多么难过啊！”说着这话的时候，那里睡着的狗战抖着身子，眼泪滚滚的落了下来，很出了一惊。那么，这原来是翁丸。昨夜〔因为畏罪的关系，〕一时隐忍了不露出来，它的用心更是可怜，也觉得很有意思。我把拿着的镜子放下，说道：

“那么，你是翁丸么？”狗伏在地面上，大声的叫了。中宫看着也笑了起来。女官们多数聚集了拢来，并且召了右近内侍来，中宫把这事情说了，大家都高兴的笑了。主上也听到了这事，来到中宫那里，笑说道：

“真好奇怪，狗也有这样的〔惶恐畏罪的〕心呢。”天皇身边的女官们也听说跑来，聚集了叫它的名字。似乎这才安心了样子，立起身来，头脸什么却还是很肿的。我说道：

“做点什么吃食给它吧。”中宫笑着说道：

“那么终于显露了说了出来了。”忠隆听说，从台盘所[36]

〔36〕在清凉殿内，早餐间的南面，凡三间，系安放食器的地方。

里出来，说道：

“真的是翁丸回来了么？让我来调查一下吧！”我答道：

“啊，不行呵，这里没有这样的东西。”忠隆却说道：

“你虽是这么说，可是总有一朝要发见的吧。不是这样隐瞒得了的。”但是这以后，公然得到赦免，仍旧照以前的那样生活着。但是在那时候，得到人家的怜惜，战抖着叫了起来，那时的事情很有意思，不易忘记。人被人家怜惜，哭了的事原是有的〔，但是狗会流泪，那是想不到的〕。

第八段 五节日

正月元日，三月三日，都是天色非常晴朗的好。五月五日整天的阴晦。七月七日天阴，到了傍晚在晴空上，月色皎然，牵牛织女的星也可以看见。九月九日从破晓稍为下点雨，菊花上的露水也很湿的，盖着的丝棉〔37〕也都湿透了，染着菊花的香气特别的令人爱赏。早上的雨虽然停住了，可是也总是阴沉，看去似乎动不动就要落下来的样子，是很有意思的。

〔37〕俗信菊花能延年，故于重阳前夜，用丝棉盖在菊花上面，次晨收取朝露，以拭身体，谓能却老。

第九段 叙官的拜贺

〔叙位任官之后的〕拜贺的礼仪，看去很好玩的。衣裳后面的衣裾拖在地上，执着朝笏，在御前直立着的样子，随后是拜了舞踏那种动作呵〔38〕！

第一〇段 定澄僧都

〔旧大内被烧了之后，〕在现今一条院的东边，平常称作北阵的。在那里有一棵楢树，很高的立着，就是远方也看得见，平常人总问道：

“这树有几仞〔39〕的高呵？”权中将成信曾说道：

“把这从根边砍了，拿来给定澄僧都当枝扇〔40〕用倒好。”过了几时这定澄被派为山阶寺别当〔41〕，要入内谢恩，权中将是近卫府官员也出场了，〔定澄个子很高，〕又著了那高屐子，更显非常的高大。在仪式完了退出之后，我对权中将说道：

---

〔38〕古时谢恩例用拜舞，盖是手舞足蹈的拜，以表示喜悦之意。

〔39〕六尺为一仞。

〔40〕枝扇系一种扇子，以木有三叉者作之，以一叉作柄，两叉糊纸，因定澄身材甚高，故有此戏言。

〔41〕僧都为僧官的名称，在僧正之次，与四位的殿上人相准。别当亦官名，寺的别当即一寺最高的官长。

“你为什么不把那枝扇给他拿着的呢？”权中将笑着答说：“你倒是没有忘记。”

第一一段 山[42]

山是小仓山，三笠山，叶暗山，不忘山，入立山，鹿背山，比波山。方去山，仿佛是说对谁谦让，避在一边的样子[43]，很有意思。五幡山，后濑山，笠取山，比良山，鸟笼山，“不要告诉我的名字”，古代天皇曾经歌咏，很有意思。伊吹山，朝仓山，从前见过的人呵，现在隔着山漠不相关了，有这样的歌，也是很有意思的。岩田山，大比礼山也有意思，这令人联想起石清水的临时祭礼，奉大比礼乐，派遣敕使的事情。手向山，三轮山，很有意思。音羽山，待兼山，玉坂山，耳无山，末松山，葛城山，美浓御山，柞山，位山，吉备中山，岚山，更级山，姨舍山，小盐山，浅间山，片敷山，鹿蒜山，妹背山〔，也都是有意思的〕。

---

〔42〕书中凡类聚名物事项的各段，据说是受《义山杂纂》的影响，如此处各节都是说有意思的山川，有些皆不可考，今为免避烦琐起见，不加注释。

〔43〕“方去”是古语，意谓避路。

第一二段 峰

峰是让叶峰，阿弥陀峰，弥高峰。

第一三段 原

原是竹原，瓮原，朝原，园原，萩原，粟津原，梨原，稚子原，安倍原，篠原。

第一四段 市

市是辰市，椿市是在大和的许多市集中间，凡到长谷寺礼拜的人，必在那里停留，所以似乎与观音有缘，有一种特别的感觉。小房市，饰磨市，飞鸟市。

第一五段 渊

渊是贤渊，这是有多么深的本性，给人家看见了，所以起了这个名字，想起来很有意思；勿入渊，是什么人教谁不要这样的呢？青色的渊又最有意思，藏人们服装的染料似乎是从这里出来的样子。稻渊，隐渊，窥渊，玉渊。

第一六段 海

海是近江的水海，与谢海，河口海，伊势海。

第一七段 渡

渡是志贺须香渡，水桥渡，古利须磨渡。

第一八段 陵

陵是莺陵，柏原陵，天陵。

第一九段 家

家是近卫御门，二条院，一条院也很好。染殿之宫，清和院，营原院，冷泉院，朱雀院，洞院，小野宫，红梅殿，县之井户，东三条院，小六条院，小一条院。

第二〇段 清凉殿的春天

在清凉殿的东北角，立在北方的障子上，画着荒海的模样，并有样子很可怕的生物，什么长臂国和长脚国的人。弘徽殿的房间的门一开，便看见这个，女官们常是且憎且笑。在那栏干旁边，摆着一个极大的青瓷花瓶，上面插着许多非常开得好的樱花，有五尺多长，花朵一直开到栏干外面来。在中午时候，大纳言[44]穿了有点柔软的樱的直衣，下面是浓紫的缚脚裤，白的下著，上边是浓红绫织的很是华美的出袿，到来了。天皇适值在那房间里，大纳言便在门前的狭长的铺着板的地方坐下来说话。

御帘的里面，女官们穿着樱的唐衣，宽舒的向后边披着，露出藤花色或是棣棠色的上衣，各种可喜的颜色，许多人在半窗上的御帘下边，拥挤出去。其时在御座前面，藏人们搬运御膳的脚步声，以及“嘘，嘘”的警跸的声音，可以听得见。这样的可以想见春日优闲的样子，很有意思。过了一会儿，最后搬运台盘的藏人出来，报告御膳已经预备，主上于是从中门走进御座坐下了。大纳言一同进去，随后又回到原来樱花的那地

---

〔44〕大纳言即谓藤原伊周，是关白道隆的儿子，中宫定子的兄长。

方坐了。中宫将前面的几帐推开，出来坐在殿柱旁边，〔与大纳言对面，〕这样子十分优美，在近侍的人觉得别无理由的非常可以喜庆。这时大纳言缓缓的念出一首古歌来：

“日月虽有变迁，

三室山的离宫

却是永远不变。”

这事很有意思。的确同歌的意思一样，希望这情形能够保持一千年呀！

御膳完了，侍奉的人叫藏人们来撤膳，不久主上就又来到这边了。中宫说道：

“磨起墨来吧。”我因为一心看着天皇，所以几乎把墨从墨挟子〔45〕里滑脱了。随后中宫再拿出白色的斗方来叠起来道：

“在这上边，把现在记得的古歌，各写出一首来吧。”这样的对女官们说了，我便对大纳言说道：

“怎么办好呢？”大纳言道：

“快点写吧。〔这是对你们说的，〕男子来参加意见是不相宜的吧。”便把砚台推还了，又催促道：

“快点快点！不要老是想了，难波津也好，什么也好，只要临时记起来的写了就好。”我不知道自己为什么会这样的畏缩，简直连脸也红了，头里凌乱不堪。这时高位的女官写了二三首

---

〔45〕 古人磨墨用墨挟子，因为墨短了不好磨，故以夹子挟之，便于把握。

春天的歌和咏花的歌，说道：

“在这里写下去吧。”我就把〔藤原良房的《古今集》里的〕一首古歌写了，歌云：

“年岁过去，身体虽然衰老，

但看着花开，

便没有什么忧思了。”只将“看着花开”一句，变换作“看着主君”，写了送上去，中宫看了很是喜欢，说道：

“就是想看这种机智嘛〔，所以试试看的〕。”这样说了，顺便就给这个故事：

“在从前圆融天皇的时候，有一天对殿上人说道：‘在这本册子上写一首歌吧。’有人说不善写字，竭力辞退，天皇说道：‘字的巧拙，歌的与目前情形适合与否，都不成问题。’大家很是为难，但都写了。其中只有现今的关白〔46〕，那时还是三位中将，却写了一首恋歌：

‘潮满的经常时海湾，

我是经常的，经常的

深深的怀念着吾君〔47〕。’

只将末句改写为‘信赖着’，这样便大被称赞。”这么说了，我，恐惶得几乎流下冷汗来了。〔像我那首歌，因为自己年纪老大了，

---

〔46〕关白即谓藤原道隆。这典故出在中国，《汉书·霍光传》云：“诸事皆先关白光，然后奏御天子。”日本制度，由大臣任关白，辅佐天皇，凡事率先关白，然后奏闻。

〔47〕原歌里的“吾君”，君字系指恋歌的对方，有时可指女性。

所以想到来写了，〕若是年轻的人，这未必能够写也未可知吧。有些平时很能写字的人，这一天因为过于拘谨了，所以有写坏了的。

其二 宣耀殿的女御

中宫拿出《古今集》来放在前面，打开来念一首歌的上句，问道：

“这歌的下句是什么呢？”这些都是昼夜总搁在心头，记住了的东西，却不能立刻觉得，说了出来，这是怎么的呢？宰相君〔48〕算是能答出十首来，但是那个样子，能够算是记得了么，至于记得五六首的，那还不如说一首也不记得更好了。但是女官们说：

“假如一口说不记得，那么辜负中宫所说的意思么。”这件事也很有意思的。等得中宫把没有人知道的歌，读出下半首来，大家便说：

“啊，原来这都是知道的。为什么记心这样的笨呢！”便觉得很悔恨。其中也有些人，屡次抄写过《古今集》，本来就应当记得了。

〔中宫随后给我们讲这故事：〕

“从前在村上天皇的时代，有一位叫宣徽殿女御的，是小

〔48〕 宰相君乃藤原重辅的女儿，为中宫的上级女官。

一条的左大臣[49]的女儿，这是没有不知道的吧。在她还是做闺女的时候，从她的父亲所得到的教训是，第一要习字，其次要学七弦琴，注意要比别人弹的更好，随后还有《古今集》的歌二十卷，都要能暗诵，这样的去做学问。天皇平常就听见过这样的话。有一天是宫中照例有所避忌[50]的日子，天皇隐藏了一本《古今集》，走到女御的房子里去，又特别用几帐隔了起来，女御觉得很是奇怪，天皇翻开书本，问道：

‘某年，某月，什么时候，什么人所作的歌是怎么说呢？’女御心里想道，是了，这是《古今集》的考试了，觉得也很有意思，但是一面也恐怕有什么记错，或是忘记的地方，那也不是好玩的，觉得有点忧虑。天皇在女官里边找了两三个对于和歌很有了解的人，用了棋子来记女御记错的分数，要求女御的答案。这是非常有趣的场面，其时在御前侍候的人都深感觉到欣羡的。天皇种种的追问，女御虽然并不怎么敏捷的立即回答全句，但总之一点都没有什么错误。天皇原来想要找到一点错处，就停止考验了的，现在〔却找不到，〕不免有点懊恼了。《古今集》终于翻到第十卷了，天皇说道：

‘这试验是不必要了。’于是将书签夹在书里，退回到寝殿去了。这事情是非常有意思的。过了好久醒过来时，想道：

---

〔49〕 左大臣乃藤原师尹，小一条系所住的地方。

〔50〕 中古阴阳家的一种迷信，凡鬼星游行的方面，犯之者有灾祸。每遇是日照例不外出，不见客，亦不接受书简，宫廷中一律停止政务，亦不召见臣工。

‘这事情就此中止，不大很好吧。下面的十卷，到了明天或者再参考别本。’说道：

‘且在今夜把这完毕了吧。’便叫把灯台移近了，读到夜里深更。可是女御也终于没有输了。在天皇走到女御屋里去以后，人家给她父亲左大臣送信，左大臣一时很为忧虑狼狈，到各寺院里念经祈祷，〔保佑女御不要失败，〕自己也对着女御的方向，一夜祈念着，这种热心，实在是可佩服。”这样的说了，天皇听了也觉得感心，说道：

“村上天皇怎么会这样的读得多呀！我是连三四卷也读不了。”大家就说道：

“从前就是身份不高的人，也都是懂得风流的。在这个时候，很不容易听到那样的故事了。”其时侍候中宫的女官们和天皇方面的女官许可到这里来的，都这样的说，其时的情形真是无忧无虑的〔51〕。

其三　女人的前途

前途没有什么希望，只是老老实实的守候仅少的幸福，这样的女人是我所看不起的。有些身份相应的人，还应当到宫廷里出仕，与同僚交往，并且学习观看世间的样子，我想至少或

---

〔51〕　别本第二十段里此处为止，下节别为一段，即第二一段，此本系从《春曙抄》十二卷本，故今亦不分段。

暂任内侍的职务。有些男人说，出仕宫廷的女人是轻薄不行的，那样的人最是可厌。但是，想起来这话也不是没有道理。到宫廷出仕，天皇皇后不提也罢，此外公卿，殿上人，四位，五位，六位，还有同僚的女官们更不必说，要见面的人着实不少。此外女官们的从者，又从私宅来访问的人，侍女长，典厕，石头瓦块等人，又怎能都躲避不见呢。倒是男子或者可以和这等卑贱的人不相见，但是既然出仕，这也大概是一样的吧。〔宫廷里出仕过的女人，〕娶作夫人，〔因为认得的人太多，〕觉得不够高雅，这虽然似乎有理，但若是这是典侍，时时进宫里去，或者在贺茂祭的时候充当皇后的使者前去，岂不也是名誉么？而且此后就此躲在家里，做着主妇，也是很好的。地方官的国司在一年五节的时候，将女儿来当舞姬，如果其妻有过出仕宫廷的经验，那就不会像乡下佬的样子，把有些不懂的事情去问别人的必要了。这也就是很是高雅的事情了。

卷二

第二一段 扫兴的事

扫兴的事是白天里叫的狗，春天的鱼箔[1]，三四月时候的红梅的衣服[2]，婴儿已经死去的产室[3]，不生火的火炉和火盆，虐待牛的[4]饲牛人，博士家接连的生下女子来[5]，为避

〔1〕自十月至十二月，以竹箔截流为鱼梁，以捕冰鱼，在宇治川中最为有名，至春天则已过时。

〔2〕红梅的衣服于十一二月中着用，表面用红，里面用紫色的夹衣。

〔3〕产室本意是生产的房子，但古时习俗，常另有设备，不以寻常住屋充用。

〔4〕“虐待牛的”，意思不甚可解，别本作“车牛死亡了”，盖古代用牛驾车，没有牛则车便无甚用处了。

〔5〕博士系学者的称号，古时大学寮中设有明经、明法、文章诸种博士，任教官之职，照例惟有男子得继承家学，若女子便不得做博士了。

忌方角而去的人家，不肯作东道，特别是在立春的前日[6]，尤其是扫兴。

从地方寄来的信里，一点都没有附寄的东西[7]，本来从京城里去的信，也是一样，但是里边有地方的人想要听的事情写在里头，或是世间的什么新闻，所以倒是还好。特别写的很好的书信，寄给人家，想早点看到回信，现在就要来了吧，焦急的等着，可是送信的人拿着原信，不论是结封，或是立封[8]，弄得乱七八糟很是龌龊的，连封口地方的墨痕也都磨灭了，说是“受信人不在家”，或是“因是适值避忌，所以不收”，拿了回来，这是最为不愉快，也是扫兴的事。

又一定会得来的人，用车子去迎接，却自等着的时候，听见车子进门了，心想必是来了，大家走出去看，只见车子进了屋，车辕砰的放了下来，问使者说怎么样呢，答道：“今天不在家，所以不能来了。”说着只牵了牛走了[9]。

---

〔6〕古时阴阳家有“避忌方角”之说，如需出门往东而方向不利，则改道往南先至一人家，住宿一夜，次日前去便无妨碍，其家应加以款待。

立春的前夜今称为“节分”，原意则是节候之所由分，即是由立春以至立冬的前一日皆是，如逢此时没有宴飨，自然更是觉得寂寞了。

〔7〕旧时交通不便，如有问讯须由人专送，因此亦遂多附送礼物。

〔8〕结封系古时一种封信法，将信笺叠成细长条，作成两结，于结处墨涂作记，立封则上下端各一扭折，不似如今的封缄。

〔9〕古代除帝王乘辇外，余人并用牛车，这里是说将拉车的牛牵走了。

又家中因为有女婿来了，大为惊喜，后来却不见来了〔10〕，很是扫兴的事。这大概是给在什么人身边出仕的女人所截走了吧，到什么时候还会来吧，这样的等候着，煞是无聊。幼儿的乳母说要暂时告假出外，小儿急着找人，一时哄过去了，便差人去叫，说“早点回来吧”，带来的回信却说“今晚不能回来”，这不但是扫兴，简直还是可恨了。〔乳母尚且如此，〕况且去迎接〔所爱的女〕人前来的男子，将更是怎么样呢？男人等待着，到得夜深的时候，听见轻轻敲门的声音，稍微觉得心乱，叫用人出去问了，却是别的毫不相干的人，报告姓名进来了，这是扫兴之中最为扫兴的事了。

修验者〔11〕说要降伏精怪，很是得意的样子，拿出金刚杵和念珠来，叫那神所凭依的童子〔12〕拿着，用了绞出来的苦恼似的声音，诵读着经咒，可是无论怎么祈祷，妖精没有退去的模样，护法也一点都不显神通。聚集拢来一起祈念着的病家的男女，看着都很觉得奇怪，过了一忽儿念经念得困倦了，对那童子说道：

“神一直不凭附，到那边去吧。”取还了所拿的数珠，自己说道：

---

〔10〕古时结婚习惯，率由男子往女家就婚，晚去早归，亦有中途乖异，遂尔绝迹的。中国唐时似亦有此俗，见于传奇小说中，如《霍小玉传》。

〔11〕修验者系佛教真言密宗的一派，专修炼法术，为人治病驱妖，在古时甚见信用，一般有病的人大概多请其治疗。

〔12〕修验者行施法术，需用一个童子做神所凭依的东西，将妖精移在他身上，从他的口里，听取病情。

“没有灵验呀！”从前额往上掠着头发，打了一个呵欠，好像被什么妖精附着似的，自己先自睡着了。

在除目时得不着官的人家〔，是很扫兴的〕。听说今年必定可以任官了，以前在这家里做事的人们，以及散出在别处的，还有住在偏僻乡下的人们，都聚集到那旧主人的家里来，出入的车辕一点没有间隙的排列着，〔为主人祈祷得官〕陪着到寺院里去的人，大家争先欲去，预先祝贺，饮酒吃食非常热闹，可是到了仪式终了三日的早晨，一直没有通知任官的人的敲门的声音。这是奇怪了，立起耳朵来听，只听见前驱警跸的声音，列席的公卿都已退出了。出去打听消息的人，从傍晚直到天亮，因寒冷而战抖着的下男，很吃力似的走了回来。当场的人看了这情形，连情形怎样也不再问了。可是从外边聚集拢来的家人还是问道：

“本家老爷任了哪一国的国司啦？”下男的答词是：

“什么国的前司〔13〕。”诚心信赖这主人而来的人，知道了这事就非常的失望。到了第二天早晨，本来挤得动也不能动的人，就一个两个的减少，走了回去了。本来在那里执役的人，自然不能那么的离去，只好等待来年，屈指计算哪一国的国司要交代，在那里走来走去的，那实在是很可怜，也是很扫兴的事。

自己以为做得还好的一首歌，寄到人家那里，不给什么回

〔13〕国司即是郡守，所谓“前司”，意思即是说“前任的郡守”，表示并没有新的任命，所以仍旧称前次的官衔。

信〔，觉得是扫兴的事〕。若是情书，〔并不要立即答复，〕这也是没有法子，但是假如应了时节歌咏景物的歌，若是不给回信，这是很讨厌的。在很得时的人那里，出入的人很多的时候，有时势落后的老年人，因为没有事做写了旧式的，别无可取的歌送去〔，也是扫兴的事〕。又有祭礼或是什么仪式当时要用的桧扇〔14〕，很是重要，知道某人于此颇有心得，托付他画一画，到了日子，画得了却是意外的没有意思。

生产的庆祝，以及饯别的赠送，对于送礼的使者不给报酬〔，这是很扫兴的〕。就是送一点什么香球或是卯槌来的人〔15〕，也必定须给与报酬。预想不到的收到这种礼物，非常有意思的事。这样就当然可以得到好些报酬，送礼的人正兴头很好的走来，却是得不到什么，那真是扫兴的。

招了女婿，已经过了四五年，还不曾听说有出产〔，这是扫兴的事〕。有些有许多孩子，已经成为大人，或者说不定有孙子都会爬了，做父母的却一同的睡着午觉。旁边看着的别人不必说，就是儿子也是觉得非常扫兴的。午睡起来之后，再去洗澡，这不但是扫兴，简直有点可气了。

---

〔14〕桧扇是仪式上所用的扇子，乃是用桧或杉树的薄片所做，共三十九枚，用各种颜色的绢丝结合，上糊薄纸，加以绘画。

〔15〕香球系用麝香、沉香等入锦袋中，与艾和菖蒲相结合，下垂五色丝缕有八尺至一丈，以避邪秽，于端午节用以赠送。卯槌则于正月初次的卯日用之，亦有辟邪去恶的效用，系用桃木所做，凡长三寸，广一寸，用五色丝穿挂，长及五尺。

十二月三十日从早晨下起的长雨。这可以说："只有一天的精进的懈怠〔，百日千日的精进也归于无效〕[16]。"八月里还穿着白的衣服[17]。不出奶的乳母〔，都是扫兴的〕。

第二二段　容易宽懈的事

容易宽懈的是精进日的修行，离开现在日子甚远的准备，长久住在寺院里的祈祷[18]。

第二三段　人家看不起的事

人家看不起的事，是家的北面[19]，平常被人家称为太老实的人，年老的老翁，又轻浮的女人，土墙的缺处。

---

〔16〕为什么午睡起来洗浴是那么不好，其意义不能明了。又十二月晦日的长雨，为什么是"精进的懈怠"，也是不明白，别本就没有这一句。"精进"本佛教用语，谓修道精进，后来则专指吃食，即吃菜忌荤腥。

〔17〕白衣服系夏季的服装，至八月就不应再着用了。

〔18〕当时为得避忌或祈愿，俗人常有在寺院住着数十日之久的。

〔19〕人家正门大率南向，所以像个样子，北向则是后门了。

第二四段 可憎的事

可憎的事是，有要紧事情的时候，老是讲话不完的客人。假如这是可以随便一点的人，那么说“随后再谈吧”，那么就这样谢绝了，但偏是不得不客气些的人，〔不好这样的说，〕所以很是觉得可憎。

砚台里有头发纠缠了磨着。又墨里边混杂着砂石，磨着轧轧的响。

忽然有人生了病，去迎接修验者来祈祷，可是平常在的地方却找不到，到外边去了，叫人四面寻找，焦急的等待了好久，总算后来等着了，很高兴的请他念咒治疗，可是在这时候大概在别处降伏妖怪，已是精疲力尽了的缘故吧，坐下了念经，就是渴睡的声音了，这是很可憎的。

没有什么地方可取的人，独自得意的尽自饶舌的谈话。在火盆围炉的火上，尽把自己的两手烤着手背，并且伸长着皱纹烘火的人。什么时候有年轻的人，做出这种举动的呢？只有年老的才有这种事情，连脚都搁到火炉边上，一面说着话，两脚揉搓着。举动这样没规矩的人，到了人家去，大抵在自己所坐的地方，先把扇子扇一下尘土，也不好好的坐下，就那么草草的，将狩衣的前裾都塞在两膝底下去。像这样没规矩的人，以为是多是不足道的卑贱的人吧；却不道是少为有点身份的，例如式部大夫或是骏河前司，也有这样做的。

又，喝了酒要嗓闹，擦嘴弄舌，有胡须的用手摸着胡须，一面敬人家的酒，这个样子看了真觉得讨厌。意思是说，“再喝一杯吧”，战抖着身子，摇晃着头，口角往下面挂着，像是小孩子刚要唱“到了国府殿[20]”的时候的样子。这〔在下贱的人那也罢了，〕在平常很有身份的人这样的做了，真觉得看了不顺眼。

羡慕别人的幸福，嗟叹自身的不遇，喜欢讲人家的事，对于一点事情喜欢打听，不告诉他便生怨谤，又听到了一丁点儿，便觉得是自己所熟知的样子，很有条理的说与他人去听，这都是很可憎的。

正想要听什么话的时候，忽而啼哭起来的婴儿。又有乌鸦许多聚集在一起，往来乱飞乱叫〔，都是可憎的〕。

偷偷的走到自己这里来的男子，给狗所发见了叫了起来，那狗〔真是可恨，〕想打杀了也罢。又本是男子所不应当来的，给隐藏在很是勉强的一个地方的人，却睡着了发出鼾声来。本来秘密出入的地方戴着长的乌帽子[21]，容易给人看见，便加意留心，却不防因为张皇了，撞在什么东西上边，噗哧的一声响，这是很可憎的。在挂着伊豫地方的粗竹帘的地方，揭起帘子来钻过去，发出沙沙的声音，也是可憎的。有帛缘的帘子因为下边有板，进出的时候声响也就愈大。可是这如是轻轻的拉了起来，

---

〔20〕“到了国府殿”是当时童谣的一句，今无可考。国府殿疑即国守。

〔21〕乌帽子本是礼冠下的一种头巾，用黑绢缝作袋状，罩于发髻的上面，但后来以纱或绢做成，上涂漆，便很有点坚硬了。

则出入时也就不会响了。又如拉门什么用力的开闭，也很是可恨。这只要稍为抬起来的去开，哪里会响呢？若是开的不好，障子等便要歪曲了，发生嘎嘎的声音。

渴睡了想要睡觉，蚊子发出细细的声音，好像是报名似的，在脸边飞舞。身子虽然是小，两翅膀的风却也相当大的哩。这也是很可憎的。

坐了轧轧有声的车子走路的人，我想他是没有耳朵的么？觉得很是可憎。我如是坐了借来的车子，轧轧的响的话，我便觉得那车子的主人也是可憎了。

在谈话中间，插嘴说话，独自逞能的饶舌，这是很可憎的。无论大人或是小孩，凡是插嘴来说，都是可恨。在讲古代的故事什么，将自己所知道的事，忽然从旁边打断，把故事弄糟了，实在是可憎的事。

老鼠到处乱跑，甚是可恨。有些偶然来的子女，或者童稚〔22〕，觉得可爱，给点什么好玩的东西。给他弄的熟了，后来时常进来，把器具什物都散乱了，这是可憎的。

在家里或是在公家服务的地方，遇见不想会面的人来访，便假装着睡觉，可是自己这边的使用人却走来叫醒，满脸渴睡相，被叫了起来，很是可憎。后来新到的人，越过了先辈，做出知道的模样来指导，或是多事照管，非常可憎。自己所

---

〔22〕此处语意似重复，但原本却有分别，盖前者系对父母而言，后者则泛一般。

认识的男子，对于从前有过关系的女人加以称赞，这虽然过去很久了的事情，也煞是可憎。况且，若是现在还有关系，那么这可憎更是不难想象了。可是这也要看情形来说，有时候也有并不是那么样的。

打了喷嚏，自己咒诵的人〔，也是可憎的〕[23]。本来在一家里除了男主人以外，凡是高声打喷嚏的人，都很是可憎。跳蚤也很可憎，在衣裳底下跳走，仿佛是把它掀举起来的样子。又狗成群的叫，声音拉的很长，这是不吉之兆，而且可憎。

乳母的男人实在是很可憎的。若是那所养的小孩是女的，他不会得近前来，那还没有什么。假如这是男孩的话，那就好像是他自己的东西，走上前去，拿来照管，有一点事不如少爷的意的，便去向主人对这人进谗，把别人不当人看，很是不成事体，但是因为没有人敢于举发他，所以更是摆出了不得的架子，来指挥一切了。

第二五段 小一条院

小一条院就是现在的大内。主上所住的殿是清凉殿，中宫则住在北边的殿里。东西都有厢房，主上时常到北殿去，中宫

〔23〕古时多有忌讳，打喷嚏的时候在旁的人每为咒诵，以避免灾祸，今俗信犹尚存留此习。唯自己咒诵，则为可憎的举动。

也是常到清凉殿里来。殿的前面有个院子，种着各样的花木，结着篱笆，很有风趣。二月二十日〔24〕太阳光很是灿烂而悠闲的照着，在西厢房的廊下，主上吹奏着笛子。太宰大弍高远是笛子的师范，来御前侍候，〔主上自己的笛子和高远所吹的〕别的笛子反复吹奏催马乐里的《高砂》，说吹得非常的出色，也就是世上平常的说法〔，说不尽它的好处〕。高远陈说笛子的心得的事，很可佩服，中宫的女官们也都聚集在御帘前面，看着这种情形，那时自己觉得心里丝毫没有〔不如意事，〕有如俗语所说的“采芹菜”〔25〕的事了。

辅尹这人任木工允的职务，是藏人之一〔26〕，因为举动很粗，殿上人和女官们给他起诨名曰“荒鳄”，且作歌云：

“粗豪无双的先生，

〔那也是难怪的呵，〕

因为是尾张的乡下人的种子。”

这是因辅尹乃是尾张的兼时的女儿所生的缘故。主上将这首歌用笛子吹奏，高远在旁助吹，且说道：

“更高声的吹吧，辅尹不会知道是什么事的。”主上答说道：

“这怎么行呢，虽说他不懂，辅尹也会听见的。”仍旧很

〔24〕据说这是长保二年的事情，即是公历的一千年。

〔25〕当时通行的一句俗语，谓心里有不如意的事叫“采芹菜”，其出处虽有种种说法，但皆不可靠。一说是出于野人献芹的故事。

〔26〕辅尹为尾张守藤原兴方之子，木工允是木工寮的三等官，兼任六位的藏人。

是低声的吹着，随后到得中宫的那里，说道：

“这里那人不在了，可以高声的吹了吧。”便那样的吹奏了。这是很有意思的事。

第二六段 可憎的事续〔27〕

信札措辞不客气的人，更是可憎。像是看不起世间似的，随意乱写一气那种文字，实在可憎得没法比喻。可是对于没有什么重要的人，过于恭敬的写了去，也是不对的事情。那种不客气的信札，自己收到不必说了，就是在别人那里收到，也极是可憎的。其实〔这不但是信札，〕对谈的时候也是一样，听着那无礼的言辞，心想这是怎么说出来的，实在觉得心里不痛快。况且更是关于高贵的人说这样无礼的话，尤其荒唐，很可憎恶。说男主人的坏话，也是很坏的事情。自己对于所使用的人，说“在”以及“说话”都用敬语，也是可憎的。这样办还不如自己说是“在下”〔28〕的好吧。即使没有客气，使用文雅的言词，对话的人和旁边听着的人，也都高兴的笑了。但是觉得是这样，〔便乱用文雅的言语，〕使人家说是这是出于嘲弄的，那也是不好的。

---

〔27〕此一节原是第二四段的续文，皆说可憎的事物者，别本多与前文并合，联为一段，此系依《枕草子春曙抄》本，故仍分列。

〔28〕原本系汉文的“侍”字，乃动词的谦词，用于代名的第一位，今改译作代名词。

殿上人以及宰相[29]等人，对于他们毫不客气的直呼其名，甚为不敬，可是并不这么说，却是反对的对于在女官房做事的人，也称作什么“君”，〔她们因为向来没有听见过这么称呼，〕听了便觉得高兴难得，对着称呼的人非常的称赞了。称呼殿上人和公卿，除了在主上御前，都称他们的官职名。在御前说话，即使互相谈说，而主上可以听见的时候，〔不说名字，〕自称“本人”[30]，这也是很可憎的。这时候不说“本人”这句话，有什么不方便呢[31]？

没有什么特别可取的男子，用了假装的声音，做出怪样子来。滑不受墨的砚台。女官们的好奇，什么事情都想知道。本来就不讨人喜欢的人，做出讨厌的事情，这都是很可憎的。

一个人坐在车上，观看祭礼什么景物的男子，这是什么样子的人啊！〔同伴的人即使〕不是贵人也罢，少年的男子好奇喜欢观看的也有，何不带着他乘车一起的看呢？从车帘里望过去，只有一个人的影子独自摆着架子，一心的看着的那副样子〔，真是可憎呵〕！

天刚破晓，〔从女人那边〕回去的男子，将昨夜里所放着的扇子，怀中纸片，摸索寻找，因为天暗便到处摸索，用手按扑，口中说是“怪事”，及至摸到了之后，悉索悉索的放在怀里，

---

〔29〕宰相系参议官的名称，定员八人，以四位以上的公卿充任。

〔30〕原文“麻吕”，古代无论男女自称的名词。

〔31〕即是可以不自称“本人”，不过用了反语罢了。

又打开扇来，啪啦啪啦的扇，便告假出去，这却是可憎，还是寻常的批评，简直可以说是一点没有礼貌了。同上面所说的事情一样，在深夜里〔从女人那里〕出去的人，乌帽子的带子系得很坚固的〔，是很可讨厌的事〕。这没有那么系得紧固的必要吧，只须宽宽的戴在头上，也未必会有人责备。非常的懒散，毫不整齐的，穿着直衣和狩衣，也都歪斜着，不见得有人看了会得讥笑的。凡是破晓时候临别的情形，人们觉得最有情趣。大抵是男的总是迟迟的不愿意起来，这是女的勉强催促，说："天已经大亮了，给人看见了怪不好看的。"男的却是叹口气，觉得很是不满足的样子，似乎起来回去也是很勉强的样子。老是坐着连下裳也并不穿，还是靠着女人的方面，将终夜讲了没有说完的话，在女人的耳边低声细说，这样的没有特别的事情，〔其时衣裳都已穿好，〕便系上了带子。以后将和合窗打开，又开了房门，二人一同出去，说尽闲等着一定是很不好过吧，这样说着话便轻轻的走去了，一面送着回去的后姿，这种惜别是很有情趣的。但是惜别也要看男子的行动而定。若是赶快就起来，匆匆忙忙的，将下裳的腰间带子紧紧的结了，直衣和外袍以及狩衣都卷着袖子，把自己的东西一切都塞在怀里，再把上边带子切实的系上，那就是很可憎的了。又凡走出去，不把门关上的人，也很可憎。

第二七段 使人惊喜的事

使人惊喜的事是，小雀儿从小的时候养熟了的，婴儿在玩耍着的时候走过那前面去，烧了好的气味的薰香[32]，一个人独自睡着，在中国来的铜镜上边，看见有些阴暗了[33]，身份很是上等的男子，在门前停住了车子，叫人前来问讯。洗了头发妆束起来，穿了薰香的衣服的时候。这时虽然并没有人看着，自己的心里也自觉得愉快。等着人来的晚上。听见雨脚以及风声，〔便都以为那人来了，〕都是吃一惊的。

第二八段 怀恋过去的事

怀恋过去的事是：枯了的葵叶[34]。雏祭的器具[35]。在书本

---

〔32〕 旧时用各种香料薰衣，将衣被搭在薰笼上，犹现今的用香水。

〔33〕 日本铜镜最初系由中国输入，认为是上等精品，甚见珍重，故以发现上面有阴影为忧虑。这一段原是说心里感觉怦怦的惊动，并不一定是惊喜，如这一则即是一例。

〔34〕 四月中京都例有贺茂祭，很是热闹，从上贺茂的神山采来葵叶，作种种的装饰，或挂在柱帘上，直等到它凋落为止。

〔35〕 用纸布木头泥土，作为男女人形，称为“雏”，本系人的替身，为修禊时袚除之用，后来转变为女儿的玩物，每年三月中陈列起来，有各种器具什物，是为雏祭。

中见到夹着的，二蓝以及葡萄色的剪下的绸绢碎片。在很有意思的季节寄来的人的信札，下雨觉着无聊的时候，找出了来看。去年用过的蝙蝠扇〔36〕。月光明亮的晚上。这都是使人记起过去来，很可怀恋的事。

第二九段 愉快的事

看了觉得愉快的事是，画得很好的仕女绘上面，有些说明的话，很多而且很有意思的写着。看祭礼的归途，见有车子上挤着许多男子，熟练的赶牛的人驾着车快走。洁白清楚的檀纸上，用很细的笔致，几乎是细得不能再细了，写着些诗词。河里的下水船的模样。牙齿上的黑浆〔37〕很好的染上了；双陆掷异同的时候，多掷得同花〔38〕。绢的精选的丝线，两股都打得很紧。

---

〔36〕系是折扇，但只是一面用纸糊着，状如蝙蝠的翅膀。故有是名。

〔37〕旧时妇人多将牙齿染黑，用五倍子粉及铁浆做成，名为“齿黑”，此风一直维持下来，至明治维新时始见废止。

〔38〕双陆系古代游戏，从中国输入。用骰子两颗，凡掷得同花者为胜，异花为负。

请很能说话的阴阳师，到河边上，祓除咒诅[39]。夜里睡起所喝的凉水。在闲着无聊的时候，得有虽然不很亲密，却也不大疏远的客人，来讲些闲话，凡是近来事情的有意思的，可讨厌的，岂有此理的，这样那样，不问公私什么，都很清楚的说明白了，听了很是愉快的事。走到寺院去，请求祈愿，在寺里是法师，在社里是神官[40]，在预料以上的滔滔的给陈述出愿心来〔，这是很愉快的事〕。

第三〇段 槟榔毛车[41]

槟榔毛车以缓缓的行走为宜，走的太急了，看起来有点轻浮了。网代车[42]则宜于急走，走过人家的门口，连看的时间都没有就走过去了，只见随从的人跑着走，心想这车里的主人是谁呢，也是很有意思的。若是慢慢的，很费时光的走着，那

〔39〕阴阳师属于阴阳寮的官员，专司卜筮及祓除等事，凡人虑有人咒诅，率请其解除，则所有罪秽悉随水流去，以至冥土云。

〔40〕神官为神社里的职官，司祈祷的事，此系神道教的事情，与阴阳道从朝鲜中国传过去，出于道教者不同。

〔41〕这一节别本认为亦是说“愉快的事”，所以与上文合并为一段。

〔42〕网代车为古时官吏常用的车，以桧皮编作箔为车身，上加漆绘，亦有用竹编的，因竹箔名为“网代”，意云代网以捕鱼，故名。

就很是不好。牛要额角小，那里的毛是白的，又它的腹下，脚尖，尾巴梢头也都是白的。马是栗色有斑纹的，又芦花毛的也是好的。此外是纯黑的，在四脚那里以及肩头都是白色的马。淡红色的身子，马鬣和尾巴全是白的，这真是所谓木棉鬣〔43〕的吧。赶牛的人要个子大，头发带红色，脸也是红的，而且样子很是能干似的。杂色人和随身则是瘦小一点的好〔44〕。就是身份好的男子，在年轻的时候也是瘦的好，很是肥大的人看去像是想要睡觉似的人。小舍人〔45〕要个子小，头发丰满，披在后头，声音很可爱的，规规矩矩的说话，很是伶俐的样子。猫要背上全是黑的，此外则都是白色。

第三一段 说经师〔46〕

说经师须是容貌端丽的才好。人家自然注视他的脸，用心的听，经文的可贵也就记得了。若是看着别处，则所听的事也

---

〔43〕楮树皮经过处理，唯存纤维甚细，色白，故称木棉，谓马鬣的形状相似。

〔44〕杂色人系指无官位的人，因其袍色无规定，着杂色的服装，在牛车左右的一种侍从。随身则是贵人身边的护卫，以近卫府的低级职员充任。

〔45〕小舍人系官厅所使用的童儿，或可译作“小厮”，但意思稍有不同，故仍用原名。

〔46〕这一段别本亦认为是说“愉快的事”的，与上文合并为一段。

会忽而忘记，所以容貌丑陋的僧人，觉得使听众得到不虔诚听经的罪。但这话且不说也罢。若是再年轻一点，便会写出那样要得罪的话来吧，但是现在〔年纪大了，〕亵渎佛法的罪很是可怕呀。

又听说那个法师可尊敬，道心很深，便到那说经的地方，尽先的走去听，由我这样有罪业的人说来，似乎不必那样子做也行吧。有些从藏人退官的人，以前是全然隐退，也不参与前驱，也更不到宫禁里来露面，现在似乎不是这样了。所谓藏人的五位〔47〕虽退了职还在禁中急忙奔走，〔但是比起在职繁忙的情形来，〕便觉得闲着没有事干了，心里感觉着有了闲暇，于是便到这种说经场，来听过一两回的说经，就想时常来听了。在夏天盛暑的时候，穿着颜色鲜明的单衣，着了二蓝或是青灰色裤子，在那里踱着。在乌帽子上面插着"避忌"的牌子，今日虽然是忌日，但是出来赴功德的盛会，所以这样办显得是没有问题的吧。这样的赶忙来了，和说经的上人说话，后到的女车在院子里排列〔48〕，也注意的看，总之凡事都很留心。有好久不见的人到来与会，觉得很是珍重，走近前去，说话点头，讲什么好笑的事，打开扇子，掩着口笑了，玩弄装饰的数珠，当作玩物来戏耍，

---

〔47〕六位的藏人于退职时例进一级，故成为五位，旧例五位以上的官员得升殿，称为殿上人，唯藏人的五位因已退职，故不在此例。

〔48〕女人听说法得不下车，于院子里坐在车中坐听，但观下文似亦有不乘车而步行者，作者颇提出非难。

这边那边的四顾，批评排在院子里的车子好坏，又说什么地方，有某人举办的法华八讲[49]，或者写经供养，比较批评，这时说经已经开始，就一点都没有听进去了。大概是因为平常听得多了，耳朵已经听惯了，所以并不觉得怎么新鲜了吧。

有些人却不是这样做，在讲师已登高座过了一会儿之后，喝道数声，随即停车下来，都穿着比蝉翼还轻的直衣，裤子，生绢的单衣，也有穿着狩衣装束的，年纪很轻，身材潇洒的三四个人，此外侍从的人有同样的人数，着了相当的服装，一同走了进来。以前在那里听着的人便稍为移动一下，让出坐位来，在高座近旁柱子旁边，给他们坐了下来，到底是很讲规矩的贵人，便将数珠揉搓了，对于本尊俯伏礼拜，这在讲师大概是很有光荣的吧。想怎样传说出去，在世间有很好的声誉，就努力很好的讲说起来，但是听的方面却没有大的影响，或者归依顶礼，等到差不多的时候，就都站起来走了，一面望着多数的女车，自己讲着话，——这自己所讲是什么事呢，不免令人猜想。那些认得的人，觉得这样子是很有意思，那不知道的人也猜想说这是谁呀，这个那个的来想，也是有意思的事吧。

“什么地方有说经了，这里是法华八讲。”有人讲起这种事情来时，人家问道：

---

〔49〕“法华八讲”为讲《法华经》的法会。《法华经》凡八卷，由八人分讲，一日中早晚各讲一卷，四日讲毕，但每卷也不是逐句讲说，只是择要讲解问答而已。八卷之外，又加起结各一讲，计共费五日，第三日讲第五卷时为中日，更举行特别的仪式。

“某人在那里么？”这边答说：

“他哪里会得不在呢？”好像是一定在那里似的，这未免太过了。这并不是说，说经场里连张望一下也是不行，听说有很卑贱的女人，还热心去听哩。但是当初去听的女人，没有那么徒步走去的。就是偶尔有徒步的，也都是穿那所谓“壶装束[50]”，一身装饰得很优雅的。那也是往寺院神社去礼拜罢了，说经的事也不大听见说起。在那时节曾经去过的人，假如现在还长命活着，看见近时说经的情状，那不知道要怎样的诽谤了吧。

第三二段 菩提寺

在菩提寺里，有结缘的法华八讲[51]，我也参加了。人家带信来说：

“早点回家里来吧，非常的觉得寂寞。”我就在莲花瓣[52]上写了一首歌回答道：

---

〔50〕壶装束为中古时妇女外出时的服装，系以练衣被头上，头戴斗笠。“壶”字取义不详，有诸种说法皆不可靠。

〔51〕佛法很看重因缘，举行法事，与会者即与佛法有缘，法华八讲亦是其一。

〔52〕莲花瓣系是纸做的，法会中有散华，乃以纸片作成莲花瓣，于行道时四面撒放。

“容易求得的莲华的露[53]，

放下了不想去沾益，

却要回到浊世里去么？”

真是觉得经文十分可尊，心想就是这样长留在寺里也罢。至于家里的人像等湘中老人[54]一样，等着我不回去，觉得焦急，就完全忘记了。

第三三段　小白河的八讲

小白河殿是小一条的大将[55]的邸宅。公卿们在那里举行结缘的法华八讲，很是盛大的法会，世间的人都聚集了前去听讲。说道：

“去得晚了，恐怕连车子也没处放。”于是便同了朝露下来的时候前去，果然已是满了，没有空处了。在车辕上边，又驾上车子去，到了第三排还约略听得说经的声音。

是六月十几的天气，酷热为以前所不曾有过，这时只有望

---

〔53〕“莲华的露”指佛法，切合《妙法莲华经》，又菩提寺的名称也有关系，谓好容易来到菩提圣地，所以不想回到浊世去了。

〔54〕据《列仙传》里说，老人好黄老之书，在山中耽读，值湘水涨，君山成为湖中一岛，亦并不知道，忘记了回巴陵去了。

〔55〕小一条大将为藤原济时，乃当时权大纳言右近卫大将，乃左大臣师尹的次子。

着池中的荷花，才觉得有点凉意。除了左右大臣之外，几乎所有的公卿们都聚集在那里了。多穿着二蓝的直衣和裤子，浅蓝的里衣从下边映透出来。稍为年老一点的人穿青灰色的裤子，白的里裤，更显得凉快的样子。佐理宰相[56]等人也更显得年轻了，也都到来，这不但是见得法会的尊严，也实在是很有意思的景象。

厢间的帘子高高的卷上，在横柱的上边的地方，公卿们从内至外很长的排坐着，在那横柱以下是那些殿上人和年轻的公卿们，都是狩衣直衣装束，很是潇洒的，也不定坐，这边那边的走着，也是很有意思的。实方兵卫佐与长明侍从都是小一条邸的家人[57]，所以比起别人来，出入更是自在。此外还在童年的公卿，很是可爱。

太阳稍为上来的时候，三位中将——就是说现在的关白道隆公，穿了香染[58]纱罗的里衣，二蓝的直衣和浓苏枋色的裤子，里面是笔挺的白色的单衫，颜色鲜明的穿着走了进来，比起别人都是轻凉的服装来，似乎觉得非常的热，却显得更是尊贵的样子。扇骨是漆涂的，与众人的虽有不同，用全红的扇面却和人家一样，由他拿着的模样却像是石竹花满开了，非常的美丽。

---

〔56〕藤原佐理其时任参议，号称宰相，以书法有名。

〔57〕藤原实方为大将济时的儿子，其时任兵卫府的佐官。长明未详，或云即是长命君，见于《荣华物语》。

〔58〕香染系一种染色，亦称丁子染，乃用丁香煎汁染成，淡红而带黄色。

其时讲师还没有升座，看端出食案来，在吃什么东西。义怀[59]中纳言的风采，似乎比平日更是佳胜，非常的清高。本来公卿们的名字在这种随笔里不应当来说，但是过了些时日，人家便要忘记了，这到底是谁呢，所以写上了。此外各人的服装颜色光彩都很华丽的当中，只有他里边穿着里衣，外边披了直衣，这样子，似乎很是特别。他一面看着女车的方面，一面说着什么话，看了这情形，不觉得很意思的人，恐怕不会有吧。

后来到达的车子，〔在高座近旁已经没有余地，〕只能在池边停了下来。中纳言看见了，对实方君说道：

“有谁能够传达消息的，叫一个人来吧。”这样说了，不知道是什么人，选出一个人来。叫他去传达什么话好呢，便和在近旁的人商议，叫去说的内容这边没有听见。那使者很摆着架子，走近女车边去，大家都一齐大声的笑了。使者走到车子后边，似乎在传话的光景，但好久立着不动，大家都笑说：

“这是在作和歌吧。兵卫佐，准备好作返歌[60]吧。”连上了年纪的公卿们也想早点听到回信，都向着那边看，其他露立的听众也都一样的望着，觉得很有意思。其时大概是已得了回

---

〔59〕藤原义怀为藤原伊尹的第五个儿子，其时任权大纳言。其妹怀子是花山天皇的生母，为当时外戚的最有权势者。宽和二年（九八六）六月二十三日花山天皇因弘徽殿女御的死，不胜哀悼，于夜间潜出至花山元庆寺出家，至第二日义怀得知了这个消息，也相从落发做了和尚了。

〔60〕作和歌赠人，须得唱和，称为“返歌”，不然便要受人耻笑，说前世乃是不会叫的虫鸟。

信了吧，使者向这边走了几步，只见车里边用了扇子招他回去，这是和歌中的文字有的是用错了，所以叫了回去。但是以前等了不少工夫，大概不会得有错吧。就说是有了错，我想也是不应该更正的。大家等使者走近前来，都来不及的问询道：

“怎么啦，怎么啦？”使者也不答话，走到中纳言那里，摆了架子说话。三位中将从旁边说道：

“快点说吧，太用心过了，便反要说错了。”使者说道：

“这正是一样的事〔，反正都是扫兴的事了〕。”藤大纳言[61]特别比别人尽先的问道：

“那是怎么说的？”三位中将答道：

“这好像是将笔直的树木，故意的拗弯了的样子。”藤大纳言听说便笑了起来，大家也一齐笑了，笑声恐怕连女车里也听到了吧。中纳言问道：

“在叫你回去之前，是怎么说的呢？还是这是第二回改正了的话呢？”使者道：

“我站了很久，并没有什么回信，随后我说那么回去吧，刚要走来，就被叫转去了。”中纳言问道：

“这是谁的车呢？你有点知道么？”正说这话的时候，讲师升了高座了，大家静坐下来，都望着高座的这一刻工夫，那女车就忽然消灭似的不见了。车子的下帘很新似乎是今天刚用

---

〔61〕藤原为光，其时任大纳言，八讲的这年七月晋为右大臣。

的样子，衣服是浓紫的单袭[62]，二蓝的绫的单衣，苏枋色的罗的上衣，车后面露出染花模样的下裳，摊开了挂着，这是什么人呢？的确是，与其拙笨的做什么歌，倒不如女车似的不答，为比较的好得多哩。

朝座讲经的讲师清范在高座上似乎发出光辉，讲的很好。但是因为今天的酷热，家里也有事情，非得今天里做了不可，原是打算略为听讲便即回去，却进在几重车子的里边，没有出去的法子。朝座的讲经既了，便想设法出去，和在前面的车子商量，大概是喜欢因此得以接近高座一点的缘故吧，赶快的将车拉开，让出路来，叫我的车子能够出去。大家看着都喧嚷着说闲话，连年纪稍大的公卿也一起在嘲笑，我并不理会，也不回答他们的话，只是在狭路中竭力的挤了出来。只听得中纳言笑着说道：

“唉，退出也是好的。”觉得他说的很妙，但也不理会，只是在盛暑中退了出来。随后差人去对他说道：

“你自己恐怕也是在五千人的里面吧[63]。”这样我就回了来了。

---

〔62〕两件单衣叠着，在边沿缀作一起，女官们的服装，自五月五日起着用。

〔63〕《妙法莲华经·方便品》中，释迦如来将为说“开三显一”的佛法时，有五千比丘起“增上慢”，以未得为已得，未证为已证，遽尔退出。释迦并不加以制止，但对弟子舍利弗说道：“如是增上慢人，退亦佳矣。”中纳言引了经中典故；对于作者的退出，巧妙的加以嘲笑。回答的话亦用同一典故，谓天气这样的热，恐怕你也将退出，即是在增上慢的比丘五千人里边。

自从八讲的第一天起，直到完了为止，有停着听讲一辆女车，没有看见一个人走近前去过，只是在那里呆着，好像是画中的车的样子，觉得很是难得，也实在优胜。人都问道[64]：

“这是什么人呢？怎么样想要知道。”藤大纳言说道：

“这有怎样难得呢！真好讨厌，这不是很不近人情么？”说的也很有意思。

但是到了二十几日，中纳言却去做了和尚了，想起来真是不胜感慨。樱花的凋谢，还只是世俗常用的譬喻罢了。古人说“迨白露之未晞[65]”，叹息朝颜花的荣华不长，若和他相比，更觉得惋惜无可譬喻了。

第三四段 七月的早晨

七月里的时候，天气非常的热，各处都打开了，终夜也都开着。有月亮的时候睡醒了，眺望外边，很有意思。就是暗夜，也觉得有意思。下弦的在早晨看见的月光，更是不必说了。很有光泽的板廊的边沿近旁，铺着很新的一张席子，三尺的几帐站在里边一面，这是很不合理的。本来这是应当立在外边的，

---

〔64〕《春曙抄》以为系作者问话，藤大纳言答说，似在赞许中途的退出，亦是一种说法。

〔65〕旧本作“迨老年犹未到来”，以为未详所出，后人考订认为系《新敕撰集》中源宗于的歌，是咏朝颜花的，其中讹字亦遂加以订正了。

如今立在里边，大概是很关怀这里边的一方面吧。

男人〔66〕似乎已经出去了。女的穿着淡紫色衣，里边是浓紫的，表面却是有点褪了色，不然便是浓紫色绫织的很有光泽的，还没有那么变得松软的衣服，连头都满盖了的睡着。穿了香染的单衣，浓红生绢的裤腰带很长的，在盖着的衣服底下拖着，大概还是以前解开的吧。旁边还有头发重叠散着，看那蜿蜒的样子，想见也是很长吧。

这又不知道是从哪里来的，在早晨雾气很重的当中，穿着二蓝的裤子，若有若无的颜色的香染的狩衣，白的生绢的单衣，红色非常鲜艳的外衣，很为雾气所湿润了，不整齐的穿着，两鬓也稍微蓬松，押在乌帽子底下，也显得有点凌乱。在朝颜花上的露水还未零落之先，回到家里，赶紧给写后朝惜别〔67〕的信吧，归去的路上心里很着急，嘴里念着"麻地里的野草"，直往家里走去，看见这里的窗子已经打起，再揭起帘子来看，〔却见女人那么样的睡着，〕想见已有作别归去的男子，也是很有意思的事。〔这男子匆匆的归去，〕大约也觉得朝颜花上的露水有情吧。暂时看着，见枕边有一把朴树的骨，用紫色的纸贴着的扇子，展开着在那里。还有陆奥国纸裁成狭长的纸条，不知道是茜草还是红花染的，已经有点变了色，散乱在几帐旁边。

---

〔66〕这一节是想象的描写一种场面，可以想见当时恋爱的情形。

〔67〕古时男女婚姻皆男就女家寄宿，至次晨归去，即写信给女人惜别，称为"后朝"，原语为"衣衣"，谓男女各自着衣回去，"后朝"则是汉语的译意。

似乎有人来了的样子，女人从盖着的衣服里看出来，男的已经笑嘻嘻的坐在横柱底下，虽然是用不着避忌的人，但也不是很亲密的关系，心想给他看了自己的睡相〔68〕去了，觉得懊恨。男人说道：

“这很像是不胜留恋的一场早觉哇！”玩笑着说，把身子一半进到帘子里边来。女人答说：

“便是觉得比露水还早就出去了的人，有点儿可恨呵！”这本来并不是很有意思，特别值得记录的事情，但是这样的互相酬答，也是不坏。男人用了自己拿着的扇，弯了腰去够那在女人枕边的扇子，女人的方面怕他会不会再走近来，心里觉得怦怦的跳，便赶紧将身子缩到盖着的衣服里去。男人拿了扇子看了，说道：

“怎么这样的冷淡哪。”仿佛讽刺似的说着怨语，这时候天已经大亮了，渐有人的声音，太阳也将出来了吧。心想趁了朝雾没有散的时候，赶快的给写那惜别的信，现在这样的就要迟延了。旁人不免代为着急。从女人这边出去的那人，不知在什么时候所写，却已经寄信来了，信外附着带露的胡枝子，〔可是使者因为见有客人在这里，〕不曾送了上来。信上面薰着很浓厚的香，这是很有意思的。天亮了，人家看见了也不好意思，那男人就离开了这里走了，心里想自己刚才出来的女人那里，或者也是这样的情形吧，想起来也是很有趣的。

---

〔68〕旧时习惯，妇女的睡相不能让别的男人看见，除了自己的丈夫。

卷三

第三五段 树木的花

树木的花是梅花，不论是浓的淡的，红梅最好。樱花是花瓣大，叶色浓，树枝细，开着花〔很有意思〕。藤花是花房长垂，颜色美丽的开着为佳。水晶花的品格比较低，没有什么可取，但开的时节很是好玩，而且听说有子规躲在树荫里，所以很有意思。在贺茂祭的归途，紫野附近一带的民家，杂木茂生的墙边，看见有一片雪白的开着，很是有趣。好像是青色里衣的上面，穿着白的单袭的样子，正像青朽叶[1]的衣裳，非常的有意思。从四月末到五月初旬的时节，橘树的叶子浓青，花色纯白的开着，早晨刚下着雨，这个景致真是世间再也没有了。从花里边，果实像黄金的球似的显露出来，这样子并不下于为朝露所湿的

〔1〕青朽叶是一种织物的颜色，见卷一注〔12〕，这里乃是用作譬喻，便是说在青的篱笆上，盖上一层嫩黄的叶子。

樱花。而且橘花又说是与子规有关，这更不必更加称赞了。

梨花是很扫兴的东西，近在眼前，平常也没有添在信外寄去的，所以人家看见有些没有一点妩媚的颜面，便拿这花相比，的确是从花的颜色来说，是没有趣味的。但是在唐土却将它当作了不得的好，做了好些诗文讲它的，那么这也必有道理吧。勉强的来注意看去，在那花瓣的尖端，有一点好玩的颜色，若有若无的存在。他们将杨贵妃对着玄宗皇帝的使者说她哭过的脸庞是“梨花一枝春带雨〔2〕”，似乎不是随便说的。那么这也是很好的花，是别的花木所不能比拟的吧。

梧桐的花开着紫色的花，也是很有意思的，但是那叶子很大而宽，样子不很好看，但是这与其他别的树木是不能并论的。在唐土说是有特别有名的鸟，要来停在这树上面〔3〕，所以这也是与众不同。况且又可以做琴，弹出各种的声音来，这只是像世间那样说有意思，实在是不够，还应该说是极好的。

树木的样子虽然是难看，楝树的花却是很有意思的。像是枯槁了的花似的，开着很别致的花，而且一定开在端午节的前后〔4〕，这也是很有意思的事。

---

〔2〕 白居易的《长恨歌》中说杨贵妃见着使者：“玉容寂寞泪阑干，梨花一枝春带雨。”

〔3〕 古时中国传说，世有圣人，凤凰乃出现，并且必定停在梧桐树上面。

〔4〕 中国旧时有“二十四番花信风”之说，楝花风为其中之一。据《荆楚岁时记》云：“蛟龙畏楝，故端午以楝叶包粽，投江中祭屈原。”楝与端午的关系，其传说亦当起源于中国。

第三六段 池

池是胜间田的池，磐余的池，赘野的池，在我以前到初濑去朝拜的时候，见那池里满是水鸟，在那里吵闹着，是很有意思的事。

无水的池，这很是奇怪，便问道：

“为什么给取那样的名字的呢？”人们回答说道：

“在五六月里，下着大雨的年头，这池里的水是没有的。但在很是旱干的时候，到了春初，却有很多的水。”我就想这样回答道：

“要是完全没有水，是干的话，那么就这样给取名字吧。现在是也有出水的时候，却是一概的叫它作无水了么？”

猿泽的池，采女在那里投了池，天皇听说了，曾到过那里〔5〕，这是很了不得的事。人麻吕作歌说：“将猿泽的池里的玉藻，当作我的妹子的睡乱的头发，真是可悲呀。”再加称赞，这也是多余的事了。

御前的池，这是什么意思取这样的名字的呢？想起来很是有趣。镜的池〔也有意思〕。狭山的池，这觉得有意思，或者

---

〔5〕 猿泽的池在奈良的兴福寺里。古时传说在建都奈良的时代，有一个宫里的采女，为天皇所宠幸，后来不再见召，乃怨望投池而死。天皇得知之后，特临幸此地，令人作歌哀悼她。相传人麻吕的歌即是其一。但据后人说，柿本人麻吕为公元七世纪时的歌人，上面所说的歌还远在以后的时代所作。

是因为联想起“三稜草”的歌[6]的缘故吧，恋沼的池。还有原之池，这是风俗歌里说的“别刈玉藻吧[7]”，因此觉得有意思的吧。益母的池〔，也是有意思的〕。

第三七段 节日

节日是没有能够及五月节的了。这一天里，菖蒲和艾的香气，和在一块儿，是很有意思的。上自宫禁里边，下至微末不足道的民家，都是竞争着把自己的地方插得最多，便到处都葺着，真是很少有的，在别的节日里所没有的。

这天的天气总是阴暗着，在中宫的殿里，从缝殿寮[8]进上用种种颜色的丝线编成的所谓香球，在正屋里御帐所在的左右柱子上悬挂着。去年九月九日重阳节日的菊花，用了粗糙的生绢裹了进上的，也挂在同一的柱子上，过了几个月，到现在乃由香球替代了，拿去弃舍掉。这香球挂在那里，当然到重阳的菊花的节日吧。但是香球也渐渐的，丝线被抽去，缚了什么东

〔6〕《古今六帖》中有歌云：“武藏的狭山的池里的三稜草，拉它起来就断了，我就是根将断了呀。”

〔7〕风俗歌云：“鸳鸯啊，野鸭都来聚集的原的池里，别刈玉藻吧，让它继续生长吧。”“玉藻”系是藻的美称，不是一种藻。

〔8〕缝殿寮是职司裁缝御衣的地方，故端午节的香球等物，由其承办进呈。

西了，不是原来的样子了。

节日的供膳进上之后，年轻的女官们都插了菖蒲的梳子，竖着“避忌[9]”的牌子，种种的装饰，穿了唐衣和罩衣，将菖蒲的很长的根，和好玩的别的花枝，用浓色的丝线编成的辫束在一起[10]，虽然并不怎么新奇，值得特别提出来说，却也总是很有意思的。就说是樱花每年到春天总是开花，但因此觉得樱花也就是平凡的人，也未必会有吧。

在街上走着的女孩子们，也都随了她们的身份装饰着，自己感觉得意，常常看着自己的袖子，并且和别人的相比，说不出的觉得愉快，这时却遇见顽皮的小厮们，把那所挂的东西抢走了，便哭了起来，这也是很好玩的。

用紫色纸包了楝花，青色纸包了菖蒲的叶子，卷得很细的捆了，再用白纸当作菖蒲的白根似的，一同捆好了，是很有意思的。将非常长的菖蒲根，卷在书信里的人们，是很优雅的。为的要写回信，时常商量谈天的亲近的人，将回信互相传观，也是很有意思。给人家的闺女，或是贵人要通信的人，在这一日里似乎特别愉快，这是优雅而且有趣的。到了傍晚，子规又

[9] 五月五日中国古时称为“恶日”，日本受中国的影响，故亦在避忌之列。

[10] 这里说是将香球和花果的枝，也有用绢制造花的，用紫色的丝辫束在一起，挂在袖上作为装饰。

自己报名[11]似的叫了起来，这一切都是很有兴味的事情。

第三八段 树木

树木是枫[12]，五叶松，柳，橘。

扇骨木虽似乎没有什么品格，但在开花的那些树木都已凋谢的时候，一面变成纯是绿色了，它也不管季节，却有浓红的叶子，想不到的在青叶之中，长了出来，也是少有的。

檀树，〔这是可以做弓的材料，〕现在更不必多说了。这虽然并不限定说某一种树，但是寄生木的这名字，却是很有风情。荣木[13]，这是在贺茂的临时祭礼，举行御神乐[14]的时候，〔舞人拿着这树枝而舞，〕很是有意思。世上有各种的树木，只有这树被说是“神的御前的东西”，这是特别有意义。

樟树在树木丛生的地方，也总不混在别的树木里生长着。因为枝叶太是繁茂，觉得有点可厌的样子，但是分作“千枝”，

---

〔11〕日本叫子规为hototogisu，说它自呼其名；又因啼声近似hokekio，说它能诵《法华经》，日本语音读相近。

〔12〕原文作“桂”，叶似白杨，两两相对。《史记》注云：“枫为树厚叶弱茎，大风则鸣，故曰枫。”与下文之枫树有别。

〔13〕日本用自造的汉字，作木旁神字，系一种山茶科的常绿乔木。古来以其枝叶供神，故字从神木，荣木的名字则是从常绿的意思出来的。

〔14〕临时的贺茂祭在十一月下旬，禁中内侍所有御神乐，于其时献技，舞人手执荣木树枝。

常引例作为恋人[15]来说，可是有谁知道了枝的数目，却这样的说起来的了，想来是很有趣味的。

桧树，这也是生长在人迹罕至的地方的东西，“催马乐”的歌里有“三叶四叶的殿造好了[16]”的话，也觉得有意思。而且五月里，〔露水下来，〕它会学作雨声[17]，这也是很好玩的。

枫树，虽然是树很小，可是长出来的芽带着红色，都向着同一方面伸张开的叶子，花并不像花的样子，却好像什么虫的干枯了似的，觉得很有意思。

“明天是桧”树[18]，这在世上近地看不到，也不曾听说哪里还有。但是，到御岳去朝拜回来的人，有拿了来的。枝叶很是粗糙，似乎不好用手去碰它；但是这凭了什么，却给它取“明天是桧”的名字的呢？实在靠不住的预言呀。这预言是凭了谁呢，倒很想知道，想来很有意思。

鼠黐树，虽然不是特别值得说的树木，它的叶子很是细而且小，也是很有趣的。楝树，山梨树〔也是很有意思〕。椎木，在常绿的树中间虽然都是这样，但是椎木却是特别提出来，当

---

〔15〕原歌见《古今六帖》，将樟树的多枝，比喻人的多有怀恋。原本“千枝”只是说树枝众多，现在却作实数说，戏言有谁曾经数过。

〔16〕催马乐本系民谣之一种，至平安时期乃列入雅乐中了。原歌意云，有如山百合的草茎分作三端四端，造成三栋四栋的殿，盖是颂祝营造的歌。

〔17〕据唐朝方干的诗云：“长潭五月含冰气，孤桧终宵学雨声。”

〔18〕此树中国名“罗汉松”，日本名意云“明日成桧了”，故戏言这是谁所给的不很可靠的预言。

作树叶不落的例子，也是有意思的事。

白橿的树，在深山树木之中更是离得人远了，大约只是染三位或是二位的衣袍的时节，人们才看到它的叶子吧[19]。虽然并不是引起什么了不起或是好玩的事情来说，它的模样像是一面落着雪似的，容易叫人看错，想起素盏鸣尊降到出云国的故事，看着人麻吕所作的歌[20]，非常的觉得可以感动。凡是人的讲话，或是四季的时节里，有什么有情味的，和有意思的事，听了记住在心里，无论是草木虫鸟，也觉得一点都不能看轻的。

交让木[21]的叶子丛生着，很有光泽的，非常青得好看，却想不到的，叶柄长的鲜红，很是庸俗，似乎不大相称，便觉得品格低了，但是也有意思。在平常的日月里，全看不见这东西，到了十二月晦日却行了时，给亡故的人们当盛载食物的器具，很引起人的哀感，但是在新年为的是延龄的关系，固齿的食物

---

〔19〕这时候的服色，似四位以上皆是黑袍，染色例用皂斗，但其时或用白橿的叶子代替。

〔20〕白橿的树叶里边是白色，远远看去白色一片，几乎要看错是下雪，人麻吕有一首歌说及这事。但与素盏鸣尊（《古事记》中有须佐男命，读法相同，只是所用汉字不一样罢了）在出云国的事别无关系，或疑素盏鸣尊一句系属衍文。

〔21〕交让木为大戟科的常绿小乔木，其叶经冬不凋，至新叶发生，乃始落下，故有是名。日本新年取叶为装饰品，此种风俗至今犹存。

也用这作为器具[22]，这是为什么缘由呢？古歌里说："交让木变成了红叶的时光，才会忘记了你。"〔将绿叶不会变红，比喻恋爱的不变，〕这是很有道理的。

柏木[23]，很有意思。这个树里，因为有"守叶的树神"住着，所以也是可以敬畏。兵卫府的佐和尉[24]，也因此叫作"柏木"，这也是有意思的事。

棕榈树，虽然树木缺乏风情，但是有唐土的趣味，不像是卑贱的家里所有的东西。

第三九段 鸟

鸟里边的鹦鹉，虽然是外国的东西，可是很有情味的。〔虽是鸟类，〕却会学话人间的语言。还有子规，秧鸡，田鹬，画眉鸟，金翅雀，以及鹊类〔，也很有意思〕。

山鸡因怀恋同伴而叫了，所以看镜，〔见了自己的影子，

---

〔22〕日本迎接祖先的精灵，今但在旧历中元，但古时亦于除夕设祭，据《报恩经》云："十二月晦日午时来，正月一日卯时归。"元旦祝贺延龄，进固齿的食物，亦用交让木的叶子为垫，今唯用为装饰罢了。

〔23〕此并非中国的柏树，乃是槲树。因下文有"柏木"的成语，故此处未加改正。

〔24〕因为槲树的叶不即落下，留在树上直到春天，所以相信有守叶的树神住在里面。因为近卫府的官员是职司守卫的，后来便叫他为"柏木"云。兵卫府的佐是次官，尉则是三等官。

以为是同伴了，〕用以自慰，实在很是有情的。至于〔雌雄〕隔着一个山谷，乃是很可怜了的。

鹤虽是个子很大，可是它的鸣声，说是可以到达天上，很是大方。头是红色的雀类，斑鸠的雄鸟，巧妇鸟〔，也都有意思〕。

鹭鸶的样子很不好看，眼神也是讨厌的，总之是不得人的好感，但是诗人说的在“万木的树林里不惯独宿”，所以在那里争夺配偶，想起来也是很有趣的。箱鸟〔25〕。

水鸟中鸳鸯是很有情趣的。据说雌雄互相交替着，扫除羽毛上的霜，这是很有意思的事情。都鸟。古歌里说，河上的千鸟和同伴分散了，所以叫着〔，觉得是可怜〕〔26〕。大雁的叫声远远的听着，很可感动的。野鸭也正如歌里所说的，拍着翅膀，把上面的霜扫除了似的，很有意思。

莺是在诗歌中有很好的作品留下来，讲它的叫声，以及姿态，都是美丽上品的，但是有一层，它不来禁中啼叫，实在是不对的。人们虽说“确是这样的”，但是我想这未必如此吧，十年来在禁中伺候，却真的一点声音都不曾听见。在那殿旁本来有竹，也有红梅，这都是莺所喜欢来的地方啊〔27〕。到得后来退了出来，在微末的民家毫无足观的梅花树上，却听见它热闹

〔25〕箱鸟，一说是翡翠，一说是雉鸡，究竟不知道是什么。

〔26〕都鸟，即是海鸥，因中国说鸥鸟便联想起海来，而都鸟却是在内河，特别是江户的隅田川。千鸟乃日本的一种候鸟，故有同伴失散之说，形似田鹬，喜在河海边居住。

〔27〕民间俗说，莺喜在梅花上定住，故诗画上二者每相连在一起。

的叫着哩。夜里不叫，似乎它很是晚起，〔但这是它的生性如此，〕也没有什么办法。到了夏秋的末尾，用了老苍的声音叫着，被那些卑贱的人改换名字叫作“吃虫的”了，实在非常觉得惋惜而且扫兴。假如这是常在近旁的鸟，像麻雀什么，也就并不觉得什么了。歌人说的“从过了年的明日起头”，在诗歌里那么歌咏着，也就为的是在春天才叫的缘故吧。所以如只在春天叫着，那就多么有意思啊。人也是如此，如果人家不大把他当人，世间渐渐没有声望，也还有谁来注意，加以诽谤的呢？像鹞鹰乌鸦那样平凡的鸟类，世上更没有仔细打听它们的人了。因为〔莺和它们不是一样，〕原是很好的东西，所以稍有缺点，便觉得不满意了。

去看贺茂祭回来的行列，把车子停在云林院或是知足院前面的时候，子规在这时节似乎〔因了节日的愉快的气氛所鼓动，〕忍不住叫了起来，这时莺也从很高的树木中，发出和这声音学得很相像的叫声〔28〕，合唱了起来。这是说来很有趣味的事情。

子规的叫声，更是说不出的好了。当初〔还是很艰涩的〕，可是不知在什么时候，得意似的歌唱起来了〔29〕。歌里说是宿在

---

〔28〕上文说莺啼只宜在春天，入夏便不佳，所谓已是“老声”。但这里说贺茂祭乃是四月中旬的事，莺学子规的叫，却也是很有意思的，即对于前说多少的加以改订了。莺学子规固然不坏，但子规的鸣声自当更佳，所以下节接下去，是那么的说。

〔29〕子规初啼的时候，声音还是艰涩，但到了五月，仿佛是自己的时候到了，便流畅起来了。

水晶花里，或是橘树花里，把身子隐藏了，实在是觉得有点可恨的也很有意思的事。在五月梅雨的短夜里，忽然的醒了，心想怎么的要比人家早一点听见子规的初次的啼声，那样的等待着。在深夜叫了起来，很是巧妙，并且妩媚，听着的时更是精神恍惚，不晓得怎么样好。但是一到六月，就一声不响了。在这种种方面，无论从哪一点来说它好，总都是多余的了。

凡是夜里叫的东西，无论什么都是好的〔30〕。只有婴儿或者不在其内。

第四〇段 高雅的东西

高雅的东西是，淡紫色的衵衣，外面着了白袭的汗衫的人〔31〕。小鸭子〔32〕。刨冰放进甘葛，盛在新的金椀里〔33〕。水晶的数珠。藤花。梅花上落雪积满了。非常美丽的小儿在吃着覆盆子〔，这些都是高雅的〕。

---

〔30〕夜里叫的不但是子规，这里并包括水鸡，鹿，及秋虫等。

〔31〕这里所指当然是说女童。

〔32〕为什么这里说“小鸭子”是高雅的，殊不可解。或谓当解为“鸭蛋”，亦同样费解。

〔33〕甘葛即甘葛煎，古时未有蔗糖，故取甘葛煮汁，以助甜味。金椀者金属的碗。

第四一段 虫

虫是，铃虫，松虫[34]，络纬，蟋蟀，胡蝶，裂壳虫[35]，蜉蝣，萤虫〔，都是有意思的〕。

蓑衣虫[36]是很可怜的。因为是鬼所生的[37]，怕他和父亲相像，也会有着可怕的想头，所以母亲便给他穿上粗恶的衣服，说道：

“现今秋风吹起来的时候，就回来的，你且等着吧。”说了就逃走了去了。儿子也不知道，等到八月里，听到秋风的声音，这才无依无靠的哭了起来：“给奶吃吧，给奶吃吧[38]！”实在是很可怜的。

茅蜩〔也是很好玩的〕。叩头虫也是可怜的东西，这样虫的心里，也会得发起道心，到处叩头行走着[39]。又在意想不到的，暗的地方，听见它走着咯吱咯吱叩头的声音，也是很有

---

〔34〕 日本古代用铃虫松虫的名称，与后世正相反，因为这里所谓铃虫现在称为松虫，中国名“金琵琶”，松虫则现名铃虫，即是中国的金铃子。

〔35〕 裂壳虫系直译原义，乃是小虾似的一种动物，附着在海草上边，谓干则壳裂，古歌用以比喻海女因恋爱烦闷，至将身体为之破灭。

〔36〕 蓑衣虫系蓑蛾的幼虫，集合枯枝落叶及杂物为囊自裹，正如人的披蓑衣，故有是名。

〔37〕 日本古时大概有这种民间传说。其所谓“鬼”盖系鬼怪，与中国的鬼不同，这里女人则系人类，故弃置鬼子而逃走。

〔38〕 “给奶吃吧”原本作 qiqiyo，系形容虫的叫声，qiqi 的意义即是“乳”，盖指婴儿索乳时的啼声。

〔39〕 “道心”即求道的心，谓叩头虫归依佛法，故到处礼拜。

意思的事情。

苍蝇那可以算是可憎的东西了。那样没有一点可爱极是可憎的东西，似乎不值得同别的一样来记载它，尤其是在什么东西上面都去爬，并且又用了湿的脚，到人的脸上爬着〔，那更是可恶了〕。有人拿它取名字的[40]，很是讨厌。

夏虫[41]很是好玩，也很可爱。在灯火近旁，看着故事书的时候，在书本上往来跳跃，觉得很有意思。

蚂蚁的样子看了有点可憎，但是身体非常的轻，在水上面能够行走，也是好玩的事。

第四二段 七月的时节

在七月里的时节，刮着很大的风，又是很吵闹的下着大雨的一日里，因为天气大抵是很凉了，连用扇也就忘记了，这时候盖着多少含着汗香的薄的衣服，睡着午觉，也实在觉得是有趣的事[42]。

---

〔40〕日本古人中常见的有“虫麻吕”及“蝉丸”等人名，故亦可有人取名“蝇麻吕”者，但此纯是假设，实际上似并没有。

〔41〕夏虫，为灯蛾的别名，但这里所写的似不是那种大的扑灯蛾子，却是指细小的青虫，其飞走甚为敏捷。

〔42〕一说，这当是下文第一六五段的一节，因为那是说“风”的，也说的有道理，但作为独立的一段，却亦别有风趣。

第四三段 不相配的东西

不相配的东西是：头发不好的人穿着白绫的衣服，卷缩着的头发上戴着葵叶[43]。很拙的字写在红纸上面。

卑贱的人家下了雪，又遇着月光照进里边去，是不相配，很可惋惜的。月亮很是明亮的晚上，遇着没有盖顶的大车，而这车又是用了黄牛[44]牵着的。年老的女人，肚子很高的，喘息着走路。又这样的女人有那年轻的丈夫，也是很难看的，况且对于他到别的女人那里去，还要感到妒忌。

年老的男人昏昏贪睡的模样，又那么样的满面胡须的人，抓了椎树的子尽吃[45]。牙齿也没有的老太婆，吃着梅子，装出很酸的样子〔，都是不相配的〕。

身份很低的女人，穿着鲜红的裤子[46]。但是在近时，这样的却是非常的多。

卫门府的佐官的夜行[47]，〔穿了那么样的装束，所以是不相配，但是〕狩衣装束那也是显得没有品格。又穿了人家看了

---

〔43〕贺茂祭的时候，用葵叶作种种装饰，见卷二注〔34〕。卷缩的头发，一本作“白头发”。

〔44〕黄牛在古代算是高贵的东西，称为饴色的牛。

〔45〕椎木的实可食，但大抵皆小儿辈喜食，若须眉如戟的汉子贪吃此等东西，实可谓不相配。

〔46〕女官例着绯裤，这里作者盖深有慨于当时的风气的颓废。

〔47〕卫门府的佐官职司守卫宫禁，故夜间巡行是其本职，但这里是并指夜游，谓其借此潜入女人的家里住宿。

害怕的赤袍，大模大样的〔在女官住房的左近〕徘徊，给人家看见了，便觉得很可轻蔑。而且〔因为职掌的关系〕就是偶然开点玩笑，也总是审问的那样，问道："没有形迹可疑的么？"六位的藏人，〔兼任着"检非违使"的尉官的，〕称为殿上的判官，有举世无比的权势，平民以及卑贱的人几乎认作别世界的人，不敢正眼相看的那么害怕着的人，却混在禁中的后殿一带的女官房间里，在那里睡着，这是很不相配的。挂在薰香的几帐的布裤〔48〕，一定是很沉重而且庸俗，虽然是〔灯光照着〕是雪白的，推想起来〔决是不相配〕。袍子是〔武官照例的〕阙掖〔49〕的，像老鼠尾巴似的弯曲的挂着，这真是不相配的夜行人的姿态啊。在这职务的期间，还是谨慎一点子，不要〔去找女人〕才好吧。五位的藏人〔50〕也是一样的。

第四四段　在后殿

在后殿一带女官房里，女官许多人聚集在一起，将过往的人叫住了，随便谈话的时候，见有干干净净的男用人和小厮，

---

〔48〕卫门府的佐官的裤子系用白色的粗布所制，所以说是沉重，而因为是白色，故鲜明易见。

〔49〕武官例着"阙掖"的袍，这和文官所穿的"缝掖"相对，盖谓腋下不缝，但如何挂了起来会像老鼠尾巴似的，则因衣制不很明了，所以也就不能了然了。

〔50〕此指不兼职兵卫府的藏人。

搬运着漂亮的包裹或是袋子走过，里边包着衣服，露出裤子的腰带等，那是很有意思的。袋子装着弓箭，盾牌，枪和大刀，问道：

“这是什么人的东西呢？”答道：

“是某某爷的。”说着过去了，这是很好的。有些要装出架子，或是似乎怕羞的样子，说道：

“不知道。”或简直是听不见似的，走了过去，那很是可憎了。

在月夜里，空车〔51〕兀自走着。美丽的男子有着很是难看的妻子。胡须墨黑，样子很讨厌的年老的男人，在哄着刚会谈话的婴儿〔，那都是不相配的事情〕。

第四五段 主殿司的女官

主殿司的女官，也还是很有意思的一种职位。在身份不高的女人中间，这是最可羡慕的了。其实，就是身份好的人，也还是想让她去干的。年轻的时候，姿容端丽，假如服装平时也能穿的很漂亮，那便更好了。到了年纪老了，知道禁中的许多先例，不至于临事张皇，那是很像个样子的。心想有这么样的

〔51〕“空车”有两种意思，一是空着没有人坐的车子，二是没有车盖的货车，这里盖是第一义。此一节盖是“错简”，系属于第四三段者，此说亦颇有理。

一个女儿，在主殿司里做事，容貌很是可爱，衣服也应了时节给做了，穿着现今时式的唐衣，那么的走着。

男人则做随身〔52〕也是很好的。有很年轻的美丽的公卿们，没有随身跟着，实在是很寒伧的。弁官本来也是很像样的好官职，但是穿的衣服的下裾很短〔53〕，又是没有随身，那是不大好的。

第四六段 睡起的脸

在中宫职〔54〕机关所在西边的屏风外边，头弁〔55〕在那里立着，和什么人很长的说着话，我便从旁问道：

"那是同谁说话呀？"头弁答说：

"是弁内侍。"我说道：

"那是什么话，讲的那么久呵？恐怕一会儿大弁〔56〕来了，内侍就立刻弃舍了你去了吧。"头弁大笑道：

---

〔52〕随身见卷二注〔44〕。

〔53〕弁官犹后世的次官，专司事务奔走，为办事便利起见，衣裾特别的短。

〔54〕中宫职是专门管理中宫事务的机关，设在禁中。这一段是追记长德四年（九九八）三月里的事情。

〔55〕头弁即藤原行成，其时为权左中弁，兼藏人头。见卷一注〔34〕。

〔56〕大弁共有二人，其时左大弁是源扶义，右大弁是藤原忠辅，此处不知系指何人。

"这是谁呀，把这样的事都对你说了。我现在是就在说，即使大弁来了，也不要把我舍弃了吧。"

头弁这人，平常也不过意标榜，装作漂亮的样子，或是有趣的风流行为，只是老老实实的，显得很平凡似的，一般人都是这样看法，但是我知道他的深心远虑的，我曾经对中宫说道：

"这不是寻常一样的人。"中宫也以为是这样的。头弁时常说道：

"古书里说得好，女为悦己者容，士为知己者死〔57〕。"又说我们的交谊，是"远江的河边的柳树〔58〕"似的，〔无论何种妨害，都不会断绝的，〕但是年轻的女官们却很是说他坏话，而且一点都不隐藏的，说难听的话诽谤他道：

"那个人真是讨厌，看也不要看。他不同别人一样的，也不读经，也不唱曲，真是没有趣味。"可是头弁却对于这些女官讲也没有开口说话过，他曾这样的说道：

"凡是女人，无论眼睛是直生的，眉毛盖在额角上，或是鼻子是横生的，只要是口角有点爱娇，颐下和脖颈的一线长得美好，声音也不讨人厌，那就有点好感。可是虽然这样说，有些容貌太可憎的，那就讨厌了。"他是这样的说了，现今更不必说是那些颐下尖细，毫没有什么爱娇的人，胡乱的把他当作

---

〔57〕这两句话出《史记·刺客列传》，是豫让所说的话。

〔58〕古歌里说，远江的河边的柳树，虽是砍伐了也随即生长，比喻二人的交情不会受外界的障害。

敌人，在中宫面前说些坏话的人了。

头弁有什么事要对中宫说的时候，一定最先是找我传达，若是退出在女官房里，便叫到殿里来说，或者自己到女官房里来，又如在家里时，便写信或是亲自走来，说道：

“倘若一时不到宫里去，请派人去说，这是行成这么来请传达的。”那时我就推辞说：

“这些事情，另外自有适当的人吧。”但是这么说了，并不就此罢休了。我有时忠告他道：

“古人万事随所有的使用，并不一定拘泥，还是这样的好吧。”头弁答说：

“这是我的本性如此呵。”又说明道：

“本性是不容易改的。”我就说道：

“那么过则不惮改，是说的是什么呢？”追问下去，头弁讪讪的笑说道：

“你我是有交谊的，所以人家都这么的说。既然这样亲密的交际，还用得着什么客气呢？所以且让我来拜见尊容[59]吧。”我回答道：

“我是很丑陋的，你以前说过，那就不会得看了中意，所以不敢给你看见。”头弁说道：

“实在要看得不中意也说不定，那么还是不看吧。”这样

---

〔59〕古时女人的脸不轻易给男人看见，如相对说话的时候，也大抵用桧扇遮着脸，或者隔着帘子和几帐。

说了，以后偶然看到的时候，也用手遮着脸，真是不曾看见，可见是真心说的，不是什么假话了。

三月的下旬，冬天的直衣已经穿不住了，殿上宿直的人多已改穿罩袍罢了。一天的早晨，太阳方才出来，我同了式部女官睡在西厢房里，忽然里方的门拉开了，主上和中宫二人走了进来，赶快的起来，弄得非常张皇，很是可笑。我们披上唐衣，头发也来不及整理出来，那么被盖在里面了〔60〕，铺盖的东西还是乱堆着，那两位却进来了，来看侍卫们出入的人。殿上人却丝毫不知道，都来到厢房边里说些什么。主上说道：

“不要让他们知道我在这里。”说着就笑了，随后即回到里边去，又说道：

“你们两人都来吧。”答道：

“等洗好了脸就去。”没有立刻上去。那两位进里边去之后，样子还是那么的漂亮，正在同式部闲话着的时候，看见南边拉门的旁边，在几帐的两端突出的地方，帘子有些掀开，有什么黑的东西在那里，心想是藏人说孝〔61〕坐着吧，也不怎么介意，仍旧说着话。忽然有笑嘻嘻的一个面孔伸了进来，这哪里是说孝，仔细看时，却完全是别个人。大吃一惊，笑着闹着，赶紧把几帐的帘幕整理好，躲了起来，〔却已经来不及，〕因

---

〔60〕日本旧时女人礼服是散着头发，披在礼服上面的，今因匆忙，所以将礼服披在头发的上边了。

〔61〕说孝姓藤原氏，其时任藏人。

为那是头弁本人哪。本来不想让他看了脸去的，实在是有点悔恨。同我在一起的式部女官，因为朝着这方面，所以看不见她的脸。头弁这时出来说道：

“这一回很明白的看见了。”我说道：

“以为是说孝，所以不曾防备着。以前说是不看，为什么这样仔细的端详的呢？”头弁回答说：

“人家说，女人睡起的脸相是很好看的，因此曾往女官的屋子里去窥探过，又想或者这里也可以看到，因此来了。还是从主上来到这里的时候就来了的，一点都没有知道吧。”自此以后，他就时常到女官房里，揭开帘子就走进来了。

第四七段 殿上的点名

殿上的点名是很有意思的事情。在主上的御前，侍臣们伺候着的时候，就那么的问姓名，是很好玩的。听见杂沓的脚步声，侍臣都出来的时候，在官房的东面提起耳朵来听着，听到认识的人报告，不知不觉的心里会得震动一下。又有些人在那里，却不大听见说起，这时听到了，又觉得是怎么样呢。报名的好与不好，或是难听，女官们一一加以批评，也是有意思的。

点名似乎已经完了吧，正说着的时候，卫士们鸣弦[62]作声，听见鞋子声响，全出去了。随后是藏人的很响的鞋声，走到殿的东北角的栏干旁边，向着御前长跪[63]了，背对着卫士们，问道：

“某人到了么？”这样子很有意思。随后各自用了高低不一的声音，一一报名，有的人或者不到，由卫士首领说明不曾参加点名。藏人又问道：

“这是什么事由呢？”等说明了事故理由，方才回去〔，这是惯例如此〕。可是藏人方弘[64]没有问明不到的理由，公卿们加以注意，却大生其气，呵叱卫士的怠慢，要治他的罪。〔不但是殿上人，〕连卫士们也很笑他。

御厨房里的搁御膳食的架子上，〔这个方弘〕放上了鞋子，大家都在嚷说，〔要找鞋子的主人〕祓除污秽，主殿司和别的人们替他过意不去，说道：

“这是谁的鞋子呢？我们不知道。”方弘却自己承认道：

“呀，这是方弘的龌龊的东西。”自己来取了去。这就引起了一场的骚动。

---

〔62〕禁中卫士持弓作欲射状，弦鸣有声，称为“鸣弦”，云可辟除鬼怪，至今日本宫中犹有鸣弦的仪式，但由文官代办，不复用守卫的兵士。

〔63〕原文云“高跪”，谓以膝着地，上半身直立，即中国古时的长跪。

〔64〕方弘即源方弘，由文章生出身，于长德二年正月补授藏人。

第四八段 使用人的叫法

年纪很轻，很有身份的男子，对身份很低的女人的名字，很是说惯了似的叫着，甚是可憎。虽然是知道，却是怎么样的，似乎只记得一半的样子，那么叫着，觉得有意思。走到宫禁里女官住所，或是夜里，这样的不确实的叫名字虽是不对；但禁中有主殿司，在别处也有武士或藏人驻在所，带了那里的人同去，叫他去叫就好了。自己叫的时候，声音立即被人家知道了。虽然不大好，但是叫下级的使女或是女童，却是不妨事的。

第四九段 年轻人与婴儿

年轻人同婴儿是要肥胖的好。国守什么在高位的人，个子胖大的很好，太是干瘦了，想必是很要着急的性子吧。

一切使用人里边，饲牛小厮〔65〕的服装很坏，那是顶不行的事情。别的使用人即使服装不好，跟在车子后边〔，还不大碍事〕。但是，在先头走着，人家所最先注目的人，却穿着的不干净，实在是很不适当的。在车子后边，跟着那些并没有什么特殊的仆从，很是难看。本来也有那身材灵巧的仆人或是随身的那里，却是穿了墨黑的裤子，而且衣裾也都乌黑，狩衣什么的都穿的

〔65〕饲牛小厮不论年龄老幼，都用这个名称。

皱着了，在跑着的车子旁边，从容的走着，看去不像是自己使用的仆役。总之如使用仆役，给他们穿得很坏，那是不对的。但是假如穿破了的，那便穿着很伏帖，还显不出大毛病来，可以无妨。在有些使用人的资格人家，叫小厮们穿了不干净的服装，实在是不合适的。凡在人家服役的人，作为那家里的一个人，或是差遣到别人家去，或是有客人来的时候，也是有很漂亮的小厮许多人用着，是很有意思的。

第五〇段 在人家门前

在一户人家的门前走过，看见有侍从模样的人，在地面上铺着草席，同了十岁左右的男儿，头发很好看，有的梳着发，有的披散着，还有五六岁的小孩儿，头发披到衣领边，两颊鲜红，鼓得饱饱的，都拿着玩具的小弓和马鞭似的东西，在那里玩耍着，非常的可爱。我真想停住了车子，把他抱进车里边来呢。

又往前走过去，〔在一家的门口，〕闻见有薰香的气味很是浓厚，实在很有意思。又像样的人家，中门打开了，看见有槟榔毛车的新而且美好的，挂着苏枋带黄栌色的美丽的大帘，架在榻上[66]放着，这是很好看的。侍从的五位六位的官员，将

〔66〕牛车不曾架着牛，却将辕放在一个架子上，这就叫作“榻”。

下裳的后裾折叠，塞在角带底下，新的手板插在肩头[67]，往来奔走，又有正装的背着箭袋的随身，走进走出的，这样子很是相配。厨房里的使女穿得干干净净的，走出来问道：

“什么人家的家人来了么？”这样的说，也是很有意思的。

第五一段 瀑布

瀑布是无声的瀑布〔，名字很有意思〕。布留的瀑布，据说法皇[68]曾经御览，所以是了不得的。那智的瀑布，那是〔在观音灵场的〕熊野，令人深深感动。轰鸣的瀑布[69]，那是多么吵闹的，可怕的瀑布哇！

---

〔67〕下裳的衣裾很长，行动很不方便，有事的时候，便塞在带子里，手板即是朝笏，插在肩头，便空出右手来了。

〔68〕古代日本天皇多有让位出家者，上尊号曰法皇。这里所说，不知是指哪一个，五十九代的宇多法皇，或是六十五代的花山法皇。

〔69〕此盖专从瀑布的名字说话，如“无声的瀑布”说有意思，亦是如此。

第五二段 河川

河川是飞鸟川，渊与濑没有一定[70]，变动不常，很可感动。大堰川，水无濑川〔，也都有意思〕。耳敏川[71]，又是为了什么，那么敏捷的听到的呢？音无川，〔说川流没有声音，〕这又是意外的名字，觉得很好玩的。细谷川，玉星川，贯川，泽田川，这令人想起催马乐来[72]。不告川〔，也有意思〕。名取山，这也取得了什么名声，心想问了来看。吉野川。天川[73]，原来在天底下也有着哪。这里是“织女所宿的地方吧”，在原业平[74]歌咏过的，更是有趣味的事情了。

---

〔70〕在《古今和歌集》里有歌云：“世上什么是有常呢，飞鸟川的昨日的深渊，今日成为浅滩。”

〔71〕耳敏意云听觉灵敏，是一条小河，在京都中间流过。

〔72〕贯川与泽田川，均见于催马乐歌词中，所以联想了起来。

〔73〕天川即是天河，照道理说来应该是在天上，现在有天川这地方，那正在天底下也是有的。织女与牵牛二星，隔着银河相对，本是中国传说，日本沿袭用之。

〔74〕在原业平为日本九世纪时有名的歌人，有《伊势物语》一卷，相传即是讲他的恋爱故事之作。

第五三段 桥

桥是浅水桥，长柄桥，天彦桥[75]，滨名桥，独木桥，佐野的船桥，歌结桥，轰鸣桥，小川桥，栈桥，势多桥，木曾路桥，堀虹桥，鹊桥[76]，相逢桥，小野的浮桥。山菅桥，听了名字觉得很有意思的，还有假寐桥。

第五四段 里

里是逢坂里，眺望里，寝觉里，人妻里，信赖里，朝风里，夕日里，十市里，伏见里，长居里。妻取里，这是自己的妻给人家所夺取了呢，还是自己强取了人家的妻子呢，无论是哪一种，都是很有意思的。

第五五段 草

草是菖蒲，菰蒲，葵，是很有趣味的。贺茂祭的时节，这

---

〔75〕“天彦”亦作“山彦”，即是山谷间的人语的回声。

〔76〕中国传说，七夕乌鹊填桥，使织女牵牛得以会见，未必是实有这桥。下文相逢桥，亦疑系原来是乌鹊往来，相逢成桥，今误分为二，但或者系单独指二星相逢，亦未可知。

是从神代以来，就拿葵叶插在头上的吧，实在是很有意思的。它的样子，也是很有趣味。泽泻也连名字都好玩，大概是〔头举得很高，〕像是很傲慢的样子吧〔77〕。三稜草，蛇床子，苔，羊齿，雪地中间露出的青草。酢浆草，当作绫织品的花样，也比别的东西更是有意思。

危草〔78〕，这草生在崖壁的突出的地方，的确是不大靠得住，很是可以同情。常春藤〔79〕因为生的地方，显得很是不安，也很可怜。这比那崖壁，又更容易要倒坏。但是若在真正的石灰墙上，那又很难生长，也觉得不好。无事草〔80〕，这是希望没有什么忧虑所以起这名字的吧，想来很有意思。又或者是愿意恶事都消灭呢，无论怎样都是有意思的。

忍草〔81〕，这是很有风趣的。在人家的檐端，或是什么突生的地方，拥挤的生长着的模样，实在很有意思。艾也是有趣，茅草花也有趣，至于莎草的叶更有趣味。此外圆的小菅，浮萍，浅茅，青鞭草〔，都有意思〕。木贼这种草，被风吹着所发生的声音，是怎么的吧，想象了看，也觉得好玩的。荠菜，平

---

〔77〕“泽泻”日本原名可写作“面高”，谓高举其首，即傲慢的意思，故如此说。

〔78〕不知是何种植物，因生长于危险的地方，故名。

〔79〕常春藤俗名爬山虎，生在墙壁间隙中，与危草情形相似，因连类说及。

〔80〕无事草是什么未详，但其名字似在庆祝或颂祷平安的意思。

〔81〕忍草，原意如此，殆谓其能耐干旱，人取其根盘作圆圈，为檐下装饰，时沃以水则能出枝叶，繁绿可观。中国称海州骨碎补，只用作药品。

芝[82]，也是很有意思的。

荷叶长得很可爱的样子，静静的浮在清澈的水面，有大的，也有小的，展开浮动着，很是有趣。把那叶子取了起来，印在什么上面，实在是非常觉得有意思。八重葎[83]，山菅，山蓝，石松，文殊兰，苇。葛叶被风吹的翻了过来，露出里边雪白的，也有意思。

第五六段 歌集

歌集是《古万叶集》[84]，《古今集》，《后撰集》。

---

〔82〕“平芝”系直译原义，“芝”日本训作“草皮”，平芝殆言草皮一片。

〔83〕八重葎者丛生的葎草，字书载葎似葛有刺，又据《本草》云：“葎草茎有细刺，善勒人肤，故名勒草，讹为葎草。”今俗呼拉拉藤，猪不能吃，故又名猪殃殃。

〔84〕《万叶集》为日本最古的和歌总集，凡二十卷，成于公元七世纪中，编集人不详，后世考据多说是大伴家持所编，在作者当时因别有《新撰万叶》及《续万叶集》等名称，故称为《古万叶集》以示区别。《古今和歌集》亦二十卷，延喜五年（九〇五）奉敕所撰，系最早的敕选歌集，《后撰和歌集》则天历五年（九五一）告成，亦敕选凡二十卷。

第五七段 歌题[85]

歌题是，京都，葛，三稜草，驹，霰，小竹，壶堇[86]，背阴的地方，菰蒲，浅滩船[87]，鸳鸯，浅茅，草皮[88]，青鞭草，梨，枣，朝颜花[89]。

第五八段 草花

草花是，瞿麦，中国的石竹更不必说了，就是日本的瞿麦，也是很好的。女郎花[90]，桔梗，菊花会得处处变色的。菅茅[91]。

---

〔85〕“歌题”原意是和歌的题目，但是咏和歌为什么以这些题目为限，似乎是个疑问。《春曙抄》疑为这不是平常的歌咏，或是一种特别体裁，如所谓“隐题”之类，古时有咏“物名”这一种，即是将物名咏入歌中，当作别的意义用，虽未必的确，也是一种解释。

〔86〕壶堇为堇花的一种，其叶圆而小，似乎瓶的样子，故名。

〔87〕底平而缘深的小船，利于行驶在浅滩的地方。

〔88〕此处原文曰“芝”，普通训作“草皮”，但亦可训作“柴木”。

〔89〕日本古时，桔梗，木槿及牵牛花，皆训作“朝颜”，但这里似专指木槿。《诗经》云：“颜如舜华。”也是以木槿形容貌美，但并不含有朝开暮落的意思。

〔90〕女郎花，旧时传说有女子因恨男人的无情，投水而死，其衣朽腐，化为此花，因名为女儿花，中国则名为败酱。

〔91〕原文为“刈萱”，系茅之一种，叶可以盖屋，根用作刷帚，以洗什物。

龙胆花的枝叶虽然长得有点乱杂，但是在别的花多已经霜枯了的时候，独自开着很是艳丽的花朵，这是很有意思的。虽然不值得特别提出来，加以称道，镰柄花[92]却也是可爱的。但是那名字说是镰柄，也有点讨厌，汉文写作“雁来红”〔，却是很好的字面〕。岩菲[93]的花，色虽没有那样的浓，与藤花很是相像，春秋都开着花，也是很有意思的。

壶堇与堇花，似乎是同样的东西，到了花老了凋谢的时候，就是一样了。还有绣球菊〔，也有意思〕。夕颜[94]与朝颜相似，两者往往接连的说，花开也很有趣味，可是那果实的可憎模样，这是很可惜的事情。怎么会得长的那么大的呢，至少长得同酸浆一样的大小，那就好了。可是那夕颜的名字，却总是很有趣的。

苇花虽是全然没有什么可看的地方，但是古时有人称它作币束，所以也很有意思，不是寻常的东西。苇芽生长出来的时候，与尾花[95]不相上下，〔但是到了秋天一长了穗子，就大不相同了，〕在水边上想必很是有趣吧。人家说，在“草花[96]”里边，没有把

---

〔92〕镰柄花，今称“叶鸡头”，即中国的雁来红。因镰柄的文字不雅观，故本文如是说。

〔93〕岩菲即剪春罗，虽然花开并不像藤花，或系别的花，待考。

〔94〕“夕颜”是与“朝颜”相对立的名称，乃是匏子的花。因为它开在傍晚，在苍茫暮色之中，显出白色的花朵，可以与早上开的朝颜相比。但本文中说它结实太大，那么所说的是瓢了，日本少瓠而多瓢，取其实刨皮为长条，晒干为馔，称曰“干瓢”。

〔95〕尾花也是芦花的一种，谓其形似马尾，与狗尾草别是一物。

〔96〕即是说在本章“草花”里，如不说及尾花，未免觉得可怪。

尾花放进去，很是可怪。〔的确是的，〕在秋天的原野上看去，最有意思的要算是尾花了吧。穗子顶尖染着浓的苏枋色，为朝雾所濡湿而随风飘着，这样有趣味的事物，哪里还有呢？但是到了秋天的末尾，这就全没有什么可看了。种种颜色乱开着的花，都已凋谢之后，到了冬季，尾花的头已变成雪白了，蓬蓬的散乱着，也并不觉得，独自摇摆着，像是追怀着昔日盛时的样子。仿佛和人间很是相像。想起有些人来，正可比喻，觉得这更是特别的可怜了。

胡枝子〔97〕的花色很浓，树枝很柔软的开着花，为朝露所湿，摇摇摆摆的向着四边伸张，又向着地面爬着，那是很好玩的。尤其是取出雄鹿来，叫它和这花特别有关系〔98〕，也是很有意思的。

向日葵虽然是不见得有什么好处，但是随了太阳的移动而倾侧，似乎不是寻常的草木的心所能有，因此觉得是很有意思。花色虽不很浓，但并不劣于开花的棣棠。岩踯躅〔99〕也没有什么特点，可是歌里说是“折了来看”，也确是有意思的。蔷薇花

---

〔97〕胡枝子原文作“萩”，但中国训萩为萧，盖是蒿类，并非一物。《救荒本草》有胡枝子，叶似苜蓿而长，花有紫白二色，可以相当。萩字盖是日本所自造，从草从秋，谓是秋天开花，有如山茶花日本名为椿花，从木从春会意，非是形声字也。

〔98〕日本古歌中说及鹿者，必连带的说胡枝子，其用意不详，但其由来已久。

〔99〕岩踯躅即踯躅花，亦称杜鹃花，因其在山岩间故加岩字，中国俗称“映山红”，亦是此意。

若是走近看时，枝条〔上有刺〕是有点讨厌，可是花很有趣。在雨刚才晴了的水边，或是带皮的木材所造的阶段边，映着夕阳乱开着的情形，那是很有趣味的。

第五九段 担心的事

担心的事是，母亲遇着她出家的儿子上山修行十二年[100]。暗夜里，走到不知道的地方去，说是“太明亮了，反不大好”。灯火也不点，大家却都整齐的坐在那里[101]。新来的用人，什么性情也不知道，拿着重要的物件，差遣到别人家去，回来却是很晚了。还不会说话的吃奶的婴儿，反拗着身子，也不让人抱，只是哭着。暗黑的地方，吃覆盆子[102]。没有一个相识的人，一起在看热闹[103]。

---

〔100〕“山”指京都的比睿山。出家的人上山修行，凡历十二年，不能下山，山上又历代相传是“女人禁制”的，法师的父亲可以入山相访，若是母亲便不可能了。

〔101〕这所说的是怎么一回事情，殊未能明了。

〔102〕这句的含意，据《春曙抄》本说云，在暗中未能看见覆盆子的美丽的颜色。但后世一般的解释，则多解为恐有虫也看不见。

〔103〕《春曙抄》本解释为如在乐人及行列之中，发见有相识的人则更有意思，唯似少为迂远，改为与不相识的人共观，比较合适。

第六〇段 无可比喻的事

无可比喻的事是，夏天和冬天，夜间和白昼，雨天和晴天，年轻人和老年人，人的喜笑和生气，爱和憎，蓝和黄檗〔104〕，雨和雾。同是一个人，没有了感情，便简直觉得像别个人的样子。

常绿树多的地方，乌鸦在那里栖宿，到了夜里，有的睡相很坏，就跌了下来，从这树飞到那树，用了睡迷胡的声音叫喊起来，这与白天里所看见的那种讨厌样子全不相同，觉得很是好笑的。

第六一段 秘密去访问

秘密去访问〔情人〕的时候，夏天是特别有情趣。非常短的夜间，真是一下子天就亮了，连一睡也没有睡。无论什么地方，都从白天里开放着的，〔就是睡着〕也很风凉的看得见四面。也还是话说不了，彼此互相回答着，这时候在坐着的前面，听见有乌鸦高声叫着飞了过去，觉得自己是明白的给看了去了，很是有意思。

在冬天很冷的夜里，同了情人很深的埋在被窝里，卧着听撞

---

〔104〕旧时染色皆取诸植物，蓝是一种蓼科，黄檗则是乔木，树叶如漆树，夏日开小花，煮其树皮以染黄色。

钟声，仿佛是在什么东西的响着似的，觉得很有趣。鸡声叫了起来，也是起初是把嘴藏在羽毛中间那么啼的，所以声音闷着，像是很深远的样子，到了第二次三次，便似乎近起来了，这也是很有意思的。

第六二段 从人

当作情人来访问的，那不必说了。有些是寻常交际走来谈天的，又或者并没有这种关系，只是偶然来访的人，看见帘内有许多女官，正说着话，便走进里边来，一时并没有回去的模样，同来的从者和小厮等得着急，说斧头的柄都要烂了〔105〕吧，拉长了声音打呵欠，心里独自说道：

“真是受不了。这所谓烦恼苦恼〔106〕的就是。已经是半夜了吧！”这是很讨厌的。但是说这样无聊的话的人，原来也不足怪，就是坐在那里的客人，虽然平常见闻当他是个高雅的人，这时候觉得这种印象也完全消失了。又或者没有这样的表现出来，不曾说话，只是“唉唉”高声的叹声，这令人想起“地下

---

〔105〕 这是说中国的“王质烂柯”的故事，王质入山采樵，看见仙人下棋，才下完一局，回过头来看自己的斧头柄已经腐烂，因为已经经过了百年了。

〔106〕 “烦恼苦恼”系是佛经成语，当时盖很是流行，成为惯用语之一了。

流水[107]”的歌词，觉得是很可笑的。又或者在屏风和竹篱外边，听见从者们说道：

“快要下雨了吧。”这也实在是可憎的。身份很好的人和公卿家的从人，虽然没有这个样子的，但在平常人的从者里边就多是如此了。在许多使用人中间，主人应当选择心地好的，带到外边来走才好。

---

〔107〕古歌有云：“心是地下流水，在那里翻腾，虽是不说出，却比说话更强。”

卷四

第六三段 稀有的事

稀有的事是，为丈人所称赞的女婿[1]，又为婆母所怜爱的媳妇。很能拔得毛发的银的镊子[2]，不说主人坏话的使用人。真是没有一点的性癖和缺点，容貌性情也都胜常，在世间交际丝毫看不出一样毛病来的人，与同一地方做事的人共事，很是谨慎，客气的相处，这样小心用意的人，平常不曾看见过，毕竟是这种人很难得的缘故吧。

抄写物语[3]，歌集的时候，不要让书本上沾着墨。在很好

---

〔1〕日本古时结婚，婚而不娶，由男子就婚女家，夜入朝出，有如赘婿，故多与丈人接触，致生不满。

〔2〕镊子用银制，用备装饰而不切实用，不及铁制的坚固，善能拔毛发。

〔3〕物语即故事，但在日本古典文学中，著名的物语很多，如《源氏物语》，仿佛自成一类，故今沿用其名不加改译。

的草子上，无论怎么小心的写着，总是弄得很脏的。

无论男人和女人，或是法师〔师徒的关系〕，就是交契很深的，互相交际着，也绝难得圆满到了末了的。〔很正直的〕容易使唤的使用人。将炼好的绢送给人去捶打[4]，到了捣好送来，叫人看了说道：啊，这真做得出色。〔这样的事是平常不大会有的。〕

第六四段 后殿女官房

禁中的女官房，在后殿一带的最是有意思。将上半的挂窗钓上了，风就尽量的吹进来，夏天很是凉快。冬天雪和霰子，随着风一同的落下，也是很好玩的。房间很是狭窄，女童们走上来很不合适[5]，放在屏风后边，隐藏起来，便不像在别的女官房里一样，不会大声的笑，就很好了。白天什么固然不能疏忽，要时刻留意，到了夜里更是如此，不好松懈，所以这是很有意思的。

〔在前面走过去的殿上人的〕鞋子的声音，整夜的听见，

---

〔4〕古时用灰汁炼绢，煮去浆糊，再用槌击，使有光泽，即中国所谓“捣练”也。洗衣用槌击，后世尚有此风，旧诗中说“砧声”，即是此种风俗的遗留。

〔5〕这里文意不很明了，所说女童不知何指，据《春曙抄》说是女官家里亲戚的儿童，到宫禁中来玩，所以用屏风隐藏起来，但仍有不尽明白的地方。

忽然的站住了，用了一个手指头敲门，心想这是那个人哪，也觉得有意思。敲门敲了许多时候，这边不发什么声音，那男的一定会想这是睡觉了吧，里边的人心里觉得不满，便故意动一动身子，或使衣服摩擦作响，〔使他听见，〕知道那么还没睡哩。〔男人在外边〕使用着扇子，这样子也可以听到。冬天在火盆里微微的动那火筷子的声音，虽然是轻轻的，外边听见了，更是敲门敲得响了，而且还出声叫门，这时候就静静的溜到门边去，问他是什么事情。

有时候大家吟诗，或是作歌，此刻即使不来敲门，这边就先把门开了，有许多人站集在一处，有的是平常想他不会到这里来的人。〔因为来的太多，〕没有法子进屋子里去，便都站着直到天明，这也是很有意思的。帘子是很青的也很漂亮，底下立着几帐的帷幕颜色又都鲜明，在那下边露出女官们的衣裳的下裾，多少的重叠着。贵公子们穿着直衣，在腰间总是开了线的，六位的藏人则穿着青色的袍子，在门的前面似乎很懂得规矩似的，并不靠着门，只是在庭前的墙壁前面，将背脊靠着，两袖拉拢了，很规矩的立着，也是很有趣的。

又穿着颜色很浓的缚脚裤，直衣也很鲜明的，披了出袿，现出种种色彩的下裳的贵人，把帘子从外面挤开了，上半身似乎是钻到里边去，这个情形从外边看去，是很有意思的。这人在那里把很华丽的砚台拉到近旁去，写起信来，或者借了镜子，在整理自己的鬓发，也都是有意思的事。

因为有三尺的几帐立在里边，有帛缘的帘子底下仅留有少许的空隙，所以在外边立着的人和里面坐着的女人说着话的时候，两边的脸正当着这个空隙，这是很有意思的。若是个子很高的，或是很矮的人，那就怎样呢〔，恐怕未必能恰好吧〕。也只有世间一般高低的人，才能够那样吧。

其二 临时祭的试乐〔6〕

贺茂的临时祭的舞乐试习，是很有趣味的。主殿寮的官员高举着很长的火把，把头缩在衣领里走着，火把的尖头几乎碰着什么东西了，这时奏起很好听的音乐，吹着笛子，在后殿走过去，觉得特别的有意思。贵公子们穿着礼服正装，站下来说话，同来的随身们低声的又是很短的喝道，〔仿佛真是了人事似的，〕替他的主人作前驱，这声音与管弦的声相杂，听去与平常不同的很是好玩。

乃至夜深了，索性等到天亮，看乐人们的归来，听见贵公子们的歌声道：

“荒田里生长的富草的花呀！”〔7〕觉得这回比以前的更有意思，可是这是怎样的老实的人呢，有的急忙的一直退出去，大家都笑着，〔有一个女官〕说道：

---

〔6〕祭日前三十天，派定祭使及舞人，练习歌舞，及两天前更在清凉殿的东边举行试乐。

〔7〕风俗歌云：“荒田里生长的富草的花呀！亲手摘了带来宫中。”所谓“富草的花”即指稻花。

“且等一会儿吧，为什么这样天还没有亮，就去的呢？”大概是有点不舒服吧，恐怕有人要追来，会得被捉住了的样子，几乎要跌倒了，那样张皇着，急忙的退出去了。

第六五段 左卫门的卫所

这是中宫暂住在职院〔8〕官署时候的事情，在那院子里树木古老郁苍，房屋很高，离人家很远，但是不知怎的觉得很有意思。中央的屋说是有鬼，便拿来隔绝了，在南边厢房里，设立几帐，作为御座，又在外边的厢房里住着女官们侍候着。

凡是从近卫御门进到，直到左卫门的卫所〔9〕的公卿们的呵殿的声音，平常总是很长，但在殿上人〔在宫禁内〕则呵殿声很短，所以女官们分别出那是大前驱，或是小前驱来，纷纷的加以议论。因为回数听得多了，从这个声音大抵能够推测出来，说“这是谁，那是谁”了。或者有人说“这不对”，那就差遣人去看来，猜得对的于是非常的得意，说：“你瞧，这可不是么！”这是很有意思的。

一天正值下弦，〔后半夜月色微明，〕院子里罩满了雾气，

---

〔8〕职院即中宫职，见卷三注〔54〕。中宫定子因其弟兄得罪，退居小二条宫，长德三年（九九七）六月移居禁中职院，本节所记系是年七月下旬的事实的记录。

〔9〕近卫御门即阳明门，左卫门的卫所即指建春门的门卫所在地。

女官们出来闲走，中宫知道了也就起来了。在御前值班的女官们都来到院子里，在月下嬉游着，不觉天渐渐的亮了。我说道：

“我们到左卫门卫所去看吧。”大家都说“我也去，我也去”，追赶着一同前去。这时候，听见有许多殿上人吟诗的声音，说“什么的一声秋”[10]，似乎往职院来的光景，便都逃了进去，或者和殿上人说话。殿上人中间有的说道：

“你们是看月么？”便着实佩服，作起歌来。这个样子，无论白天夜里，殿上人来往没有断绝的时候。就是公卿们在上朝退朝的时节，如不是特别有紧急事情要办，也总是到职院的官署来走一转的。

第六六段 无聊的事

无聊的事是，好容易决定了到宫里出仕的人，懒于做事，觉得事情很麻烦。给人家也说什么话，自己也有不合适的事，平常总是说着：“怎么样，还是退下去了吧。”及至出去了，和家里双亲〔意见不合，〕又生怨恨，说不如还是进去吧。

养子的脸长得很讨厌的。〔双亲自身〕也不满意的男子，勉强招了来做女婿，结果不很如意，再来发牢骚的人。〔这些

---

〔10〕《和汉朗咏集》载源英明的《夏日闲避暑》句云：“池冷水无三伏夏，松高风有一声秋。”这里表示没有听得明白，故混称什么的。

都是很无聊的事。〕

第六七段　可惜的事

可惜的事是替人代作的和歌很得到称赞。但这还算是好的。到远方去旅行的人，辗转的寻求关系，想得到介绍信，便即对于相识的人随随便便的写了一封信，交他送去，结果是收信的人说那信缺少敬意，连回信也不肯给，那样就什么都没有用了。

第六八段　快心的事

快心的事是，献卯杖〔11〕时的祝词，神乐的舞人长，池里的荷叶遇着骤雨，御灵会里的马长〔12〕，祭礼里拿着旗帜的人。

---

〔11〕正月里第一个卯日所作的杖，长五尺三寸，称为卯杖，云可辟邪，是日由诸卫府献上，例有祝词。亦称作卯槌，见卷二注〔15〕。

〔12〕六月十四日京都东山的牛头天王的御灵祭，有走马及舞乐，马长是骑在行列的马上的人，由小舍人童充任。

第六九段 优待的事[13]

优待的事是：傀儡戏的管事人，除目[14]时候得到第一等地方的人。

第七〇段 琵琶声停

御佛名会的第二天早晨，主上命令将绘有“地狱变”的屏风拿来，给中宫观看[15]。这绘画画得十分可厌。虽然中宫说道：

“你看这个吧。”我却是答道：

“我决不想看这个。”因为嫌恶那画，便躲到中宫女官们的房子里睡了。

这时雨下得很大，主上觉得无聊，便召那殿上人到弘徽殿的上房来，奏管弦的音乐作游戏。清方少纳言的琵琶，很

---

〔13〕这项题目似由笔误而来，上文说拿着旗帜的人，其中“拿着”的字脱漏，别作一行，可解为“优待”的意思，其实这两条仍是属于“快心的事”项下的。

〔14〕除目见卷一注〔9〕。这里是指地方官的任免，第一等即所谓“大国”，此外并分有上中下三等。

〔15〕御佛名会是在当时盛行的诸会之一，每年十二月十九日至二十一日，凡举行三天，将仁寿殿的观音迁于清凉殿，唱三世佛名，忏悔六根的罪障。图绘地狱里的情形，名为地狱变，亦称地狱变相。此段所记系正历五年（九九四）十二月的事情。

是美妙。济政的弹筝，行成吹笛，经房少将吹笙[16]，实在很有意思的演奏了一遍，在琵琶刚才弹完的时候，大纳言[17]忽然高吟一句道：

“琵琶声停物语迟。”〔觉得很好玩，〕连隐藏了睡着的我也起来了，说道：

“慢佛法的罪虽然很是可怕[18]，但是听见了巧妙的话，也就再也忍不住了。”大家也都笑了。大纳言的声音并不怎么特别美妙，只是应了时地做得很适应罢了。

第七一段 草庵

头中将[19]听了什么人的中伤的虚言，对于我很说坏话，说道：

“为什么把那样子的人，当作普通人一般的看待的呢。”

---

〔16〕 清方少纳言系源清方，济政系源济政，时为权中纳言，行成见卷一注〔34〕，经房系源经房。

〔17〕 大纳言即指中宫的兄长，见卷一注〔44〕。所吟的诗句系根据白居易的《琵琶行》中“琵琶声停欲语迟”而加以改造的。

〔18〕 著者说自己不愿意看“地狱变”与佛法有关的画，而关心世俗的事情，所以应该受慢佛的罪责。

〔19〕 头中将指藤原齐信，其时任藏人头兼近卫中将，官至二位大纳言，才学优长，与藤原行成等共称一条朝的四纳言。这一段盖追记长德元年（九九五）二月的事情。

就是在殿上，也很说我的不好，我听了虽然觉得有点羞耻，但是说道：

“假如这是真的，那也没法，〔但若是谣言的话，〕将来自然就会明白的。”所以笑着不以为意。但是头中将呢，他就是走过黑门[20]的时候，听见我的声音，立即用袖子蒙了脸，一眼也不曾看，表示非常憎恶，我也是一句话都不辩解，也不看他就走了过去。

二月的下旬时候，下着大雨，正是非常寂寞的时节，遇着禁中有所避忌，大家聚在一处谈话[21]，告诉我说：

“头中将和你有了意见，到底也感觉寂寞，说要怎么样给通个信呢。”我说道：

“哪里会有这样的事呢。”第二天整天的在自己的屋子里边，到了夜间才到了宫中，中宫却已经进了寝殿去了。〔值夜班的女官们〕在隔壁的房间里把灯火移到近旁来，都聚集在一处，做那“右文接续”[22]的游戏。看见我来了，虽然都说道：

“啊呀，好高兴呀！快来这里吧。”但是〔中宫已经睡了，〕觉得很是扫兴，心想为什么进宫里来的呢，便走到火盆旁边，

---

〔20〕 黑门在清凉殿北廊西侧，那里便称为黑门的房间。

〔21〕 避忌见卷一注〔50〕。其时天皇如有什么避忌，侍臣们相率一同躲避，聚集殿中，停止一切政务。

〔22〕 “右文接续”原云“扁续”，乃是一种文字的游戏。利用汉字的结构，取一字右边的部分，加上种种偏旁去，如不成字的罚。又或就诗文集中取一字，把偏旁隐藏了，叫人猜测，这里所说或者是第一种。

又在这里聚集了些人，说着闲话。这时忽然有人像煞有介事的大声说道：

“什么的某人[23]到来了。〔请通知清少纳言吧。〕”我说道：

“这可奇了。〔我刚才进来，〕在什么时候又会有事情了呢？”叫去问了来，原来到来的乃是一个主殿司的官人[24]。说道：

“不单是传言，是有话要直接说的。”于是我就走出去问，他说道：

“这是头中将给你的信。请快点给回信吧。”我心想头中将很觉得讨厌我，这是怎样的信呢，并没有非赶紧看不可的理由，便说道：

“现在你且回去吧。等会儿再给回信就是了。”我把信放在怀里，就进来了。随后仍旧同着别人说闲话，主殿司的官人立即回来了，说道：

“说是〔如果没有回信，〕便将原信退回去吧。请快点给回信吧。”这也奇了，又不是《伊势物语》，是什么假信呢[25]，打开来看时，青色的薄信纸[26]上，很漂亮的写着。内容也很是平常东西，并不怎样叫人激动，只见写着道：

---

〔23〕这里是使者自己报名，本来应当自说名字，现在不过从省略了。

〔24〕主殿司在宫禁中的都是女官，这里乃是说的司里的男性官员。

〔25〕《伊势物语》本是日本古典作品之一，这里借用了，利用这个书名，谓伊势人喜作不合条理的事，故“伊势物语”者犹言“假冒”（日语“假冒”音与“伊势”相近）物语，故其中会得有假信出现。

〔26〕上等信纸名为“鸟之子”，谓其色淡黄有如鸡子，细致而薄，这里乃是指淡青色的。

“兰省花时锦帐下。”随后又道：

“下句怎样怎样呢？”那么，怎样办才好呢？假如中宫没有睡，可以请她看一下。现在，如果装出知道下句是什么的样子，用很拙的汉字写了送去，也是很难看的。一边也没有思索的工夫，只是催促着回信，没有法子便在原信的后边，用火炉里的烧了的炭，写道：

“草庵访问有谁人？”[27]就给了送信的人，此外也并没有什么回信。

这天一同的睡了，到第二天早上，我就很早回到自己的房里，听见源少将[28]的声音夸张的叫喊道：

“草庵在家么，草庵在家么？”我答道：

“哪里来的这样孤寂的人呢？你如果访问玉台[29]，那么就答应了吧。”他〔听见回答的声音〕就说道：

“啊呀，真高兴呀。下来在女官房里了么，我还道是在上头，想要到那里去找呢。”于是他就告诉我昨夜的事情：

“昨夜头中将在宿直所里，同了平常略为懂得事情的人，

---

〔27〕白居易《庐山草堂雨夜独宿寄友》诗云：“兰省花时锦帐下，庐山雨夜草庵中。”意言友人们奉职尚书省，在百花竞放的时候，侍锦帐之下，一方面自己则在庐山草庵中，独听夜雨。信中引用前句，用禅宗问答的形式，问下句怎样，清少纳言却不用原语，只就“草庵”二字的意思作半首和歌相答，意云自己现在为头中将所憎恶，有谁更来访问我于草庵中呢？

〔28〕源少将即源经房，时为左近卫府少将，参考上文注〔16〕。

〔29〕这里“玉台”盖与“草庵”相对，犹言玉楼，华贵的住所，与寒伧的草庵相反。

六位以上的官员聚在一起，谈论人家种种的事情，从过去说到现在，末了头中将说道：

‘自从和清少纳言全然绝交以后，觉得也总不能老是这样下去。或者那边屈伏了我就等着她来说话，可是一点都不在意，还是满不在乎似的，这实在是有点令人生气。所以今夜要试一试，无论是好是坏，总要决定一下，得个解决。’于是大家商量了写了一封信，〔叫人送了去，〕但是主殿司回来说：

‘她现在不立刻就看，却走进去了。’乃又叫他回去，大家嘱咐他说：

‘只要捉住她的袖子，不管什么，务必要讨了回信回来，假如没有的话，便把原信拿了回来！’在那么大雨中间差遣他出去，却是很快的就走回来了。说道：

‘就是这个。’拿出来的就是原来的信。那么是退了回来吧，打开来看时，头中将啊的叫了一声。大家都说道：

‘怪了，是怎么回事？’走近了来看这信，头中将说道：

‘了不得的坏东西！〔30〕所以那不是可以这样抛废掉的。’大家看了这信，都吵闹起来：

‘给接上上句〔31〕去吧。源少将请你接好不好？’一直思索到夜深，终于没有弄好，随即停止了。这件事情，总非宣传世

〔30〕这是佩服极了的赞语，原文意云贼子，《春曙抄》引禅语中的“老贼”作比，说甚妥当。

〔31〕清少纳言的原语系七字音两句，正是和歌的后半，上边如再续成七五七三句十七音，便是一整首和歌了。

间不可。大家就那么决定了。”就是这样的听去也觉得是可笑的夸说，末了还说道：

“你的名字，因为这个缘故，就叫作草庵了。”说了，便急忙的走了。我说道：

“这样的很坏的名字[32]，传到后世去，那才真是糟心呢。”

这时候修理次官则光[33]来了，说道：

“有大喜事该当道贺，以为你在宫里，所以刚才是从上边出来的。”我答说道：

“什么事呀？不曾听说京官有什么除目，那么你任了什么官呢？”[34]则光说道：

“不是呀，这实在的大喜事乃是昨夜的事，为的想早点告诉你，老是着急，直等到天亮。比这更给我面子的事，真是再也没有了。”把那件事情从头的讲起，同源中将说的一样。随后又说道：

“头中将说，看那回信的情形，我就可以把清少纳言这人

---

〔32〕很坏的名字即是“草庵”的别号，因其太是寒乞相，并无一毫华贵的气象。

〔33〕修理职专管宫禁内一切修理营造的事，首长称大夫，次长原称曰亮，义云助理。则光姓橘，原是武人，初与清少纳言结婚，因性情不合而离婚，但以后约为义兄妹，下文自称老兄即是为此。

〔34〕则光泛言贺喜，这里故意的开玩笑，说近日有何叙任，不知道得了什么官职。

完全忘却了〔35〕，所以〔第一回送信的人〕空手回来，倒是觉得很好的。〔到第二回〕拿了回信来时，心想这是怎样呢，不免有点着急，假如真是弄得不好，连这老兄的面子上也不大好吧。可是结果乃是大大的成功，大家都佩服赞叹，对我说道：

‘老兄，你请听吧。’我内心觉得非常高兴，但是却说道：

‘这些风雅方面的事情，我是没有什么关系的。’大家就说：

‘这并不叫你批评或是鉴赏，只是要你去给宣传，说给人们去听罢了。’这是关于老兄的才能信用，〔虽似乎估计得不高，〕有点儿觉得残念，但是大家来试接上句，也说：

‘这没有好的说法，或者另外做一首返歌〔36〕吧。’种种商量了来看，与其说了无聊的话给人见笑反而不好，一直闹到半夜里。这岂不是对于我本身和对于你都是非常可喜的事么？比起京官除目得到什么差使，那并算不得什么事了。”我当初以为那只是头中将一个人的意思，却不知道大家商议了〔要试我〕，不免懊恨，现在听了这话，这才详细知道，觉得心里实在激动。这个兄妹的称呼，连上头都也知道，平常殿上不称则光的官衔，都叫他作“兄台”。

说着话的时候，传下话来道：“赶紧上去吧。”乃是中宫见召，随即上去，也是讲的这一件事情。中宫说道：

---

〔35〕意思就是说看那回信如何，即可决定蔑视她，完全不算她在女官们之内。

〔36〕在一首歌的后面，和作一首送去，谓之返歌。

“主上刚才来到这里，讲起这事，说殿上人都将这句子写在扇上拿走了。”这是谁呢，那么样的宣传，真觉得有点出于意外。自此以后，头中将也不再用袖子蒙着脸，把那脾气也完全改好了。

第七二段　二月的梅壶

第二年的二月二十五日，中宫迁移到职院去了，我没有同去，仍旧留在原来的梅壶[37]，到了第二天，头中将有信来说道：

“我在昨天晚上，到鞍马寺来参拜，今夜预备回去，但是因为京都的‘方角’不利，改道往别的地方去。从那里回来，预计不到天明便可以到家。有必须同你一谈的事情，务请等着，希望别让很久的敲你的门。”信里虽是这样的说，但是御匣殿[38]的方面差人来说道：

“为什么一个人留在女官房里呢，到这里来睡吧。”因此就应召到御匣殿那里去了。在那里睡得很好，及至醒了来到自己的屋里的时候，看房子的使女说道：

“昨天晚上，有人来敲门很久，好容易起来看时，客人说，你对上头去说，只说这样这样好了，但是我说道，就是这样报

〔37〕梅壶是禁中的一处地方，犹中国的说梅花院。一说这本是“阃”字，因为写作“壸”，故与“壶”字混用，则是求之过深了。

〔38〕御匣殿在贞观殿内，专司裁制御服的地方，当时在那里主其事者为中宫的妹子，官称为御匣殿别当。

告了，也未必起来，因此随又睡下了。”听了也总觉得这事很是挂念，主殿司的人来了，传话道：

“这是头中将传达的话，刚才从上头追了下来，有事情要同你说呢。”我便说道：

“有些事情须得要办，就往上边的屋子里去，请在那里相见吧。”若是在下边，怕要〔不客气的〕掀开帘子进来，也是麻烦，所以在梅壶的东面将屏风打开了。说道：

“请到这里来吧。”头中将走近来，样子很是漂亮。樱的直衣很华丽的，里边的颜色光泽，说不出的好看，葡萄色的缚脚裤，织出藤花折枝的模样，疏疏朗朗的散着，下裳的红色和砧打的痕迹〔39〕，都明了的看得出来，下边是渐渐的白色和淡紫色的衣服，许多层重叠着。因为板缘太狭，半身坐在那里，上半身稍为靠着帘子坐着，这样子就完全像是画里画着，或者是故事里写着，那么样的漂亮。

院子里的梅花，西边是白色的，东边乃是红梅，虽然已经快要凋谢了，也还是很有意思的，加上太阳光很是明亮优闲，真是想给人看哩。若是帘子边里有年轻的女官们，头发整齐，很长的披在背后，坐在那里，那就更有可以看得的地方，也更有风情。可是现在却过了盛年，已经是古旧的人们，头发似乎不是自己的东西的缘故吧，所以处处卷缩了散乱着，而且因为

〔39〕 衣服经过砧打，有一种特别的色泽，这就是所谓砧的痕迹。

还穿着灰色丧服[40]，颜色的有无也看不出，重叠着的地方[41]也没有区分，毫不见有什么好看，特别因为中宫不在场，大家也不着裳，只是上边披着一件小袿，这就把当时的情景毁坏了，实在很是可惜的事情。

头中将首先说道：

“我就将上职院里去，有什么要我传言的事情么？你什么时候上去呢？”随后说道：

“昨天晚上〔在避忌方角的人家，〕天还没有亮就出来了，因为以前那么说了，以为无论什么总会等着，在月光很是明亮的路上，从京西方面赶了来。岂知敲那女官房的门，那使女好容易才从睡梦里起来，而且回答的话又是那么拙笨。”说着笑了，又说道：

“实在是倒了霉了。为什么用那样的使女的呢？”想起来这话倒是不错的，觉得很有点对不起，也很有点好笑。过了一会儿，头中将出去了。从外边看见这情形的人，一定很感觉兴趣，以为帘子里边一定有怎么样的美人在那里吧。若是有人从里边看见我的后影的，便不会想象在帘子外面，有那样的美男子哩！

那天到了傍晚了，就上去到了职院。在中宫的面前有女官

〔40〕这里所记系长德二年（九九六）二月中的事情，关白藤原道隆即是中宫的父亲，于前一年四月中去世，故与有关系的人都在服丧，用淡墨色的衣服。

〔41〕因为里外几重衣服都是一样的浓灰色，所以显不出原来的层次来。

们许多聚集，在评论古代故事的巧拙，什么地方不好，种种争论，并且举出〔《宇津保物语》里的〕源凉和仲忠的事来〔42〕，中宫也来评定他们的优劣。有一个女官说道：

“先来把这一点评定了吧。仲忠的幼小时候的出身卑微，中宫也正是说着呢。”我说道：

“〔源凉〕怎么及得他呢？说是弹琴，连天人都听得迷了，所以降了下来，可那是没用的人哪。源凉得着了天皇的女儿了么？”这时有偏袒仲忠的女官觉得我也是仲忠的一派，便说道：

“你们请听吧。”中宫说道：

“比这更有意思的事，是午前齐信进宫里来了，若是叫你看见了，要怎样的佩服，要不知道怎样说好了。”大家也都道：

“真是的，要比平常真要漂亮得多了。”我就说道：

“我也为了这件事想要来说的，可是为小说里的事一混，就过去了。”于是就把今天早上的事说了，人家笑说道：

“这是谁也都看见的，但是却没有人，像你那样的连衣缝针脚都看清楚了的。”又说道：

---

〔42〕《宇津保物语》二十卷，不知何人所作，大约成于公元十世纪中，尚在《源氏物语》之前。书中叙述清原俊荫遣使中国，漂至波斯，遇天人以琴相授，归国后有一女，十五岁时遇太政大臣之子藤原兼正，生一子，后遂相失。及俊荫死，母子无所归，居北山老树洞窟中，（书名宇津保即是谓空洞，）鸟兽感其孝，悉来相助，后子长成，归其父家，名为仲忠，多才艺，尤善弹琴，后在朱雀帝的神泉苑奏技，多有神异，朱雀帝乃以帝女降嫁。源凉为嵯峨帝的皇子，亦善弹琴，弹时天人下降，帝任为侍从云。小说故事甚为幼稚，但在当时颇为人所欣赏，这一节里所叙述可以为证。

“头中将说京的西边荒凉得很呢。若是有人同去看来，那就更有意思呢。墙壁都已倒塌，长了青苔，宰相君[43]就问道：

‘那里有瓦松么？’[44]大为称赞，便吟咏着‘西去都门几多地’的诗句。”大家扰嚷的都说着话，讲这故事给我听，想起来实在是很有兴趣的事。

第七三段 昆布

我有一个时候，退出宫禁，住在自己家里，那时殿上人来访问，似乎人家也有种种的风说。但是我自己觉得心里没有什么隐藏的事情，所以即使有说这种话的人，也不觉得怎么可憎。而且白天夜里，来访问的人，怎好对他们假说不在家，叫红着脸归去呢。可是此外本来素不亲近的人，来找事件来的也并不是没有。那就实在麻烦，所以这回退出之后的住处，一般都不给人家知道，只有经房和济政诸位，知道这事罢了。

有一天，左卫门府尉[45]则光来了，讲着闲话的中间，说道：

---

〔43〕宰相君系女官之一人，见卷一注〔48〕，系女官中有才学的人。

〔44〕白居易《骊山高》诗有“墙有衣兮瓦有松”之句，因上文说墙有青苔，故引此句问之，下文又有“西去都门几多地”之句，所以头中将连带引用。

〔45〕左卫门府的大尉系从六位的官，则光原任修理次官，今盖是升任新职。

“昨天宰相中将[46]说，你妹子的住所，不会不知道的。仔细的询问，说全不知道，还是执拗的无礼追问。”这样说了，随后又道：

“把真事隐藏过了，强要争执，这实在是很难的事情。差一点就要笑了出来，可是那位左中将[47]却是坦然的，装出全不知情的模样，假如他对了我使一个眼神，那我就一定要笑起来了。为的躲避这个困难的处境，在食案上有样子并不漂亮的昆布在那里，我就拿了这东西，乱七八糟的吃，借此麻糊过去，在不上不下的时候，吃这不三不四的食物，人家看了一定要这样的想吧。可是这却弄得很好，就不说什么的过去了。若是笑了出来，这就要不行了吧。宰相中将以为我是真不知道吧，实在这是可笑的事。”我就对他说道：

“无论如何，决不可给他知道呵。”这样说了，经过了许多日子。

一天的夜里，已经夜很深了，忽然有人用力的敲门，心想这是谁呢，把离住房不远的门要敲的那么响，便差去问的时候，乃是卫门府的武士，是送信来的，原来是则光的书信。家里的人都已睡了，拿灯来看时，上面写道：

---

〔46〕宰相中将即上文所说的头中将，盖新任宰相，即新任太政官参议，犹中国古时的同平章政事，故称作宰相。

〔47〕左中将即源经房，新任左近卫府中将，略称左近中将。

“明天是禁中读经结愿[48]的日子，因此宰相中将也是避忌的时候，那时要追问我，说出你妹子的住所，没有别的法子可想。实在更隐藏不下去了。还是告诉他真实的地方呢？怎么办呢，一切听从你的指示。”我也不写回信，只将一寸左右的昆布，用纸包了送给他[49]。

随后则光来了，说道：

“那一天晚上，给中将追问了一晚上，不得已便带了他漫然的在不相干地方，去走了一通。他热心的追问，这很是难受呀。而且你又没有什么回信，只把莫名其妙的一片昆布封在里边送了来，我想是把回信拿错了的吧。”这才真是怪的拿错的东西呢！也没有把这样的东西，包来送给人的。〔这里边谜似的一种意思，〕简直的没有能够懂得。觉得很是可气恼，我也不开口，只把砚台底下的纸扯了一角，在边里写道：

“潜在水底的海女的住处，

不要说出是在哪里吧，

所以请你吃昆布[50]的呀。”

则光见我在写字，便道：

---

〔48〕古时禁中于春秋二季读经，在二月八月择日招僧，转读《大般若经》，凡阅四日而毕，最后的一日称结愿日。

〔49〕昆布俗称海带。这里因则光信里说，只吃昆布，将事情蒙混过去，不曾说出住址来，这里叫他也如此做，就是隐藏一种谜似的意思。

〔50〕日本古语昆布曰“米”（读若眉），与“目”字同训，故“吃昆布”凡四个读音，也可以训作“眼神”，即以眼示意。

"你是在作歌呀！那么我决不看。"便用扇子将纸片扇了回来，匆匆的逃去了。

平时很是亲密的交际，互相帮助着的时候，没有什么特别的事情，到得后来有点隔阂了，则光寄信来说道：

"假如有什么不合适的事情，请你不要忘记了以前所约的，即使不算是自家人，也总还是老兄的则光，这样的看待才好。"则光平常常是这样的说：

"凡是想念我的人，不要作歌给我看才好。这样的人我都当作仇敌，交际也止此为限了，所以想要和我绝交的时候，就请那么作歌寄给我吧。"因此就作了一首歌，当作回信道：

"在妹背山〔51〕崩了之后，
更不见有中间流着的
吉野川的河流了。"

这寄去了之后，大概真是不看这些和歌吧，就没有回信来。其后则光叙了五位的官位，做了远江介这地方官去了，我们的关系就是那么的断绝了。

---

〔51〕"妹背"训作"男女"，或"夫妇""兄妹"。大和地方有妹山背山，隔吉野川相对而立，妹山在东，背山在西。歌言两山如是崩了，将吉野川填塞了，就不见河流，喻兄妹一旦睽隔，也就不复是旧日的关系了。

第七四段 可怜相的事

叫人看了觉得可怜相的事是，流着鼻涕，随即擤去了，那种说话的声音[52]。〔女人〕拔眉毛的那种姿态[53]。

第七五段 其中少女子

在前回去过左卫门的卫所之后[54]，我暂时退归私宅，那时得到中宫的信，说“快进宫里来吧”。在信里并且说道：

“前回你们到左卫门的卫所去的侵晨的情形，总还是时常回想起来，你怎么却这样无情义的忘却了，老在家里躲着呢？我以为你也一定觉得很有意思的呢。”就赶紧回答，表示惶恐之意，随后说道：

“我怎么会不觉得那时的有意思呢？就是中宫关心我们的

---

〔52〕“可怜相”原文云“物哀”，意义甚为广泛，系指因事物引起的感伤之意，《世说新语》记桓温看见大树时所说，“树犹如此，人何以堪”，所谓对此茫茫，百感交集是也。拭鼻涕后说话声音似带哭，故听之凄楚。

〔53〕古时日本妇女面上装饰，习用中国式的眉黛，须拔去眉毛，然后另在上边涂上黛去，拔眉毛盖甚是苦痛的事。

〔54〕见上文第六五段，此节系承上文而来，故疑或当相连接，今次序或有误。

事情，我想那也像是源凉说的其中的少女子一般[55]，即是对于侵晨的光景，感到兴趣吧。”不久那女官的使者走来，传述中宫的话道：

“对于仲忠非常偏袒的你，却是为什么如今说出叫他丢脸的话[56]来呢？就在今天晚上，放下一切的事情，进宫来吧，若是不然，就要加倍的恨你了。”我回答道：

“就是寻常的怨恨，已经是不得了，何况说是加倍呢，那就连性命也只得弃舍了。”这样说，我就进宫去了。

第七六段 常陆介

中宫住在中宫职院官署的时候，在西边厢房里时常有昼夜

---

〔55〕源凉与仲忠为《宇津保物语》中的人物，皆善弹琴，朱雀院天皇召使演技，仲忠演时有风云雷雨之异，源凉弹琴则有天女下降，合乐而舞。源凉作歌云：

“晨光何熹微，观之无厌足，

其中少女子，愿得少留驻。”

这里取晨光看了不厌，说中宫之不能忘当日之晨游，又欲留清少纳言在宫，与源凉之愿留天女相同，很巧妙地以一歌贯串两种意思在内。

〔56〕上文第七二段“二月的梅壶”中，中宫与诸人讨论仲忠与源凉的人品优劣，当时著者的态度颇偏袒仲忠，这里乃举出源凉的歌来，便是给仲忠丢了脸了。

不断的读经会[57]，挂着佛像，有法师们常在那里，真是非常难得的事。读经开始刚过了两天，听见廊外有卑贱似的人说话道：

“佛前的供品有撤下来的吧？”法师就回答说：

“哪里会有，时候还早哩！”心想这是什么人在说话呢，走出去看时，原来是一个年老的尼姑，穿着一件很脏的布裤，像是竹筒似的细而短的裤脚，还有从带子底下只有五寸来长，说是衣也不像衣的同样的脏的上衣，仿佛像是猴子的模样。我问道：

“那是说的什么呀？”尼姑听了便用假嗓说话道：

“我是佛门的弟子，所以来请佛前撤下来的供品，可是法师们却吝惜了不肯给。”说话的调子很是爽朗而且文雅呢。本来这种人，要是垂头丧气的，便愈能得人的同情，可是这人却是特别爽朗啊。我便问道：

“你不吃别的东西，只是吃佛前撤下来的供品么？那是很难得的事呀。”她看见话里有点讥刺的意思，答道：

“别的东西哪里是不吃，只是因为得不到手，所以请求撤下来的供品的。”便拿些水果和扁平的糍粑装在什么家伙里给了她，大家成为很要好的人，那尼姑讲起种种的事情来。年轻的女官们也走了出来，各人询问道：

---

〔57〕不断读经会亦称“不断经”，昼夜读经，无有间断，以僧十二人轮值，昼夜十二时中每人担任一时（两个钟头），诵读《法华经》，《最圣王经》，《大般若经》等，为期七日，或二七三七日不等。

“有男人[58]么？”

“住在哪里？”她便应了各人的问，很是滑稽的，用玩笑的话来回答。有人问道：

“会唱歌么，还会舞蹈么？”话还没有说了，她就唱了起来道：

“夜里同谁睡觉呀？

同了常陆介[59]去睡呵，

睡着的肌肤很是细滑。”这后边还有许多的文句。又歌云：

“男山山峰的红叶，

那是有名啊，有名啊。”[60]一面唱着歌，把光头摇转着，那样子非常的难看，所以又是好笑又是讨厌。大家都说道：

“去吧，去吧！”这也是很好玩的事。大家又说道：

“给她点什么东西吧。”中宫得知了这事，说道：

“为什么叫她做出这样可笑的事来的呢？我是无论怎样听不下去，掩着耳朵呢。给她一件衣裳，快点叫她走吧。”因为中宫这样的说，就取了给她，说道：

“这是上头赏给你的。你的衣服脏了，去弄干净了来穿吧。”

---

〔58〕原文“男人”，系指丈夫或情人。

〔59〕常陆介即常陆国守的次官，唯日本古时常陆上野上总三国皆规定由亲王任为国守，不亲到任，以“介”代行职务。这里所说并不指定何人，盖原系一种俗歌，尼姑因为问她男人是谁，随口引用歌词罢了。

〔60〕男山在京都八幡町，这里也是一首俗谣，以男山喻男子，红叶比恋爱的女子，有名原说红叶有名，转化成为有流言讲。

便将衣服丢给了她，她趴在地上拜了，还把衣服披在肩上，〔学贵人的模样〕那么拜舞起来[61]，真是很可憎的，大家就都进到里边去了。

这以后就熟习了，常到这里来，在人面前来晃。她就那么样被称为“常陆介”了。但是衣服并不洗干净，还是同样的肮脏，前回给她的那件衣服也不知弄到哪里去了，大家都很是憎恶她了。

有一天右近内侍来到中宫那里，中宫对她说道：

“有这样一个人，她们弄得很熟了，常到这里来。”便叫小兵卫这女官学做那个尼姑的模样给她看，右近内侍道：

“那个我真是想看一看，请务必给我看吧。既然是大家得意的人，我也决不会来抢了去的。”说着话就笑起来了。

这之后又有一个尼姑，脚有点残疾，可是人很是上品，也照样的叫了来问她种种事情，可是那种羞怯的样子，很叫人觉得可怜，就也给了她一件衣服，拜谢的样子也很不错，末了至于喜欢得哭了。她出去的时候，那常陆介大概在路上遇着，看见她了吧。以后有很长的时期，常陆介不曾进来，也没有人想起她来了。

---

〔61〕日本古代模仿中国礼俗，百官如从君主得到赏赐，率舞蹈拜谢，此乞食尼僧亦学为拜舞。

其二 雪山

其后是十二月十几日的光景，下了大雪，积得很厚，女官们用了什么箱子盒子的盖子，装上许多雪拿来放着。有人说道：

“一样的把雪堆起来，不如索性在院子里做一座真的雪山吧。”于是就去叫了武士们来，说道：

“这是上头吩咐下来的。”聚集了许多人，就做了起来，主殿司的人们，以及司清洁扫除的，都一起来做，堆得很高高的。中宫职的员司也走来助言，叫做的特别要好，藏人所的人也来了三四个人。主殿司的人渐渐多起来，大约有二十来个了，而且把在家里休息着的武士也叫来，吩咐道：

“今天造这雪山的人们，都有赏赐，但是不参加这雪山的人一律不给赏与。”听到这个消息的人，都匆忙的跑来，住家远的便不及通知了。不久已经筑好了，乃叫中宫职的官员来，取出绢两束，放在廊下，每人来取一匹，拜谢之后，便插在腰里，都退了出去。穿着长袍的官员一部分留下了，改穿了狩衣[62]，在那里侍候。

中宫问大家道：

“你们看这雪山可以留到几时呢？”女官们有人说道：

“十天吧。”也有人说道：

〔62〕长袍是官员的礼服，狩衣本是打猎的服装，后来作为常服了，长袍是“缝掖”，狩衣则是“缺掖”，取其动作便利。

“十几天吧。”当时在场的人大抵都说的是这样的日数。中宫问我道：

“你看怎么样呢？”我回答道：

“可以到正月十五吧。”看中宫的意思，似乎以为不能够到那时候。女官们也都说道：

“在年内，或者等不到三十日吧。”我自己也觉得说得太远了，未必能够到那个时候，心想要是说元旦就好了。但是不要管它，即使等不到十五，既然说出去了，也就固执的坚持下去了。

到了二十日左右，下起雨来了，雪山并不消灭，只是高度有点减低了。我暗地里说道：

“白山的观音菩萨[63]，请你保佑，别让这消化了呀！”我这样的祷告，似乎有点儿发疯的样子了。

且说造作那雪山的那一天，式部丞忠隆[64]奉了天皇的使命来到了，拿出垫子坐了。讲着话的时候，说道：

“今天没有一处地方，不造雪山。清凉殿的前面院子里做了一座，还有春宫御所和弘徽殿，也都做了。京极殿也做了。”我便作了一歌道：

---

〔63〕白山在加贺国内，祀十一面观音，其地因多雪有名，今因雪山关系，故联想到请求她的保佑。

〔64〕忠隆即源忠隆，见上文第七段。

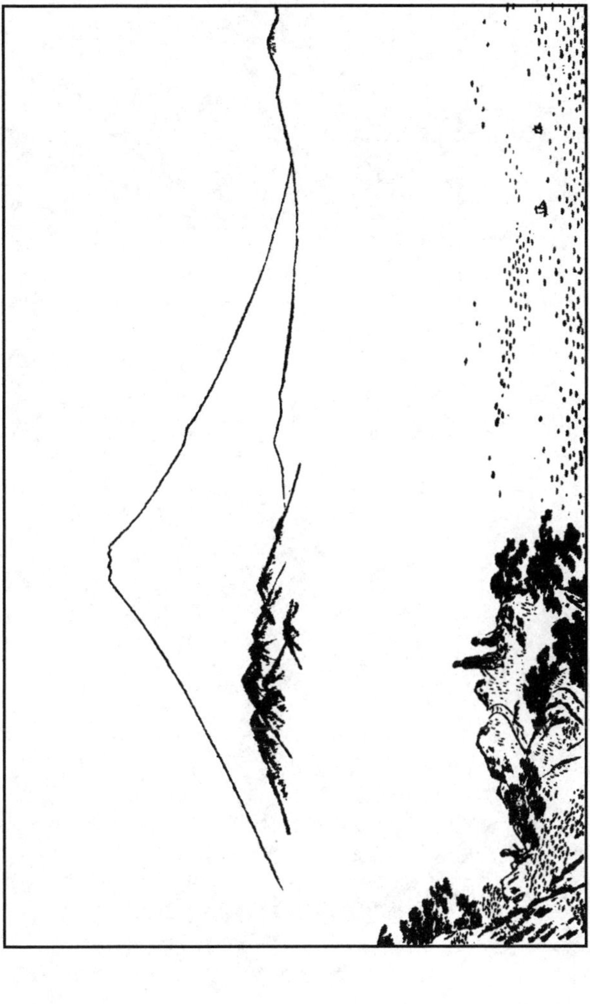

“此地的雪山算是新奇的，

如今处处都有，

已是陈旧[65]了。”

这首歌叫在旁边的一个女官拿去给他看，忠隆连连点首称赞说道：

“与其拙劣的和一首歌，反而把原歌弄糟了，不如拿去给风流人的帘前[66]看去吧。”说罢就离座而去了。听说这人是很喜欢和歌的，〔如今不作返歌而去，〕很是奇怪。中宫听见了这件事，便说道：

“他大概是非常巧妙的作一首吧。”

三十日快到了，雪山似乎变得少为小一点的样子，可是还是很高的。在白天的时候，大家出在廊下，那常陆介走来了。女官问她道：

“为什么长久没有来了呢？”答道：

“什么呀，因为有点很不顺心的事情。”

“怎么样，那么什么事呢？”

“因为是这样想的缘故。”便拉长了声音，念出一首歌来道：

“真可羡慕哇，

脚也走不动，

---

〔65〕此处“陈旧”一字意取双关，因其训读为“不流”，亦可作“雪降”解。

〔66〕“帘前”意谓女官们，此处指能作歌者。其实古时女官盖无不能歌者也。

那海边的蜑女，

得到许多赏赐的东西！”[67]

说着，讨厌的笑了，但是谁也不看着她，她便〔讪讪的〕走向雪山上去，彷徨了一阵走了。后来叫人去告诉右近内侍，说是这么一回事。回信说道：

“为什么不叫人领了送到这边来的呢？她因为没有意思，所以爬上雪山去的吧，怪可怜的。”大家又看了笑了。可是雪山却并不觉得怎样，这一年已过去了。

元旦这天[68]，又落了许多雪，高兴的是雪山增高了不少，但是中宫说道：

“这是不行呀，把那旧的仍然留着，新下的雪都扫去吧。”

当天晚上在上头值宿了，第二天一早回到自己的房里来，就遇见斋院[69]的侍卫长的武士，穿着浓绿色的狩衣，在袖子上面搁着青色纸的纸包挂在一枝松树上的信，寒颤着送了上来。问说：

---

〔67〕这首歌里亦多有双关的意思，“脚也走不动”谓多给赏赐，故拿不动，亦谓前此的尼姑足有残疾。又“蜑女”系海边女人，能泅水取鱼贝者，训作“阿麻”，亦可作“尼僧”讲。歌意羡慕蜑女之多得赐物，实际乃指上文所说的有足疾的尼姑。

〔68〕这是说长保元年的元旦，即公元九九九年。

〔69〕斋院系古时日本专门奉侍神社的皇女，在贺茂神社者称斋院，在伊势神宫者则称斋宫，由未婚的皇女中选任之。当时的斋院为选子内亲王，为村上天皇的皇女，以才学著称于当时，下文说中宫写回信十分用心，即表示尊重她的学问的意思。

“这是哪里来的呢？”答道：

“从斋院来的。”我就觉得这很是漂亮呵，接了过来，到中宫那里去。可是还是睡着，我便用棋盘垫了脚，将套房的格子独自一个人举了起来，这很是沉重，而且单是在一边着力，所以轧得吱吱的响，把中宫惊醒了。中宫问道：

“为什么这样做的呢？”我回答道：

“斋院有信来了，不能不赶紧送上来呀。”中宫说道：

“的确是来得很早哇。”说着就起来了，打开信来看时，里边乃是两个约有五寸长的卯槌，拼成一个卯杖的样子〔70〕，头上裹着青纸，用山橘，日荫葛，山菅等很好看的装饰着〔71〕，却是没有书简。这不会没有的吧。仔细看的时候，却见卯槌的头上包着的小纸上面，写着一首歌道：

“响彻山上的斧声，

寻访来看的时候，

乃是祝杖〔72〕筑地的声音呵。”

中宫给写回信的样子，也是十分用心的。平常这边给斋院写信，或是写回信，也特别好几回重复写过，看得出格外慎重

---

〔70〕 卯槌见卷二注〔15〕，卯杖见上文注〔11〕。

〔71〕 山橘即中国平地木，亦称紫金牛。日荫葛，中国女萝之类，山菅即麦门冬。

〔72〕 祝杖即卯杖的别名。歌言丁丁伐木的声音，寻访去看，原来是卯杖，所以是好音。斧之小者名为“与几”，亦训作“好”，这里便取双关的意思。

的情形。对于使者的赏赐，是白色织出花纹的单衣，此外是苏枋色的，似是一件梅花罩衫[73]的模样。在下着雪的中间，使者身上披着赏赐的衣服，走了回去，是很有意义的事。但是这一回中宫的回信的内容，我不曾看见，这是很可惜的。

那雪山倒真像是北越[74]地方的山似的，并没有消化的模样，就只是变了污黑，并不怎么好看了。可是觉得已经赌赢，心里暗自祷告，怎样的可以维持下去，等到十五日，可是人们都仍旧说道：

“恐怕难以再过七天吧。”大家都想看这雪山的结果怎样，忽然初三日决定中宫要回宫禁去了。我觉得非常可惜，心里老是想那么这雪山到底怎么样就不能知道了吧；别人也说道：

“这个结果真想得知呀！”中宫也这么说。已经说中了，本来想把残雪请中宫去看，如今这计划不对了，便趁搬运器物，大家忙乱的中间，去把住在靠土墙搭着的偏厢里的管园子的人，叫到廊中来，对他说道：

“你把这雪山好好的看守着，不要叫小孩子踏坏，或是毁坏了，保守到十五日。你务必好生看守，到那时候，从上头给你很好的赏赐，我个人也有什么谢礼呢。”平常台盘所[75]给予下人的东西，如水果或是什么食品，去要了许多过来，给了管

---

〔73〕原文云“梅袭”，系指一种夹衣，外白里苏枋色，或表里均苏枋色，阴历十一月至二月间所着的女用服装。

〔74〕日本越前、越中、越后三地方，统称北越，有雪国之称。

〔75〕台盘所见卷一注〔36〕。

园子的人，他笑嘻嘻的说道：

“那是很容易的事情，我好好的看守就是了。〔就是一不留心，〕小孩子们就要爬上去。”我听了吩咐他道：

“你就阻止他们不要上去，假如不听，再告诉我就是了。”这样，中宫进宫禁去了，我一同进去，侍候到初七日，便退了出来。

在宫里的时候，也老是挂念着雪山，时常派遣宫里当差的人，清洁女〔76〕，杂役女的首领等人，不断的去注意观察，把七草粥〔77〕等撤下来的供品给予那管园子的，欢喜拜受了，回来的人报告情形，大家都笑了。

退出在私宅里，一到天亮，便想到这一件大事，叫人家去看来。初十左右，使者来回报说道：

“还有雪尽够等到五天光景。”我听了很是高兴。到了十三日夜里，下起大雨来了，心里想道：“因为这个雨，将要消化完了吧。”觉得很是可惜。现在只有一天两天的工夫，竟不能等待了么，夜里也睡不着觉，只是叹气，听见的人说是发疯了，都觉得好笑。天亮了人家起身出去，我也就起来，叫使女起来去看，却老是不起身，叫我很生气。末了好容易起来了，叫去看了来，回报说道：

“那里还有雪留着，像蒲团那么大呢。管园子的人好好的

---

〔76〕 直译原语“清女”，谓宫中专司清扫便所的女人。

〔77〕 七草粥，在正月初七这天里，采集荠菜等七种草叶，煮粥设供，故名。

看守着，不叫孩子走近前去，到明天以至后天，都还可以有哩。管园子的人说，那么可以领到赏赐了。”我听了非常高兴，心想快点到了明天，赶紧作成一首歌，把雪盛在器皿里，送到中宫那里去，很是着急，又有点不及等待的样子。

第二天早上还是黑暗的时候，我就叫人拿着一个大板盒去，嘱咐他说道：

“把雪的白的地方装满了拿来，那些脏的就不要了。”去了不久，就提着拿去的板盒走回来，说道：

“那雪早就没有了！”这实在是出人意外。想做得很有意思，教人家可以传诵出去，正在苦吟的歌，因这出人意外的事，也没有作下去的价值了。我非常丧气的说道：

“这是怎么一回事呢？昨天刚说还有那么些，怎么一夜里就会都化完了。”使者说道：

“据管园子的人说，到昨天天很黑了的时候，还是有的，以为可以得到赏赐了，却是终于得不着，拍着两手着实懊恨呢。”正在唠叨说着，宫中有使者到来，传述中宫的话道：

“那么，雪到今天还有么？”这实在是觉得可恨可惜，只得说道：

“当初大家都说，未必能够到年内或是元旦吧，但是终于到了昨日的傍晚还是留着，这在我也实在觉得是了不得的事情了。若说是今天还有，那未免是过分了。我想大概是在昨天夜里，有人家憎恶，所以拿来丢掉了的吧。请你这样去对中宫说了。”我就这样的回复了使者。

到了二十日，自己进宫里去的时候，第一便把这雪山的事情在中宫面前说了。好像那个说是“都融化掉了”，提着盖子回来的和尚[78]一样，使者拿着板盒走了回来，觉得真是扫兴。本来想在器具的盖子上面，美妙的做成一座小雪山，在白纸上好好的写一首歌，送给中宫看的，这样说了，中宫很是发笑，在场的人们也都笑了。中宫说道：

“你那么一心一意想着的事情，把它弄糟了，怕不要得到天罚的吧？实在是，十四日傍晚，叫卫士们去，把它丢掉了的。你的回信里边，猜的正对，很是有意思。那个管园子的老头儿出来，合着两手很是求情，卫士说：‘这是中宫的旨意，有人来查问，也不要说，若是说了，就要把你的小屋给拆了。’这样的吓了他，就在左近卫府南边的墙外边，把雪都丢到那里。卫士们说，还有很多的堆着，别说十五，就是到二十日也还可以留得，或者说不定，今年的初雪还会落添在上边呢。天皇也知道，对了殿上人说道：‘少纳言真是做了人家所难以想到的打赌了。’可是你所作的歌，且说来看吧。已经这样的说明了，那么同你赢了也是一样的。那么说来看吧。”中宫这么说了，大家也都是这么说，便回答道：

“哪里还有心思作什么歌呢，听到了这样遗憾的事情。”

---

〔78〕这一句遵照旧说是：“将板盒当作帽子似的走了来。”但与本文文意不相连属，今据考订，“帽子”乃是“法师”之误，译文从之。别本“都融化掉了”一句作“内容是丢掉了”（也与“投身”即跳河之意双关），和尚提了盖子回来，盖里边藏着一件故事，但可惜那故事却是找不到了。

正在那里觉得悔恨，这时天皇走来了，说道：

“向来以为你是寻常人一样，如今从这件事看来，才知道你乃是一个不平凡的人呀。”这样说了，更觉得难受〔79〕，几乎要哭了出来了。我说道：

“这世间的事真是懊恼极了。后来落下雪来积上了，我正觉得高兴，中宫却说不行，叫人给扫集丢掉了。”天皇也笑着说道：

“可见中宫实在是不想叫你赌赢呢。”

---

〔79〕这里即是说叫人把雪山抛弃的事，想起来更是觉得难受。

卷五

第七七段 漂亮的事

漂亮的事是，唐锦[1]。佩刀[2]。木刻的佛像的木纹。颜色很好，花房很长，开着的藤花挂在松树上头。

六位的藏人[3]也是很漂亮的。名家的少年公子们，没有穿惯的绫和织物的衣服，却因了职务的关系随意的穿着，那麹尘色的青色袍子，是很漂亮的。本来藏人所的小职员，或是杂役，

---

〔1〕 唐锦即中国制的绸缎，日本制的称为大和锦。

〔2〕 “佩刀”原文作“饰太刀”，谓有装饰的刀剑，有“敕受带剑”的人于束带时用之，用紫檀沉香为鞘，上镶金银或嵌螺钿。

〔3〕 日本古时有藏人所，大概即是内务府的职务，有别当一人为之长，以左大臣任之，司诏敕传宣事务，头二人，一为弁官，一为近卫中将兼任，官阶四位，其他五位藏人三人，六位藏人四人，管宫中一切琐碎的事，以及御膳，别有杂色小职员多人。就中六位藏人的地位最为特别，盖官位虽卑，而特许升殿，常在天皇左右，故为众所羡慕，此段所说即是此意。

或是平人[4]的子弟，在殿上人四位五位或六位以上的职官底下做事，算不得什么的，一旦任为藏人，那就叫人吃一惊的显得漂亮了。他拿了敕旨到来，又在大臣大飨的时节当作甘栗的使者[5]，来到大臣家里，被接待宴享的情形，简直觉得是从哪里来的天人的样子。家里的女儿现在宫里当着嫔妃，或者还在家里做小姐的时候，敕使到来，那出来接受天皇的书信，以及送出垫子来的女官们，都穿着得很华丽，似乎不像接待那日常见惯的人。若是藏人兼任着卫府的尉官，那么后边的衣裾拖着，更显得神气了。这家的主人还亲手斟酒给他喝，藏人自己的心里也觉得很是得意吧。平常表示惶恐，不敢同坐一室的少年公卿，虽然样子还是谨慎，可是同朋辈一样的已经是平起平行了。还有在上头近旁服务，叫人见了羡慕。主上写信的时候，由他来磨墨，用着团扇的时候，由他来给打扇。可是在这短短的三四年任期中间，却是不修边幅，穿着也很随便，敷衍过去了，实在这藏人是做得没有意思的了。升级到五位，转到殿下去[6]的

---

〔4〕此处的“平人”系指六位以下的人，与平民的意义不同。因为当时任官，大抵悉取名家子弟，无任用平民者。

〔5〕大臣宴飨天皇例有赏赐，为苏（即酥酪）及甘栗，由六位之藏人为使者送去，受赐的家里当以敕使相待。为天皇送信去的自然也是敕使，所以人家更加殷勤的接待。

〔6〕六位的藏人因为职务关系，虽官位很低，但得特许升殿，到了六年任期已满，按照劳绩应当升叙五位，唯因五位藏人只有三个实缺，如没有空缺好补，便只得下殿去了。五位藏人照例可以做地方官，有人情愿外放，觉得比在天皇身边做近侍更好，这就是本节里所批评的。

时节近来，藏人生活就要结束，本来应该觉得比生命还要可惜，如今却在奔走，请求以藏人在任的劳绩赐以官职，这实在是很可惋惜的事。从前的藏人在决定升级的春天，为了下殿的事情着实悲叹，在现今这时世，却忙着奔跑谋事哩。

大学寮的博士[7]富有才学，是很漂亮的，这是无需说的了。相貌很是难看，官位也很低，可是甚为世人所尊重。走到高贵的人的前面去，询问有些事情，做学问文章的师资，这是很漂亮的事。写那些愿文[8]以及种种诗文的序，受到称赞，这也是很漂亮的。法师富有才学，说是漂亮也是无需的了。受持《法华经》的人[9]与其一个人读经，还不如在多数人中间，定时读经的时候，〔可以显出才学来，〕更是觉得很漂亮。天色暗黑了，大家都说道：

“怎样了？诵经的油火来的迟了！”便都停住了不念，却独低声继续念着〔，很是漂亮的〕。

皇后白天里的行幸的状况，还有那产室的布置。立皇后的

---

〔7〕 大学寮设有博士，此指文章博士，定员二名，官阶在从五位下，照例不能升殿，但以特殊关系，召备咨询。

〔8〕 愿文系指举行法事时，陈述施主的心愿，或对神佛祈誓立愿的文章，古时率用汉文，由大学寮奉敕代撰。

〔9〕 原文云“持经者”，专诵读《妙法莲华经》，昼夜六时勤行诵读，六时者早晨，日中，日没，初夜，中夜，后夜。后文说“定时读经”，盖即是指日没时。

仪式，其时狮子和高丽犬[10]大食床，都已经拿来，在帷帐前面装好，从内膳司[11]也已把灶神迁移了来，那时候还没有成为皇后，普通只是称作小姐的人，却老是没有见。此外摄政关白的外出，以及他到春日神社里朝拜的情形〔，也都是很漂亮的〕[12]。

蒲桃色的织物[13]〔，是很漂亮的〕。凡是紫色的东西，都很漂亮，无论是花，或是丝的，或是纸的。紫色的花的中间，只有杜若这种花的形状，稍为有点讨厌，可是颜色是漂亮的。六位藏人的值宿的样子也很漂亮，大概也因为是紫色[14]的缘故吧。宽阔的院子满积着雪〔，也是很漂亮的〕。

---

〔10〕在神社门前，常有一对石刻的异兽，从古代高丽传来，一只黄色开口，称为狮子，一只白色闭口，头有一角，名为“狛犬”，意思即是高丽犬。因为它是辟邪的兽，后来也作为他用，这里即是小形的，放在帷帐两边为风镇之用。

〔11〕内膳司即御厨房，供有灶神，中宫亦有灶火，故从那边分设灶神。

〔12〕摄政是代天皇执行政务的人，八五九年清和天皇时以国戚藤原良房任此职，嗣后由藤原氏世袭。关白例由摄政兼任，谓诸事皆先关白，然后奏闻，始于八八七年宇多天皇时，为后来将军专政的起源。这里原称“第一人”，谓大臣中位次最高者。春日神社在奈良地方，第三殿中祀天儿屋根命，为藤原氏的先祖，故凡摄政关白必往参拜。

〔13〕这是一种织物的名称，乃是用红色的经和淡紫的纬交织而成的浅紫色的织物。

〔14〕六位藏人的服装是麹尘色的青袍和紫色的缚脚裤，紫是禁色，不是寻常人所能着用，因为是近侍的关系，所以是特许的吧。

今上天皇的第一皇子，还是小儿的时候，由舅父们[15]，年轻而俊秀的公卿们抱着，使唤着殿上人，叫牵着〔玩具的〕马，在那里游玩，觉得〔很是漂亮〕，真是没有话说的了。

第七八段 优美的事

优美的事是，瘦长的潇洒的贵公子穿着直衣的身段。可爱的童女，特地不穿那裙子[16]，只穿了一件开缝很多的汗衫[17]，挂着香袋，带子拖得长长的，在勾栏[18]旁边，用扇子障着脸站着的样子。年轻美貌的女人，将夏天的帷帐的下端搭在帐竿上，穿着白绫单衣，外罩二蓝的薄罗衣，在那里习字。

---

〔15〕 即一条天皇，在位期间为九八六至一〇一一年，第一皇子为敦康亲王，乃中宫定子所生。舅父系指内大臣藤原伊周，及中纳言隆家。这一节说的很是鹘突，为三卷本所没有，或本将上文“宽阔的院子满积着雪”一句连下读，因为那一句放在上节末尾，也有点不伦不类，但现在也不加以变动了。

〔16〕 原文云“上裤”，仪式时穿在大口裤的上面，外白里红，童女所着例用红色。

〔17〕 名为“汗衫”，亦写作“衵衣”，但字义转变，为当时童女的礼服了。见卷一注〔29〕。

〔18〕 “勾栏”原取中国古义，谓栏干的末端向上弯曲，今俗作妓院之称，系后起之义。

薄纸的本子，用村浓染[19]的丝线，很好看的装订了的。长出嫩芽的柳条上，缚着用青色薄纸上所写的书简[20]。在染得很好的长须笼[21]里，插着五叶的松树。三重的桧扇，五重的就太厚重[22]，手拿的地方有点讨厌了。做得很好的桧木分格的食盒[23]。细的白色的丝辫。也不太新，也还不太旧的桧皮屋顶[24]，很整齐的编插着菖蒲。青青的竹帘底下，露出帷帐的朽木形[25]的模样来，很是鲜明，还有那帷帐的穗子，给风吹动着，是有意思的。夏天挂着帽额[26]鲜明的帘子的外边，在勾栏的近旁，有很是可爱的猫，戴着红的项圈，挂有白的记着名字[27]的牌子，拖着索子，且走且玩耍，也是很优美的。五月节时候的

---

〔19〕“村浓”系一种染法，谓用同一颜色，而深浅不一，见卷一注〔13〕。

〔20〕古代传送书简，多用此法，缚在一枝带叶的树枝上，如上文第七六段之二，斋院送来的信，也是挂在一枝松树上的。

〔21〕原文“须笼”，系谓一种竹笼，编好之后特地将余剩的竹保留，有似长须，故以为名，古时用以盛馈赠之物。

〔22〕桧扇系古时的折扇，用桧木薄片为之，普通二十三片，以白丝线缀合，无论寒暑皆置怀中，用以代笏。三重者谓两旁扇骨用桧木三片合成，五重则有五片，故云太厚。

〔23〕即后世的所谓“辨当箱”，此系用松桧所制，盖取其微有香气。

〔24〕日本古时用树皮葺屋顶，以代茅草，至今神社亦有特别保留古时制度者。

〔25〕此为织物模样之一，仿为朽木的形状，略作云形，织染而外亦用于印刷，为糊裱隔扇墙壁之用。

〔26〕“帽额”用于帘子，系指上部的一幅布帛，此原系中国古语云。

〔27〕猫在当时还没有普遍饲养，成为一般的家畜，只有贵族家庭，当作爱玩的动物，可参看本书第七段“御猫”的故事。

菖蒲的女藏人〔28〕，头上戴了菖蒲的鬘，挂着和红垂纽〔29〕的颜色不一样，〔可是形状相像的〕领巾和裙带，将上赐的香球送那并列着的皇子和公卿们，是很优美的。他们领受了，拿来挂在腰间，舞蹈拜谢，实在是很好看的。〔在五节〕捧薰炉的童女，还有着小忌衣〔30〕的贵公子们，都是颇优美的。六位藏人穿着青色袍值宿的姿态，临时祭〔31〕的舞人，五节〔舞女的随从〕的童女，也很优美。

第七九段 五节的舞女

中宫供献五节的舞女〔32〕，照例有照料舞女的该有女官十二人。本来将寝宫里的人借给别处去用，是不大很好的事，

---

〔28〕女藏人是低级的女官，在端午节头上插菖蒲，故称菖蒲的女藏人。

〔29〕红垂纽系一种装饰，两折作结，挂于小忌衣的右肩，舞人则在左肩。

〔30〕小忌衣为斋戒时所着的衣服，用白布蓝色印花，义取洁净，供奉神膳者用之。

〔31〕贺茂神社及石清水八幡神社于定期祭祀之外，别有临时祭，贺茂在十一月下旬的酉日，石清水为三月中旬的午日，有神乐舞蹈。

〔32〕古时日本朝廷于大尝会举行的一种女乐的仪式，于十一月中旬丑寅卯辰四日中行之，称五节之舞。五节者，出于《左传·昭公元年》："先王之乐所以节百事也，故有五节，迟速本末以相及，中声以降，五降之后，不容弹矣。"舞女五人，由公卿殿上人出三人，地方官出二人，亦有由后妃亲王献上者。此盖特例，由中宫进上，事在正历四年（九九三）的十一月。

但是不晓得是怎么想的，这时候中宫派出了十位女官，另外的两个是女院和淑景舍的[33]，她们原是姊妹。辰日[34]的当夜，将印成青色模样的唐衣以及汗衫，给女官和童女穿上了，别的女官们，都不让预先知道这种布置，至于殿上人更是极秘密的了。舞女们都装束整齐了，等到晚天色暗了的时候，这才带来穿上服装。红垂纽很美丽的挂着，非常有光泽的白衣上面，印出蓝的模样的衣服，穿在织物的唐衣上边，觉得很是新奇，特别是舞女的姿态，比女官更是优美。连杂务的女官们也都〔穿着这种服装〕并排的立着，公卿和殿上人看出惊异，把她们叫作“小忌的女官们”。小忌的贵公子们站在帘外，同女官们说着话。

中宫说道：“五节舞女的休息室，如今便拿开了陈设[35]，外边全看得见。很是不成样子。今天夜里，还应当是整整齐齐的才好。”这样说的，所以〔舞女和女官们〕不〔像常年那样，〕要感觉什么不便了。帷帐下边开缝的地方用了绳子结好，但从这底下露出〔女官们的〕袖口来罢了。

名字叫作小兵卫的〔一个照料的女官〕，因为红垂纽解开了，说道：

---

〔33〕女院为古代日本皇太后的尊称，此处所说即一条天皇的母后，为中宫定子的姑母。淑景舍为大内五舍之一，植有桐树，故又称桐壶，此指居于淑景舍的女御藤原原子，为中宫定子的妹。

〔34〕辰日谓五节会的末一日。

〔35〕陈设指帷帐及帘子等。

“让我把这结好了吧。”〔小忌的贵公子〕实方中将[36]便走近前来，给她结上，好像有意思似的对她说道：

“深山井里的水，

一向是冻着[37]，

如今怎么冰就化了呢？”

小兵卫还是年轻的人，而且在众人面前，大概是不好说话吧，对他并不照例做那返歌。在旁边的年纪大的人也都不管，不说什么话，中宫职的官员只是侧着耳朵听，〔有没有返歌，〕因为时间太久了觉得着急，就从旁门里走了进来，到女官的身旁问道：

“为什么〔大家不做返歌，〕这样的呆着呢？”听他低声的这样说话，〔我和小兵卫之间〕还隔着四个人，所以即使想到了很好的返歌，也不好说。况且对方是歌咏知名的人，不是一般的平凡的作品，作返歌这怎么能行呢。但只是一味谦虚，〔虽是当然〕其实也是不对的。中宫职的官员说道：

“作歌的人这样怎么行呢？便是不很快意，忽然的就那么吟了出来了。”我听了就作了一首答歌，心想拿去给人讥弹也

---

〔36〕 实方即藤原实方，系有名歌人，见卷二注〔57〕。

〔37〕 藤原实方的这首歌见于《后拾遗和歌集》卷五杂歌之部，但据本书所记则系含有恋爱的歌。大意以井水喻小兵卫，对自己总是冷冰冰的，如今为了什么缘故，红垂纽却自解开了，原文“冰”字与“纽”字义双关。中国古时以裙带解，蟢子飞同为一种吉兆，主情人会合，故今用以调笑小兵卫。

是有意思的事吧！

“薄冰刚才结着，

因为日影照着的缘故，

所以融化就是了。”[38]

我就叫辨内侍[39]传话过去，可是她〔为了害羞，〕说的不清楚。实方侧着耳朵问道：

“什么呀，什么呀？”因为本来有点口吃，又是有点故意装腔，想说的好些，更是不能说下去了，这样却使得〔我的拙劣的歌〕免得丢丑，觉得倒是很好的。

舞女送迎的时节，有些因病告假的人，中宫也命令要特别到场，所以全部到来，同外边所进的五节舞女情形不一样，排场很是盛大。中宫所出的舞女是右马头相尹[40]的女儿，染殿式部卿妃的妹子，即是第四姬君的所生，今年十二岁，很是可爱的。在最后的晚上，被许多人簇拥着，也一点都不着忙，慢慢的从仁寿殿走过，经过清凉殿前面东边的竹廊，舞女在先头，到中宫的屋子里去，这个情景也极是美妙的。

---

〔38〕清少纳言的这首歌见于《千载和歌集》中，“薄冰刚才结着”，双关红垂纽打着“活结”，“日影照着”，双关“日荫蔓”，此本系植物女萝之名，唯用于装束上乃是一种带结，加在帽上，歌意并说赤纽本来打活结的，因为在整冠上的日荫蔓的时候，故尔解散了。

〔39〕原本称“辨之御许”，御许为御许人之略，系女官官名，略同于内侍，因御许不能适确译出，故改为内侍。

〔40〕藤原相尹为右马头。古时有左右马寮，即御马监，其长官称为头。染殿式部卿即为平亲王，乃村上天皇的皇子。

细长的佩剑，〔带着垂在前面的〕平带[41]，由一个俊秀的男子拿着走过，这是很优美的。紫色的纸包封好了，挂在花房很长的一枝藤花上，也是很有意思[42]。

在宫禁里，到了五节的时候，不知怎的觉得与平常不同，逢见的人好像是很好看似的。主殿司的女官们，用了种种颜色的小布帛，像避忌时节似的，带在钗子上插着，看去很是新奇。在清凉殿前临时架设的板桥上边，用了村浓染色的纸绳束发，颜色很是鲜丽，这些女官们在那里出现，也是很有意思的[43]。〔临时上殿担任〕杂役的女官[44]以及童女们，都把这五节当作很大的节日看待，这是很有道理的。山蓝〔印染的小忌衣〕和日荫蔓等，装在柳条箱[45]内，由一个五位的藏人[46]拿了走着，也是看了很有意思的。殿上人把直衣的肩几乎要脱下来的披着，

---

〔41〕古时衣冠束带时所用的佩剑，因为不是实用的东西，所以做的很细，装在螺钿的或是漆绘鞘里，本来是用带系在腰间，结余的带头再垂下来，后做装束，别用三寸宽的丝带，挂在前面了。

〔42〕此系说用紫色纸所写的书简，挂在藤花上送去。这一节与上下文不相连接，只是说美妙的东西，疑是别段里脱文，误列在这里，别本亦有列为一段者。

〔43〕这是指主殿司的女嬬，是一种低级的女官，平常管打扫和点灯的事情，在五节的时候，特地调来殿上，来司秉烛的事。

〔44〕都是临时调来服役的人，平时不能来殿上的，所以特别觉得有意思。

〔45〕这与后世的柳条箱颇相似，但上面系用平盖，用以安放零星物件。

〔46〕原意云“由一个戴冠的男子拿了”，即是说升了官位的六位藏人，今改译正面的说法。

将扇子或是什么做拍子，歌唱道：

“升了官位了，

使者像重重的波浪的来呀。”

这样唱着走过女官房前的时候，站在帘边观看的人，一定是要心里乱跳的吧。特别是许多的人，一齐的笑起来，那更要吃一惊了。执事的藏人[47]所穿的〔红的〕练绢的重袍，特别显得好看。虽然给他们铺了坐垫，但是没有工夫坐着，只看女官们的行动，种种加以褒贬，在那个时候似乎〔除了五节之外，〕别无什么事情可以说的了。

在帐台试演[48]的晚上，执事的藏人非常严重的命令道：

“照料舞女的女官二人，以及童女[49]之外，任何人都不能进去！”把门按住了。很讨人厌的这么的说，那时有殿上人说道：

“那么，放我一个进去吧。”答说道：

“这就有人要说闲话，怎么能行呢。”顽固的加以拒绝，但是中宫方面的女官大概有二十来人，聚在一起，不管藏人怎

〔47〕执事的藏人系指藏人的二种职务，管理朝廷的政务仪式，以及神乐。

〔48〕五节会的第一天是丑日，是为帐台试演的日子，天皇在常宁殿升御座，即是所谓帐台，观看舞女的试演。执事的藏人司门禁，在原用汉文所写的《江次第》上记载的很是详细：“藏人头，行事藏人立舞殿东户下，开闔舞间，禁乱入，理发童女陪从下仕之外不可入。”下仕指宫中供杂役的女官。

〔49〕五节的第三天是卯日，是为童舞的日子，天皇在清凉殿观看陪从舞女的童女的歌舞。

么说，却将门打开了，径自沙沙的走进去，藏人看了茫然说道：

“啊，这真是乱七八糟的世界了！”呆站在那里。也是很有意思的事。在这后边，其余照料的女官们也都进去了。〔看了这个情形，〕藏人实在很是遗恨的。主上也出来，大概是看得很是好玩吧。

童女舞的当夜是很有趣味的。向着灯台的〔童女们的〕脸是非常的可爱而且很美的。

第八〇段 无名的琵琶

有女官来说道：

“有叫作‘无名’的琵琶，是主上带到中宫那边去了，有女官们随便看了，就那么弹着。”我走去看时[50]，女官们并不是弹，只是手弄着弦索玩耍罢了。女官对中宫说道：

“这琵琶的名字呀，是叫作什么的呢？”中宫答道：

“真是无聊得很，连名字也没有。”[51]这样的回答，也觉得是很有意思的。

淑景舍女御[52]到中宫这里来，说着闲话的时候，淑景

〔50〕原文此处不相连接，编订者加入此句，今从之。

〔51〕琵琶的名字本是“无名”，中宫的答语双关，是诙谐的意味。

〔52〕即中宫的妹子，见上文注〔33〕。

舍道：

“我那里有一个很漂亮的笙，还是我的先父[53]给我的。”隆圆僧都[54]便说道：

“把那个给了我吧。我那里也有很好的一张琴，请把那个交换了吧。”但是这样说了，好像是没有听见的样子，还是说着别的事情，僧都想得到回答，屡次的催问，可是还没有说。到后来中宫说道：

“不，不换吧，她是这么想哩。”这也是回答的很有意思。这笙的名字叫作“不换”[55]，僧都并不曾知道，所以〔不懂得回答的用意，〕心里不免有点怨望。这是以前〔中宫〕住在中宫职院的时候[56]的事情。在主上那里，有着名叫“不换”的那个笙。

在主上手边的东西，无论是琴是笛[57]，都有着奇妙的名字。琵琶是玄上，牧马，井手，渭桥，无名等[58]。又和琴也有

〔53〕即藤原道隆，前任关白，见卷一注〔46〕。

〔54〕藤原隆圆为道隆的第四个儿子，是中宫的兄弟，早岁出家，是时任权少僧都。

〔55〕此笙即名“不换”。据古记录云：“不，不换，是笙名也，唐人卖之，云可给千石，答曰不，不换，遂以为名。”中宫以名字双关的意义作戏语，而僧都不懂得，所以失望。

〔56〕长德二年（九九六）二月二十五日至三月四日，中宫出宫，寄居于中宫职院，此段所记盖系那时候的事情。

〔57〕管弦乐器之总称，凡丝之属皆称为琴，凡竹之属皆称为笛。

〔58〕日本古器物名多不可解，今不一一考据，以免烦琐。

朽目，盐灶，二贯等被叫作这些名字。此外又有水龙，小水龙，宇多法师，钉打，二叶，此外还有什么，虽是听见了许多，可是都忘记了。“宣阳殿里的第一架上”，这是头中将平时常说的一句口头禅〔59〕。

第八一段 弹琵琶

在中宫休憩处〔60〕的帘子前面，殿上人整天的弹琴吹笛，来作乐游戏。到走散的时候，格子窗还没有放下，灯台却已拿了出来，其时门也没有关，屋子里边就整个儿可以看见，也〔可看出中宫的姿态：〕直抱着琵琶，穿着红的上袿，说不尽的好看，里面又衬着许多件经过砧打的或是板贴的衣服。黑色很有光泽的琵琶，遮在袖子底下拿着的情形，非常美妙；又从琵琶的边里，现出雪白的前额，看得见一点儿，真是无可比方的艳美。我对坐在近旁的一个女官说道：

“〔从前人说那个〕半遮面〔61〕的女人，实在恐怕还没有

---

〔59〕宣阳殿为古时日本的一所宫殿，当时专门放置乐器及书籍的地方，故称赞乐器之美者云是宣阳殿里的第一架上的东西。头中将盖是藤原齐信，以藏人头兼近卫中将，见卷四注〔19〕。

〔60〕这是在弘徽殿，在清凉殿的北边。

〔61〕根据白居易的《琵琶行》里的“千呼万唤始出来，犹抱琵琶半遮面”这两句。当时汉学盛行，贵族子弟殆无不通晓，作文模拟《文选》，诗则《白氏文集》最为流行。

这样的美吧？况且那人又只是平人罢了。”女官听了这话，〔因为屋里人多，〕没有走路的地方，便挤了过去，对中宫说了，中宫笑了起来，说道：

“你知道这个意思〔62〕么？”〔她回来告诉我这话，〕这也是很有意思的事。

第八二段 乳母大辅

中宫的乳母大辅，今日将往日向去〔63〕，赐给饯别的东西，有些扇子等物，其中的一把，一面画着日色晴朗的照着，旅人所在的地方似乎是井手中将〔64〕的庄园模样，很是漂亮的画着。在别一面却是京城的画，雨正是落得很大，有人怅然的望着。题着一首歌道：

“向着光明的朝日，

也要时常记得吧，

---

〔62〕此句意思不很明了，别本在此句的“尔”（waré）读作“别”（wakaré）字，解作“离别你知道么？”谓引用《琵琶行》起首处，“别时茫茫江浸月”之意，指众人退出时，但所说意仍欠圆满。

〔63〕大辅是乳母的称号，这里盖系随着丈夫到国司的任上去，日向在日本南部九州地方，离京很远。清少纳言怪她弃舍了深情的主人前去，尚合人情，《春曙抄》的著者则说道隆死后，嗣子伊周获罪左迁，遂弃之而去，则与事情不合。

〔64〕井手中将注家皆云未详，疑系当时小说中人物，非是实有。

在京城是有不曾晴的长雨呢！”[65]

这是中宫亲笔写的，看了不禁有点黯然了。有这样〔深情的〕主人，本来要〔舍弃了〕远行也是不可能的吧。

第八三段 懊恨的事

懊恨的事是，这边做了给人的歌，或者是人家做了歌给它送去的返歌，在写好了之后，才想到有一两个字要订正的。缝急着等用的衣服的时候，好容易缝成功了，抽出针来看时，原来线的尾巴没有打结，又或者将衣服翻转缝了，也是很懊恨的事。

这是中宫住在南院[66]时候的事情，〔父君道隆〕公住在西边的对殿里，中宫也在那里，女官们都聚集在寝殿，因为没有事做，便在那里游戏，或者聚在厢廊里来[67]。中宫说道：

“这是现在急于等用的衣服，大家都走拢来，立刻给缝好

---

〔65〕首句影射日向，末句“长雨”一字亦可训作“怅望”，歌意双关，谓你到日向去对着晴明的天气，也要记住京城正在长雨，有怅望你的人。

〔66〕这一节是引用了作为反缝衣服的一个实例的，据说大约是正历三年（九九二）十二月的事，其时中宫在她父亲道隆的邸宅里，所谓南院即是东三条邸的寝殿。

〔67〕对殿即与寝殿相对，亦可译“西厢”，但是并非侧屋，原来亦是朝南的房屋，只是东西分别，和主要的寝殿相对，与寝殿相连接处有渡殿，即是厢廊。寝殿亦称主殿，乃是正屋，即主人居住之处，但与寝室有别，至对殿则是眷属所居。

了吧。”说着便将一件平织没有花纹的绢料衣服交了下来，大家便来到寝殿南面，各人拿了衣服的半身一片，看谁缝得顶快，互相竞争，隔离得远远的缝着的样子，真像是有点发了疯了。

命妇的乳母[68]很早的就已缝好，放在那里了，但是她将半片缝好了，却并不知道翻里作外，而且止住的地方也并不打结，却慌慌张张的搁下走了。等到有人要来拼在一起，才觉得这是不对了。大家都笑着嚷道：

“这须得重新缝过。”但是命妇说道：

“这并没有缝错了，有谁来把它重缝呢？假如这是有花纹的，〔里外显然有区别，〕谁要是不看清里面，弄得缝反了的话，那当然应该重缝。但这乃是没有花纹的衣料，凭了什么分得出里外来呢？这样的东西谁来重缝。还是叫那没有缝的人来做吧。”这样说了不肯答应，可是大家都说道：

“虽是这么说，不过这件事总不是这样就成了的。”乃由源少纳言、新中纳言[69]给它重缝，〔命妇本人却是旁观着的，〕那个样子，也是很好玩的。那天的晚上，中宫要往宫里去的时候，对大家说道：

---

〔68〕此殆即上一段所说的乳母，命妇为女官的一种官位。

〔69〕源少纳言系姓源的女官，少纳言则是其家族的人的官职，新中纳言其姓未能详。

"谁是最早缝好衣服的，就算是最关怀我的这个人。"[70]

把给人家的书简，错送给不能让他看见的人那里去了，是很可懊恨的。并且不肯说"真是弄错了"，却还强词夺理的争辩，要不是顾虑别人的眼目，真想走过去，打他几下子。

种了些很有风趣的胡枝子和芦荻[71]，看着好玩的时候，带着长木箱的男子，拿了锄头什么走来，径自掘了去，实在是很懊恼的事情。有相当的男人在家，也还不至那样，〔若只是女人，〕虽是竭力制止，总说道："只要一点儿就好了。"便都拿了去，实是说不出的懊恨。在国司[72]的家里的，这些有权势人家的部下，走来傲慢的说话，就是得罪了人，对我也无可奈何，这样的神气，看了也很是懊恨的。

不能让别人看见的书信，给人从旁抢走了，到院子里立着看，实在很是懊恼。追了过去。〔反正不能走到外边，〕只是立在帘边看着[73]，觉得索兴跳了出去也罢。

为了一点无聊的事情，〔女人〕很生了气，不在一块儿睡了，

---

〔70〕这一句话原意不很清楚，一本解作"就陪我进宫去"。别本没有这句。

〔71〕"胡枝子"原文云"萩"，为一种豆科植物，在日本甚见称赏，因花在秋时，故名字从草从秋，乃日本自造字，原本汉字乃系萧艾，并非一字，然胡枝子亦非确译，因此本中国产植物，不是日本所有。芦荻的花亦为日本所称赏，中国正当云"芒"，或译作"狗尾草"亦属非是，狗尾草乃是"莠"，此花因形似故名"尾花"，并不指定系是狗尾。

〔72〕国司系地方长官，见卷二注〔13〕。

〔73〕普通解作抢看信的那人，立在帘边看着，但上文走到院子里，不在帘边了，故此处以属于著者为是。

把身子钻出被褥的外边，〔男人〕虽是轻轻的拉她近来，可是她却只是不理。后来男人也觉得这太是过分了，便怨恨说道：

“那么，就是这样好吧。”便将棉被盖好，径自睡了。这却是很冷的晚上，〔女人〕只是一件单的睡衣，时节更不凑巧，大抵人家都已睡了，自己独自起来，也觉得不大好，因了夜色渐深，更是懊悔，心想刚才不如索兴起来倒好了。这样想，仍是睡着，却听见里外有什么声响，有点恐慌，就悄悄的靠近男人那边，把棉被拉来盖着，这时候才知道他原是假装睡着，这是很可恨的。而且他这时还说道：

“你还是这样固执下去吧！”〔那就更加可以懊恨的了。〕

第八四段 难为情的事

难为情的事是，有客人来会晤谈着话，家里的人在里边屋里不客气的说些秘密话，也不好去制止，只是听着的这种情况〔，实在是很难为情的〕。自己所爱的男人，酒喝得很醉，将同一样的事情，翻来覆去的说着。本人在那里听着也不曾知道，却说人家的背后话，这便是没有什么关系的使用人，也总是很难为情的。在旅行的途中，或是家里什么邻近的房间里，使用人的男女在那里玩笑闹着，很讨厌的婴儿，〔母亲〕凭着自己主观觉得是怪可爱的，种种逗着玩耍，学那小孩的口气，把他所讲的话说给人家听，在有学问的人的面前没有学问的人装出知道的样子，将〔古今的〕人的名字乱说一气，并不见得做特别好的自作的歌，说给人家听，还说有谁怎样称赞了，在旁听着也是怪难为情的。人家都起来了说着话，却是恬然的若无其事似的睡着的人。连调子都还没有调得对的琴，独自觉得满意，在精通此道的人面前弹奏着。很早以前就不到女儿那里来了〔74〕的女婿，在什么隆重的仪式上，和丈人见了面〔，也是不好意思的事〕。

第八五段 愕然的事

使人愕然的事是，磨着装饰用的钗子，却碰着什么而折断了〔75〕。牛车的颠覆〔，也使人愕然〕。以为这样的庞然大物，在路上也显得很稳重，〔却这样容易的翻了，〕简直如在梦里，只是发愣，不知道这是怎么搞的〔76〕。

---

〔74〕古时日本结婚多用入赘的形式，男人先就女家住宿，晚出早归，亦有中途不谐，停止往来者。参看卷一注〔8〕。中国在唐朝似亦有此类风俗，见于唐代传奇中。

〔75〕古代妇女垂发时插在头上右边的钗子，多系玳瑁等所制，大概也有用玉的。《春曙抄》注引白居易乐府云“石上磨玉簪，玉簪欲成中央折”。

〔76〕此处诸家说不一致，今择取金子元臣的一说。

在人家很是羞耻的什么坏事情，毫不顾虑的无论对了大人或是小孩儿，一直照说。等着以为一定会来的男人，过了一晚，直到黎明时分，等的有点倦了，不觉睡着，听得乌鸦就在近处，呀呀的叫，举起头来看时，已经是白昼了，〔就是自己〕也觉得是愕然的事情。

在双陆赌赛的时候，对手〔连得同花，〕骰子筒给她占有了[77]。这边一点也不知道，也不曾见过听过的事情，人家当面的说过来，不让这边有抗辩的余地。把什么东西倒翻了，也觉得是愕然。在赌箭[78]的时候，心里战战兢兢的，瞄准了很久，及至射了出去，却离得很远，不晓得到什么地方去了。

第八六段 遗憾的事

遗憾的事是：在五节和佛名会的时候[79]，天并不下雪，可是却整天的落着雨。节会以及其他的仪式，适值遇着宫中避忌

---

〔77〕双陆亦名双六，系中国古时一种游戏，流传在日本，其方法今不可考，但其中一种赌输赢的方法，似用两颗骰子装入筒内，再行倒出，看两骰同花者为胜，得再倒一次，故云骰筒为所占有。

〔78〕赌箭为正月十八日天皇在弓场殿，看近卫府军人试射，亦有临时举行，称殿上的赌箭，这里所说盖系泛说，女官未必与闻其事。

〔79〕五节见上文注〔32〕。佛名会见卷四注〔15〕。

的日子[80]。预备好了，只等那日子到来的行事，却因了某种障害，忽然的中止了。非常相爱的女人，也不生儿子，多年相配在一起。演奏音乐，又有什么好看的事情，以为必定会来的人，叫人去请，却回答说，因为有事，所以不来了，实在很是遗憾的事。

男人以及女人，在宫廷里做事的，同了身份一样的人，往寺院参拜，或是出去游览，服装准备得好好的，〔袖口在车子上〕露出了，一切用意没有什么怪样子，叫人见了不很难看，〔心想或者会遇见〕了解这种情趣的人，不论骑马或者坐车也是好的。可是一直没有遇见，很是遗憾。因为太是无聊了，至少遇到懂得风雅的仆从，可以告诉人家也好，这种的想也正是难怪的吧。

---

〔80〕“节会”谓节日的集会，当日朝廷例有赐宴，“其他的仪式”或指没有宴会的别的仪式吧，如其时适值避忌，则天皇不临朝，自然就停止了。避忌见卷二注〔6〕。

第八七段 听子规

中宫在五月斋戒[81]的时候，住在中宫职院里，在套房前面的两间屋子里特别布置了，和平常的样子不同，也觉得有意思。

从初一日起时常下雨，总是阴沉的天气。因为无聊，我便说道：

“想去听子规的啼声去呀。”女官们听到了，便都赞成说：

“我也去，我也去。”

在贺茂神社的里边，叫作什么呀，不是织女渡河的桥，是叫有点讨厌的名字的。有人说：

“在那地方是每天有子规啼着。”也有人答道：

“那叫的是茅蜩哇。”总之就决定了到那地方去，在初五的早晨，叫职院的官员预备了车，因为是五月梅雨的时节，照例不会责难的[82]，便把车靠在台阶面前，我们四个人坐了，从北卫所出去。〔另外的女官们看了〕很是羡慕，说道：

“再添一辆车吧，让我们也一同去。”但是中宫说道：

“那可是不成。”不肯听她们的话，也就只得丢下她们去了。

---

〔81〕古时称曰“年三”，一年中有三个月例行“精进”，即是正月五月九月，所云“精进”乃是佛教术语，后乃专指斋戒即禁止食肉了。据《长斋经》云：“若有善男女等，修年三之斋戒，忽脱诸难等，获殊胜福利。”又曰：“天帝以正月五月九月，巡向南列，注记众生作业。”是经中国不见通行，看上文所引，似有道教分子混入，或出自后代伪造，亦未可知。

〔82〕平常禁止乘车出入北卫所门，但在梅雨时节，例可通融。

到得叫作马场的地方，有许多人在那里，我便问道：

“这是什么事呢？”赶车的回答道：

“是在演习竞射哩，暂时留下来观看吧。”就将车子停了，说道：

“左近的中少将都在座哩。”但是看不见这样的人。只见有些六位[83]的官在那里逗留。我们便说道：

“没有什么意思，就赶快走过去吧。”这条路上，想起贺茂神社祭时的情形[84]，觉得很是有意思。

这样走下去的路上，有明顺朝臣[85]的家在那里。说道：

“我们赶快到那里去看一看吧。”将车子拉近了，便走下去。这是仿照乡下住房造的，很是简素，有那画着马的屏障[86]，竹片编成的屏风，莎草织成的帘子，特地模仿古代的模样。房屋的构造也很简陋，并不怎么深，只是很浅近，可是别有风趣，子规一递一声的叫，的确倒有点吵闹的样子，可惜不能够让中宫听见，和那么的羡慕想来的人也听一听罢了。

主人说道：

---

〔83〕非谓“六位的藏人”，乃指普通不能升殿的六位，都是近卫府的官员，却也是地下人，在女官们看去乃是卑微的人了。

〔84〕贺茂神社祭典甚盛大，女官们多往参拜。见卷二注〔34〕。

〔85〕明顺朝臣为高阶成忠的第三子，中宫定子的母舅，朝臣者古代“八色”氏族之一，第一曰真人，第二曰朝臣，至今日本正式叙官位，犹于姓氏之下加写此二字。

〔86〕屏障类似屏风，但不是可以折叠的，只是一两扇，底下有座，当作隔扇用的。

“〔这里因为是乡下，〕只有与本地相应的东西，可以请看一下。”便拿出许多稻来，叫来些年轻的，服装相当整洁的女用人，以及近地的农家妇女，共有五六个人，打稻给我们看，又拿出从来没有看过的，轱辘轱辘回转的[87]东西来，叫两个人推转着，唱着什么歌，大家看了笑着，觉得很是新奇，把作子规的歌的事情几乎全然忘记了。

用了在中国画里所有的那样食案[88]，搬出食物来的时候，没有一个人去看一眼，那时主人说道：

“这是很简慢的，乡下的吃食。可是，到这样地方来的人，弄得不好倒还要催促主人〔，叫拿出别的乡下特产来呢〕。这样子的不吃，倒并不像是来访问乡下的人了。”这样的说笑应酬着，又说道：

“这个嫩蕨菜[89]，是我亲自摘来的呢。”我说道：

“怎么行呢，像是普通女官那样，坐在食案去进食呢？”〔主人便将食案的盘〕取了下来，说道：

“你们各位是俯伏惯了[90]的哪。”正忙着招呼，〔这时赶车的进来〕说道：

---

〔87〕这大概是指一种砻磨，是磨谷子用的木类所制的吧。

〔88〕“食案”原文曰“悬盘”，系木制的盘，下面有四足的架子，可以自由装卸，这里说中国画里所有，可见中国古时也用这样的食案，有如孟光所举的那样。

〔89〕嫩蕨菜原称下蕨，意谓长在草丛底下的蕨叶。

〔90〕女官的高级者常在御前，俯伏惯了，故在有高台的食案面前，反不习惯，所以主人特地将架子撤去。

“雨快要下来了。”大家便赶紧上车，那时我说道：

“还有那子规的歌呢，须得在这里做了才好。”别的女官说道：

“那虽是不错，不过在路上做也好吧。”

〔在路上〕水晶花盛开着，大家折了许多，在车子的帘间以及旁边都插满了长的花枝，好像车顶上盖着一件水晶花的衬袍〔91〕。同去的男人们也都笑着来帮忙，说道：

“这里还不够，还不够。”几乎将竹篳都穿破了，加添来插着。〔这样装饰着的车子，〕在路上遇见什么人也好，心里这么期待着，但是偶然遇着的，却只是无聊的和尚或者别无足取的平常人罢了，实在是很可惜的。

到得走近了皇宫了，我说道：

“可是事情不能这样的就完了，还须得把车子给人家一看，才回去吧。”便叫在一条殿〔92〕的邸宅前面把车停了，叫人传话道：

“侍从在家么？我们去听子规，刚才回来了。”使者回报道：

“侍从说，现在就来，请等一等。刚才在武士卫所休憩着，赶紧在着缚脚裤呢。”但是这本来不是值得等候的事情，车便走着了，来到土御门方面，侍从这时已经装束好了，路上还扣

〔91〕礼服的袍子里下例有衬衣，有种种的规定颜色，水晶花即是其一，系表白里青的夹袍。

〔92〕一条殿在一条大路，为故太政大臣藤原为光的邸宅。下文侍从即藤原公信，系为光的第六子，当时任职侍从，唐名“拾遗”，谓随侍天皇左右，司拾遗补阙之职。

着带子，连说：

“稍请候一候，稍请候一候！”只带了一两个卫士和杂色，什么也不穿着[93]，追了上来。我们便催着说：

“快走吧！”车子到了土御门的时候，侍从已经喘着气赶到，先看了车子的模样，不禁大笑起来，说道：

“看这样子，不像是有头脑正常的人坐在里边。且下来再说吧。”说着笑了，同来的人也都觉得好笑。侍从又说道：

“歌怎么样了呢？请给我看吧。”我答道：

“这要在给中宫看了以后，才给你看呢。”说着的时候，雨真是下了起来了。侍从说道：

“怎么的这土御门同别的门不一样，特别没做屋顶。在像今天的日子里，实在很是讨厌了。”又说道：

“那怎么的走回去呢？来的时候，只怕赶不上，便一直跑来，也不顾旁人看着，唉唉，如今这样走回去，真扫兴得很。”我便说道：

“那么，请进去吧，到里边去。”侍从答道：

“即使如此，戴着乌帽子[94]怎好上里头去呢？”我说道：

“叫人去取〔装束〕来吧。”这时雨下得很大了，没有带着伞的男人们把车子一径拉进门里边来。从一条的邸宅拿了伞

---

〔93〕卫士与杂役匆促跑来，连正式的下裳都不及穿着。

〔94〕乌帽子系平常时候所戴的帽，无官位的人亦得用之，若官员入朝例须衣冠束带，着乌帽子系是便服，故不相适。

来，侍从便叫人给撑着伞，尽自回过头望着这边，这回却是缓缓的像是很吃力似的，拿着水晶花独自走着回去了，这样子也是很有意思的。

到得中宫那里，问起今天的情形。一面听着不能同去的女官们怨望不平的话，将藤侍从[95]从一条大路上走来的事情说了，大家笑着。中宫问道：

“那么歌呢，这在哪里？”将这样的事情说了，中宫道：

“很是可惜的事。殿上人们要问的呢，怎么可以没有很好的歌就算啦？在听着子规的地方，当场即咏一首就行了，因为太看得重了，〔反而做不出来，〕便打断了当时的兴致，所以不行了。现在就做起来吧。这真是泄气的事情。”中宫这样的说实在是不错，想起来很是没兴，便与〔同去的人〕商量了怎么做，在这时候藤侍从有信来了，将刚才拿去的一枝水晶花上挂着一卷水晶花的薄纸[96]，上边写着一首歌道：

“听说你是听子规啼声去了，

〔我虽是不能同行，〕

请你把我的心带了去吧。”

想必是等着返歌吧，想叫人回去取砚台来，中宫说道：

“就只用这个快写吧。”把纸放在砚台的盖里递给了我。

---

〔95〕即藤原公信，藤侍从系宫中惯称，取姓氏的一字，附以官名，犹女官称源少纳言，新中纳言也。

〔96〕表白里青的薄纸，颜色正如水晶花的样子，取其与花枝相配合。

我说道：

“请宰相君写吧。”她回答道：

“请你自己来。”正在说着，四周暗了下来，雨下了起来，雷也猛烈的响着，什么事情也不记得，只是惊慌着，把窗格子都放下来，这样忙乱着的时候，将返歌的事全然忘记掉了。雷响了很久，等到有点止住的时节，天色已经暗了。就是现在，且来写这回信吧，正要动手来做，殿上人以及公卿们都因雷鸣过来问候，便出到职院的西边应酬，把返歌的事又混过去了。其他的人以为这歌是指名送来的，由她办去好吧，所以也就不管。似乎今天是特别与作歌无缘的日子，觉得很是无聊，便笑着说道：

“以后决不再把要听子规去的话，告诉给人家了。”中宫说道：

“就是到了现在，同去听的人也没有做不出来的道理。大概是从头决定不做的吧。”似乎是很不高兴的样子，这也是很有意思的。我答说道：

“可是到了如今，兴趣已经全然没有了嘛。”中宫说道：

“兴趣没有，这件事情不能就算完了呀。”话虽如此说，可是事情就此完了。

其二　元辅的女儿

过了两天之后，大家正在讲起当日的事情，宰相君说道：

“且说〔那明顺朝臣〕所亲自摘来的嫩蕨菜，是怎么样呢？”

中宫听了笑道：

“又记起来了那〔蕨菜〕的事情了。”将散落在那里的纸片上，写道：

“嫩蕨菜煞是可怀念呵。”便说道：

“且接写上句[97]吧。”这也是很有意思的事。我便写道：

“胜过寻访子规，

去听它的叫声。”中宫看了笑道：

“说得好不得意呵！〔这样的贪嘴，〕怎么在这时候还是记得子规呢？”这样的说，我虽是觉得有点害羞，可是说道：

“什么呀，这个歌的东西，我可是想一切不再做了。在什么时节，人家做歌，便叫我也做，这个样子我真觉得有点不能留在你的身边了。本来我也不是并不知道歌的字数，或是春天做出冬天的歌，秋天做出夏天的歌，或者梅花的时候做出菊花的歌来，那样的事总是不会有的了。但是生为有名的歌人[98]的子孙，总得多少要胜过别人，说这是那时节的歌，算是最好的了，因为那有名人的子孙嘛，这样子才觉得那歌是值得做的。可我却是没有一点特色，说这也是歌，只有我能做得，摆出自夸的

---

〔97〕做连歌的法则，将一首三十一字音的和歌，分作两半，上句是七五七共十七音，下句是七七共十四音，由二人分别做成，合为一首。这里是先做出下句，却叫人续成上句。

〔98〕有名的歌人系指作者的父亲，即是清原元辅（九〇八至九九〇），为《后撰和歌集》编选者五人之一，别有《清原元辅集》一卷行世。元辅的祖父名深养父，亦为著名歌人，较元辅尤有名，但下文中宫的歌中只说元辅，可知这里所说殆与深养父无关。

架子，率先的做了出去，这实在是很给先人〔丢脸的，〕是很对不起的事情。”我把这事认真的说了，中宫听了笑起来：

“既然是如此，那么就随你的意吧。我以后不叫你做好了。”这样的说，我回答道：

“那我就很安心了。以后关于歌的事情，可以不再操心了。”

可是正在说着话的时候，要守庚申〔99〕了，内大臣〔100〕很有些计划。到得夜深了，出了歌题，叫女官们作歌，都振作精神，努力苦吟，我却独立陪着中宫，说些别的与歌没有什么关系的闲话，内大臣看见了说道：

“为什么不去作歌，却和大家离开着呢？拿题目去作吧。”我就说道：

“中宫已经这样吩咐，不做歌也可以，所以不预备作了。”内大臣说道：

“这是奇怪的话。难道真有这样的话么？为什么许可她的呢？这真是没有道理。而且在平时还没有关系，今天晚上务必要做。”虽是这样催促，可是干脆不理他，这时别人的歌已经作好了，正在评定好坏的时候，中宫却写了简单的几句话，递

---

〔99〕“守庚申”系古时中国道家旧说，谓人身中有三尸虫，于庚申夜中乘人熟睡，升天告人大小罪过，故夜间不睡以防之，日本则谓三尸入人体中，能致人病，亦终夜不寝，可免于痨瘵。

〔100〕内大臣位在左右大臣之次，为太政官属，此处指藤原伊周，即第二〇段中的大纳言，见卷一注〔44〕，为中宫之兄。

给了我。打开来看时，只见上面写着一首歌道：

“你是元辅[101]的女儿，

为什么今天晚上，

在歌里掉了队的呢？”

觉得非常的有意思，不觉大声笑了起来，内大臣听了问道：

“什么事，什么事？”我作歌回答道：

“要不是说元辅的女儿，

今天晚上的歌

我是首先来作呢。”我又说道：

“若不是表示谨慎的话，那么便是千首的歌，我就会进呈的呢。”

第八八段 九品莲台之中

中宫的姊妹们，弟兄的公卿们和许多殿上人，都聚集在中宫面前的时候，我离开了他们，独自靠着厢房的柱子，和另外的女官说着话，中宫给我投下了什么东西来，我捡起来看时，只见上面写的：

“我想念你呢，还是不呢？假如我不是第一想念你，那么怎么样呢？”

---

〔101〕 元辅见上文注〔98〕。

这是我以前在中宫面前，说什么的时候曾经说过的话，那时我说道：

“假如不能够被人家第一个想念的话，那么那样也没有什么意思，还不如被人憎恨，可恶着的好了。落在第二第三，便是死了也不情愿。无论什么事，总是想做第一个。”大家就笑说道：

“这是〔《法华经》的〕一乘法[102]了。”刚才的话就是根据这个来的。把纸笔交下来，〔叫我回答，〕我便写了这样一句：

“九品莲台之中，虽下品亦足。”[103]送了上去之后，中宫看了说道：

“很是意气消沉的样子。那是不行啊。既然说了出口，便应该坚持下去。”我说道：

“这也看〔想念我的〕是什么人而定了。”中宫道：

“那可是不好。这总要第一等人，第一个想念我才好哇。”那样的说了，真是很有意思的事。

---

〔102〕《妙法莲华经》第二十八“方便”中云：“十方佛土中，唯有一乘法，无二亦无三，除佛方便说，但说无上道。”著者说但愿居第一位，不欲落于第二第三，所以说是《法华经》的一乘法。

〔103〕《和汉朗咏集》卷下，庆滋保胤的《极乐寺建立愿文》中有云：“十方佛土之中，以西方为望，九品莲台之间，虽下品应足。”此为本文的依据，意言得中宫想念，犹如莲台往生，虽等级低也满足了。

第八九段 海月的骨

中纳言[104]到中宫那里，有扇子想要送上来，说道：

“是这隆家得了很好的扇骨。现在想贴好了扇面再送上来，用普通的纸贴了不合适，正在寻找好的纸呢。”中宫问道：

“这是怎么样的骨呢？”中纳言答道：

“是非常漂亮的东西。大家都说，这样骨子简直是没有看见过。实在是这样的东西不曾有过。”大声的说，〔很是自夸的样子，〕我就说道：

“那么，这不是扇骨，恐怕是海月的骨[105]吧？”中纳言说道：

“这个〔说的很妙，〕算是隆家的话吧。”说着笑了起来。

这样的事，原是属于不好意思的部门[106]的事情，但是人家说：“不要写漏了一件事。”没有法子〔，所以写上了〕。

---

〔104〕中纳言是藤原隆家，关白道隆的儿子，中宫及伊周的兄弟。

〔105〕海月即水母，是一种钟状或伞状的腔肠动物，没有骨头的。此系著者戏语，挖苦隆家说不曾有过的扇骨。

〔106〕此节有点自夸，所以说是应该记入别的部门。

第九〇段 信经的故事

雨连续的下，今天也是下雨。式部丞信经〔107〕当作天皇的敕使，到中宫这里来了。照例送出坐垫去，可是他把坐垫比平常推开得远些，然后坐了。我就说道：

“那是给谁铺的坐垫哪？”信经笑道：

“在这样下雨天里，坐了上去的时候，就沾上了足印，弄脏了不成样子。”我答说道：

“怎么说呢，那不是洗足用的〔108〕么？”信经说道：

“这〔说的绝妙，〕但并不是你说的妙，假如这信经不说足迹的话，你也是不能够这样的说的吧。”屡次反复的说，这是很可笑的。太有点自夸了，也是不好意思的事。

---

〔107〕藤原信经在长德三年（九九七）为式部丞，原是六位的官，但因为系敕使之故，故特别升殿赐坐。

〔108〕坐垫旧时称为“毡褥”，读音与“洗足”二字近似，故借为戏语。此种诙谐语日本称为秀句，系一种文字的游戏，最难于翻译。

第九一段 信经的故事二〔109〕

〔我对信经说道：〕

"一直从前，在皇太后〔110〕那边，有一个名叫犬抱〔111〕的很有名的杂役的女官。做到美浓守故去的藤原时柄〔112〕那时是藏人，有一天到女官们的地方去，对她说道：

'你就是那著名的犬抱么？为什么并不显得名字那样的呢？'那时她的回答是：'那也应了时节〔113〕，会显得是名字那样的。'便是挑选了对方的名字〔来配合〕。她怎么能作出这样〔巧妙的〕对句呢，殿上人和公卿们都觉得是很有意思。这事至今传了下来，正是当然的事吧。"信经说道：

"那〔犬抱〕回答的话，也正是时柄教她说的。看出来的题目怎样。无论诗歌都可以作出很好的来。"我回答道：

"这的确是的。那么就出题目，请你作歌吧。"信经道：

"非常的好。一首没有意思，若是做的话，要作出许多首来。"

---

〔109〕本书分段系依北村季吟的《春曙抄》本，故此处仍而不改，别本九〇至九二段并作一段，都是讲信经的事的。《春曙抄》以为末二节乃是指时柄，显系错误，因在皇太后当时清少纳言并未入宫，前后相去盖有二十余年之多。

〔110〕皇太后谓村上天皇的皇后藤原安子，卒于康保元年（九六四）。

〔111〕"犬抱"别本训作"犬吐"，谓故意用丑恶字面，取禁厌的意思。

〔112〕藤原时柄于康保五年正月任美浓守，时为九六八年。

〔113〕"应了时节"的训读与"时柄"相同，意取双关，这是绝好的滑稽的应酬。

正在说着，中宫的回信写好了，信经站起来道：

“唉唉，可怕得很，逃走了吧！”说着出去了。大家都说道：

“因为字写得很不好，汉字和假名都很拙劣，人家笑话他，所以他这样的躲避了。”这样的说，也是很好玩的事。

卷六

第九二段 信经的故事三

〔信经〕任为作物所的别当[1]的时候，把一件器物的绘图，送给所里的什么人去，上面写着汉字道：

“照样制作。”这字写的非常怪相，我看见了在旁边写道：

“照这个样子做了，那真是怪样了吧。”拿到殿上去，给殿上人看见，都大声的笑了。〔信经〕为此很生了气，还很是恨我呢。

---

〔1〕《春曙抄》本此段亦作为时柄的事，但这与九二段显系同一人的故事，故今亦改正。作物所系专制御用器物的机关，设首长一人，称为别当，言于本官之外，别当其职，盖系兼职。

第九三段 登华殿的团聚

在淑景舍当东宫女御[2]进到宫里的时候，所有诸事无一不是极为佳妙的。正月初十进去，以后与中宫通信频繁，但是一直还没有见过面，这是二月初十说到中宫这边来，所以房间里的装饰特别考究，女官们也都准备好了。说是在夜中过来，过了不久工夫，天色也就亮了。在登华殿的东厢两间房里，设备好了。到了次晨一早，就早把格子扇打上，在黎明时分，关白相公同了夫人两个人[3]，一同坐车来了。中宫的御座是设在两间房屋的南边，四尺屏风自西至东的隔开了，向北的立着，席子上面搁上垫褥，放着火盆。屏风的南面，在帐台之前，许多女官们都伺候着。

在这边伺候中宫理发的时候，中宫对我问道：

“你以前见过淑景舍么？”我回答道：

“还没有呢，在积善寺供养[4]那一天，只瞥见了后影。”

---

〔2〕长德元年（九九五）正月十九日，关白藤原道隆的二女原子入宫，为东宫居贞亲王的女御。是篇即记述当年二月间的事。居贞亲王后于一〇一一年即位，为三条天皇。淑景舍见卷五注〔33〕。

〔3〕关白公即藤原道隆，见卷一注〔46〕。夫人指道隆妻高阶贵子，从三位高阶成忠的女儿，曾为女官，故又称高内侍。

〔4〕积善寺在京都二条北，“一切经供养”略称经供养，于正历五年（九九四）二月十日曾举行一次，书写一切经一部，捐献于寺院，同时作盛大法会，以为纪念。当时宫廷中人，悉皆参加，中宫定子也去，故作者亦曾偕行。

中宫说道：

“那么，在这柱子和屏风的中间，在我的身后边看就好了。那是很美丽的一位呀。”我很是高兴，觉得更加想看一看，怎么样时间早一点才好呢。

中宫的服装是凹花绫和凸花绫的红梅衣〔5〕，衬着红色的打衣〔6〕，三层重叠着。中宫说道：

“本来在红梅衣底下，衬着浓红色的打衣，是很相配的。现在〔已经二月半了〕，或者红梅衣已不适宜了也不难说，但是嫩绿色的却不很喜观，〔所以穿了红梅衣，〕不知道和红色的打衣能够配合么？”虽是这么的说，可是实在〔很是调和，〕觉得非常的漂亮。服装既然非常讲究，与美丽的姿容更互相映发，想那另外的一位必定也是这样的吧，尤其想望能够见到了。这时中宫已经踅进所设的御席那里去了，我还是靠着屏风张望着，有女官们注意说道：“这不好吧，回头给看见了，不得了呀。”听人家这样的说，也是很有意思的。

房间的门户都畅开着，所以看的很清楚。夫人在白的上衣底下，穿着两件红色的打衣，下裳大概是同女官一样的吧，靠近里面朝东坐着，只有衣服可以看见。淑景舍稍为靠着北边，南向坐着，衣服是穿了红梅衣，浓的淡的有好几重，上罩浓红

---

〔5〕红梅衣见卷二注〔2〕。这是一种表红里紫的袷衣，材料用各种绫绢，有固纹浮纹的区别，前者今暂译为“凹花”，后者为“凸花”，皆指织物的花样而言。

〔6〕“打衣”系用原文，本意谓用砧打过，使衣坚挺有光泽。

的绫单衫，略带赤色的苏枋织物的衬袍，再加上嫩绿色的凹花绫的显得年轻的外衣，用扇子遮着脸，实在是很漂亮，非常的优雅美丽。关白公穿着淡紫色的直衣，嫩绿色织物的缚脚裤，红色的衬衫，结着直衣的纽，背靠着柱子，面向着这边坐着。看着女儿们漂亮的模样，笑嘻嘻的总是说着玩笑话。淑景舍真是像画里似的那么美丽，可是中宫却更显得从容，似乎更年长一点的样子，和穿着的红色衣服映带着，觉得这样优美的人物哪里更会有呢。

早上洗脸。淑景舍的脸水是由两个童女和四个下手的女官，走过宣耀殿贞观殿〔7〕运来的。这边唐式破风的廊下，有女官六个等候着。因为廊下很是狭窄，只有一半的人送上去，便都自回去了。穿着樱色的汗衫，衬着嫩绿和红梅的下衣很是美丽的，汗衫的衣裾很长的拖着，交代着搬运洗脸水，真是很优美的景象。织物的唐衣的袖口有好几个从帘子底下露了出来，这是右马头相尹的女儿少将君，北野三位的女儿宰相君〔8〕，坐在附近的地方。看着觉得真是很漂亮。中宫这边的洗脸水，有值班的采女〔9〕，穿了青色末浓〔10〕的下裳，唐衣，裙带，领巾的正装，

---

〔7〕 淑景舍与登华殿中间，隔着宣耀殿和贞观殿这两所宫殿。

〔8〕 右马头藤原相尹见卷五注〔40〕。北野三位为菅原辅正，以文章博士曾任参议，故其女称宰相君，其曾祖菅原道真甚有名，举世尊崇，为文章宗主。少将君与宰相君二人，均是淑景舍的女官。

〔9〕 采女即是宫女，采自名家子女，司天皇膳食的事，与女官有别。

〔10〕 末浓见卷一注〔13〕。

脸上雪白涂着白粉，在那里伺候着，由下手的女官传递上去，别有一种格式，令人想起唐朝的风俗，很有意思。

到了早餐的时刻了，梳发的女官到来，女藏人和配膳的女官们因为来伺候理发，把隔着的屏风撤去了，所以在偷看着的我，正如被人拿走了隐身蓑〔11〕一般，还想再看，可是没有办法，只得在御帘和几帐之间，从柱子底下去张看着。可是我的衣裾和裳，悉从帘子底里露了出来，给坐在那边的关白公所发见了。关白公追问道：

“那是谁呀，那边隐约看见的？”中宫答道：

“是少纳言哪，因为好奇，所以在那里张看的吧。”关白公道：

“唉，真是惭愧得很。原来我们是旧相识嘛。她一定在想，养得好丑陋的女儿啊，这样看着的吧？”一面说着玩笑话，可是实在是很得意的。

淑景舍的一方面也吃早饭了。关白说道：

“这是很可羡慕的。诸位都在早餐了。请快点吃完了，将剩下的东西给老头儿老婆子吃了吧。”这一天尽说着玩笑话，这其间大纳言和三位中将同了松君一同到来了〔12〕。关白公等得来不及了的样子，赶紧抱起松君来，叫他坐在膝上，实在是非

---

〔11〕日本民间传说，鬼物持有隐身蓑笠，穿着的人可以隐身，不为人所看见。

〔12〕大纳言即藤原伊周，见卷一注〔44〕。三位中将即藤原隆家，后为中纳言，见卷五注〔104〕。松君系伊周的儿子藤原道雅，仕至从三位左京大夫。

常可爱的样子。本来狭窄的廊缘，加上束带正装的几重衬袍，便散布满了。大纳言是厚重端丽，中将是豁达明敏，看去都很漂亮，关白公本来不用说了，夫人也是宿缘〔13〕很好的。关白公虽然叫给坐垫〔14〕，但是大纳言和中将都说道：

“就要到衙门里去了。”随即赶紧走去了。

过了一会儿，式部丞某作为天皇的敕使来了，在膳厅的北边房里，拿出坐垫去，叫他坐了。中宫的回信，今天很快就好，就给带了去。在敕使的坐垫还未收起的时候，周赖少将作为东宫的使者又到来了。渡殿那边的廊太狭，便在这边殿廊下设了坐垫，收了来信。关白公和夫人以及中宫，顺次都看了。关白公说道：

“快点给回信吧。”虽是这样的劝告，可是淑景舍却不肯立刻照办。关白公说道：

“这是因为我看着的缘故吧。在不看着的时候，可是就会从这边一封封的寄去的。”这样说过，淑景舍的脸有点发红，微微的笑了，这样子实在是很美丽的。夫人也催道：

“赶快回信吧。”淑景舍乃面向着里边，写了起来。夫人也走近前去，帮着书写，所以似乎更是有点害羞的样子。中宫拿出嫩绿色织物的小袿和下裳，〔作为对使者的犒劳，〕从御

---

〔13〕 意思即是说很是幸福，当世深信佛教，故说她宿世因缘甚好。

〔14〕 原文没有主名，这里姑从通说，作为关白公说。这里说二人一同走了，但下文三位中将又复出现，似走的只是伊周一个人。

帘底下送出去，三位中将接去交给使者，周赖少将很为难似的肩着[15]去了。

松君天真烂漫的说话，没有人不觉得可爱的。关白公说道：

“把这个松君，当作中宫的儿子。拿到人面前去，也不坏吧？”的确是的，为什么中宫还没有诞生皇子呢，实在是很惦念的事情[16]。

午后未刻的时候，传呼说“铺筵道[17]了”，过了不多久，就听得衣裳綷縩的声音，主上已经进来了。中宫也就到那边去，随即进了帐台休息，女官们都退去，陆续的到南边的房间里去了。廊下有许多殿上人聚集着。关白公召了中宫职的官员来，叫拿了些果子肴馔前来，告诉大家说道：

“让各人都醉了吧。”大家的确都醉了，同女官们互相谈话，很是愉快的样子。

将要日没的时分，主上起来了，把山井大纳言[18]叫了来，穿好了装束，就回去了。穿了樱的直衣和红的衬衣，夕阳映照着〔非常的漂亮〕，可是多说也是惶恐，所以不说了。山井大纳言是中宫的异母的兄长，似乎感情不很亲密，可是很是漂亮。

---

〔15〕上头所赐的衣物，例应披在肩上，拜谢而出，中国古称缠头，即是此意，小袿是女人所着之衣，所以周赖少将肩着回来，很有点难为情了。

〔16〕中宫所生第一皇子敦康亲王，见上文第七七段，当时盖尚未诞生。

〔17〕筵道见卷一注〔21〕。

〔18〕山井大纳言系藤原道赖，原是关白道隆的长男，因为与中宫等不是一母所生，所以不很亲近，住在妻家所在的山井地方，故以为名。

风情优美，或者反胜过伊周大纳言之上，但是世人却尽自说些坏话，这是很觉遗憾的。主上回去，关白公，伊周大纳言，山井大纳言，三位中将，内藏头[19]都在那里恭送。

随后马典侍[20]来了，奉使传言命中宫进宫去。可是中宫说道：

“今晚可是……”显出为难的神气[21]，关白公听到了说道：

“没有这么说的，赶快的进去吧。”正在说话的时候，东宫的御使也是频繁的到来，很是忙乱。天皇那里的女官，以及东宫方面的女官，都到来了，催促说道：

“快点去吧。”中宫说道：

“那么，我们先来把那位送走了再说吧。”淑景舍却说道：

“可是，我怎么能先走呢？”中宫说道：

“还是让我们送你先走吧。”这样说话，〔互相让着，〕也是很有意思的。后来关白公[22]说道：

---

〔19〕 内藏头为藤原赖亲，道隆的第五男。

〔20〕 内侍司掌管宫中奏请传宣及诸仪式。设尚侍二人，典侍四人，掌侍四人，女孀一百人。典侍为内侍司之二等官。马典侍是左马头藤原时明的女儿。

〔21〕《春曙抄》于此处说明道，此等推托之词，盖由于对父母的礼仪的缘故吧。

〔22〕 原本也没有主名，不辨为谁的说话，今依田中澄江本，作为关白的话，似尚适合。

“那么，还是让那路远的[23]先走了好吧。”于是淑景舍先回去。关白公等人也回去了之后，中宫才进宫里去。在回去的路上，关白公的玩笑话大家听了都很好笑，在临时架设的板桥上边，有人发笑得几乎滚下来了。

第九四段 早已落了

从清凉殿上差人送来一枝梅花都已散了的树枝，说道：

“这怎么样？”我便只回答说：

“早已落了。”在黑门大间[24]的殿上人们就吟起〔纪纳言的〕那首诗[25]来，在那里聚集了很多的人。主上听见了便说道：

“与其随便的作一首歌，还不如这样回答，要好得多。这答的很好。”

---

〔23〕 由登华殿往淑景舍，因为要走过两个宫殿，比中宫往清凉殿要远一点。

〔24〕 黑门在清凉殿西侧，那一间房屋称作黑门大间，见卷四注〔20〕。

〔25〕 纪长谷雄有《停杯看柳色》一诗，其诗序中有句云：“大庾岭之梅早落，谁问粉妆。”殿上人即本此意提出问题，而作者也能敏捷的回答，所以不但殿上人悉为折服，即天皇也极为称赏。

第九五段 南秦雪

将近二月的晦日〔26〕，风刮得很厉害，空中也很暗黑，雪片微微的掉下来，我在黑门大间，有主殿司的员司走来说道：

“有点事情奉白。”我走了出去，来人道：

“是公任宰相〔27〕的书简。”拿出信来看时，只见纸上写着〔半首歌〕道：

“这才觉得略有

春天的意思。”

这所说的和今天的情景〔28〕倒恰相适合，可是上面的半首怎样加上去呢，觉得有点儿麻烦了。乃询问来人道：

“有什么人在场呢？”答说是谁是谁，都是叫人感觉羞怯的，〔有名的人物，〕怎么好在他们面前，对宰相提出平凡不过的回答呢，心里很是苦恼，想去给中宫看一看也好，可是主上过

---

〔26〕别本与前两段相连，《春曙抄》本虽是分离，但以为是同一时间的事，别本则以为是长保元年（九九九）二月的事情。

〔27〕藤原公任为中古有名的歌人，精通诗歌书法并管弦的事，所作除和歌外，有《和汉朗咏集》二卷，采集中日诗文名句，供朗咏之用，流传至今。当时因任参议之职，故通称宰相。

〔28〕因为是二月晦日了，所以天气虽是风雪交加，却令人有春天已近的感觉。这里所依据的还是白居易的一首诗，题名为《南秦雪》，见《白氏文集》卷十四中。中间有句云：

“往岁曾为西邑吏，惯从骆口到南秦，三时云冷多飞雪，二月山寒少有春。”公任的诗即是“二月山寒”这句的意思，作者接续上句，便是“三时云冷”，应对的恰好。

来了，正在休憩着。主殿司的员司只是催促，说道：

“快点，快点。”实在是〔既然拙劣〕，又是迟延了，没有什么可取，便随它去吧，乃写道：

“天寒下着雪，

错当作花看了。”寒颤着写好了，交给带去，心想给看见了不知道怎样想呢，心里很是忧闷。关于批评的事想要知道，但是假如批评得不好，那么不听了也罢，正是这样的想着。左兵卫督〔29〕那时还是中将，他告诉我道：“俊贤宰相〔30〕他们大家评定，说还是给她奏请，升作内侍〔31〕吧。”

第九六段 前途辽远的事

前途辽远的事是，千日精进〔32〕起头的第一天。半臂〔33〕的

---

〔29〕左兵卫督为藤原实成，于九九八年十月任右近中将，至升任左兵卫督已在一〇〇九年，可见此篇记录的时间当在这年以后了。

〔30〕俊贤宰相为左大臣源高明的儿子，其时任参议之职。

〔31〕内侍见上文注〔20〕。此处系指掌侍，盖三等官。诸人赞赏清少纳言的才情，谓宜从女官中升任此职。

〔32〕“千日精进”谓一千日间斋戒修行，“精进”原意一心不懈的前进，其后转为斋戒，再一转就成为菜食的意义了。

〔33〕半臂在日本中古时代是一种穿在外袍与衬衣中间的衣服，两袖极短，腰间系带，阔二寸五分，长丈二尺，其带不缝合，只以布絛拈捻而成，古时带子共有两条，后世不复知其如何用法，故这一则亦不能完全了解。

带子拈起头的时候。到奥州去旅行的人，刚走到逢坂关[34]的时节。生下来的孩子，长成为大人的期间，《大般若经》[35]独自读起头来。十二年间到〔比睿〕山里去静修的人，刚登山的时候。

第九七段 方弘[36]的故事

〔藏人〕方弘真是很招人发笑的人。他的父母听见了〔方弘被讥笑的〕事情，不知道是什么感觉呢。跟着他奔走的人们中间，也很有像样的人，大家便叫来问道：

"为什么给这样的人服役的呢？觉得怎么样呀？"都这样的笑了。

但是因为出自善于〔织染〕诸事的家庭，所以凡是衬衣的颜色和袍子等物，都比人家穿的要考究得多，人们[37]便讥笑他说道：

"这些该给别人穿才好呢！"

---

〔34〕逢坂山在今大津市左近，去京都不远，古时曾于此设关。编者按：奥州市为日本东北地方中部、岩手县西南部、胆泽平原的城市。

〔35〕《大般若经》为《大般若波罗蜜多经》，意云大智度经，唐代玄奘所译，共有六百卷，一人读经故须多费时日。

〔36〕源方弘见卷三注〔64〕。方弘以文章生补六位藏人，第四七段中曾记他的疏忽的事，这里更总记他可笑的言行。

〔37〕有两种不同的解说，一说是家里的人，一说是殿上人们，似以后说为长。

而且方弘的说话有些也是很怪的。有一回叫人回家去取值宿用的卧具，说道：

“叫两个家人去吧。”家人说道：

“一个人去取了来吧。”方弘道：

“你这人好怪，一个人怎么能够拿两个人的东西呢？一升瓶里装得下两升么？”没有人知道他说的是什么意思，听见的人却都笑了。

别处来了差遣的人，说道：

“快点给回信吧。”方弘便说道：

“真是讨厌的人，像是灶里炒着豆子[38]似的。这殿上的墨笔，又是给谁偷去隐藏啦？若是酒饭，那么会有人要，给偷了去！”这样说了，人们又都发笑。

〔东三条〕女院[39]生病的时候，方弘当作主上的御使去问病回来，人家问他道：

“女院那边的殿上人，有些什么人呀？”方弘回答说有谁和谁，举出四五个人来，人家又问道：

“此外还有呢？”方弘回答道：

“此外就是那些已经退出去的人了。”这人家听了又笑，但是〔这从惯于说那种怪话的方弘方面来说，〕或者笑他的人倒是有点奇怪吧。

---

〔38〕炒豆爆裂作响，喻言吵闹忙乱。

〔39〕女院见卷五注〔33〕，东三条院为一条天皇的生母，故遣使问病。

有一天等着没有人的时候，走到我这里来，说道：

“请教你哪，有点事情想说，可这是人家所说的话〔40〕哪。”我问道：

“这是什么事呢？”便挪到几帐的边里上来。方弘说道：

“人家都是说，什么‘将全身依靠了你’，我却说成‘将五体〔41〕都依靠了’。”说着又是笑了。

在发表除目〔42〕的第二夜，殿中去加添油火的时候，正站在灯台底下铺着的垫子的上面，因为是新的油单〔43〕，所以袜子〔44〕的底给粘住了。〔方弘却并不觉得，〕到得走回来的时候，灯台突然颠倒了。袜子还和垫子粘着，拉扯着走，所以一路都震动了。

藏人头未曾入座，殿上的食案便没有一个人去尽先就座的〔45〕。方弘却在案上去拿了一盘豆子，在小障子〔46〕的后边偷偷的吃着，〔殿上人们〕去把障子拉开，使得方弘显露出来，

---

〔40〕这里系郑重其词，谓系人家所说来表明并非自己所造作，但与下文所记的事，亦不尽符合。

〔41〕上下二语本是同意，但据说当时或以“五体”一语近于卑俗（其实这本于佛经，也是够古雅的），故为可笑，但此节意义终未能明白了解。

〔42〕除目见卷一注〔9〕。举行日期共凡三日，方弘系藏人，故加添油火为其职司之一。

〔43〕油单即灯台底下铺着的垫子，因为系单层油布所制，故名油单。

〔44〕日本古时男子去履升殿，但着袜子。礼服用锦，朝服则用绫绢麻等，白色，足趾不分歧，与今制不同。

〔45〕殿上会食，例须藏人头就座，然后诸人入座。

〔46〕小障子在清凉殿，系隔开洗脸间及早餐间的一座屏障，表面画着猫，里面画着丛竹麻雀。

大家都发笑了。

第九八段 关[47]

关是逢坂关。须磨关。铃鹿关。岫田关。白河关。衣关。〔各关名字都很有意思。〕直度关的名称，与忌惮关[48]正相反，觉得要好得多。横走关。清见关。见目关。无益关，怎么说是“无益”，所以转念了，这理由很想能够知道哩。或者因此就叫作勿来关[49]的么？假如那逢坂的相逢，也以为无益而转念，那才真是寂寞的事哪。又足柄关〔，也有意思〕。

第九九段 森[50]

森是大荒木之森，忍之森。思儿之森。木枯之森。信太之森。

---

〔47〕 关设置于道路要隘处，用以检察行旅，后世多废置，至江户时代仅存铃鹿，勿来等关十一处。

〔48〕 直度关在河内大和边界，忌惮关则在陆前，这两个关只因名字特别，所以对举起来，加以评论，谓直度关所，无所忌惮，觉得更有意思。

〔49〕 这也是从关名上发议论，无益关盖是勿来关的别名，勿来关在今福岛县。

〔50〕 这里所谓森者，实在只是树林，树木茂盛的地方，与森林有别。

生田之森。空木之森。菊多之森[51]。岩濑之森。立闻之森。常磐之森。黑付之森[52]。神南备之森。转寝之森。浮田之森。植月[53]之森，石田之森。神馆之森[54]这名字听了觉得奇怪，原不能说是什么树林，只有一棵树，为什么这样叫的呢？又恋之森。木幡之森〔，也是很有意思的〕。

第一〇〇段 淀川的渡头

四月的末尾到大和的长谷寺去参拜[55]，要经过淀川的渡头，把牛车扛在船上渡了过去，看见菖蒲和菰草的叶子短短的露出在水面，叫人去取了来看时，原来却是很长的。载着菰草的船往来走着，觉得是很有意思。〔神乐歌里的〕在《高濑的淀川》[56]一首歌，想来是咏这菰草的。五月初三归来的时节，雨下的很大，说是割菖蒲了，戴着很小的笠子，小腿的裤脚露

---

〔51〕勿来关古来称为菊多关，这或者是在关的左近的一个树林。

〔52〕许多地方皆不可考，有些连文字也难确定，今只就字音假定之。

〔53〕“植月”意云植稻之月，即阴历四月，但依别本亦或当作“上木之森”。

〔54〕神馆之森在今京都市御荫山，但尚有别说未能确定。至何以云只有一棵树，则意思未能明了，岂因神所凭依的神木照例只是一本的缘故么？

〔55〕长谷寺在奈良市初濑町，有十一面观音甚著名，当时从京都去参拜者，例须在寺停止数日，故四月末前去，至五月三日始得回来。

〔56〕高濑川在今大阪北河内郡，凡河川停滞不流者称曰淀。

得很高的许多男子和少年，正与屏风[57]上的绘画很是相像。

第一〇一段 温泉

温泉是七久里[58]的温泉，有马的温泉。玉造的温泉。

第一〇二段 听去与平日不同的东西

听去与平时不同的东西是，正月元旦[59]的牛车的声音，以及鸟声[60]。黎明的咳嗽声，又早上乐器的声音，那更不必说了。

---

〔57〕屏风上画各地景物，或十二个月民间风俗，上面题着诗歌，当时甚见流行。

〔58〕七久里亦写作“七栗”。

〔59〕原文云“元三”，谓元旦乃是年之元，月之元，又是日之元，所以名为“元三”。

〔60〕这里所谓鸟声，乃是鸡声，因为古人说鸟实在是家禽。

第一〇三段 画起来看去较差的东西

画起来看去较差的东西是，瞿麦[61]。樱花。棠棣花。小说里说是很美的男子或女人的容貌。

第一〇四段 画起来看去更好的东西

画起来看去更好的东西是，松树。秋天的原野。山村。山路。鹤。鹿。冬天很是寒冷，夏天世上少有的热的状况[62]。

第一〇五段 觉得可怜的

觉得可怜的是，孝行的儿子。鹿的叫声。身份很好的男子，

---

〔61〕瞿麦即石竹，亦名洛阳花。

〔62〕冬冷夏热，画上不易表示出来，这两句所以成为问题，别本将“冬天”以下另作一段，但文意也未完了，或疑下有脱逸。《春曙抄》则以上半属于绘画，“冬天”以下属于文章，谓更能形容得好，引用韩愈的诗“肌肤生鳞甲，衣被如刀镰，气寒鼻莫嗅，血冻指不粘”，及梁元帝诗“季夏烦暑，流金铄石”为例。

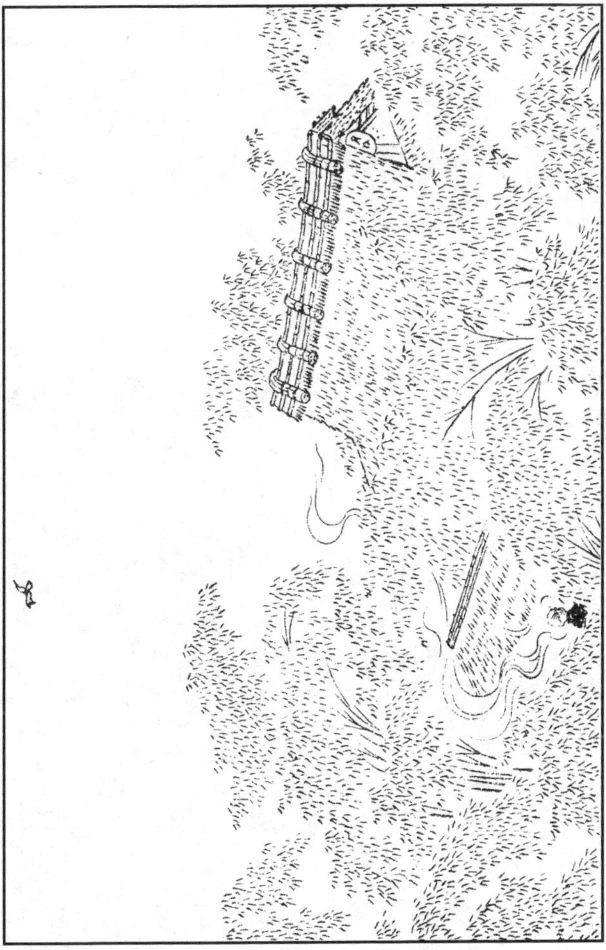

又是年轻的，修行。精进，朝拜御岳[63]。和家里的人别居了，每朝修行礼赞，也很是觉得可怜的。平常恩爱的妻子醒过来时，听他〔念诵的声音〕那时的感觉，是可以体谅的。而且在去朝拜的期间，安否如何，表示着谨慎，若是平安的回来那才是最好了。只着乌帽子[64]或者少为有点〔伤损〕，略为难看点罢了。本来就是身份很好的人，也总是穿的很是简陋的前去，这是一般的常识，但是右卫门佐宣孝[65]却说道：

“〔穿得很简陋，〕这是很无聊的事。穿了好的衣服去朝拜，有什么不行呢。未必是御岳传谕，说务必穿了粗恶的衣服来吧。”在三月末日，他自己穿着非常浓的紫色的缚脚裤，白的袄子，棣棠花色的很是耀眼的衣服，他的儿子隆光那时做着主殿助[66]，所以青的袄子，红色的衣服，蓝色印花，模样复杂的长裤，一同前去参拜。那些朝山回来的人，以及正要前去的人，看见这新奇古怪的现象，以为在这条山路上，没有见过这

---

〔63〕 御岳见卷一注〔17〕。即金峰山，称为金之御岳，为大和吉野山之主峰，上记“金刚藏王权现”，日本古时主张神佛合一，于是有“权现”之说，谓某神即是某佛的权时出现，金刚藏王过去为释迦，现在为观音，将来为弥勒，乃用旧时说法应用于佛法。信奉金刚藏王，即是归依弥勒，祈求将来的福利。

〔64〕 乌帽子见卷五注〔94〕。此言旅行日久，故衣帽不免有损。

〔65〕 藤原宣孝初任右卫门佐，即右卫门府的次官，九九一年补筑前守，至九九九年殁。宣孝妻即紫式部，为有名小说家，著有《源氏物语》五十四帖。

〔66〕 主殿助为主殿寮的次官，也是藏人，所以穿的青色袄子，即是所谓麴尘色。

样的人物，都觉得大吃一惊。但是在四月下旬平安的回了来，以后到了六月十几这天，筑前守死去了，宣孝补了他的缺，大家才觉得他的说话并没有什么错。这虽然并不是什么可怜的事，因为讲到御岳的事，所以顺便说及罢了。

在九月晦日，十月朔日左右，听着若有若无的蟋蟀的叫声〔67〕。母鸡抱卵伏着的样子。在深秋的庭院里，长得很短的茅草，上头带着些露珠，像珠子似的发着光。苦竹被风萧萧的吹着的傍晚，或是夜里醒过来，一切都觉得有点哀愁的。相思的年轻男女，有人从中妨碍他们，使得他们不能如意。山村里的下雪。男人或是女人都很俊美，却穿着黑色的〔丧〕服〔68〕。每月的二十六七日〔69〕的夜里，谈天到了天亮；起来看时，只见若有若无的渺茫的残月，在山边很近的望见，实在是令人觉得悲哀的。秋天的原野。已经年老的僧人们在修行。荒废的人家庭院里，爬满了拉拉藤〔70〕，很高的生着蒿艾，月光普遍的照着。又风并不很大的吹着〔71〕。

---

〔67〕这一句盖运用《诗经·豳风》里的“十月蟋蟀入我床下”的典故。

〔68〕日本古代黑色是丧服，这里似乎不是普通的服丧，田中澄江补加说明，谓是丧偶，或有道理。

〔69〕提出二十六七，盖表明所见系是下弦的残月。

〔70〕原文作“葎”，字书云，蔓草，似葛有刺。《本草》云：“葎草茎有细刺，善勒人肤，故名勒草，讹为葎草。”今俗名拉拉藤，即是此意，又名为猪殃殃，猪不能吃。

〔71〕末句独立似不成意义，《春曙抄》据别本谓或应连上文读，即说在上边那院子里，月光照着，并有不很大的风吹着，这种情景也很引起一种哀愁。

第一〇六段 正月里的宿庙

正月里去宿庙[72]的时节，天气非常寒冷，老像要下雪，结冰的样子，那就很是有意思。若是看去像要下雨的天气，那很不行了。

到初濑什么地方[73]去宿庙，等着给收拾房间，将车子拉了靠近栈桥[74]停着，看见有只系着衣带[75]的年轻法师们，穿了高屐[76]，毫不小心的在这桥上升降着，嘴里念着一节没有一定的经文，或是拉长了调子，唱着《俱舍》的偈颂[77]，这也与场所相适合，很有意思。若是我自己走上去，便觉得非常危险，要靠着边走，手扶着栏干才行，他们却当作板铺的平地似的走着，也是有意思的事。

法师走来说道：

“房间已经预备好了，请过去吧。”把室内便鞋拿了来，

---

〔72〕古时日本对于神佛有所祈愿，辄往寺庙里住宿几天，斋戒祈祷，或求梦兆，或祈福利，与僧人坐关不同。

〔73〕大和初濑町有长谷寺，供养十一面观音像，甚为朝野所信奉。此篇记宿庙的情形，乃是一般的事，不过举初濑为例，不全是记载事实。

〔74〕栈桥系指以杂木材为楼梯，可以上下，但甚粗糙。

〔75〕只系衣带即谓不着法衣，只穿普通僧服，上系带子而已。

〔76〕高屐即高齿木屐，齿长二三寸，以别种木材嵌入，常人于下雨时着用，但法师们则通常着之。

〔77〕《俱舍论》为《阿毗达摩俱舍论》之略称，凡三十卷，世亲菩萨造，唐玄奘译，论偈相杂，全书共有偈六百首，或别出为一卷，称《俱舍颂》。“偈”亦译“伽陀”，系一种韵文，故通作“颂”。

叫我们下去。来参拜的人里边，有人把衣裾褰得高高的〔78〕，也有穿着下裳和唐衣〔79〕，特别装饰了来的。都是穿着深履或者半靴〔80〕，在廊下蹑足拖了脚步走着，觉得和在宫里一样，也是很有意思的。在内外都许可出入的少年男子，以及家里的人，跟着走来随时指点着说：

"这里有点儿洼下。那儿是高一点。"不知道是什么人，一直在靠近〔贵人〕走着，或是追过先头去，〔家人们〕便制住他说：

"且慢慢的，这是〔贵〕人在那里，不要胡乱的走在里边。"有人或者听了少为退后一点，或者也不理会，径自走着，只顾自己早点到佛的面前去。走到房间里去的时候，这要走过许多人并排坐着的地方，实在很是讨厌，可是经过佛龛〔81〕的前面，张望见的情形却很是尊贵难得，发起信心，心想为什么好几个月不早点来参拜的呢。

佛前点着的灯，并不是寺里的长明灯，乃是另外有人奉献

---

〔78〕或解作"衣服反穿"，但似不甚适合，或只是衣裾褰得很高，故好像表里颠倒。

〔79〕下裳和唐衣，是中古日本妇女的正式礼服，与上句正相反对。

〔80〕这两种皆中古日本的履物。深履以皮革作下部，上部则以蔷薇锦为之，上加细革带，金属作扣。半靴则深梁而浅口，用桐木雕成，上涂黑漆，至今神社的神官服正装时尚用此靴，走起来拖着脚步，如穿着拖鞋似的。

〔81〕原文作"犬防"，系指佛龛所在与以外地界的区划，用格子分开，亦称"结界"，盖以此为圣凡之界。古时亦用于外边，防止犬类之阑入，故有此名。

佛前的，明晃晃的点着显有点可怕，佛像[82]本身辉煌的照耀着，很是可尊。法师们手里都捧着愿文[83]，交代的升上了高座，宣读那誓愿的声音，使得全堂都为震动，这是谁的愿文也不能够分别出来，只听得法师们尽力提高嗓子的声音，清楚的说道：

“谨以供养千灯之特志，为谁某[84]祈求冥福。”自己整理了挂带[85]，正在礼拜，〔执事的法师〕说道：

“我在这里。〔这个你请用吧。〕”便折了一枝蜜香[86]送过去，很是稀有可贵，也是很有意思的。

从结界方面有法师走近前来，说道：

“你的愿文已经〔对佛前〕好好的说了。现在寺里宿几天呢？”又告诉道：

“这样这样的人正在宿庙哩。”去了之后，随即拿了火盆和水果等来，又将冰桶里装了洗脸水，和没有把手的木盆，都借给了我。又复说道：

“同来的人，请到那边的房里去休息吧。”法师大声的吩

---

〔82〕佛像即指十一面观音，为古高丽佛师制品，现属日本国宝。

〔83〕愿文系依据佛的本誓，因而立愿的文章，当时多用汉文所写。

〔84〕这里举出愿主亲族的名字，故始能听得清楚，知是自己的愿文了。

〔85〕挂带原是指下裳附属的一种绣带，乃着唐衣时所用。由后边从肩头挂至胸前打结，其后简化为一条红绢，带在领上，妇女至寺院礼拜时多用之。

〔86〕蜜香为一种常绿植物，日本用以供佛，写作木旁密字。别本上文“我在这里”一句，解作“香在这里”，下面补充的一句也就可以省却了。

咐了，同来的人便交替着到那边去了。听着诵经时候打着的钟声，心想这是为了自己的缘故，觉得这很可感谢。在间壁的房间里住着一个男人，人品也很上等，很是沉静的在礼拜着。看他的举止大抵是很有思想的人，不知道为什么缘故，似乎很有心事的样子，夜里也不睡觉，只是做着功课，实在令人感动。停止礼拜的期间，就是读经也放低了声音，叫人家不会听见，这也是很难得的。心想便是高声的读经也好吧，而且〔就是哭泣〕在擤鼻涕，也并不是特别难听，只是偷偷在擤着，这是想着什么事情呢，有怎么样的心愿，心想要给他满足才好呢。

以前曾经来宿庙住过几天，昼间似乎稍为得到安闲。同来的男子们以及童女等，都到法师那边的宿舍去了，正在独自觉得无聊的时候，忽然听见在旁边有海螺〔87〕很响的吹了起来，不觉出了一惊。有一个男子，把漂亮的立封书简〔88〕叫一个用人拿着，放下了若干诵经的布施的东西。叫那堂童子〔89〕的呼声，在大殿内引起回响，很是热闹。钟声更是响了，心想这祈祷是从哪里来的呢，留心听着的时候，只听得说出了高贵的地方的名字来，说道：

---

〔87〕寺中每日于正午吹海螺，用以报告时刻。

〔88〕立封见卷二注〔8〕。这里的盖也是施主的愿文，说明祈祷读经的目的。

〔89〕法会的时候拿花篮的童子，这里乃是指司堂中杂役的人，并不一定是少年。

"但愿平安生产！"加以祈祷[90]。我就也很挂念，不晓得那位生产怎么样呢，也想代为祈念似的。但是那种情形，却是在平时才是如此，若是在正月里，那时来的只是那些想升官晋爵的人，扰攘着不断的前来参拜，真是连什么做功课也不能够了。

到晚才来参拜的，那大概是宿庙来的人吧。那些沙弥们把看去拿不动的高大屏风，很自在的搬动着，又将炕席咚的放下，房间就立刻成功了，再在结界的所在沙沙的挂起帘子来，觉得很是痛快的样子，做惯了的事情便很觉得容易。衣裳綷縩的有许多人从房间里下来，一个年老的女人，人品生得并不卑微，用低低的声音说道：

"那个房间不大安心。请你小心火吧。"有个七八岁的男孩，很可爱的却又很摆架子似的，高声叫那跟着的家人，吩咐什么事情，那样子是很有意思的。还有，大约三岁的婴儿，睡迷糊了，咳嗽起来，也是很可爱的。那小儿忽然的叫起乳母的名字或是母亲来，那一家是谁呀，觉得很想知道。在这一夜里，法师们用了很大的声音，叫嚷念经，没有能够睡觉，到得后半夜，读经已经完了，在稍为有点睡着的耳朵里，听见念着寺里本尊经文[91]，声音特别很是猛烈，这虽然并不怎么稀有可贵，但是忽然觉醒，心想这是法师修行者在那里读经呢，也觉得很有感触的。

---

〔90〕"祈祷"原作"教化"，盖为人有疾患，率由鬼物作祟，法师加以教谕，令其退散。

〔91〕本尊谓寺中供奉的主佛，此处指观音，所诵为《观音经》，即《妙法莲华经》中第二十五品之"普门品"。

还有在夜里并不宿庙，只是〔白天在房间里，〕有身份相当的人做着功课，穿着笔挺的蓝灰色的缚脚裤，衬了许多白的内衣，带着穿的很讲究的一个男儿，看去当是他的儿子，还有书童，和许多家人，围住了在那里，也是很有意思的。〔说是房间，〕只是周围站着屏风，作个样子罢了，在里边叩头礼拜。不曾见过面，这是谁呢，心里很想知道。要是知道的人，那么他也来在这里，也是有意思的事。那些年轻的男人们，总是喜欢在〔女人的〕房间左右徘徊，对于佛爷的方面看也不看，叫出别当〔92〕来，很热闹的说着闲话，走了出去，但是这也似乎不是轻薄子弟的样子。

二月晦日或三月朔日，在花事〔93〕正盛的时节，前去宿庙，也是有意思的事情。两三个俊秀的男子，似乎是微行的模样，穿着樱花或青柳的袄子〔94〕，扎着的缚脚裤，看去很是漂亮。服色相称的从人们，拿着装饰得很是美丽的饭袋〔95〕，还有小舍人童〔96〕等人，在红梅和嫩绿的狩衣之外，穿着种种颜色的内衣，杂乱的印刷着花样的裤，折了花随侍着，又带了家将似的瘦长

---

〔92〕寺院的首长称曰别当，但此处只是指担任堂中杂务的法师。

〔93〕普通所谓“花”，就是樱花，所谓看花也就只是看樱花。

〔94〕樱花直衣系表白里赤，青柳则表白里青，袄子制与袍相同，唯两掖开缝，两袖则系束着。

〔95〕“饭袋”原文云“饵袋”，本系鹰的食饵的口袋，后用以称贮藏食物点心的器具。

〔96〕小舍人童即小舍人，见卷二注〔45〕。

的人，打着〔寺前的〕金鼓[97]，这也是很有意思的。这里边一定有人是知道的，〔但是我也在这里，〕那边又怎么会知道呢。照这样走了过去，实在觉得不能满意。心想怎么能够把我在这里的情形，给他一看才好呢，这样的说，也是有意思的。

这样子是去宿庙，或是到平常不去的地方，只带了自己使用的那些人，便是去了也没有意思。总是要有身份相等，兴趣相同，可以共谈种种有趣的事情的人，一两个人同去才好，能够人数多自然更好了。在那使用的人中间，多少也有懂事的人，但是平常看惯了，所以不觉得什么有意思了。那男人们大约也是这样想吧，所以特地的去找寻友人，叫了同去的呢。

第一〇七段 讨厌的事

讨厌的事是，凡是去看祭礼禊祓[98]，时常有男子，独自一个人坐在车上看着。这是什么样的人呢？即使不是高贵的身份，少年男子等也不少有想看的人吧，让他们一起坐了，岂不好呢？从车帘里映出去的影子，独自摆出威势，一心独霸着观看，真

---

〔97〕“金鼓”佛教法器之名，《最胜经》云：“妙童菩萨于梦中见大金鼓。”日本用黄铜制成，形圆而扁，下端开口，倒悬檐间，下垂布索如辫，俗称鳄口。参拜者至神前，出赛钱投柜中，执辫扣金鼓三数下，乃始礼拜祷祝。

〔98〕禊祓系中国唐朝以前的风俗，于一定期日，在水边举行一种仪式，用以祓除不祥，最有名的例便是兰亭的修禊。日本也仿行这种风俗，仍称为禊。

觉得这是多么心地褊窄，叫人生气呀。

到什么地方去，或是寺里去参拜那一天，遇着下雨。使用的人说：

“我们这种人，是不中意的了。某人才是现今的红人哩！”仿佛听着这样的说话。只有比别人觉得多少可憎的人，才这样那样的推测，没有根据的说些怨言，自己以为是能干〔99〕。

第一〇八段 看去很是穷相的事

看去很是穷相的东西是，六七月里在午未的时刻，天气正是极热的时候，很龌龊的车子，驾着不成样子的牛，摇摆的走过去。并不下雨的日子里，张盖着草席的车子，和下雨的日子却并不张盖着席子的，也正是一样。年老的乞丐，在很冷的或是很热的时节。下流妇人穿着很坏的服装，背着小孩子。乌黑的很肮脏的小的板屋，给雨打的湿透了。很落着雨的日子里，骑了小马给做前驱〔100〕的人，帽子也都坍塌了，袍和衬衣粘在一块儿，看去很是不舒服。但是在夏天，〔似乎很是凉快，〕倒是好的。

---

〔99〕《春曙抄》有此段，与别本同，但他注明此系衍文，谓有一节与廿六段中文章相同，其他也是可憎的事，故可从略。但其实不尽相同，今故仍之。

〔100〕 贵人出行，有人骑马前导，俗称顶马。别本在此处断句，下文作“冬天这样还好，夏天则袍和衬衣便粘在一块儿了”。

第一〇九段 热得很的事

热得很的事是，随身长的狩衣[101]。衲袈裟[102]。临时仪式出场的少将[103]。非常肥胖的人有很多头发。琴的袋子[104]。六七月时节在做祈祷的阿阇梨[105]，在正午时候诵咒作法。又在相同时节的铜的冶工，都是热得很的事。

第一一〇段 可羞的事

可羞的事是，男人的内心[106]。很是警觉的夜祷的僧人[107]。有什么小偷，躲在隐僻的地方，谁也不知道，趁着黑

---

〔101〕随身见卷二注〔44〕。随身长即卫兵长，所着狩衣系所布所制。

〔102〕佛法袈裟称坏色衣，系收集世人所弃的杂色布片，补缀而成，及后衍成红白相间的水田衣，去旧制已远了。

〔103〕旧时朝廷有仪式，临时设座，近卫少将出场警卫，此殆指五月里的最胜讲和七月里的相扑节，在天气特别热的时候。

〔104〕古代管弦乐器皆用袋子装盛，多以锦绣金襴等厚织物作袋。

〔105〕“阿阇梨”系梵语音译，汉语则云“轨范师”，修祈祷加持之法，在本尊前结坛，口诵真言，手结印契，心观佛菩萨之本相，用以降魔获福。日本从中国输入佛教，以真言宗为最有势力，即所谓密宗，及后亲鸾建立真宗，日莲建立法华宗，情形才大有改变了。

〔106〕这里只是一个题目，后面第三节才仔细加以解说。一本作“好色男子的内心”。

〔107〕在宫廷及贵家，常招僧人终夜祈祷保佑，此处所说情形，似不是生病。

暗走进人家去，想偷东西的人也会有吧。那么给小偷看见了，以为这是同志，觉得愉快，也是说不定。

夜祷的僧人实在是很不好意思的。许多年轻的女人聚集在一起，闲话人家的事，或者嬉笑，或者诽毁，或者怨恨，〔在隔壁〕却都明白的听见。这样想来，很是不好意思的。在主人旁边陪着的女人们生气似的说道：

“啊，真是讨厌，吵闹的很〔，请别说了〕！”可是也不肯听，等得讲得够了，大家毫不检点的各自睡了，这实在是可羞的。

男人〔在他心里虽然在想〕，这是讨厌的女人，不能如我的意，缺点很多，很有些不顺眼的事；但对于当面的女人却仍是骗她，叫她信赖着他，〔因此觉得自己也是被他这样的看待么，〕想起来实在是可羞的。〔普通的男人尚且如此，〕何况那些一般人认为知情知趣，性情很好的人〔108〕，更不会有令对方觉得冷淡的手段，去对付别人的了。他不但心里这样想着，〔还说出口来，〕将这边女人的缺点，对别的女人说了，至于对了这边女人自然也要说别的女人的话了。但是女人却不知道，他也把自己的事情告诉他人，现在只听着别人的缺点的话，反以为自己是最为男人所爱的了，这样的自负着哩。给男人这样的去想，实在是很可羞的。但是，假如决定第二次不再会见的人，那就

---

〔108〕别本解作“女人”，意谓女人如此，男人自更注意，决不用这种方法对付，使她感觉冷淡了。

是碰见了，就已经是没有什么感情的人了，也就没有不好意思的事情。女人有些极可怜的，决不可随便抛弃的，可是男人们却似乎毫不关心，这是什么心思，真叫人无从索解。而且这种人关于女人的事情，特别是多有非难，很高明的说出一番道理来。尤其是和那毫无依靠的宫廷的女官们，去攀相好，到后来女人的身体不是平常的样子〔109〕，那男子却是装作不知道哩！

〔109〕意思是说怀孕。

卷七

第一一一段 不像样的事

不像样的事是，在潮退后沙滩上搁着的大船。头发很短的人，拿开了假发，梳着头发的时候。大树被风所吹倒了，根向着上面，倒卧着的样子。相扑[1]的人摔跤输了，退下去的后影。没有什么了不得的人，在斥责他的家人。老人〔连乌帽子也不戴，〕把发髻露了出来[2]。女人为了无聊的嫉妒事件，将自己躲了起来，以为丈夫必当着忙寻找了，谁知却并不怎样，反而坦然处之，叫人生气，在女人方面可是不能长久在外边，便只好自己回来了。

---

〔1〕相扑即角力，现今尚有。古时禁中七月里有相扑节，召集力士摔跤，天皇亲临观览。

〔2〕古时男子梳髻，上加网巾，日本称乌帽子，如脱顶露发，则为失仪不敬。

学演狮子舞[3]的人，舞得高兴了随意乱跳的那脚步声[4]。

第一一二段 祈祷修法

祈祷修法是，诵读佛眼真言[5]，很是优美，也很可尊贵。

第一一三段 不凑巧的事

不凑巧的事是，人家叫着别人的时节，以为是叫着自己，便露出脸去，尤其是在要给什么东西的时候；无事中讲人家的闲话，说些什么坏话来，小孩子听着，对了本人说了出来。听别人说："那真是可怜的事"，说着哭了起来，听了也实在觉得是可怜，但不凑巧眼泪不能够忽然出来，是很难为情的事。

---

〔3〕古舞乐中有狛犬舞，自高丽传入，狛犬意云高丽犬，即指狮子，见卷五注〔10〕。

〔4〕一本解作"随意乱跳而下边却是人足，所以是不像样"。

〔5〕"佛眼"为"一切佛眼大金刚吉祥一切佛母尊"的略称，"真言"者真实言说，即陀罗尼，亦即咒语。佛眼尊在曼陀罗图的中央，为一切诸佛菩萨所回绕，具足诸佛菩萨的功德，故亦称佛母尊。《瑜祇经》里说："时金刚萨埵对一切如来前，忽然现作一切佛母身，住大白莲，身作白月晖，两目微笑，二手住脐，如入奢摩他，从一切支分，出生十恒河沙俱佛，一一佛皆作敬礼。"

虽是做出要哭的脸，或装出异样的嘴脸出来，可是没有用。有时候听到很好的事情，又会胡乱的流出眼泪来〔，这也是很难为情的〕。

主上到石清水八幡神社[6]去参拜了回来的时候，走过女院[7]的府邸的前面，停住了御辇，致问候之意，以那么高贵的身份，竭尽敬意，真是世间无比的盛事，不禁流下眼泪来，使得脸上的粉妆都给洗掉了，这是多么难看的事呵！

当时的敕使是齐信宰相中将[8]，到女院的邸第面前去，看了觉得很有意思。只跟着四个非常盛装的随身，以及瘦长的装束华丽的副马[9]，在扫除清洁的很开阔的二条大路上，驱马疾驰，〔到了邸第〕稍为远隔的地方，降下马来，在旁边的帘前伺候。请女院的别当[10]将自己带来的口信，给传达上去。随后得到了回信之后，宰相中将又走马回来，在御辇旁边复奏了，这时样子的漂亮，是说也是多余的了。至于主上在走过邸第的时候，女院看着那时的心里如何感想，我只是推测来想着，也高兴得似乎要跳起来了。在这样的时节，我总是暂时要感动得

---

〔6〕 此节记长德元年（九九五）十月二十一日一条天皇往石清水八幡神社参拜，至次日还宫，路过女院问候的事，虽是别一件事，但作为听到好事而落泪的实例，所以列在这一段里，似乎也是可以的。

〔7〕 女院为一条天皇的生母，见卷五注〔33〕。

〔8〕 齐信即上文头中将，见卷四注〔19〕，在长德二年任参议，故此处称为宰相，其称中将者因其兼近卫中将。

〔9〕 副马系指于行幸或与祭时，随从公卿们骑马的从者。

〔10〕 此为女院执事的首长，总管一切事务的人。

落泪，给人家笑话。就是身份平常的人，有好的儿子也是好事，〔何况女院有儿子做着天子，自然更是满意了，〕这样推测了想，觉得是很惶恐的。

第一一四段 黑门的前面

关白公说是要从黑门[11]出来回去了，女官们都到廊下侍候，排得满满的，关白公分开众人出来，说道：

“列位美人们，看这老人是多么的傻，一定在见笑吧？”在门口的女官们，都用了各样美丽的袖口，卷起御帘来，〔外边〕权大纳言[12]拿着鞋给穿上了，权大纳言威仪堂堂，很是美丽，下裾很长[13]，觉得地方都狭窄了。有大纳言这样的人，给拿鞋子，这真是了不得的事情。山井大纳言以下，他的弟兄们，还有其他的人们，像什么黑的东西散布着样子[14]，从藤壶[15]

---

〔11〕 黑门见卷四注〔20〕。

〔12〕 权大纳言见卷一注〔44〕。其时伊周为权大纳言，大纳言旧制凡四人，一条天皇时定为正员二人，权官二人。

〔13〕 古时衣裾甚长，与官位上下有短，凡纳言长八尺，大臣一丈，关白则一丈二尺。

〔14〕 当时四位以上的袍皆用黑色，用五倍子粉加铁汁所染，故看去如此。

〔15〕 藤壶即飞香舍，在清凉殿的西北，盖因院子里有藤花，故名。

的墙边起，直到登华殿的前面，一直并排跪坐[16]着，关白公的细长的非常优雅的身材，捏着佩刀，伫立在那里。中宫大夫[17]刚站在清凉殿的前面，心想他未必会跪坐吧，可是关白公刚才走了几步，大夫也忽然跪下了。这件事是了不得的，可见关白公前世有怎么样的善业了。

〔女官的〕中纳言君说今天是斋戒日[18]，特别表示精进，女官们说道：

“将这念珠，暂且借给我吧！你这样的修行，将来〔同关白公的那样子，〕转生得到很好的身份吧。”都聚集拢来，说着笑了，可是〔关白公的事情〕实在是不可及的。中宫听到了这事，便微笑说道：“〔修行了〕成佛，比这个还要好吧！”这样的说，实在是很了不起的。我将大夫对于关白公跪坐的事情，说了好几遍，中宫说道：“这是你所赏识的人[19]嘛！”随即笑

〔16〕古时在贵人前面，须蹲踞伏地，以示尊敬，称为“下座”，今译“跪坐”，只是习惯的席地而坐，等于中国的跪，与此稍有不同。

〔17〕中宫大夫指藤原道长，为关白道隆的兄弟，中宫大夫为中宫职院的首长。长德元年(九九五)道隆死后，弟道兼为关白，伊周不得志而怨望，次年道兼亦卒，道长乃罗织伊周隆家，流放于外，至次年遭赦，道长遂为关白，历三朝二十余年，权势盛绝一时。

〔18〕中纳言君系右兵卫督藤原忠君的女儿。斋戒日为“六斋日”之一，每月里有六天，恶鬼得势，伺人间隙，故宜斋戒谨慎，这里盖指祈祷默念。

〔19〕中宫说著者赏识道长，但原意说道隆威势之盛，就是像道长的人也为之屈。

了。可是这后来的情形，如果中宫能够见到[20]，便会觉得我的感想是很有道理的吧。

第一一五段 雨后的秋色

九月里的时节，下了一夜的雨，到早上停止了，朝阳很明亮的照着，庭前种着的菊花上的露水，将要滚下来似的全都湿透了，这觉得是很有意思的。疏篱和编出花样的篱笆上边挂着的蜘蛛网，破了只剩下一部分，处处丝都断了，经了雨好像是白的珠子串在线上一样，非常的有趣。稍为太阳上来一点的时候，胡枝子本来压得似乎很重的，现在露水落下去了，树枝一动，并没有人手去触动它，却往上边跳了上去。这在我说来实在很是好玩，但在别人看来，或者是一点都没有意思也正难说，这样的替人家设想，也是好玩的事情。

---

〔20〕就原文结构上说，是中宫不及见道长盛时，故为事后追溯之词，但中宫定子的去世在长保二年(一〇〇〇)之末，已在道长为关白五年之后，而且道长的女儿彰子入宫，也已将一年了。

第一一六段 没有耳朵草

正月初七日要用的嫩菜[21]，人家在初六这一天里拿了来，正在扰攘的看着的时候，有儿童拿来了什么并没有看见过的一种草来。我便问他道：

“这叫作什么呢？”小孩却一时答不出来，我又催问道：

“是什么呀？”他们互相观望了一会儿，有一个人回答道：

“这叫作没有耳朵草[22]。”我说道：

“这正是难怪，所以是装不听见的样子的了。”便笑了起来，这时又有〔别的小孩儿〕拿了很可爱的菊花的嫩芽[23]来，我就作了一首歌道：

“掐了来也是没有耳朵的草，

所以只是不听见，

但在多数中间也有菊花[24]混着哩。”

想这样的对他们说，〔但因为是小孩子的缘故，〕说了不见得会懂罢了。

---

〔21〕 原文写作“若菜”，见卷一注〔2〕。

〔22〕 即是中国的卷耳，今称苍耳子。其叶初生形似鼠耳，故日本名为耳菜，后沿变为耳菜草，遂作为没有耳朵的草解释了。

〔23〕 据《春曙抄》解说，初春也会有菊花的嫩芽。

〔24〕 “菊”字原来没有训读，只有汉字的音读曰kiku，与日本语“闻”双关，故此处谓没有耳朵草虽不听见，但别有能听闻者在这中间。摘草亦读作“掐”，通于掐人皮肤，此歌稍涉游戏，有情歌的意味。

第一一七段 定考

二月里在太政官[25]的官厅内，有什么定考[26]举行，那是怎么样的呀？又有释奠[27]那是什么呢？大抵是挂起孔子等人的像来的事吧。有一种叫作什么聪明[28]的，把古怪的东西，盛在土器[29]里，献上到主人和中宫那里。

第一一八段 饼餤一包

“这是从头弁[30]那里来的。”主殿司的官员把什么像是一卷画的东西，用白色的纸包了，加上一枝满开着的梅花，给送

---

〔25〕太政官是日本中古时代的行政中枢，犹如后来的内阁。

〔26〕旧例二月二十一日，于太政官厅列见六位以下官员，即验看人才，至八月十一日选择艺能行迹恪勤可取者，给予升进，名为“定考”。本系前后相连的事，本文所说定考在二月里，乃是列见之误。

〔27〕中国旧例于春秋二季，上丁祭祀孔子，称为“释奠”，日本即袭用此名。在大学寮中悬挂孔子并十哲的影像，上卿辨官少纳言等均来礼拜，次日散胙，自宫廷开始。藏人持胙前进，别一藏人问道：“这是什么呀？”答道：“此乃大学寮昨日释奠的胙也！”字句拉得很长，高举着进入帘内云。

〔28〕释奠的胙称曰“聪明”。据《江次第》卷五注云：“聪明者胙也，饼白黑，粱饭，栗黄，轧枣也。”饼即中国的糍粑，粱饭盖是高粱米饭，本文说“古怪的东西”，盖即指此。

〔29〕土器即无花纹不加釉的陶器，日本多用于神事，取其质朴近古。

〔30〕头弁见卷一注〔34〕。即藤原行成，为书法名手，后世称“世尊寺样”。

来了。我想这是什么画吧，赶紧去接了进了，打开来看，乃是叫作饼餤[31]的东西，两个并排的包着。外边附着一个立封，用呈文的样式写着道：[32]

“进上饼餤一包，

依例进上如件。

少纳言殿[33]。”

后书月日，署名“任那成行[34]”。后边又写着道：

“这个〔送饼餤的〕小使本来想自己亲来的，只因白天相貌丑陋，所以不曾来。”[35]写的非常有意思。拿到中宫的面前给她看了，中宫说道：

“写的很是漂亮。这很有意思。”说了一番称赞的话，随即把那书简收起来了。

我独自说道：

---

〔31〕饼餤系唐朝点心名，《和名类聚抄》十六云：“裹饼，中纳煮合鹅鸭等子并杂菜而方截。”盖似今之馅儿饼。《杜阳杂编》中有“上赐酒一百斛，饼餤三十骆驼”之语。

〔32〕立封见卷二注〔8〕。这里立封内容，便如下文，所谓“呈文的式样”，即当时公式，盖也是仿唐朝程式。

〔33〕原意云邸第，后来用在人名官名底下，表示敬意，通用于公私上下。少纳言本系女官通称，这里却似乎普通官名，有点游戏的意味。

〔34〕此系头弁的假作的姓名，“成行”即是“行成”二字的颠倒。

〔35〕日本传说，一言主神居大和的葛城山，称葛城神，古时役小角行者有法术，在葛城山修道，命一言主神在两山之间，修造石桥。此神因容貌丑恶，不敢白昼出来，乃只于夜间施工，桥终不成。役小角为七世纪时人，修真言宗修验道，有许多神异的故事流传下来。

“回信不知道怎样写才好呢。还有送这饼餤来的使人，不知道打发些什么？有谁知道这些事情呢？”中宫听见了说道：

“有惟仲[36]说着话哩。叫来试问他看。”我走到外边，叫卫士去说道：

“请左大弁有话说。”惟仲听了，整肃了威仪出来了。我说道：

“这不是公务，单只是我的私事罢了。假如像你这样的弁官或是少纳言[37]等官那里，有人送来饼餤这样的东西，对于这送来的下仆，不知道有什么规定的办法么？”惟仲回答道：

“没有什么规定，只是收下来，吃了罢了。可是，到底为什么要问这样的事呢？难道因为是太政官厅的官人的缘故，所以得到了么？”我说道：

“不是这么说。”随后在鲜红的薄纸上面，写给回信道：

“自己不曾送来的下仆，实在是很冷淡的人。”添上一枝很漂亮的红梅，送给了头弁，头弁却即到来了，说道：

“那下仆亲来伺候了。”我走了出去，头弁说道：

“我以为在这时候，一定是那样的作一首歌送来了的，却不料这样漂亮的说了。女人略为有点自负的人，动不动就摆出歌人的架子来。〔像你似的〕不是这样的人，觉得容易交际得多。对于我这种〔凡俗的〕人，作起歌来，却反是无风流了。”

---

〔36〕平惟仲为上文大进生昌的兄长，当时任左大弁，后升任中纳言。

〔37〕著者虽说是私事，但这里措词系问男子的任为弁官或少纳言的，收到饼餤应该如何打发。后来回答里也便看出这个破绽来，所以反问你是否因为是太政官厅的官人得到这种赠物。

〔后来头弁和〕则光成安[38]说及，〔这回连清少纳言也不作歌了，觉得很是愉快的〕笑了。又有一回在关白公和许多人的前面，讲到这事情，关白公说道：

“实在她说得很好。”有人传给我听了。〔但是记在这里，〕乃是很难看的自吹自赞了。

第一一九段　衣服的名称

“这是为什么呢，新任的六位〔藏人〕的笏，要用中宫职院的东南角土墙的板做的呢？[39]就是西边东边的，不也是可以做么？再者五位藏人的也可以做吧。”有一个女官这样的说起头来，另外一个人说道：

“这样不合理的事情，还多着哩。即如衣服乱七八糟的给起名字，很是古里古怪的。在衣服里边，如那‘细长’[40]，那

---

〔38〕 则光即橘则光，平素厌恶和歌的人，见卷四注〔33〕。成安是谁未能知道，大抵也是厌恶和歌，与则光差不多的吧。

〔39〕 日本古时官吏皆用笏，大抵用象牙做的牙笏，官位低的则用木笏。大概当时有取中宫职院土墙的板作笏的故事，但限于东南角，又特别是新任的六位藏人，其意不甚可解。

〔40〕 “细长”为妇人所穿的衣服之称，男女童亦有着者，因其形细长故名。

是可以这样说的。但什么叫作‘汗衫’呢，这说是‘长后衣’[41]不就成了么？”

“正如男孩儿所穿的那样〔，是该叫长后衣的〕。还有这是为什么呢，那叫‘唐衣’的，正是该叫作‘短衣’呢。”[42]

“可是，那是因为唐土的人所穿的缘故吧？”

“上衣，上裤，这是应该这样叫的。‘下袭’也是对的。还有‘大口裤’，实在是裤脚口比起身长来还要阔大〔，所以也是对的〕。”

“裤的名称实在不合道理。那缚脚裤[43]，这是怎么说的呢？其实这该叫作‘足衣’，或者叫作‘足袋’就好了。”大家说出种种的事来，非常的吵闹。我就说道：

“呀，好吵闹哇！现在别再说了，大家且睡觉吧！”这时夜祷的僧人[44]回答说：

“那是不大好吧！整天夜里更说下去好了。”用了充满憎

---

〔41〕“汗衫”的名字不妥，一名“尻长”即“长后衣”，因后面很长，却是名实相符。

〔42〕此数节原本与上文相连，只作一人所说，别本作为几个人所说，似较为适当，今从之。

〔43〕“缚脚裤”原本作“指贯”，所以似乎难懂，其实乃是“指贯之裤”的省略，指贯通于刺缝，谓裤脚折缝夹层，中通细带，可以系缚，如世俗所云灯笼裤的样子。

〔44〕这里未必系是实事，有夜祷的僧人真是听了那么的说，大约也只是承上文一一〇段里所说，故假设为几个人的说话，作成一篇故事罢了。

恶的口气，高声的说，这使我觉得很滑稽，同时也大吃一惊。

第一二〇段 月与秋期

故关白公的忌日，每逢月之初十日，[45]都〔在邸第里〕作诵经献佛的供养，九月初十日〔中宫〕特为在职院里给举行了。公卿们和殿上人许多人，都到了场。清范[46]这时当了讲师，所说的法很是悲感动人，特别是平常还未深知人世的悲哀的年轻的人们，也都落了眼泪。

供养完了以后，大家都喝着酒，吟起诗来的时候，头中将齐信高吟道：

“月与秋期而身何去？”[47]觉得这朗诵得很是漂亮。怎么想起这样〔适合时宜的〕句来的呢。我便从人丛里挤到中宫那

---

〔45〕这是关白道隆故后的事，道隆没于长德元年（九九五）四月十日，以后凡遇十日例为忌日，这是中国的旧法。中国最古的算法是以日子的干支，凡六十日遇见一次，其次是讲日子的数目，最后是以每年同月日为忌日，则只一年一回了。

〔46〕清范为法相宗僧人，善于说法，见上文三三段“小白河的八讲”中。

〔47〕《本朝文粹》卷十四有菅原文时的《为右大臣谦德公报恩愿文》，其中有云：

“金谷醉花之地，花每春芳而主不归，南楼玩月之人，月与秋期而身何去。”今引用以纪念故关白，且适值季秋，故尤为适合。此两句亦见于《和汉朗咏集》卷下，盖在当时为脍炙人口的名文。

里去，中宫也就出来了，说道：

“真很漂亮，这简直好像特地为今天所作的诗文呢。”我说道：

“我也特地为说这件事情，所以来的，法会也只看了一半，就走了来了。总之这无论怎么说的，是了不起的。”这么说了，中宫就说道：

“这是〔因为和你要好的齐信的事，〕所以更觉得是如此的吧。”

其二 头中将齐信[48]

〔头中将齐信〕在特别叫我出去的时候，或者是在平常遇见的时候，总是那么的说道：

“你为什么不肯认真当作亲人那样的交际着呢？可是我知道你，并没有把我认为讨厌的人的，却是这样的相处，很是有点奇怪的。有这些年要好的往来，可是那么的疏远的走开，简直是不成话了。假如有朝一日，我不再在殿上早晚办事了，那么还有什么可以作为纪念呢？”我回答道：

“那是很不错的。〔要特别有交情的话，〕也并不是什么难的事情。但是到了那时候，我便不能再称赞你了，那是很可惜的。以前在中宫的面前，这是我的职务，聚集大家，称赞你

---

〔48〕 这是承上节称赞头中将的事引申而来，所以作为本段的另一节。

的种种事情，〔若是特别有了关系之后，〕怎么还能行呢？请你想想好了。那就于心有愧，觉得难以称赞出来了。”头中将听了笑道：

“怎么，特别要好了，比别人看来要更多可以赞美的事情，这样的人正多着哩。”我就回答道：

“要是不觉得这样是不好，那么就特别要好也可以吧，不过不论男人或是女人，特别要好了，就一心偏爱，有人说点坏话，便要生起气来，这觉得很不愉快的事情。”头中将道：

“那可是不大可靠的人哪。”〔49〕这样的说，也是很有意思的事。

第一二一段 假的鸡叫

头弁〔行成〕到中宫职院里来，说着话的时候，夜已经很深了。头弁说道：

“明天是主上避忌〔50〕的日子，我也要到宫中来值宿，到了丑时，便有点不合适了。”这样说了，就进宫去了。

---

〔49〕 听见人家说自己的爱人坏话而生气，本是人情，但著者说不愉快，故头中将说她不大可靠，也即看出她的并无愿结密切关系的意思。

〔50〕 避忌，见卷二注〔6〕。

第二天早晨，用了藏人所使用的粗纸〔51〕重叠着，写道：

“后朝之别〔52〕实在多有遗憾。本想彻夜讲过去的闲话，直到天明，乃为鸡声所催〔，匆匆的回去〕。”实在写得非常潇洒，且与事实相反的〔当作恋人关系〕，缕缕的写着，实在很是漂亮。我于是给写回信道：

“离开天明还是很远的时候，却为鸡声所催，那是孟尝君〔53〕的鸡声吧？”信去了之后，随即送来回信道：

“孟尝君的鸡是〔半夜里叫了，〕使函谷关开了门，好容易那三千的客〔54〕才算得脱，书里虽如此说，但是在我的这回，乃只是〔和你相会的〕逢坂关〔55〕罢了。”我便又写道：

“在深夜里，假的鸡叫
虽然骗得守关的人，
可是逢坂关却是不能通融啊！

---

〔51〕原文作“纸屋纸”，系在京都北方的纸屋川地方所造，多系再造纸，故纸色淡黑，称薄墨纸，古时写诏敕多用之。

〔52〕“后朝”本来系指男女相会，第二天早晨的离别，见卷二注〔67〕。这里本是寻常的交际，却故意当作情书去写。

〔53〕孟尝君即田文，是齐国的公族，为秦所囚，逃脱至函谷关，夜半关门未开，有客能假作鸡叫，守关人误认为天明，遂启关，孟尝君乃得逃出。详见《史记》列传中。

〔54〕孟尝君虽有食客三千人，但未必全数跟着，所以考订家有人说本文有误，不过《史记》原文也有漏洞，便是说从行的人中间，适有“鸡鸣”存在，可见他也实在是有客从行，但没有三千人罢了。

〔55〕逢坂关系关所之一，见上文九八段。这里但取地名的字义，与男女相会有关。

这里是有着很用心的守关人在哩。”又随即送来回信〔，乃是一首返歌〕：

“逢坂是人人可过的关，

鸡虽然不叫，

便会开着等人过去的。”

最初的信，给隆圆僧都[56]叩头礼拜的要了去了，后来的信乃是被中宫〔拿了去的〕。

后来头弁对我说道：

“那逢坂山的作歌比赛是我输了，返歌也作不出来。实在是不成样子。”说着笑了，他又说道：

“你的那书简，殿上人都看见了。”我就说道：

“你真是想念着我，从这件事上面可以知道了。因有看见有好的事情，如不去向人家宣传，便没有什么意思的。可是〔我正是相反，〕因为写的很是难看，[57]我把你的书简总是藏了起来，决不给人家去看。彼此关切的程度，比较起来正是相同哩。”他说道：

“这样懂得道理的说话，真是〔只有你来得，〕与平常的人不是一样。普通的女人便要说，怎么前后也不顾虑的，做出

---

〔56〕 隆圆僧都为中宫的兄弟，出家为僧，见卷五注〔54〕。

〔57〕 这里所说全都是“反话”，行成本是有名的书法家，反说是因为写得难看，所以替他隐藏了起来，即是反面说自己的拙劣的笔迹，给殿上人去看，便是十分的不应该，值得怨恨了。但事实却正好相反，如上文所说，行成的那两封信，都已分给了隆圆僧都和中宫。

坏事情来，就要怨恨了。”说了大笑了。我说道：

“岂敢岂敢，我还要着实道谢才是哩。”头弁说道：

“把我的书简隐藏起来，这在我也是很高兴的事。要不然，这是多么难堪的事情啊。以后还要拜托照顾才好。”

这之后，经房少将[58]对我说道：

“头弁非常的在称赞你，可曾知道么？有一天写信来，将过去的事情告诉了我了。自己所想念的人被人家称赞，知道了也真是很高兴的。”这样认真的说是很有意思的。我便说道：

“这里高兴的事有了两件，头弁称赞着我，你又把我算作想念的人之内了。”经房说道：

“这〔本来是以前如此的，〕你却以为是新鲜事情，现在才有的，所以觉得喜欢么。”

第一二二段 此君

五月时节，月亮也没有，很暗黑的一天晚上，听得许多人的声音说道：

“女官们在那里么？”中宫听见说道：

“你们出去看。这和平常样子不一样，是谁在那里这样说？”我就出去问道：

---

〔58〕经房少将为西宫左大臣源高明的第四子，其时任左近卫府少将。

“这是谁呀？那么大声的嚷嚷的？”这样说的时候，那边也不出声，只把帘子揭了起来，沙沙的送进一件东西来，乃是一枝淡竹。我不禁说道：

“呀，原来是此君[59]嘛！”外边的人听了，便道：

“走吧，这须得到殿上给报告去。”原来中将和新中将[60]还有六位藏人在那里，现在都走回去了。头弁一个人独自留了下来，说道：

“好奇怪呀，那些退走的人们。本来是折了一枝清凉殿前面的淡竹，作为歌题预备作歌，后来说不如前去中宫职院，叫女官们来一同作时，岂不更好，所以来了。但是一听见你说出了那竹的别名，便都逃去了，这也是很好玩的事。可是这是谁的指教，你却能说出一般人所不能知道的事情来的呢？”我说道：

“我也并不知道这乃是竹的别名——这样说了怕不要人家觉得讨厌的么？”头弁答道：

“真是的，怕大家未必知道吧。”[61]

这时大家说些别的正经事情，正在这个时候，听见〔刚才

---

〔59〕此系王子猷的典故，据《晋书·王徽之传》云：“尝寄居空室中，便令种竹，或问其故，徽之但啸咏指竹曰，何可一日无此君邪。”

〔60〕新中将系指源赖定，中将不知为何人。

〔61〕著者伪作不知“此君”的典故，行成亦敷衍作答，都不是真实的意思。

来的这些殿上人们〕又都来了，朗咏着“栽称此君”的诗句，[62]头弁对他们说道：

“你们把殿上商量好的计划没有做到，为什么走回去啦？实在是很奇怪的。”殿上人们回答道：

“对于那样名言，还有什么回答可说呢？〔说出拙劣的话来，〕不如不说好多了。如今殿上也议论着，很是热闹哩，主上也听到了，觉得很有意思。”这回连头弁也同他们一起，反复的朗吟那一句诗，很是高兴，女官们都出来看。于是大家在那里说着闲话，及至回去的时候，也同样的高吟着，直到他们进入左卫门卫所的时节，声音还是听得见。

第二天一早，一个叫作少纳言命妇[63]的女官，拿了天皇的书简来的时候，把这件事对中宫说了，那时我正退出在私室里，却特地叫了去问道：

“有这样的事么？”我回答道：

“我不知道。是什么也没有留心，说的一句话，却是行成朝臣给斡旋了〔，成了佳话罢了〕。”中宫笑着说道：

“便是斡旋〔成了佳话，原来也不是全无影踪的吧〕。”

中宫听说殿上人们在称赞〔自己宫里的女官们〕，不问是谁，是都喜欢，也很替被称赞的人高兴，这真是很了不得的事情。

---

〔62〕菅原笃茂作赋得《修竹冬青》诗，序文有云：“晋骑兵参军王子猷，栽称此君，唐太子宾客白乐天，爱为吾友。”见《本朝文粹》卷十一，此二句亦见《和汉朗咏集》卷下。

〔63〕少纳言命妇系天皇左近的女官，不知为何人。

第一二三段 藤三位

圆融院[64]殁后一周年，所有的人都脱去丧服，大家感慨甚深，上自朝廷下至故院的旧人，都想起前代〔僧正遍昭〕所说的“人皆穿上了花的衣裳”的事来。[65]在下雨很大的一天里，有一个穿得像蓑衣虫[66]一样的小孩子，拿了一根很大的白色的树枝，[67]附着一个立封，走到藤三位[68]的女官房来，说道：

“送上这个来了。”〔传达的女官说道：〕

“从什么地方来的呢？今天明天是避忌的日子，连格子都还没有上呢。”说着便从关闭着的格子的上边接收了信件，将情形去对上边说了。〔藤三位说道：〕

---

〔64〕圆融院即是圆融上皇，为一条天皇的父亲，殁于正历二年（九九一）二月十二日，此为一年以后的事。当时所谓谅暗之丧，盖是一年除服。

〔65〕僧正遍昭为九世纪日本有名歌人，于八五一年仁明天皇殁后一周年的时候，作歌以寄感慨云：

“人皆穿上了花的衣裳，
苔衣的双袖呵，
为甚还是没有干。”

〔66〕雨天穿着蓑衣，故有此戏称。见上文四一段，及卷三注〔36〕。

〔67〕原文没有说出是什么树，田中澄江解作“白橿”，是从“白”色着眼，《春曙抄》谓疑是椎树的叶的白色，看下文歌词的意思，似很有几分可靠。

〔68〕藤三位系藤原繁子，为右大臣藤原师辅的第四个女儿，是一条天皇的乳母。

"因为是避忌的日子，不能够拆看。"便将树枝连信插在柱子上面，到第二天早晨先洗了手，说道："且拿那读经的卷数〔69〕来看吧。"叫人拿了来，俯伏礼拜了打开来看时，乃是胡桃色的色纸很是厚实的，心里觉得奇怪，逐渐展开来看，似乎是老和尚的很拙笨的笔迹，写着一首歌道：

"姑将这椎染的衣袖
作为纪念，但是在故都里
树木却都已换了叶子。"〔70〕

这真是出于意外的挖苦话。是谁所干的事呢？仁和寺的僧正〔71〕所干的吧，但是那僧正也未必会说这种话，那么是谁呢？藤大纳言是故院的别当，〔72〕那么是他所做的事也未可知。心里想早点把这件事去告诉主上和中宫知道，很是着急，但是遇着避忌的日子，须得要十分慎重才好，所以那一天就忍耐过去了，到第二天早晨，藤大纳言那里写了一封回信，差人送去，即刻就有对方的回信送了来了。

于是拿了那歌与那封回信，赶快来到中宫面前，藤三位说道：

---

〔69〕"卷数"系指所诵经卷的数目，寺院法师受人委托诵经，按时辄将卷数报告愿主本人，当时藤三位相信这乃是法师的来信，故而误会，甚礼拜展视亦是为此。

〔70〕这一首歌大意与上边遍昭的歌差不多，古时丧服乃用椎树叶所染，树木换了叶子与花的衣裳意思相同。

〔71〕仁和寺住持为宽朝僧正，姓源氏，本为醍醐天皇的皇子敦实亲王的第三子。

〔72〕藤大纳言系藤原朝光，时为圆融院的别当。

"有这么样的一回事。"其时适值主上也在那里，便把那件事说了，中宫做出似乎什么也不知道的样子，只说道：

"这不像是藤大纳言的笔迹，大概是什么法师吧。"藤三位道：

"那么这是谁干的事呢？好多事的公卿们以及僧官，有些谁呢？是那个吧，还是这个？"正在猜疑，想要知道〔作歌的人〕，主上这时说道：

"这里有一张的笔迹，倒很有些相像哩。"说着微笑，从旁边书橱里取出一张纸来。藤三位说道：

"啊呀，这真是气人的事！现在请你说出真话来吧。呀，连头都痛起来了。总之是要请你把一切都说了。"只是责备怨恨，大家看了都笑。这时主上才慢慢开口道：

"那个办差去的鬼小孩儿〔73〕，本来是御膳房的女官的使用人，给小兵卫〔74〕弄熟了，所以叫她送去的吧。"这样的说，中宫听得笑了起来。〔藤三位将中宫〕摇晃着说道：

"为什么这样的骗我的呢？可是当时真是洗净了手，俯伏礼拜的〔来拆看的〕呢。"又是笑，又是上当了似乎遗憾，却很是得意，很有爱娇，觉得很有意思。

清凉殿的御膳房听见了这事情，也大笑了一场。藤三位退

---

〔73〕"鬼小孩儿"犹言"鬼之子"，系世俗称蓑衣虫的名称，见卷三注〔37〕。

〔74〕小兵卫系女官的名字，见上文七六段。

出到女官房以后，把那个女童找了来，叫收信的女官去验看，回来说道：

“正是那个孩子。”追问她道：

“那是谁的信，是谁交给你的呢？”却是一声都不响，逃了去了。藤大纳言以后听了这一件事情，也着实觉得好笑。

第一二四段 感觉无聊的事

感觉无聊的事是，在外边遇着避忌〔75〕的日子。〔掷不出合适的点儿，〕棋子不能前进的双六〔76〕。除目〔77〕的时候，得不到官的人家，尤其是雨接连的下着，更是无聊了。

第一二五段 消遣无聊的事

消遣无聊的事是，故事。围棋。双六。三四岁的小孩儿，

---

〔75〕避忌见卷一注〔50〕。

〔76〕双六本系中国古时游戏的一种，传至日本，今均已失传，但知用骰子掷出点数，推退棋子罢了。

〔77〕除目见卷一注〔9〕。

很可爱的说什么话的样子。又很小的婴儿要学讲话，或是嬉笑了。水果〔，这也是可以消遣无聊的东西〕。男人的好开玩笑，善于说话的人，走来谈天，这时便是避忌的时候，也就请他进来。

第一二六段 无可取的事

无可取的事是，相貌既然丑陋，而且心思也是很坏的人。浆洗衣服的米糊给水弄湿了。这是说了很坏的事情了，[78]心想这是谁也觉得是可憎的，可是现在也没有法子中止了。又门前燎火[79]的火筷子，〔烧短了没有别的用处，〕但是〔这样不吉犯忌的事，〕为什么写它的呢。这种事情不是世间所没有的事情，乃是世人谁也知道的吧。实在并没有特地写了下来，给人去看的价值；但是我这笔记原来不是预备给人家去看的，所以不管是什么古怪的事情，讨厌的事情，只就想到的写下来，便这样的写了。

---

〔78〕从此句起，至"乃是世人谁也知道的吧"，原文简略，文义难明，诸家解说不一，今但从普通的说法译出。

〔79〕原文作"门燎"，是指送葬时门前所设的火堆，普通火筷多用竹制，用后弃火堆中一同烧却。本文中虽有补充说明，但只是臆测，与古时习俗有抵触之处。

第一二七段 神乐的歌舞

无论怎么说，没有事情能及得临时祭礼[80]的在御前的仪式，那样的漂亮的了。试乐[81]的时候，也实在很有意思。

春天的天气很是安闲晴朗的，在清凉殿的前院里，扫部寮[82]的员司铺上了席子，祭礼的敕使向北站着，舞人们都向着主上〔坐了下来〕。我这样说，但是这里或者有点记错的地方，也说不定。

藏人所的人们搬运了装着食器的方盘来，放在坐下的那些人面前，陪从的乐人在这一日里也得出入于主上的前边。[83]公卿和殿上人们交互的举杯，末后是用了螺杯[84]，喝了酒便散了。随后是所谓“鸟食”[85]，平常这由男人去做，还是不大雅观，何况女人也出到御前来取呢？谁也没有想到，会有人在里边，

---

〔80〕临时祭分作两种，其一为贺茂神社的，在阴历十一月下旬的酉日，其二为石清水的八幡神社的，在阴历三月中旬的午日。至期天皇御清凉殿，行禊祓礼，院子里敕使以下自舞人陪从皆赐宴，观览歌舞，及仪式毕，乃整列到神社里去。

〔81〕试乐见卷四注〔6〕。

〔82〕扫部寮专司宫中铺设器具，及洒扫各种杂事。

〔83〕陪从系指地下的乐人，即是不能升殿的陪从舞人的人，其时因为赐宴，所以特许入内。

〔84〕“螺杯”原文云“屋久贝”，系用屋久岛所出的青螺，琢为酒杯。壳大而厚，外面青色，有黑色斑点。

〔85〕“鸟食”系宴会后将余剩肴馔，弃置院内，任下人拾取，本意是用以饲鸟。

忽然从“烧火处”[86]走出人来，喧扰着想要多取，反而掉下了，正在为难的时候，倒不如轻身的去拿了些来的人，更是胜利了。把“烧火处”当作巧妙的堆房，拿了些东西收在里边，这事很是好玩的。扫部寮的人来将席子收起来之后，主殿寮的员司就各人手里拿着一把扫帚，来把殿前的砂子扫平。

在承香殿前边，〔陪从的乐人〕吹起笛子，打着拍子，奏起乐来的时候，心想舞人要快点出来才好呢，这样等待着，就听见唱起《有度浜》[87]的歌词，从吴竹台[88]的篱边走了出来，等到弹奏和琴，这种愉快的事情简直不知道如何说是好哩。第一回的舞人，非常整齐的整叠着袖口，两个人走出来，向西立着。舞人渐次出台来，踏步的声音与拍板相合着，一面整理着半臂的带子，或理那冠[89]和衣袍的盘领，唱着《无益的小松》[90]舞了起来的姿态，无一不是很漂亮的。叫作“大轮”的那一种舞，我觉得便是看一天也不会看厌。但是到了快要舞了的时候，很觉可惜，不过想起后边还有，不免仍有希望。后来和琴抬了

---

〔86〕“烧火处”为卫士燃火守夜的地方，遇有夜间仪式，亦于其处设置炬火，用作照明。

〔87〕《有度浜》为《东游》骏河舞歌词的一篇，有度浜在骏河地方，相传有天人下降其地，将歌舞传授给人。《东游》者乐曲的名称，意云东国的歌舞，本系民间音曲，后经公家采用，专用于神社祭祀。

〔88〕清凉殿庭的东北隅，靠近承香殿的地方，种有淡竹一丛，称为吴竹台，吴竹意云中国的竹，从吴地来故名。

〔89〕冠为礼冠，是衣冠束带时所用，以木作帽胎，上糊黑色的罗或纱，后部突起称为巾子，中容受头髻，冠后有垂带曰缨。

〔90〕这也是骏河舞歌词的一篇。

进去，这回却是突然的，从吴竹台后边，舞人出现了，脱了右肩将袖子垂下的样子，那种优美真是说不尽的。练绢衬袍的下裾翻乱交错，舞人们交互的换位置，这种情形要用言语来表达，实在只显得拙劣罢了。

这回大概因为是觉得此后更是没有了的缘故吧，所以特别感觉舞完了的可惜。公卿们都接连的退了出去，很是觉得冷静，很是遗憾，但在贺茂临时祭礼的时候，还有一番还宫的神乐，〔91〕心里还可以得到安慰。〔那时节〕在庭燎的烟细细的上升的地方，神乐的笛很好玩的颤抖着，又很细的吹着，歌声却是很感动人的，实在很是愉快，〔夜气〕又是冷冰冰的，连我的打衣〔92〕都冰冷了，拿着扇子的手也冷了，却一直并没有觉得。乐人长叫那才人〔93〕，那人赶快前来，乐人长的那种愉快情形，实在是很有意思的。

在我还住在家里的时节，〔94〕只看见舞人们走过去，觉得不满足，有时候便到神社里去看。在那里大树底下停住了车子，松枝火把的烟披靡着，在燎火的光里，舞人们的半臂的带子和衣裳的色泽，也比白天更是更好看得多。踏响了社前桥板，合着歌声，那么舞蹈的样子，很是好玩，而且与水的流着的声音，

---

〔91〕贺茂神社的临时祭礼，还宫时还有歌舞，八幡神社的则没有。

〔92〕妇人所着上衣，红绫所做，用砧槌打令有光泽，故名。

〔93〕才人为神乐唱歌手的名称，原本作“才男”。

〔94〕一本解作“从宫里退出在家的时候”，今从《春曙抄》本作为未出仕为女官时解说，似较近情理。

还有笛子的声音，真是叫神明听了也很觉得高兴吧。从前有个名叫少将[95]的人，每年当着舞人，觉得这是很好的事，及至死了之后，他的灵魂听说至今还留在上神社的桥下，我听了这话心里觉得有点发毛，心想对于什么事情都不要过分的执着，但是对于〔这神乐的歌舞的〕漂亮的事情总是不能忘记的。

“八幡临时祭礼的结末，真是无聊得很。为什么〔不像贺茂祭一样〕回到宫中再舞一番的呢？那么样岂不是很有意思么。舞人们得了赏赐，便从后边退出去了，实在觉得是可惜。”女官有这样的说，天皇听到了，便说道：

“那么等明天回来，再叫来舞吧。”女官们说道：

“这是真的么？那么，这是多么的好哇！”都很是高兴，去向中宫请求道：

“请你〔也帮说一句〕，叫再舞一回吧。”聚集了拢来，很是喧闹，因为这回临时祭还要回宫歌舞，所以非常的高兴。舞人们也以为未必会有这样的事，〔差使已经完了，〕正在放宽了心的时候，忽然又听说召至御前，他们的心情正是像突然的冲撞着什么东西似的骚动起来，似乎发了疯的样子，还有退下在自己的房间里的那些女官，急急忙忙的进宫去的情形〔，真是说也说不尽〕。贵人们的从者和殿上人都看着，也全不管，

---

〔95〕此少将姓名未详，疑有脱文，别本则作“头中将”，亦不知是谁。一说是藤原实方，见卷二注〔57〕，但也未必是，因为这里所说似是过去的事，说的不会是近时的人物。

有的还把下裳罩在头上，就那么上来了，大家看了发笑，也正是当然的了。

第一二八段 牡丹一丛

故关白公逝世以后，世间多有事故，骚扰不安，中宫也不再进宫，住在叫作小二条的邸第里，[96]我也总觉得没有意思，回家里住了很长久。可是很惦念中宫的事情，觉得不能够老是这样住下去。

有一天左中将来了，[97]谈起〔中宫的〕事情来说道：

"今天我到中宫那里去，看到那边的情形，很叫人感叹。女官们的服装，无论是下裳或是唐衣，都与季节相应，并不显出失意的形迹，觉得很是优雅。从帘子边里张望进去，大约有八九个人在那儿，黄朽叶[98]的唐衣啊，淡紫色的下裳啊，还有

〔96〕关白道隆于长德元年（九九五）四月初十日去世，道长继任为右大臣，次年正月道隆子伊周及其弟隆家坐不敬罪，流放外地，中宫亦于三月初四日出宫，迁居伊周的二条邸第，及六月初八日二条邸失火，遂移居于旧母家，即所谓小二条宫。

〔97〕其时左中将有二人，即藤原齐信及藤原正光，这里不知道说的是谁。别本作右中将，据说即是源经房。据说长德二年(九九六)七月十一日，天皇因二条邸失火，遣使慰问，并赠中宫用度什品，经房当作御使，其时或当归途，并顺道往访著者的吧。

〔98〕衬袍的颜色，表里皆用枯叶似的黄色，参见卷一注〔12〕青朽叶。

紫苑和胡枝子色[99]的衣服，很好看的排列着。院子里的草长得很高，我便说道：

‘这是怎么的，草长的那么茂盛。给割除了岂不好呢？’听得有人回答[100]道：

‘这是特地留着，叫它宿露水给你看的。’这回答的像是宰相君[101]的声音。这实在是觉得很有意思的。女官们说：

‘少纳言住在家里，实在是件遗憾的事。中宫现在住在这样的地方，就是自己有怎样大的事情，也应当来伺候的，中宫恐怕也是这样想的吧，可是不相干〔，连来也不来〕。’大家都说着这样的话，大概是叫我来转说给你听的意思吧。你何不进去看看呢？那里的情形真是很可感叹哪。露台前面所种的一丛牡丹，有点儿中国风趣，很有意思的。”我说道：

“不，〔我不进去，〕是因为有人恨我的缘故，我也正恨着她们呢。”左中将笑说道：

“还是请大度包容了吧。”

---

〔99〕紫苑色衬袍，表为淡紫色，里色嫩绿。胡枝子衬袍，表为苏枋色，里面青色。

〔100〕别本谓答语当有所本，似系根据《白氏文集》卷九中《秋题牡丹丛》一诗而来。原诗云：“晚丛白露夕，衰叶凉风朝。红艳久已歇，碧芳今亦销。幽人相对坐，心事共萧条。”此诗的意境，仿佛与当时小二条宫的生活相像，经房末了说到一丛牡丹，也是理解这诗的意味，所以才说的吧。

〔101〕宰相君为女官名，为左卫门藤原重辅的女儿，见卷一注〔48〕。

实在是中宫对我并没有什么怀疑，乃是在旁边的女官们在说我的话，道：

“左大臣[102]那边的人，乃是和她相熟识的。”这样的互相私语，聚在一起谈天的时候，我从自己的房间上来，便立即停止了，我完全成了一个被排斥的人了。我因为不服这样的待遇，也就生了气，所以对我中宫“进宫来吧”的每次的命令，都是延搁着。日子过得很久了，中宫旁边借这机会，说我是左大臣方面的人，这样的谣言便流传起来了。

其二 棣棠花瓣

好久没有得到中宫的消息，过了月余，这是向来所没有的，怕中宫是不是也在怀疑我呢，心中正在不安的时候，宫里的侍女长却拿着一封信来了。说道：

“这是中宫的信，由左京君[103]经手，秘密的交下来的。”到了我这里来，这是那么秘密似的，这是什么事呀。但是可见这并不是人家的代笔，心里觉得发慌，打开来看的时候，只见纸上什么字也没有写，但有棣棠花的花瓣，只是一片包在里边。在纸上写道：

---

〔102〕即藤原道长，初为右大臣，第二年晋为左大臣。

〔103〕左京君是中宫身边的一个女官，其姓名不详。但与第一四九段的左京，也别无关系。

“不言说，但相思。”[104]我看了觉得非常〔可以感谢〕，这些日子里因为得不到消息的苦闷也消除了，十分高兴，首先出来的是感激的眼泪，不觉流了下来。侍女长注视着我，说道：

“大家都在那里说，中宫是多么想念着你，遇见什么机会都会想起你来呢。又说这样长期的请假家居，谁都觉得奇怪，你为什么不进宫去的呢？”又说道：

“我还要到这近地，去一下子呢。”说着便辞去了。我以后便准备写回信送去，可是把那歌的上半忘记了。我说：

“这真是奇怪。说起古歌来，有谁不知道这一首歌的呢？自己也正是知道着，却是说不出来，这是什么理由呢。”有一个小童女在前面，她听见我说，便说道：

“那是说‘地下的逝水’[105]呀。”这是怎么会忘记的，却由这样的小孩子来指教我，觉得这是很好玩的事情。

将回信送去之后，过了几天，便进宫去了。不晓得〔中宫〕怎样的想法，比平常觉得担心，便一半躲在几帐的后边。中宫看了笑说道：

“那是现今新来的人么！”又对我说道：

---

〔104〕这是古歌里的一句。棣棠花色黄，有如栀子，栀子日本名意云“无口”，谓果实成熟亦不裂开，与“哑吧”字同音，这里用棣棠花片双关不说话，与歌语相应。

〔105〕 这是见于《古今六帖》的一首古歌，全首歌词云：

“心是地下逝水在翻滚了

不言语，但相思，

还胜似语话。”

“那首歌虽是本来不喜欢，但是在那个时候，却觉得那样的说，觉得恰好能够表达意思出来。我如不看到你，真是一刻工夫都不能够得到安静的。”这样的说，没有什么和以前不同的样子。

其三　天上张弓

我把那童女教了我歌的上句的那事报告了，中宫听了大为发笑，说道：

“可不是么？平常太是熟习了，不加注意的古歌，那样的事是往往会有的。”随后更说道：

“从前有人们正在猜谜〔106〕游戏的时候，有一个很是懂事，对于这些事情甚是巧妙的人出来说道：

‘让我在左边〔107〕这组里出一个题目，就请这么办吧。’虽是这样的说，但是大家都不愿意干出拙笨的事来，都很是努力，高兴的一同做成问题。从中选定的时候，同组的人问他道：

‘请你把题目告诉我们，怎么样呢？’那人却是说道：

‘只顾将这件事交给我好了。我既然这么说了，决不会做

〔106〕日本中古时代流行一种文字语言的游戏，如猜谜便是其一。这与古代的隐语相似，有如汉朝的“黄绢幼妇”可以作为一例。后世的“灯谜”则更是纤巧精致，乃是中国所特有的了。

〔107〕猜谜分成左右组，这里是出题目给人去猜的一组，但是叙述不详细，似所出只有一题，即此决定胜负，未免太是简单了。

出十分拙笨的事来的。’大家也就算了。但是到了日期已近，同组的人说道：

‘还是请你把题目说了吧，怕得有很可笑的事情会得发生。’那人答道：

‘那么我就不知道。既然那样说，就不要信托我好了。’有点发脾气了，大家觉得不能放心〔，也只得算了〕。到了那一天，左右分组，男女也分了座，都坐了下来，有些殿上人和有身份的人们也都在场，左组第一人非常用意周到的准备着，像是很有自信的样子，要说出什么话来，无论在左组或是右组的都紧张的等待着，说：‘什么呢，什么呢？’[108]心里都很着急。那人说出话来道：

‘天上张弓。’[109]对方的人觉得〔这题目意外的容易所以〕非常有意思。这边的人却茫然的很是扫兴，而且有点悔恨，仿佛觉得他是与敌方通谋，故意使得这边输了的样子。正在这样想的时候，敌方的一个人感觉这件事太是滑稽了，便发笑说道：

‘呀！这简直不明白呀！’把嘴歪斜了，正说着玩笑的时候，左边这人便说道：

‘插下筹码[110]呀，插下筹码！’把得胜的筹码插上了。

---

〔108〕“什么呢？”日本语云“奈所”，也即用为谜语的训读。

〔109〕“天上张弓”一语，就字义上一见可知，即系指上下弦的月亮，日本语亦称“弓张月”，与中国称上弦下弦同一用意。

〔110〕凡赌箭，赛马，角力，凡赌胜负的事，有筹码记双方输赢之数，插在架上。

右组的人抗议道：

‘岂有此理的事。这有谁不知道呢？决不能让插上的。’那人答道：

‘说是不知道嘛，为什么还不是输了呢？’以后一一提出问题来，都被这人口头答复，终于得了胜。就是平常人所共知的事情，假如记不起来，那么说不知道也是对的吧。但是右组的人〔对于说那玩笑话的〕后来很是怨恨，说道：

‘〔那样明白的事情〕为什么说是不知道的呢？’终于使他谢罪才了事哩。”

中宫讲了这个故事，在旁的人都笑着说道：

“右组的人是这样想吧，一定是觉得很遗憾的。但就是左组的人，当初听见的那时节，也可以想见是多么的生气吧。”

这“天上张弓”的故事，并不是像我那样完全忘记了，乃是因为人家都知道的事，因而疏忽了，所以失败了的。〔111〕

第一二九段 儿童上树

正月初十日，天空非常阴暗，云彩也看去很厚，但是到底是春天了，日光很鲜明的照着，在民家的后面一片荒废的园地上，

---

〔111〕原文此处甚简略，不能如文直译，今从世间通行的解释，疏解其大意如此。

土地也不曾正式耕作过的地方，很茂盛的长着一棵桃树，从树桩里发出好些嫩枝，一面看去是青色，别方面看去却更浓些，似乎是苏枋色的。在这株树上，有一个细瘦的少年，穿着的狩衣有地方给钉子挂破了，可是头发却是很整齐的，爬在上面。又有穿红梅的夹衣，将白色狩衣撩了起来，登着半靴的一个男孩，站在树底下，请求着说道：

“给我砍下一根好的树枝来吧。”此外还有些头发梳得很是可爱的童女，穿了破绽了的汗衫，裤也是很有皱纹，可是颜色很是鲜艳，一起有三四个人，都说道：

“给砍些枝子下来，好做卯槌[112]去用的，主人也要用哩。”等树枝砍了下来，便跑去拾起来分了，又说道：

“再多给我一点儿吧。”这个情景非常的可爱。

这时有一个穿着乌黑的脏的裤子的仆人走了来，也要那树枝，树上的孩子却说道：

“你且等一等。”那仆人走到树底下，抱住树摇了起来，上边的小孩儿发了慌，便同猴儿似的抱紧了树，这也是很好玩的。在梅子熟了的时节，也常有这样的事情。

---

〔112〕卯槌于正月上旬卯日，取桃枝所做，用以辟邪。见卷二注〔15〕。

第一三〇段 打双六与下棋

俊秀的男子终日的打双六[113]，还觉得不满意的样子，把矮的灯台点得很亮的，对手的人一心祈念骰子掷出好的点数来，不肯很快的装到筒里去，[114]这边的人却把筒子立在棋盘上边，等着自己的轮番到来。狩衣的领子拂在脸上，用一只手按着，又将疲软的乌帽子向上摇摆着，说道：

“你无论怎么的咒那骰子，我决不会得掷坏的。”等待不及似的看着盘子，很是得意的样子。

尊贵身份的人下着棋，直衣的衣纽都解散了，似乎随便的穿着的一种神气，把棋子拾起来，又放了下去。地位较低的对手，却是起居都很谨慎的，离开棋盘稍远的地方坐着，呵着腰，用别一只手把袖子拉住了，下着棋子。这是很有意思的事。

第一三一段 可怕的东西

可怕的东西是，皂斗的壳。火烧场。鸡头米[115]。菱角。头发很多的男人，洗了头在晾干着的时候。毛栗壳。

---

〔113〕 双六见上注〔76〕。

〔114〕 筒指掷骰子时所用的竹筒，将骰子纳入筒中，再摇出来，看点数为进退。

〔115〕 日本名为“水欵冬”，结实即芡实，因形似故又名鸡头。

第一三二段 清洁的东西

清洁的东西是，土器[116]。新的金属碗。做席子用的蒲草。[117]将水盛在器具里的透影。新的细柜。[118]

第一三三段 肮脏的东西

肮脏的东西是，老鼠的窠。早上起了来，很晚了老不洗手的人。白色的痰。吸着鼻涕走路的幼儿。盛油的瓶。小麻雀儿。大热天长久不曾洗澡的人。衣服的旧敝的都是不洁，但是淡黄色的衣类，更显得是肮脏。

---

〔116〕土器见上注〔29〕。祭祀所用，皆只取用一次，第二次即不复用，故至为清洁。

〔117〕实际上日本所用的席子乃是用蔺草即是灯芯草所织的，此所谓蒲草是茭白一类的东西。

〔118〕细柜谓细长的小形的唐柜，木箱而有脚六只，分列四旁，本系模仿中国所制，故称唐柜，但在中国本地已经不见了。

卷八

第一三四段 没有品格的东西

没有品格的东西是，〔新任的〕式部丞的手板。[1]毛发很粗的黑头发。布屏风的新做的，若是旧了变黑的，那还不成什么问题，看不出怎么下品，倒是新做的屏风，上边开着许多的樱花，涂上些胡粉和朱砂，画着彩色的绘画的〔，显得没有品格〕。拉门和橱子等，[2]凡是乡下制作的，都是下品的。席子

〔1〕《春曙抄》本作“式部丞的叙爵”，谓式部丞本是正六位的官，叙爵应晋为五位，但仍是“地下”，未能升殿，所以品位卑下，其说虽亦可通，然究嫌勉强。别本“爵”字作“笏”，义似稍长，今故从之。

〔2〕别本解作“有拉门的橱子”，谓系厨房等处所用，与贵家内室的橱子不同。

做的车子的外罩。[3]检非违使的裤子。[4]伊豫[5]帘子的纹路很粗的。人家的儿子中间，小和尚的特别肥胖的。[6]道地的出云席子[7]所做的坐席。

第一三五段 着急的事

着急的事是，看人赛马。搓那扎头发的纸绳。[8]遇见父母觉得不适，与平常样子不一样的时候，尤其是世间有什么时病流行的时节，更是忧虑，不能想别的事情。又有，还不能讲话的幼儿，连奶也不喝，只是啼哭不已，乳母给抱了也不肯停止，还是哭了很长的时候。

自己所常去的地方，[9]遇见听不清是谁的声音在说话，觉

---

〔3〕用席子做外罩，系下雨时的设备。

〔4〕检非违使为古时司法机关，司追捕罪人的事，看督长着红狩衣，白布衣裤，执白棒，其服装盖不很漂亮。

〔5〕伊豫今属爱媛县地方。

〔6〕一本只作“和尚的肥胖的”，没有别的话，似更为得要领。

〔7〕出云今属岛根县，本文特别声言“道地的”，盖别有其他地方所仿作的，或较为好看，若真是出云的席子，或质地虽坚固，而其制作更是粗糙吧。

〔8〕系发髻用的细绳，最初系用绢或麻所作，后来改用纸撚，虽甚是坚固，而看去则似脆弱易断，故看着很是担心。

〔9〕别本作“不常去的地方”，义似较长，因情形不熟悉，所以觉到不安。

得〔忐忑不安〕那是当然的。另外的人〔不知本人在那里，〕在说她的坏话，尤其是忐忑不安的。平常很是讨厌的人适值来了，也是叫人不安的事。

从昨夜起往来的男人，第二天后朝[10]的消息来得太迟了。这就是在别人听了，也要觉得忐忑不安的。自己相思的男子的书简，〔使女〕收到了直送到面前来，也令人忐忑不安。

第一三六段 可爱的东西

可爱的东西是，画在姬瓜上的幼儿的脸。[11]小雀儿听人家啾啾的学老鼠叫，[12]便一跳一跳的走来。又〔在脚上〕系上了一根丝绦，老雀儿拿了虫什么来，给它放在嘴里，很是可爱的。

两岁左右的幼儿急忙的爬了来，路上有极小的尘埃，给他很明敏的发见了，用了很好玩的小指头撮起来，给大人们来看，实在是很可爱的。留着沙弥发的幼儿，头发披到眼睛上边来了也并不拂开，只是微微的侧着头去看东西，也是很可爱的。交叉系着的裳带的小孩儿的上半身，白而且美丽，看了也觉得可

---

〔10〕 后朝见卷二注〔67〕。

〔11〕 姬瓜系一种香瓜，俗名金鹅蛋。日本旧有姬瓜雏祭，于旧历八月朔日，取瓜如梨大者，敷粉涂朱，画耳目如人面，以绢纸作衣服，为雏人形，设赤饭白酒供养。这里盖是此瓜所画人面。

〔12〕 世俗呼鸡作啾啾声，如老鼠叫。

爱。又个子很小的殿上童[13]，装束好了在那里行走，也是可爱的。可爱的幼儿暂时抱来玩着，却驯熟了，随即抱着却睡去了，这也是很可爱的。

雏祭[14]的各样器具。从池里拿起极小的荷叶来看，又葵叶之极小者，也很可爱。无论什么，凡是细小的都可爱。

肥壮的两岁左右的小孩儿，色白而且美丽，穿着二蓝的罗衣，衣服很长，用背带束着，爬着出来，实在是很可爱的。八九岁以至十岁的男孩儿，用了幼稚的声音念着书，很是可爱。

小鸡脚很高的，白色样子很是滑稽，仿佛穿着很短的衣服的样子，咻咻的很是喧扰的叫着，跟在人家的后面，或是同着母亲走路，看了都很可爱。小鸭儿[15]，舍利瓶[16]，石竹花。

---

〔13〕旧例凡关白摄政家的子弟，在冠礼以前，即在殿上行走，称为殿上童。

〔14〕日本古时仿中国禊祓的习惯，于三月三日举行一种仪式，用纸作为人形，祭毕弃于水浜，名为“形代”，即云替身。及后制作益精，不忍即弃，遂为雏人形的起源，每年取出陈列，并制作诸日用器具，多极精巧，此俗流传至今，称为女儿节云。

〔15〕诸本多训作“鸭卵”，但鸭蛋并不比鸡蛋更为可爱，今从《春曙抄》作小鸭解。

〔16〕舍利瓶乃佛教火葬后纳骨的器具，并不常见，且纵使瓶上有些华饰，也总不会使人觉得可爱。《春曙抄》本注云：“或是玻璃壶吧，舍波二音相通。”田中澄江本于此句底下，亦取北村季吟说入附注中。

第一三七段 在人面前愈加得意的事

在人面前愈加得意的事是，本来别无什么可取的小孩，为父母所宠爱的。咳嗽，特别是在尊贵的客人面前想要说话的时候，却首先出来，这实在是很奇怪的。

在近处住着的人，有四五岁的孩子，正是十分淘气，好把东西乱拿出来打破了，平日常被制止，不能自由动手，及至同了母亲到来，便自得意，有平素想要看的东西，就说道：

“阿母，把那个给我看吧。”拉着母亲乱摇。但是大人们正说着话，一时不及理他，他便自己去搜寻，拉了出来看，真是很讨厌了。母亲对这件事也只简单的说道：

“这可不行呵！”也不去拿来隐藏过了，单只是笑着说道：

“这样的事是不行的呀。别把它弄坏了。”这时候连那母亲也觉得是很讨厌的。可是我这边〔作为主人〕，也不好随便的说话，只能看着，也实在很是心里着急的。

第一三八段 名字可怕的东西

名字可怕的东西是，青渊[17]。山谷的洞穴。鳍板[18]。黑铁。土块。雷，不单是名字，实在也是很可怕的。暴风。不祥云[19]。矛星[20]。狼。牛。蝤蛑[21]。牢狱。笼长[22]。锚，这也不但是名字，[23]见了也可怕。稿荐[24]。强盗，这又是一切都很可怕的。骤雨。蛇莓。生灵[25]。鬼薢。鬼蕨。[26]荆棘。

---

〔17〕 青渊即水色青黑的深渊。

〔18〕 此谓木板矮墙，本作“端板”，借写为“鳍板”，因鳍乃是鱼的“划水”，故看去觉得字面很是古怪了。

〔19〕 不祥云谓云的形色怪异，如有此种云出现，主有不祥的事。

〔20〕 即破军星，为北斗第七星，因其形似剑矛，阴阳家谓其所指方向不利。或谓此即后世的彗星。

〔21〕 海产螃蟹的一种，亦称拥剑，其壳横长，两端有尖。

〔22〕 原文如此，大概是牢狱的长官吧。

〔23〕 “锚”字日本语音亦通作“怒”，故字面也觉得有点可怕。

〔24〕 稿荐系以稻草编织而成的席子，一本作两句分读为“绳束”与“草席”。

〔25〕 日本俗信，生人的魂灵亦能为厉，如有什么怨恨，能够离开本人去作祟，使得对方生病，而本人却并未知觉有何异状。

〔26〕 凡动植物名字上面，加添一个鬼字，表示其形状特别怪异，伟大或粗恶。鬼薢为薯蓣科的一种植物，块根可食，因多须故称为“野老”。鬼蕨为薇蕨的一种，生深山中，中国名为狗脊。

枳壳。炙炭[27]。牡丹[28]。牛头鬼[29]。

第一三九段 见了没有什么特别，写出字来觉得有点夸大的东西

见了没有什么特别，写出字来[30]觉得有点夸大的东西是，覆盆子。鸭跖草。鸡头。胡桃。文章博士[31]。皇后宫权大夫[32]。杨梅[33]。虎杖，那更写作老虎的杖，[34]但是看它的神气，似乎是没有杖也行了吧。

---

〔27〕原文“煎炭”，谓用火烤炙的炭，使不含湿气，易于引火，但第一四五段又说煎炭不易着火，或者是说别一种炭。

〔28〕牡丹的名字为什么可怕，意思未能明白。

〔29〕原文为“牛鬼”，指地狱的鬼卒，牛头而人身，中国习称为“牛头马面”者是也。

〔30〕名字“写出字来”，是指汉字。古代日本称日本字母为“假名”，汉字则为“真名”。

〔31〕大学寮的属官，定员二名，官位与从五位下相当。

〔32〕凡中宫职，大膳职等的长官，称为大夫，权者暂任的意思，系用中国古语。世俗有“权妻”一语，系言外宅，今尚通行。

〔33〕中国南方的果物，据《开宝本草》云：其树若荔枝树，而叶细阴青，其形似水杨子，而生青熟红，肉在核上，无皮壳。日本训读作“山桃”，往往与“山樱桃”相淆混，实乃非是。

〔34〕虎杖生山中，茎围三四寸，高至五六尺，中空有节如竹，可为杖，赤色斑驳有纹如虎，故以为名云。

第一四〇段 觉得烦杂[35]的事

觉得烦杂的事是，刺绣的里面。猫耳朵里边。小老鼠毛还没有生的，有许多匹从窠里滚了出来。还没有装上里子的皮衣服的缝合的地方。并不特别清洁的地方，并且又是很黑暗。[36]

并不怎么富裕[37]的女人，照顾着许多的小孩。并不很深的相爱的女人，身体不很好，很长久的生着病，恐怕在男子的心里，也是觉得很烦杂的吧。

第一四一段 无聊的东西特别得意的时节

无聊的东西特别得意的时节是，正月里的萝卜。[38]行幸时

---

〔35〕“烦杂”的意思很多，如觉得不整洁，感到烦乱或是忧郁，都可以包括在内。

〔36〕一本作“暗黑的便所”。

〔37〕诸本作“并不怎么美”，与本文似没有什么关系，田中澄江本解作生活不怎么富裕，似较为有意义，今从之。

〔38〕正月元三有固齿的仪式，见卷一注〔1〕，所用食物有饼，橘子及萝卜。萝卜本系极平常的蔬菜，在这时候始郑重用于仪式。

节的姬太夫。[39]六月十二月的晦日拿竹竿量身长的女藏人。[40]〔春秋两〕季的读经的威仪师，[41]穿着红色的袈裟，朗读写着僧众的名字的例文，很是漂亮的。在读经会和佛名会上，专管装饰事务的藏人所员司。春日祭的舍人们。[42]大飨时节的行列。[43]正月〔献给天皇的屠苏酒的〕尝药的童女。[44]献卯杖的法师。[45]五节试乐的时节，〔给舞姬〕理发的女人。[46]在节会御膳时伺候着的采女[47]。大飨日的〔太政官的〕史

---

〔39〕天皇行幸，仪仗中有姬太夫，系用内侍司的所属的一名女官，乘马前行。

〔40〕六月十二月照例举行大祓，女藏人以青竹量天皇的身长，给神官依其长短作为形代，以行禊祓。

〔41〕春秋二季于宫中读经，于二月八月举行，届时请僧百人于南殿读《大般若经》，复于其中取二十人，于清凉殿读《仁王经》，由威仪师引入。威仪师司整饬仪容，指导进退作法，特别赐着红色袈裟。

〔42〕春日祭每年二月十一月上旬申日举行，由近卫府中少将充奉币使，近卫舍人随行，舍人由官家子弟选拔充任，司护卫宫禁之职，左右近卫府各有三百人。

〔43〕大飨有两种，一为中宫及东宫的大飨，二为大臣的大飨。此处意义不明，或谓系指大臣的大飨，盖任命大臣之时例有大飨，宴太政官属，其时劝学院的学生亦得参列，所谓行列或即此事。

〔44〕元旦饮屠苏酒，是从中国传去的旧习惯。据《荆楚岁时记》说："正月饮酒先小者，以小者得岁，先酒贺之，老者失岁，故后与酒。"日本进献屠苏，亦先令女童喝饮，盖旧俗遗留，且也有尝药的意思存在，故此种童女称作药子。

〔45〕卯杖见卷四注〔11〕，法师盖指真言及天台宗的僧侣，进呈卯杖者。

〔46〕五节的舞女见第七九段。

〔47〕采女见卷六注〔9〕。

生[48]。七月相扑的力士。[49]雨天的市女笠[50]。渡船的把舵的人。

第一四二段 很是辛苦的事

很是辛苦的事是，有夜啼的习惯的幼儿的乳母。有着两个要好的女人，那边这边的被双方所怨恨所妒忌的男子。担任着降伏那特别顽强的妖怪的修验者，[51]假如祈祷早点有效验，那便好了，可是不能如此，心想不要丢脸见笑，还是勉强祈祷着，这实是很辛苦的。非常多疑的男人，和真心相爱的女人〔，也是极为辛苦的〕。在摄政关白的邸第里很有势力的人，也是不得安闲的，但是〔因为是在得意的地位，〕那也罢了。还有那心神不定老是焦急着的人。

---

〔48〕史生系太政官厅的书记，遇太政官飨宴的时候，亦得参加。

〔49〕每年七月召集各地的力士，于禁中开相扑会。

〔50〕一种顶甚高耸，妇女所戴的笠，因为系出市的女人所用，故称“市女笠”，但贵家妇女于徒步行走时亦有戴者。

〔51〕修验道见卷一注〔16〕。古时相信人有疾病多系鬼怪为祟，祈祷驱遣，医疗尚在其次。

第一四三段 羡慕的事

羡慕的事是，学习读经什么，总是呐呐的，容易忘记，老是在同一的地方反复的念，看法师们〔念得很好〕那算是当然的，无论男的女的，都是很流利的念下去，心想，什么时候也能够像他们呢。身体觉得不很舒服，生病睡着的时候，听见人家很愉快的且说且笑，毫无忧虑的行走着，实在觉得很可羡慕。

想到稻荷神社[52]去参拜，刚走到中社近旁，感觉非常的难受，还是忍耐着走上去，比我后来的人们却都越过了，向前走去，看了真是羡慕。二月初午[53]那一天，虽是早晨赶早前去，但是来到山坡的半腰，却已是巳刻[54]了。天气又渐渐的热起来，更是烦恼了，想在世上尽有不吃这样的苦的人，我为什么到这里来参拜的呢，几乎落下眼泪来了。正在休息着时，看见有三十几岁的女人，并未穿着外出的壶装束[55]，只略将衣裾折了起来，说道：

"我今天要朝拜七遍哩。现在已经走了三遍，再走四遍是什么也没有问题的。到了未时，大约可以下山了。"同路上遇见的人说着话，走了下去了，看了着实可以羡慕，在平常别的

---

〔52〕 稻荷神社在山城深草村，有上中下三社，本为农神，因为狐狸为神之使者，后世乃传讹谓即是狐神。

〔53〕 二月上旬的午日，称为初午，为稻荷神社的祭日。

〔54〕 巳刻即现时的午前的十时左右，下午未时即午后二时顷。

〔55〕 壶装束见卷二注〔50〕。

地方虽然不会得留意，但在这时候很觉得自己也像她这样才好了。

有很好的孩子，无论这是男孩，还是女孩，或是小法师，都是很可羡慕的。头发很长很美，而且总是整齐的垂着的漂亮的人。身份很是高贵，被家人们所尊敬着的人，这是深可羡慕的。字写得好，歌也作得好，遇有什么事情常被首先推荐出去的人。在贵人前面，女官们有许多伺候着，要给高贵的地方奉命代笔写信的时候，本来谁也不会像鸟的足迹〔56〕似的写不成字，却是特别去把那在私室的人叫了上来，发下爱用的砚台，叫写回信，这是可羡慕的。本来这些照例的信件，只要是女官的有资格的，即使文字近于恶札，也就可以通用过去了，但是现在却不是这种信札，乃是由于公卿们的介绍，或是说想进宫伺候，自己写信来说的大家的闺秀，要给她回信，所以特别注意，从纸笔文句方面都十分斟酌，为此女官们聚会了，便半分开玩笑似的，说些嫉妒的话。

学习琴和笛子，当初还未熟习的时候，总是这样的想，觉得到什么时节才能够像那〔教习的〕人呢。〔可以羡慕的〕还有主人的和皇太子的乳母；主上附属的女官，在中宫这边可以自由出入的人；建立三昧堂〔57〕，无论早晚可以躲在里边祈祷

---

〔56〕“鸟的足迹”喻写字难看，有如鸟的足迹似的。

〔57〕法华三昧堂的略称，“三昧”亦译为“三摩地”，意云“定”，据《大智度论》云：“善心一处住不动，是名三昧。”

着的人。在打双六的时候，掷出很好的色目。真是[58]弃舍了世间的高僧。

第一四四段 想早点知道的事

想早点知道的事是，卷染，村浓，以及绞染[59]这些所染的东西〔，都想早点看见〕。人家生了孩子的时候，是男孩呢，还是女孩，也想早点得知。这在贵人是不必说了，就是无聊的人和微贱的身份的人，也是想要知道。除目的第二天早晨，即使是预知相识的人必然在内，也想得知这个消息；相爱的人寄来的书简〔，自然想早点看到〕。

第一四五段 等得着急的事

等得着急的事是，将急用的衣服送到人家去做，等着的时候。观看祭礼什么赶快出去，坐着等候行列现在就来吧，辛苦的望着远方的这种心情。要将生产孩子的人，过了预定的日子，

---

〔58〕《春曙抄》云："此云真是，极有意思。"盖谓真能断绝世间一切执着欲望，意在讥刺一般的伪高僧。

〔59〕卷染及村浓都是一种染色的方法，见卷一注〔13〕。绞染系以细绳种种结缚，染成花纹，亦称缬缬。

却还没有生产的样子。从远地方得到所爱的人的书简，但是用饭米粒糊的很结实，一时拆不开封，实在是等得着急。

观看祭礼什么赶快出去，说这正是行列到来的时刻了，警卫的官员的白棒[60]已经可以望见，车子靠近看台却还要些时间，这时真是着急，心想走过去也罢。

不愿意他知道〔自己在这里〕的人来了的时候，教在旁边的人过去打招呼〔，这结果也是等着叫人着急〕。

一天天的等着，终于生下来了的幼儿，〔好容易〕五十日和百日的祝贺日期来到了，但将来长成实在等着很是辽远的。缝着急用的衣服，在暗黑的地方穿针〔，很是着急〕。但是这如是自己在做，倒也罢了，若是自己按住缝过的地方，叫别人给穿针，那人大约也因为急忙的缘故吧，不能够就穿过，我说：

“呀，就是不穿也罢。”可是那人似乎是非穿不可的神气，还是不肯走开，〔那不单是着急，〕还几乎有点觉得讨厌了。

不问是什么时候，自己刚有点急事想要外出，遇见同伴说要先出去一趟，说道：

“立刻车子就回来。”便坐了去了。在等着车子的时期，实在是很着急。看了大路上来的车子，心里这就是了，刚高兴着，却走到别的方面去了，很是懊丧。况且假如这是要去看祭礼，等着的时候听见人家说道：

“祭礼大概是已经完毕了吧。”尤其觉得扫兴不堪了。

---

〔60〕检非违使的员司任警卫者，例持白棒，见上文注〔4〕。

生产孩子的人，胞胎老是不下来〔，这是很着急的事〕。去看什么热闹，或到寺里去参拜，约好一同去的人，将车子去接，可是停了等着，那人老不上车来，空自等得着急，真想丢下径自去了。

急忙的用炙炭生起火来，很费些时间〔，也很着急〕。[61]和人家的歌，本来应当快点才对，可是老做不好，实在着急。在相思的人们，似乎不必这样的急，这在有些时候，也有自然不得不急的。况且在男女之间，就是平常的交际，〔和歌什么〕也是以急速为贵，如是迟了的时候说不定会生出莫名其妙的误会来的。觉得有点不舒服，恐怕〔是不是有鬼怪作祟，〕这样想着[62]等待天亮，是非常觉得焦急的。又等待着齿墨[63]的干燥，也是着急的事。

---

〔61〕炙炭见上文注〔27〕。唯注言炭经烤炙，使易于引火，与此处相反，或者这里应补充一句，说是炭湿，如田中澄江本，意才明了。

〔62〕略有不适，本无恐惧不安的必要，古时相信人有疾病，多由鬼怪作祟，故此处特加添补充说明一句。

〔63〕齿墨系古来日本妇女用以涂齿的染料，乃用废铁浸酒或醋中而成，直至明治维新时犹存此俗。

第一四六段 朝所

在故关白公[64]服丧的期间，遇见六月晦日大祓的行事，中宫也应当从宫里出去参加，[65]但是在职院里因为方向不利，[66]所以移住到太政官厅的朝所[67]里去。那一天的夜里很热，而且非常的暗黑，什么地方都不清楚，只觉得很是狭窄，局促不安的过了一夜。

第二天早晨看时，那里的房屋非常的平坦低矮，顶用瓦铺，有点中国风，看去很是异样。同普通的房屋一样，没有格子，只是四面挂着帘子，倒反觉得新奇，很有意思。女官们走下院子里去游玩。庭前种着花草，有萱花什么的，在篱笆里开着许多。非常热闹的开着花，在这样威严的官署里倒正是相配的花木。刻漏司[68]就在近地的旁边，报时的钟声也同平时听见的似乎不是一样，年轻的女官们起了好奇心，有二十几个人跑到那

〔64〕关白道隆于长德元年（九九五）四月十日逝世，这是那一年里的事情。《服忌令》云，父母服一年，假五十日。

〔65〕大祓于每年六月十二月举行，本为例行故事，如有丧事则更应禳除，故中宫特别从宫里出去参加。

〔66〕古时很重阴阳家言，往往有因避忌改道的事，见卷二注〔6〕。

〔67〕朝所在太政官厅内，系参议以上的官员会餐的地方，亦写作“朝食所”，也用以执行政务，凡南北广十一丈，东西十六丈，故本文云狭窄。

〔68〕刻漏司在朝所的后面，属于阴阳寮，有刻漏博士一人，又有守辰丁，每时以钟鼓报时刻。

边去，走到高楼上面，从这里望过去。淡墨的下裳，唐衣和同一颜色的单衣衬衫，还有红色的裤，这些人立在上头，纵然不能说是天人，看去似乎是从天空飞舞下来的。同是一样年轻的，可是地位较高的人们，不好一起的上去，只是很羡慕的仰望着，觉得这是很有意思的。到了日暮，天色暗下来了，年长的人也混在年轻的中间，都走到官厅里来，〔69〕吵闹着开着玩笑，有人就说闲话道：

“这不应该这样的胡闹的。公卿们所坐的倚子〔70〕，妇女们都上去了，又政务官〔71〕所用的床子〔72〕也都倒过来，被弄坏了。”有人看不下去，〔73〕虽然这样的说，可是女官们都不听。

朝所的房屋非常古旧，大约是因为瓦房的关系吧，天气的炎热为向来所未有，夜里出到帘子外边来睡觉，因为是旧房子，所以一天里边蜈蚣什么老是掉下来，胡蜂的窠有很大的，有许

---

〔69〕别本作“到左卫门的卫所”，据《春曙抄》本，又作“到右近的卫所”，但看下文的话显系指女官们在朝所里的事情，故这里似以金子元臣的改订本为长。

〔70〕“倚子”今写作“椅子”，状如板榻，而左右有栏，后边并有高耸的靠背，仿佛如今制椅子而坐处更是深广。

〔71〕政务官系指太政官的低级员司，即判官及书记等。

〔72〕“床子”如今的凳子，但更为长大，即是板榻，大概如倚子，而左右及后方三面均无倚靠。

〔73〕此当是女官们中更为老成的人，或解作官厅值宿的员司，似非是。

多胡蜂聚集着，实在是很可怕的。

殿上人每天来上班，[74]看见大家夜里并不睡觉，尽自谈天，有人高吟道：

“岂料太政官的旧地，

至今竟成为

夜会之场[75]了呵！”真也是很好玩的事情。

虽然已经是秋天了，但是吹过来的风却一点儿都不凉快，这大概是因为地点的关系吧。可是虫声却也听得见了。到了初八日[76]中宫将要还宫了，今夜就在这里举行七夕祭[77]，觉得星星比平常更近的能够看见，这或者是因为地方狭窄的缘故吧。

---

〔74〕《春曙抄》本解释为至中宫处值宿，说或近是，因为如只白天上班，便不会知道大家彻夜谈天的情形。

〔75〕此歌不知其出典，原文亦有不明之处，诸说纷纭莫衷一是，今据别本解释，姑取其较为普通的一说。

〔76〕据此则中宫于六月二十九日迁居太政官厅，七月八日还宫，此篇当系其时所记。

〔77〕七夕乞巧系从中国传去的风俗，在日本流传至今，是夕在庭前焚香设供，题诗歌于短册，悬挂竹枝上边，为年中五节日之一，即人日（正月初七日），上巳（三月三日），端午，七夕，以及重阳。

第一四七段 人间四月

宰相中将齐信和宣方中将一同的进宫里来，[78]女官们走出去正在谈话的时候，我突然的说道：

“今天是吟什么诗呢？”齐信略为的思索了一下，就毫不停滞的回答道：

“应当吟人间四月[79]的诗吧。”这回答的实在是很有意思。〔故关白公的逝世，〕已是过去的事，却还记得着说起来，这是谁也觉得是很可佩服的。特别是女官们，事情不会得这样的健忘，但若是在男子方面就不如此，自己所吟咏的诗歌并不完全记得，〔宰相中将却能够记忆关白公的忌月，〕实在是很有意思的了。帘内的女官们，以及外边的〔宣方中将，〕都不明白所说的为何事，这并不没有道理的。

---

〔78〕齐信即上文“头中将”，见卷四注〔19〕。宣方为左大臣源重信的儿子，仕至从四位右中将。

〔79〕《白氏文集》十六，咏《大林寺桃花》云：“人间四月芳菲尽，山寺桃花始盛开。长恨春归无觅处，不知转入此中来。”此盖是三月三十日的事情，四月又是关白公逝世的忌月，故所吟与时节很是切合。

第一四八段 露应别泪

这个三月晦日[80]在后殿的第一个门口，有殿上人多数站着，退了出去之后，只剩下头中将，源中将和一个六位藏人留着，[81]谈着种种闲话，诵读着经文，吟咏着诗歌。这时候有人说道：

“天快要亮了，回去吧。”那时头中将忽然吟起诗来道：

“露应别泪珠空落。”[82]源中将也一起合唱着，非常的觉得好玩，其时我说道：

“好性急的七夕呀。”[83]头中将听了非常觉得扫兴，说道：

“我只因了早朝别离而联想到，所以随口吟诵〔这不合时令的诗〕，怪不好意思的。本来在这里近处，太是没有考虑的吟这样的诗，说不定弄得出丑的。”这样说着，天色既已大亮了，头中将说道：

---

〔80〕 这也是三月三十日的事情，盖是长德元年（九九五）的事，是时关白尚在，至四月初十日才去世，故与上段不相连属。

〔81〕 头中将即藤原齐信，至长德二年始改任参议，文中前半称“头中将”，后称“宰相中将”，即是这个缘故。源中将即源宣方，见上文注〔78〕。

〔82〕 菅原道真在《菅家文章》卷五有《七月七日代牛女惜晓更》诗云：“年不再秋夜五更，料知灵配晓来晴。露应别泪珠空落，云是残妆髻未成。”后二句亦见《和汉朗咏集》卷上。

〔83〕 因为三月三十日，而引用七夕的诗，所以开玩笑说是性急。

“就是葛城的神，[84]既然是这样天亮，也已没有什么办法了。”说着便踏着朝露，匆促归去了。我心里想等到七夕的时节到来，再把这事情提出来说，可是不久就转任了宰相，〔不再任藏人头了，〕到七夕那天未必见得到了。写封书简，托主殿司的员司转过去吧，正是这样的想着，很凑巧在初七那天宰相中将却进来了。很觉得高兴，把三月三十日夜里的事情对他说了。生怕一时想不起来，突然的提起来，觉得有点奇怪，要侧着头寻思吧。可是头中将似乎是等着人家去问他的样子，毫不停滞的回答了那一件，实在是很有意思的事。在这几个月的期间，我一直等着在什么时候问他，这我自己也觉得有点好事，但是头中将却又什么会得这样预备好了，即时答应的吧。当时一起在场觉得遗憾的源中将，却是想不起来，经头中将说明道：

“那一天早上所吟的诗，给人家批评了的一件事，你已经忘记了么？”源中将笑说：

“原来如此。”那是很不成的。[85]

男女间的交际谈话，常用围棋的用语亲密的交谈，如说什么“让他下一着子了”，或是什么“填空眼啦”，又或者说“不让他下一着子”，都是别人听了不懂得的，只有头中将互相了解。正说着的时候，源中将便缠着询问道：

---

〔84〕 葛城神的故典见卷七注〔35〕。葛城神因为容貌丑陋，不肯在白昼出现作工，这里头中将也因天明即将退散，戏以葛城神比喻用作自嘲。

〔85〕 此句意义不甚明了，殆以源中将忘记了当日的情事，与宰相中将相比，故显得不行。《春曙抄》本无此句。

"这是什么事，是什么事呀？"我不肯教他，于是就去问那边道：

"无论怎么样，总请说明了吧。"怨望的追问，那边因为是要好的朋友，所以给他说明了。因为我和宰相中将亲密的谈话，便说道：

"这已是总结算[86]的时期了。"表示他也是知道了那种隐语，想早点教我了解，便特地叫我出去说道：

"有棋盘么？我也想要下棋哩，怎么样？你肯让我一着么？我的棋也同头中将差不多，请你不要有差别才好哩。"我答道：

"假如是那样，那岂不是变成没有了谱[87]了么？"后来我把这话告诉了头中将，他很喜欢的说道：

"你这说得好，我很是高兴。"对于过去的事情不曾忘记的人，觉得是很有意思的。

其二 未至三十期

头中将刚任为宰相的时候，我在主上面前曾经说道：

"那个人吟诗吟的很漂亮，如'萧会稽之过古庙'那篇

---

〔86〕 围棋完了的时候总结胜负，已无彼此的界限，喻交际亲密。

〔87〕 意言如随便让人下一着棋子，便违反棋谱的规定，比喻人不能轻易亲密的交际，便是轻浮无有操守。

诗，[88]此后还有谁能够吟得那样的好的呢？可惜得很，不如暂时不要叫他去做宰相，却仍旧在殿上伺候好吧。”这样说了，主上听了大笑，说道：

“你既然这么说了，那么就不让他当宰相也罢。”这也是很有意思的。

可是终于当了宰相了，实在是觉得有点寂寞。但是源中将自信不很有功夫，摆着架子走路，我提起宰相中将的事情来，说道：

“朗诵‘未至三十期’的诗，[89]完全和别人的不同，那才真是巧妙极了。”源中将道：

“我为什么不及他呢？一定比他吟得更好哩！”便吟了起来，我说道：

“那倒也并不怎么坏。”源中将道：

“这是扫兴的事。要怎么样才能够像他那样的吟诗呢？”我说道：

“说到‘三十期’那地方，有一种非常的魔力呢。”源中

---

〔88〕《本朝文粹》卷十，大江朝纲的《交友序》中有云：“萧会稽之过古庙，托缔累代之交，张仆射之重新才，推为忘年之友。”此二句亦见《和汉朗咏集》卷下。萧会稽系指梁萧允，巡郡至吴，见季札古庙，因祭祀之，与古人结交云。

〔89〕《本朝文粹》卷二，源英明有《见二毛》诗云：“颜回周贤者，未至三十期，潘岳晋名士，早著秋兴词，彼皆少于我，可喜始见迟。”英明因三十五岁的时候始见白发，故以为迟于前代二贤，喜而作此诗。

将听了很是懊恨，却笑着走去了。

等宰相中将在近卫府办理着公务的时候，源中将走去找他，对他说道：

“〔少纳言是〕这样这样的说，还请你把那个地方教给我吧。”〔宰相中将〕笑着教给他了。这件事我一点都不知道，后来有谁来到女官房外，和〔宰相中将〕相似的调子吟起诗来，我觉得奇怪，问道：

“那是谁呀？”源中将笑着答道：

“很了不起的新闻告诉给你听吧。实在是这样这样，趁宰相在官厅办事的时候，向他请教过了，所以似乎有些相像了吧。你问是谁，便似乎有点高兴的口声那么的问了。”觉得特地去学会了那个调子，很是有意思，以后每听到这吟诗声，我便走出去找他谈天，他说道：

“这个全是托宰相中将的福。我对那方向礼拜才是呢。”有时候在女官房里，〔源中将来了，〕叫人传话说道：

“到上头去了。”但是一听见吟诗的声音，便只好实说道：

“实在是在这里。”后来在中宫面前说明这种情形，中宫也笑了。

有一天是宫中适值避忌的日子，源中将差了右近将曹叫作光什么的〔90〕当使者，送了一封在折纸上写好的书简进来，看时只见写道：

“本来想进去，因今日是避忌的日子〔，所以不成了〕。但‘未至三十期’，怎么样呢？”我写回信道：

“你的这个期怕已经过了吧。现在是去朱买臣教训他妻子的年龄，大概是不远了。”源中将又很是悔恨，并且对主上也诉说了。主上到中宫那里，说道：

“〔少纳言〕怎么会得知道这种故事的呢？宣方说，朱买臣的确到了四十九岁〔91〕的时候，教训妻子那么说的，又说，给那么说了，着实扫兴的。”主上说着笑了。〔这种琐屑的事情，也去告诉上边，〕这样看来源中将也着实是有点儿古怪的人物哩。

---

〔90〕注家皆云未详，近来岩野氏提出意见，以为当系指纪光方。将曹为近卫府的下属，由舍人升转，职司文书。

〔91〕《汉书·朱买臣传》云：“买臣妻求去，买臣笑曰，我年五十当富贵，今已四十余矣，汝苦日久，待我富贵报汝功。”本文云“四十九岁”疑有误，当作“四十余”。

第一四九段 左京的事

弘徽殿的女御是闲院左大将[92]的女儿，在她的左右有一个名叫“偃息”[93]的女人的女儿，在做着女官，名字是左京，和源中将很是要好，女官们正在笑着谈论着的时候，中宫那时正住在职院，源中将进见时说道：

“我本来想时时来值宿，女官们没有给予相当的设备，所以进来伺候的事也就疏忽过去了。若是有了值宿的地方，那么也就可以着着实实的办事了。”别人都说道：

“那当然是的。”我也说道：

“真是的，人也是有偃息的地方[94]才好呢。那样的地方，可以常常的去走动〔，现在这里是没有地方可以偃息呵〕！”源中将却觉得这话里有因，便愤然的说道：

“我以后将一切都不说了！我以前以为你是我这边的人，所以信赖着你，却不道你把人家说过的谣言，还拿起来说。”很认真的生了气。我便说道：

---

〔92〕弘徽殿女御藤原义子是闲院左大将公季的女儿，为一条天皇的嫔妃。此一条亦是讲源中将的事，别本列为与上篇同一段里的其三。

〔93〕原语为“字知不志”，义云偃卧，系古时人名，关于此人母女的事均无可考。

〔94〕这里故意用“偃息”一字，利用双关的语意，讽刺源中将和左京的情事。

“这也奇了。我有什么话说错了呢？我所说的更没有得罪的地方。”我推着旁边的女官说，她也说道：

“如果真是什么也没有的事，那又何必这样的生气呢？那么这岂不是到底有的么！”说着便哈哈的笑了。源中将道：

“你这话怕也是她主使的吧。”好像似乎是实在很生气的样子。我说道：

“全然没有说这样的话。就是人家平常说你的闲话，我听着还是不很高兴呢。”这样说了，便到了里边去了。但是到了日后，源中将还是怨我，说道：

“这是故意的把叫人出丑的事情，弄到我身上来的。”又说：

“那个谣言，本来是不知道哪个人造出来，叫殿上人去笑话的。”我听了便说道：

“那么，这就不能单是怨恨我一个人的了。这真是可怪了。”但是以后，与左京的关系也就断绝了，那事情也便完了。

第一五〇段 想见当时很好而现今成为无用的东西

想见当时很好而现今成为无用的东西是，云间锦做边缘的席子，[95]边已破了露出筋节来了的。中国画的屏风，表面已破损了。有藤萝挂着的松树，已经枯了。蓝印花的下裳，蓝色已经褪了。[96]画家[97]的眼睛，不大能够看见了。几帐[98]的布古旧了的。帘子没有了帽额[99]的。七尺长的假发变成黄赤色了。蒲桃染的织物现出灰色来了。[100]好色的人但是老衰了。风致很好的人家里，树木被烧焦了的。池子还是原来那样，却是满生着浮萍水草。

第一五一段 不大可靠的事

不大可靠的事是，厌旧喜新，容易忘记别人[101]的人。时

---

〔95〕云间锦是一种织物，白地，用种种颜色的线织出花纹，作为席子的边缘，唯宫中及神社始得使用。

〔96〕蓝色印花，旧时使用鸭跖草（亦名淡竹叶）的花，故日久色褪。

〔97〕“绘师”因音近或读作“卫士”，但因文义上讲不通，故从“画家”之说。

〔98〕几帐即帷障之有木架者，见卷一注〔27〕。

〔99〕帽额见卷五注〔26〕。

〔100〕蒲桃染系一种染色之名，即淡紫色，染时须加灰，后来紫色渐褪，灰的颜色乃出现，故如此说。

〔101〕这里说“别人”，或说应解作“女人”，一本便将这一句与下文的“女婿”联结起来，但是意思稍嫌重复，故今不取其说。

常夜间不来的[102]女婿。六位的〔藏人〕已经头白。[103]善于说谎的人，装出帮助别人的样子，把大事情承受了下来。第一回就得胜了的双六。[104]六十，七十以至八十岁的老人觉得不舒服，经过了好几日。顺风张着帆的船。经是不断经。[105]

第一五二段 近而远的东西

近而远的东西是，中宫近处的祭礼。[106]没有感情的兄弟和亲族的关系。鞍马山[107]的叫作九十九折的山路。十二月晦

---

〔102〕古时结婚多由男子就女家住宿，亦有中途厌弃者，就此作罢，见卷四注〔1〕。

〔103〕六位藏人见卷一注〔33〕，参看下文第一五七段所说叙爵后情形，盖虽是升进一位，而离去内廷职务，转为外任，在著者看去，其情况殊不佳，若已是年老，便觉得前途更不甚可靠。

〔104〕第一回赢了虽是好事，但此后胜负则不可知。

〔105〕“不断经”见卷四注〔57〕，唯放在此处殊不可解，《春曙抄》本解说谓日子太久，故难期持久精进。别本另列为一段，解为一切经中唯不断读经最为可贵，唯下文第一七二段是说“经”的，与这犯重复了。

〔106〕祭礼虽在近地，但因职务羁身，不能去看，故近而实远。古注以“宫”训为“宫祠”，谓祭礼虽在宫祠举行，而神明的形象究不可得见，说似太迂远。

〔107〕鞍马山在日本京都近旁，祀毗沙门天，九十九折亦写作九折，极言曲折之多，其地今称“七曲坂”，山路多弯曲，看来似乎很近，走去却是很远。

日与正月元旦之间的距离。[108]

第一五三段 远而近的东西

远而近的东西是，极乐净土[109]。船的路程。[110]男女之间。

第一五四段 井

井是掘兼之井[111]。走井[112]在逢坂山，也是很有意思。

---

〔108〕十二月晦日与元旦虽然只差一日，但过此便是隔一年，故似近而实远。

〔109〕据《阿弥陀经》说，“从是西方，过十亿佛土，有世界名曰极乐。”又云若念阿弥陀佛，于弹指顷，即可到达。

〔110〕古时交通，以舟行为最速，《春曙抄》谓若二三百里的行程，风水顺利，则一日夜可达。

〔111〕掘兼井在武藏国入间郡掘兼村，故有此名，但从字面上说，“掘兼”可以有“不好掘”的意义，所以觉得名字有意思的吧。

〔112〕走井是指井水迸流出来的井，只因地方是逢坂山，觉得奔走与相逢，文字的巧合罢了。

山井，但是为什么缘故呢，却被引用了来比浅的恩情[113]的呢？飞鸟井，被称赞为井水阴凉，[114]也是很有意思的。玉井，樱井，少将井，后町井[115]，千贯井〔，这些并见于古歌和故事，觉得很有意思〕。

第一五五段 国司

国司是，纪伊守，和泉守。[116]

---

〔113〕山井也是普通名词，因为是山上，井水多是浅的。
《万叶集》卷十二里采女的歌云：
“连浅香山的影子
也照得见的山井的浅的恩情，
不是我所想要的。”

〔114〕《催马乐》歌有一首云：
“飞鸟井是可以住宿，
那里树荫也好，
井水也阴凉，马草也好。”

〔115〕后町是后宫所在的地方，井在于常宁殿与承香殿之间。

〔116〕国司是地方长官，是太守的地位，惟日本的所谓“国”的区域不大，只有一两县的地方。纪伊即今之和歌山，和泉属于大阪府，并无特别好处，只因与京都相近，所以被当作美缺罢了。但别本在纪伊之上尚有伊豫守，和泉之下有大和守，大和即今奈良地方，也去京都不远，伊豫则属爱媛县，已在近畿之外了。

第一五六段 权守

暂任的权守〔117〕是，下野，甲斐，越后，筑后，阿波。

第一五七段 大夫

大夫〔118〕是，式部大夫，左卫门大夫，〔太政官的〕史的大夫。

六位的藏人希望〔叙爵的事〕，是没有什么好处的。〔119〕升到了五位，〔可是退下了殿，〕叫作什么大夫或是权守，〔120〕这样的人住在狭小的板屋里，新编桧木片的篱笆，把牛车拉进车房里去，在院子前面满种了花木，系着一头牛，给它草吃，〔似乎很是得意的样子，〕这是很可憎的。院子收拾得很干净，用紫色皮条挂着伊豫地方的帘子，立着布的障子很漂亮的住着，

---

〔117〕凡六位的官员，叙爵为五位的时候，没有适当的位置，率先遥授为权守，便是暂任的国司，只是名义上的官职，并不到任。列举五国的权守，理由不详，为什么特别的好，大约也是根据一时的主观吧。

〔118〕大夫是五位官员的通称。式部是古时的礼部，式部大丞进级五位，则称大夫。左右卫门府的大尉，进级时亦称左右卫门大夫。太政官左右大史本系正六位上，进一级则为史大夫。

〔119〕别本说六位藏人另为一节，与上文不相连接。

〔120〕六位藏人司宫中奔走之役，职位甚卑，但因例得升殿，故颇为名贵。及升进五位，反当下殿，但因此得称大夫，且得权守的地位，故亦有颇为得意者，为著者所看不起，常加以批评。

到了夜里便吩咐说："门要用心关好。"像煞有介事的说，这样的人看去是没有什么前程的，很是可鄙。

父母的住房，或是岳父母的住房，那是不必说了，又或是叔伯兄弟等现在不住的家，又或没有人住的地方，这也是自然可以利用。其平常有很要好的国司，因为上任去了，房子空了下来，不然是妃嫔以及皇女的子姓，多有空屋给人住着，暂且住着，等到得着相当的官职，那时候去找好的住房，这样的做倒是很好的。

第一五八段 女人独居的地方

女人独居的地方须是很荒废的，就是泥墙什么也并不完全，有池的什么地方都生长着水草，院子里即使没有很茂的生着蓬蒿，在处处砂石之间露出青草来，一切都是萧寂的，这很有风趣。若是自以为了不起的加以修理，门户很严谨的关闭着，特别显得很可注意，那就觉得很有点讨厌了。

第一五九段 夜间来客

在宫中做事的女人的家里，也以父母双全的为最好。〔回到家里来的时节，〕来访问的人出入频繁，听见种种的人马的声音，很是吵闹，也并没有什么妨碍。但是，〔若是没有了父母的人，〕男人有时秘密的来访，或是公然的到来，说道：

“因为不知道在家里〔，所以没有来问候〕。”或者说道：

“什么时候，再进里边去呢？”这样的来打招呼。假如这是相爱的人，怎么会得付之不理呢，便开了大门让进去了。〔那时家主的心里便这么的想，〕真好讨厌，吵闹得很，而且不谨慎，况且直到夜里，这种神气非常的可憎的。对了看门的人便问道：

“大门关好了么？”看门的回答道：

“因为还有客人在内呢。”可是心里也着实厌烦〔，希望他早点走哩〕。家主便道：

“客人走了，赶紧关上大门！近来小偷实在多得很呢！”这样讽刺的说话，非常的不愉快，就是旁边听到的人也是如此〔，何况本人呢〕。

但是同了客人来的人，看着家里的人这样着急，老是惦念这客人走了没有，不断的来窥探，却觉得这样子很是可笑。还有人学了家里的人说话的，这如果给他们知道了，恐怕更要加倍的说些废话吧。其实就不是那么的现在脸上来说闲话，其实要不是对于女人相爱很深的人，像这样地方谁也不来的了。但是〔虽是听了这种闲话，〕却很是老实的人，便说道：

“已经夜深了，门〔敞开着，〕也是不谨慎的。”随即回去的人也是有的。还有特别情深的，虽然女人劝说道：

“好回去了。”几次的催走，却还是坐着到天亮，看门的在门内屡次巡阅，看看天色将要亮了，觉得这是向来少有的事，说道：

“好重要的大门，今天却是出奇的敞开了一宵。”故意叫人听得见的这样说，在天亮的时候才不高兴的把门关上了。这是很可憎的。其实就是父母在堂，有时候也会有这样的事情。可是假如不是亲生的父母，〔那么男人来访，〕便要考虑父母的意见，有点拘束了。在弟兄的家里的时候，如果感情不很融洽，也是同样的。

不管它夜间或是天亮，〔121〕门禁也并不是那么森严，时常有什么王公或是殿上人到来访问，格子窗很高的举起，冬天夜里彻夜不睡，这样送人出去，是很有风趣的事。这时候如适值有上弦的月亮，那就觉得更有意思了。〔男人〕吹着笛子什么走了出去，自己也不赶紧睡觉，〔同女官们〕一同谈说客人的闲话，讲着或是听着歌的事情，随后就睡着了，这是很有意思的。

第一六〇段 雪夜

雪也并不是积得很高，只是薄薄的积着，那时节真是最有意思。又或者是雪下了很大，积得很深的傍晚，在廊下近边，

---

〔121〕上边是说女官在家里接待来客的事，这里所说的是在宫中的情形。

同了两三个意气相投的人，围绕着火盆说话。其时天已暗了，室内却也不点灯，只靠了外面的雪光，〔隔着帘子〕照见全是雪白的，用火筷画着灰消遣，互相讲说那些可感动的和有风趣的事情，觉得是很有意思。这样过了黄昏的时节，听见有履声走近前来，心想这是谁呢，向外看时，原来乃是往往在这样的时候，出于不意的前来访问的人。说道：

"今天的雪你看怎么样，〔心想来问讯一声，〕却为不关紧要的事情缠住了，在那地方耽搁了这一天。"这正如〔前人所说的〕"今天来访的人"[122]的那个样子了。他从昼间所有的事情讲起头，说到种种的事，有说有笑的，虽是将坐垫送了出去，可是〔客人坐在廊下，〕将一只脚垂着，末了到了听见钟声响了，室内的〔女主人〕和外边的〔男客〕，还是觉得说话没有讲完。在破晓前薄暗的时候，〔客人〕这才预备归去，那时微吟道：

"雪满何山。"[123]这是非常有趣的事情。

只有女人，不能够那样的整夜的坐谈到天明，〔这样的有

---

〔122〕此歌见于《拾遗和歌集》中，为平兼盛所作，歌云：
"山村里积着雪，
路也没有，今天来访的人
煞是风流呵。"
平兼盛是十世纪中间的歌人，生存于村上天皇时代。

〔123〕《和汉朗咏集》卷上引用谢观《白赋》，系四六文两句云："晓入梁王之苑，雪满群山，夜登庾公之楼，月明千里。"这里故意暧昧其词，吟为"雪满何山"。谢观盖唐朝人，其生平行事不可考，唯《朗咏集》中存其断句数联，而且都摘自所著《白赋》，《清赋》及《晓赋》，并无其他诗句。

男人参加，〕便同平常的时候不同，很有兴趣的过这风流的一夜，大家聚会了都是这样的说。

第一六一段 兵卫藏人

在村上天皇的时代，〔124〕有一天雪下的很大，堆积得很高，天皇叫把雪盛在银盘里，上边插了一枝梅花，恰好月亮非常明亮，便将这赐给名叫兵卫藏人〔125〕的女官，说道：

“拿这去作和歌吧。看你怎么的说。”兵卫就回答道：

“雪月花时。”〔126〕据说这很受得了称赞。天皇说道：

“在这时节作什么歌，是很平凡的。能够适应时宜，说出很好的文句来，是很困难的事。”

又有一回，天皇由兵卫藏人陪从着，在殿上没有人的时候，独自站立着，看见火炉里冒起烟来，天皇说道：

“那是什么烟呀？你且去看了来。”兵卫去看了之后，回来说道：

---

〔124〕 村上天皇乃是日本第六十二代天皇，当时的一条天皇则是第六十六代了。村上在位期间为九四六至九六七年。

〔125〕兵卫藏人是一个女官的名称，兵卫是她家属的官名，引申作为她的名字，藏人则是职务，因为她是一个女藏人，其实在姓名和事迹均未详。

〔126〕《白氏文集》二十五《寄殷协律》诗云：“琴诗酒友皆抛我，雪月花时最忆君。”此句亦见《和汉朗咏集》卷下。这里引用，因雪上插梅花，配有明月，故为恰好，且下云“最忆君”，亦可借指君上，对答甚为得体。

"海面上摇着橹的是什么？
出来看的时候，
乃是渔夫钓鱼归来了。"[127]

这样的回答，很是有意思。原来是有只蛤蟆跳进火里，所以烧焦了。

第一六二段 御形宣旨[128]

称作御形宣旨的女官，做了一个五寸高的殿上童[129]的布偶，头发结作总角，穿着很漂亮的衣服，写上了名字献给中宫，名曰友明王，中宫非常的喜爱。

---

〔127〕此首本是藤原辅相所作，见于家集《藤六集》中，本意具如原文所说。但兵卫藏人引用却别有双关的意义，"海面上"与"炭火"，"摇着橹"与"烧焦"，"归来"与"蛤蟆"，均是同义语，亦见用心的巧妙。

〔128〕御形宣旨是一个女官的名称，属于斋院的。日本中古时代，在贺茂神社设有斋院一人，司祭祀的事务，例以未婚的皇女充任，其在伊势神宫者则称斋宫。"御形"谓神现形，后即谓贺茂神社的祭祀，"宣旨"者传达任命斋院的敕旨之意。

〔129〕殿上童见卷八注〔13〕。

卷九

第一六三段 中宫

我初次[1]到中宫那里供职的时候，害羞的事不知有多少，有时候眼泪也几乎落下来了。每夜出来侍候，在中宫旁边的三尺高的几帐后面伏着，中宫拿出什么画来看，也觉得害羞，不大伸得出手去。中宫解说道：

"这是什么，那个又是什么。"高盏上点着的灯火，照得非常明亮，连头发也一根根的比白天要看得清楚。虽然很是觉得怕羞，只得忍耐着观看。天气因为很冷，〔中宫从袖口底下〕伸出的手微微的动着，看上去是非常艳丽的红梅色，显得无限的漂亮，在没有看见过〔宫中生活的〕乡下佬的看法，会觉得

---

〔1〕这一段系追叙初次进宫的情形，这一年经各人考订，定为正历四年（九九三），其时中宫年十七岁，清少纳言则十年以长，计时有二十七八岁了。

这样的人在世间哪里会有呢。出惊的注视着。到得天快亮了，心里着急，想早点退下到女官房去。中宫便说道：

“葛城之神[2]再停一会儿，也不妨事吧？”便开玩笑说〔心想这样丑陋的面貌，不给从正面看也罢〕，便叫从侧面来看，老是俯伏着，格子也不打开，女官[3]来说道：

“请把这格子打开了吧。”另外的女官听了，便要来打开，中宫却说道：“且慢。”女官笑着，退回去了。中宫问种种的事情，又说些别的话，过了不少时间，便说道：

“想早点退下去吧。那么，就快点退下吧。”又说道：

“到晚上也早点来呀。”就从中宫面前，膝行退出，回到女官房里，打开格子一看，是一片下雪的景象，很有意思。

中宫〔时常叫人来〕说道：

“今天就在白天来供职也行吧。因为雪天阴暗，并不是那么的[4]显露哇。”女官房的主任也说：

“你为什么老是躲在房里的呢？你那么容易的被许可到中宫面前供职，这就是特别是看得你中意了。违背了人家的好意，这是讨人厌的事呀。”竭力的催促，我也自己没有主意了，随

---

〔2〕葛城之神见卷七注〔35〕。民间传说，葛城神即一言主神，容貌极丑，奉役小角之命，架一石桥，葛城神以貌丑故，白昼不敢出现，唯在夜间作工，故桥卒不成。

〔3〕此乃主殿司的低级女官，专司洒扫清洁之役的。

〔4〕意言雪天阴暗，并不显露貌丑，故令白天出来供职，意含调谑。

即进去，实在很是苦恼。看见烧火处[5]的屋上积满了雪，很是新奇有意思。

在中宫的御前，照例生着很旺的炉火，但是在那边却没有什么人。中宫向着一个沉香木制的梨子地[6]漆绘的火盆靠着。高级的女官侍候在旁边，供奉种种的事务。在隔座的一间房里，围着长的火炉，满满的坐着女官们，都披着唐衣垂至肩头，非常熟习的安坐在那里，看着也着实羡慕。她们接收信件，或立或坐，起居动作一点都没有拘束，说着闲话，或者笑着。我想要到什么时候，才可以那样的和她们一同交际的呢，这样想着心里就有点发怯。靠近里边，有三四个人，聚在一起看什么绘画。

过了一会儿，听见有前驱的声音很响的到来，女官们便说道：

“关白公进宫来了。”就把散乱在那里的东西收拾起来，我也退到后边，可是想要知道外面的情形，便从几帐的开着的缝里张望着。

这时是大纳言[7]进来了。紫色的直衣和缚脚裤，与白雪的颜色相映，很是好看。大纳言坐在柱子旁边，说道：

“昨天今天虽是避忌，关在家里，但是因为雪下的很大，

---

〔5〕 见卷七注〔86〕。

〔6〕 梨子地是一种漆法，先以金银粉散布，用生漆加雌黄漆成，隐隐有斑点，略似梨子，故以为名。

〔7〕 大纳言即藤原伊周，为中宫的长兄，关白道隆的儿子。见卷一注〔44〕。

有点不放心〔，所以来了〕。”中宫回答道：

“路也没有，[8]却怎么来的？”大纳言笑着说道：

“煞是风流呵，或者是这样想吧。”

这两位的说话的样子，真是再漂亮也没有了。小说里信口称赞主人公的姿态，用在这里却是一点都不错的。

中宫穿着白衣衬衣，外边两件红色的唐绫，此外又穿白的唐绫〔的打衣〕。面上披下了头发，如在画里才有这样漂亮的样子，在现世却还没有见过，〔如今现在眼前，〕真好像是做梦一般。大纳言和女官们谈话，有时说些玩笑，女官们毫不示弱，一一回答，若是说了些假话，便或者反对或者辩解，看得也是眼花，有时倒是看着的我要难为情，觉得脸红了。

大纳言随后吃了些水果什么，对于中宫也进上了。

大纳言似乎在问别人道：

“那在几帐的后边是谁呀？”女官答说这是什么什么的人，[9]于是站了起来，我以为是向别处去呢，哪知走近我的身旁，坐下说起话来。他说在我没有进宫供职来以前，就听说过我的事情。又说道：

“那么进宫供职的话，这是真的了。”当初隔着几帐看着，还是觉得害羞，如今当面相对，更不知如何是好，简直是像在

---

〔8〕此处问答系利用平兼盛的歌，如“路也没有”及“煞是风流呵”，都是歌中的文句。见卷八注〔122〕。

〔9〕意思是说“清原元辅的女儿，清少纳言”的便是。

做梦。平常拜观行幸的时候，对于这边的车子眼光如果射了过来，便放下车帘，生怕透出影子去，还用扇子遮住了脸。〔现在这样相近的见面，〕自己也觉得是大胆，心想为什么进宫来供职的呢。流着许多汗，也不知道回答些什么话。

平时所依恃着遮脸的扇子〔10〕，也被拿走了，这时候觉得盖在额上的头发〔11〕该是多么难看，这都是羞耻的意思表现在外边的吧。大纳言要是早点走了才好哩。但是他却拿着扇子玩耍，并且说道：

“这扇子的画是谁所画的？”并不立刻站起来，我只好把袖子捂着脸俯伏着，唐衣上都惹上白粉，想必脸上也斑驳了吧。

长久这样的坐着，中宫想必料到我要怨恨她不知道体恤的吧，便叫大纳言道：

“来看这个吧，这是谁所画的呢？”这样的说，我听了很是高兴，但是大纳言道：

“拿到这边来看吧。”中宫说道：

“还是到这里来。”大纳言道：

“人家抓住了我，站不起来呢。”说着玩笑话姿容俊秀，举止潇洒，身份年龄自己都不能比，实在觉得惭愧。中宫拿出

---

〔10〕 此系指桧扇，以木片联缀而成，上有画图，见卷二注〔14〕。

〔11〕 古代日本妇女留一种额发，即将额上头发剪短垂下，为的不使人看见面貌，如后世刘海发而更长。

一本什么人所写的草书假名[12]的册子来阅看，大纳言道：

“是谁的笔迹呢？给她看一看吧。这个人是知道现世有名的人的笔迹的。”说出莫名其妙的话来，无非想叫我回答什么罢了。

有这一位在这里已经够叫人害羞的了，不料又听见有前驱的声音，一个同样的穿着直衣的人进宫来了，这一位[13]更是热闹，满口玩笑的话，女官们都喜笑赞美他。我也听着说，什么人有那样的事情，什么人有这样的事情，听讲殿上人的什么事，当初总以这些人乃是神仙化身，或是天人从空中降下来的，及到供职日久，逐渐习惯了，也就并不觉得怎样。以前我〔所羡慕着的〕女官们，在从家里出来供职的时候，大约也是这样害羞的吧。我这样的渐渐看着过去，也就习惯了，觉得自然了。

其二 喷嚏

中宫同我说着话，忽然的问道：

“你想念我么？”我正回答说：

“为什么不想念呢。”这时突然的从御膳房方面有谁高声

---

〔12〕日本古时称汉字为“真名”即是真字，日本偏旁字母则名“假名”，此云“草书假名”，即是平假名所写。

〔13〕所说当是伊周的兄弟隆家。

打了一个喷嚏，[14]中宫就说道：

“呀，真是扫兴。你是说的假话吧？好罢，好罢！”说着，走进里边去了。

怎么会得是假话呢？这还不是平常一般的想念，只是那打喷嚏的鼻子说了假话罢了。到底这是谁呢，做出这样讨人嫌的事来的？本来是最不讨人喜欢的事情，就是我自己想要打嚏的时候，也总是逼住了不叫打出来，况且在这要紧的时节。想起来真是可恨，但我那时还是新进去的人，也不好怎么辩解，到得天亮退下到女官房里，就看见有女官拿了一封在浅绿色的薄纸上写着的信来，打开看时只见写道：

“怎么能够知道不是假话呢，

因为空中没有

纠察的神明。[15]

歌这样说，这是中宫的意思。”〔看来是中宫叫女官代写的，〕我看了这信，虽是感激，但又觉得遗憾，心里很乱，总觉得昨夜打嚏的人太可恨，想去寻找了出来。

“想念的心薄了，被说也难怪，

---

〔14〕古时以嚏为不吉，《诗经·邶风·终风》篇云：“愿言则嚏。”郑氏笺云：“今俗人嚏云，人道我，此古之遗语也。”中宫以别人打嚏，故戏言清少纳言在说假话，但亦多少似有认真的意思，观返歌可见。

〔15〕贺茂神社近地有树林名“纠之森”，故贺茂明神亦名为“纠察的神明”。歌意言如没有检察真伪善恶之神，又怎么能知道你不是说的假话呢？

为了喷嚏[16]却受了牵累，

深觉得不幸。

请把这个意思给我申明了吧。似乎是为式神[17]所凭了，非常的惶恐。”写这信以后，时常想起这真是讨厌，怎么会得那么凑巧，打起喷嚏来的呢，实在是很可叹的。

第一六四段　得意的事

得意的事是：正月初一的早晨，第一个打喷嚏的人。[18]竞争着去当藏人很多的时候，能够把自己的爱子去得到缺的人。在除目的这一年上，得到本年得缺的第一等国的人，相知的人向他道贺道：

“恭喜你得到好缺了。”回答说道：

---

〔16〕歌中用“鼻”（波那）代表喷嚏，又双关“花”字，以花的浓淡表示想念的深浅。

〔17〕“式神”亦写作“职神”，是术士所使役的一种鬼神，应了人的咒诅而作祟。作者很怨恨那打嚏的人，自己受她的连累，有如被人家所咒诅。

〔18〕据《春曙抄》云：“世俗以元日打嚏，说是长命之相。”《袖中抄》引《四分律》云：“时事尊嚏，诸比丘咒愿言长寿。今案，今俗正月元旦若早旦嚏，即称曰：‘千秋万岁，急急如律令’，即缘是也。”遇见打嚏即咒愿，虽平日亦是如此，唯如在元旦，则因有世尊前例，更是吉祥之兆。

“哪里有什么好处，也只是流落到外面[19]去罢了。”这样的说，其实是着实的得意。

又有，〔一个闺女〕由许多人来求亲，挑选结果被看中做女婿的人，一定也有舍我其谁的感想吧。降伏了顽强的妖怪的修验者。[20]赌猜押韵，[21]早被猜中的人。比射小弓[22]，无论怎样对方咳嗽，或是吵闹着希望分他的心，却是忍耐着，弦声很响的，居然一发中的，这也是得意的一副脸色吧。下棋的时候，贪心的人对于自己的棋子有许多会得被吃，全不理会，却去管别处的事情，这方面虽然本来并无胜算，但因另外的地方也并没有活眼，却吃来了许多棋子，这不是很高兴的事么？很自夸的嬉笑，比寻常的得胜自然要更是得意了。

经过了许多年月，这才补到了国司的人，其高兴的情形，实在是可想而知的。剩下来的几个家人，一向是很无礼的侮弄着主人，虽然很是生气，但是没有法子只有忍耐着，这回却看见平常以为是身份比我要高的人对自己也表示惶恐，一一仰承意见，前来谄媚，顿时觉得自己和以前不是同一个人了。家里

---

〔19〕藏人官职卑微，但因供职宫廷，不求外放，唯外官的实利甚厚，故口头虽说，出外等于流落异地，实际却是得意。

〔20〕修验者见卷一注〔16〕。与这相反的，参看第一四二段“很是辛苦的事”。

〔21〕古时有所谓“掩韵”之戏，取汉诗中句子，掩藏其叶韵的一字，令人猜测，以得早猜中者为胜。

〔22〕小弓乃大弓的对称，不是正式的武器，只用于游戏，定制二尺八寸，步垛距离以四丈五尺为准。

使用女官们，从前不曾见过的阔气的家具和衣服，也不知从哪里都涌出来了。又做过国司的人，升进到了近卫中将，比那些贵公子们因了门阀关系升进的，觉得更是得意，似乎更有价值。官位这个东西，实在是极有意思的。同样的一个人，在他被称为大夫或是侍从的时候〔23〕，是很被看轻的，一旦升晋为中纳言，大纳言或是大臣，便很莫名其妙的觉得高贵了。身份相当的人做了国守，也是如此。历任了各地方的国司之后，到了太宰府〔24〕的大或是四位，就是公卿们也得表示敬意了。

至于女人的地位，那就要差得多了。在宫里是天皇的乳母，典侍和三位等〔25〕，也是颇受尊重的，但是年纪已经老了，也没有什么的好处。而且这样的人，又并不很多。倒还不如国司的夫人，一同上任到外地去，普通的女人要算这是最幸福的了。门第平常的人家，以女儿嫁给公卿为妻，公卿的女儿做天皇的后妃，实是极好的事情。但是也还不如男人，单靠着自己，能够立身发迹，挺着胸膛，觉得自在。法师们被称作什么供奉，

---

〔23〕 大夫见卷八注〔118〕。大夫为五位官员的通称，其名门子弟叙爵五位，尚未得有官职的时候，亦称大夫。侍从定员八人，官位是从五位下，职司拾遗补阙，亦是闲散官员。

〔24〕 太宰府设在筑紫，管辖西海道九国及二岛，即今九州地方，系一种特别行政区域，司防御及外交等事，责任甚重。大弍为太宰府次官，首长曰帅，例由亲王任之。次曰权帅，如权帅有缺，则由大弍总摄其事，其位置重要远在诸国司之上。

〔25〕 内侍司为后宫十二司之一，首长尚侍二人，其下设典侍四人，掌侍六人为内侍司之三等官。三位者指官位等级，一条天皇乳母为藤三位，见卷七注〔68〕。

傲然的走着，这有什么了不得呢？能够很漂亮的念经，风采也很潇洒，多半是被女人们所看轻，所以〔发愤用功〕变得有名了。因此成为僧正或是僧都，一般人当作佛爷出现，表示惶恐尊敬，那真是无可比喻的阔气的事。

第一六五段 风

风是暴风雨。落叶风[26]。三月时候的傍晚，缓缓的吹来的带着雨气的风，是很有情趣的。八九月里夹着雨吹来的风，也是很有趣。雨脚横扫着，沙沙的风吹来的时候，一夏天盖着的棉被里，还穿了生绢的单衣躺着，是很有意思的。本来单只是这生绢，也是太热，心想抛去了才好，却不料在什么时候，这样的凉快了，想着也有意思。刚才黎明，把格子侧窗打开了，就有强风一阵吹了进来，脸上显得凉飕飕的，这是很有趣的事。从九月末到十月初，天空很是阴沉，风猛烈的吹着，黄色的树叶飘飘的散落下来，非常有意思。樱树的叶和椋树的叶，也容易散落。十月时节，在树木很多的家庭里，实在是很有风趣的。[27]

---

〔26〕秋末冬初的西北寒风，通称为落叶风，原本作"木枯"，言木叶悉为之枯落。

〔27〕意言在此时节，如树木很多，则红叶亦多，足供观赏。

第一六六段　风暴的翌晨

风暴吹过的第二日，是觉得很有兴趣的事情。屏障篱笆都东倒西歪了，那些地方的花木真是可怜的样子。大的树木倒了好几株，树枝都吹断了，固然是可惜；但是它们歪七竖八的爬在胡枝子女郎花的上边，实在是特别觉得遗憾。格子的每一格里，都很丁宁的吹进树叶子去，似乎不是那粗暴的风所做的事情。

穿着非常浓红，表面的颜色稍为褪色了的，以及朽叶色的织物和薄绸的小褂的女人，样子很是美丽，昨夜因为风声睡不着，所以早上起得迟了。起来对镜，从上房里踅了出来，头发为风所吹，吹得多少鼓了起来，散落在肩头的光景，实在是很漂亮的。在她很有兴趣的看着的时候，有一个少女，大约有十七八岁吧，虽然生得不很小样，可是也不见得特别像大人，披着生绢的单衣，浅蓝色也褪了，似乎被雨湿了的样子，衬着淡红色的寝衣，头发像是芦苇的尾花，剪齐的一端等身的长，比衣裾略为短一点，只有裤子却是鲜明的，从旁边可以看得见。她看着女童和年轻的女人们，把吹折了的花木从根本去收拾起来，倒了的扶直了，好像很是羡慕〔28〕的，推量着怎么办，在帘子旁边立着看，这样后姿也是很有意思的。

---

〔28〕 据《春曙抄》本解说，此处言羡慕者，看童女们整理花木，甚有兴趣，故亦欲参加去做，所说似亦近理。

第一六七段 叫人向往[29]的事

叫人向往的事是，隔着格子听见，这不像是使女的声音，是女主人低声的说话，回答的是很年轻的人的声音，随后是衣裳綷縩声，是人到来了的样子，这是吃饭的时候了吧。就听见筷子和菜匙混杂作响，提壶[30]的梁倒下的声音也听见了。

捶打得很有光泽的衣服上面，头发并不散乱的，整齐的分列着〔，这景象是值得怀念的〕。很漂亮的上房里，也不点着灯火，在长火炉里生着许多炭火的光里，照见几帐的丝纽的光泽很是美丽，还有卷上帽额的帘钩，也特别有光，鲜明的可以看见。收拾得很好的火盆，灰都弄得很平整，里面的火光照见火盆上的画也看得见，很是有意思。而且火筷子特别的显著，看去歪斜的放着，是有趣的事。

夜已经很深了，大家都已睡了之后，听见屋外有殿上人说着什么话，里边是收拾棋子，放进盒子里的声音，屡次的听到，这实在是很令人怀念的事。廊下点着灯火〔，似乎有人在那里，也很叫人注意〕。隔着格子什么听着，有男人进到里边来了，夜里忽然醒来，说着什么话听不明白，只听得男子隐忍的发笑，

---

〔29〕 原语是说“令人神往”，今写作“向往”，也仍是近于文言，但一时找不到适当的俗语。

〔30〕 提壶是贮酒类的器物，古代大抵用木桶，上有提梁，及后乃改用金属制造。

这是什么事呢，觉得是很有意思的。

第一六八段 岛

岛是，浮岛。十八岛。游岛。水岛。松浦岛。篱岛。丰浦岛。多度岛。[31]

第一六九段 滨

滨是，外之浜。吹上之浜。长浜。打出之浜。诸寄之浜。千里之浜，想来当是很宽阔的地方吧。

第一七○段 浦

浦是，生之浦。盐灶之浦。志贺之浦。名高之浦。须磨[32]

---

〔31〕岛名不一一考证，因为别无故实，亦多有不可考者，以后地名均从此例。

〔32〕原文云“古里须磨”，意云不知惩戒，取其语意双关，即作为须磨之浦的名称。

之浦。和歌之浦。

第一七一段 寺

寺是，壶坂寺。笠置寺。法轮寺。高野是弘法大师所住的地方，所以觉得有意思。石山寺。粉河寺。志贺寺。〔33〕

第一七二段 经

经是，《法华经》的可贵，那无须多说的了。《千手经》。《普贤十愿经》。《随求经》。《尊胜陀罗尼》。《阿弥陀大咒》。

---

〔33〕壶坂寺在奈良，供奉千手观音。笠置寺在京都，供奉弥勒菩萨。法轮寺在京都，供奉虚空藏菩萨。高野山金刚峰寺，在和歌山县，弘法大师留学中国回去，在此建立密宗佛教。石山寺在近江，供奉如意轮观音。粉河寺在纪伊，供奉千手观音。志贺寺在近江，原名崇福寺，供奉观音，今此寺已不存。

《千手陀罗尼》，这些都是可贵的。[34]

第一七三段 文

文是，《文集》。《文选》。文章博士所作的申文。[35]

第一七四段 佛

佛是，如意轮观音因为愍念众生的缘故，右手托腮想着的样子，真是世间无比的可以尊敬爱慕。千手观音，所有的六观

---

〔34〕《妙法莲华经》八卷二十八品，鸠摩罗什译。《千手千眼观世音菩萨广大圆满无碍大悲心陀罗尼经》一卷，伽梵达摩译。《普贤十愿》即《华严经》的“普贤行愿品”，计一卷，不空三藏译。《佛说随求》即《时得大自在陀罗神咒经》一卷，宝思惟译。《佛顶尊胜陀罗尼经》一卷，佛陀波利译。《阿弥陀大咒》即《阿弥陀如来根本陀罗尼》，亦称《甘露陀罗尼》。《千手陀罗尼》为千手观音的真言，亦称《大悲咒》。凡陀罗尼系是咒语，照梵文原语译音，不用汉文译意。

〔35〕“文”乃是指汉文所写的诗文，并不包括其本国的作品。《文集》即是《白氏文集》之略称，共七十卷，中国《白氏长庆集》，则有七十一卷。《文选》为梁昭明太子萧统所编的诗文总集，三十卷。申文见卷一注〔10〕。当时诸官职如有缺出，候补者具文申请，率请博士代笔，其文体例多仿唐时体制为之，小野篁等所作申文，至今尚多传流于世。别本在“《文选》”的后边，“博士的申文”的前面，还有下列几项：“《新赋》。《史记·五帝本纪》。愿文。表。”

音〔，都是可尊〕。[36]不动尊。药师佛。释迦如来。弥勒佛。普贤菩萨。地藏菩萨。[37]文殊菩萨。

第一七五段 小说

小说是，《住吉》，《空穗物语》之类；[38]此外是《移殿》，《待月女》，《交野少将》，《梅壶少将》，《人目》，《让国》，《埋木》，《劝进道心》，《松枝》。《狛野物语》里的人，遮了一把蝙蝠扇径自出去了的事情，是很有意思的。[39]

---

〔36〕如意轮观音凡有六臂，右边一手支颐，表示悯念有情，第二手持如意宝珠，第三手持念珠，左边手按光明山，第二手持莲花，第三手持轮，能破天道三障，即第六观音。六观音救济众生，能破六道诸障，即千手观音，圣观音，马头观音，十一面观音，准胝观音，如意轮观音。

〔37〕不动尊为五大明王之一，乃大日如来的化身，现愤怒相，降伏一切恶魔，亦称不动明王，乃是佛教密宗里的佛像。药师佛即药师琉璃光如来，地藏菩萨在释迦灭度之后，弥勒出现以前，在无佛的世界里，分身六道，专司救渡众生，故甚为日本人民之所信仰亲近。

〔38〕《住吉物语》今已不传，现今传存者系后世所作，大要是说中纳言兼左卫门督的女儿为继母所苦，寄居于住吉地方的尼庵，及后为关白的公子所见，复享荣华，唯终以继母的阴谋归于不幸。《空穗物语》二十卷，今尚存，亦称《宇津保物语》，宇津保译云空洞，盖主人公仲忠幼时随母住树洞中，故以为名。其后叙述仲忠与源凉，比赛弹琴，能致神异，各致富贵，见卷四注〔55〕以下。

〔39〕自《移殿》以下诸物语，今悉不传，其本事不能知悉了，但《狛野》里的主人翁有障着纸扇出去一节，由此可以知道。蝙蝠扇系一种简单纸扇，扇骨总共六根，只单面贴纸，见卷二注〔36〕。

第一七六段 野

野是，嵯峨野，那更不用说了。[40]又印南野。交野。狛野。[41]粟津野。飞火野。湿地野。早计野，[42]不晓得为什么起这种名字的呢？安倍野。宫城野。春日野。紫野。

第一七七段 陀罗尼

陀罗尼是，〔宜于〕黎明。

第一七八段 读经[43]

读经是，〔宜于〕傍晚。

---

〔40〕嵯峨野就在京都，其地便于野游，如观赏胡枝子或听虫声，最所熟知，所以更不用说。

〔41〕交野亦称片野，在大阪府。狛野则在京都，或即狛山的山脚。上文的小说，即以此二处为名。

〔42〕“湿地”及“早计”原文皆不写汉字，今亦不详其地，译文只能就音义相同的字中择取其一，未能决定。

〔43〕读经是说依照“声明”的学说，用了一种节调，高声朗诵佛经，中国旧日称作“梵呗”，就是指这种读法。

第一七九段 奏乐

奏乐是在夜里，人的颜面看不见的时节。

第一八〇段 游戏

游戏是，虽然样子不大好看，蹴鞠[44]是很好玩的。小弓。掩韵。[45]围棋。

第一八一段 舞

舞是，骏河舞。“求子”。[46]太平乐样子虽是不好看，[47]可是很有意思。带了腰刀什么，有点讨厌，但是也非常的有意思，

---

〔44〕蹴鞠系古代中国的一种踢球，因为是用脚踢，所以说样子不好看。

〔45〕小弓及掩韵，均见本卷注〔21〕及〔22〕。

〔46〕骏河舞是“东游”之一种，乃采取东国的风俗歌词入舞乐者。“求子”亦其一种，其名字或谓系“少女子”的转讹，或谓有人遗弃其子，及后更寻求，故有此名。

〔47〕太平乐系模拟战斗情形，故着盔甲带刀箭，横矛持剑而舞，亦称武将破阵乐。但这又一名“项庄鸿门曲”，谓汉高祖鸿门宴时的故事，项庄拟刺高祖，项伯则保护着他，故本文如此说，但此项传说实无所依据，唯可知在著者当时已有此说而已。

而且听说在中国，原来是和敌人一起对舞的。

鸟舞[48]〔，也是很有意思的〕。拔头[49]，披散了头发，鼓着眼睛的神气虽是有点可怕，可是〔不但饯舞态很好，〕就是音乐也是有意思的。落蹲[50]是两个人屈膝而舞。狛桙[51]〔，也是有意思的〕。

第一八二段 弹的乐器

弹的乐器是，琵琶。筝。[52]

---

〔48〕鸟舞即迦陵频舞，迦陵频伽译言妙音鸟，系印度传来的舞乐。舞人四名，着天冠狩衣，两手持铜钹，按节拍而舞。

〔49〕拔头系林邑舞乐，林邑即今安南，舞者着鬼面，披青丝为乱发，故说可怕。

〔50〕“落蹲”即纳苏利，舞者二人，弯腰屈膝，状甚滑稽，若一人独舞则称落蹲，此处盖指纳苏利的对舞，原是从高丽传来的舞乐。

〔51〕狛桙亦名持桙舞，亦高丽舞乐，舞者四人，持竿作棹，为划船之状。“桙”通作“矛”字读，（虽然中国训杆，）“狛”字训作“古末”，为高丽的古称，所以这可解作高丽矛舞，但其所谓矛者乃是长一丈二尺的使船用的家伙。

〔52〕筝，《和名类聚抄》云：“筝形似瑟而短，有十三弦。”

第一八三段 曲调

曲调是，风香调。黄钟调。苏合香的急。[53]春莺啭的曲调。想夫怜。[54]

第一八四段 吹的乐器

吹的乐器是，横笛很有意思。远远的听着，听他渐渐的近来，很是有趣。但由近处走远了，听着很是幽微，也极是有意思的事。在车子上边，徒步走着，或是马上，其他一切状况之下，或是收在怀中，无论怎样都看不见。这样好玩的乐器，是再也没有了。特别是所吹奏的，是自己所知道的一种调子，那时更是觉得佳妙。在黎明的时候，〔男子所〕忘记的留在枕头边的笛子，忽而看见了，也是很有意思的。等他后来差人来取，包了给他，简直是同普

〔53〕 苏合香系印度传来的乐曲，凡一切的乐都分三段，初曰序，中曰急，终曰破，此指苏合香的中段曲调。

〔54〕 “想夫怜”亦作“相府莲”，据兼好法师的《徒然草》所说，应以后者为正。《徒然草》第二一四云：“想夫怜的乐曲并不是女人恋慕男人的意思，本来乃是相府莲，因字音相同而转变之故。晋王俭为大臣，于家中种莲甚为喜爱，因作是曲。”唯《太平广记》二四二引《国史补》云：“唐司空于頔以乐曲有想夫怜之名，嫌其不雅，将欲改之。客有笑曰，南朝相府曾有瑞莲，改歌为相府莲。自是后人语误不及改。”那么这改名还是后起的事了。

通的一封信[55]一个样子。

笙在月亮很明亮的晚上，在车上什么地方听见吹着，是很有意思的事情。但是个子很是庞大，似乎是不便携带。吹的时候又是怎么样脸相〔，似乎不大好看〕。其实这在横笛也是一样，也有它的吹法的吧。[56]

筚篥实在很是吵聒，用秋虫来做比喻，可以说是像络纬[57]吧，有点讨厌，不想在近处听它。况且更是吹的很拙，那尤其很叫人听了生气了。但是在贺茂临时祭的日子里，乐人们还未齐集御前，只在什么后台里吹奏着横笛，听着很是漂亮，心想："啊呀，这真是有趣。"那时节筚篥从中间合奏起来，渐渐的提长了调子，这时候只觉得是非常的漂亮，就是平常头发怎样整齐的人，也会觉得毛发都要耸立起来[58]的吧。还有徐徐合奏着琴与笛子，从御前的院子走出去的那时，实〔在说不尽的〕有意思。

---

〔55〕古时书简都折叠作长条，所以形状相似。此处"普通的一封信"，或又解作"立封"，见卷二注〔8〕。

〔56〕脸相的难看与否，也看它的吹法如何，意思是说吹笛的有时也很难看。

〔57〕"络纬"原语云"辔虫"，谓其鸣声有似马的振动的辔头的声音，所以很是吵聒的，中国说是络纬，还是对它有好意的。

〔58〕即是毛发耸然，极言声音感人，沁人肌骨的意思。

第一八五段 可看的东西

可看的东西是，贺茂的临时祭。[59]行幸。祭后归还的行列。〔关白的〕贺茂参拜。[60]

其二 贺茂的临时祭

贺茂的临时祭那天，天色阴沉，很有点冷，雪片略见飘下，落在舞人和陪从的插头[61]的绢花和蓝色印花[62]的袍子上面，说不出的觉得有意思。〔舞人〕佩刀的鞘很明显的可以看见，半臂的带子垂了下来，仿佛磨过似的都有光辉，在白地蓝花的裤子中间，打衣的衣褶笔挺，望过去像是冰一样的有光泽，实在都很漂亮。[63]

本来也希望这个行列能够更多一点也好，但是祭礼的使者未必是什么了不得的人。若是什么国司的类，那尤其不值得看，

---

〔59〕 此项次序系参照别本改正，原本临时祭在最后，与下文所记不合。

〔60〕 贺茂祭的前一日，关白先至神社参拜，乘车率诸公卿，拜于社前，演东游骏河舞诸乐曲。

〔61〕 祭礼的使者，与舞人陪从一行人，均有插头的花，系用绢的造花，插在冠的上面，使者用藤花，舞人及陪从则用樱花及棣棠的花。下文说插头的藤花遮盖半面，盖是指国司之当使者的。

〔62〕 蓝色印花，舞人系是桐竹，陪从则是棕榈。

〔63〕 半臂见卷六注〔33〕。打衣见卷六注〔6〕，砧打衣物，使生光泽，文中以冰相拟，衣系红色，极言其色泽惊人。

觉得讨厌了，可是那插头的藤花，把侧面遮住了，也不是没有一种风趣，在走过去的时候自然引人注目。那些陪从的身份稍为低下的人，在柳色下袭[64]和插头的棣棠花之下，虽似有点不相称，很响的用扇打着拍子，高唱着“贺茂社的木棉手襁”的歌词，[65]也是很有意思的事。

其三　行幸

说到行幸，哪里还有〔更是盛大的事，〕可以和它相比呢？看见主上坐在御舆的那副神情，就是朝夕在御前供职的人，也觉得似乎忘记了一切，只是非常威严庄重，还有那些平常不大看得起的〔身份很低的〕官员和〔骑马先驱的〕姬太夫[66]，也似乎另眼相看，特别可以珍重了。执着御舆〔四角〕的纤的大

---

〔64〕柳色下袭，系表白里青。

〔65〕“木棉手襁”乃古代语，木棉即今棉花。但古时系指楮树的纤维，作为绳索，用于神事。《日本书纪》记第十九代天皇允恭天皇时事，于四年（四一五）九月在神前举行探汤，云“诸人各着木棉手襁而赴釜探汤”。“木棉手襁”即用楮绳，交加胸前，络两袖俾便于做事，如为神设供时常用之。原本的歌见于《古今和歌集》卷十一，乃系恋爱的歌，其词曰：“武勇的贺茂社的木棉手襁，我是没有一天里，不把你带在身上呵。”但在同书卷二十，有藤原敏行所作的，题作《冬天贺茂祭之歌》，其词曰：“武勇的贺茂社的松树啊，千年万年经过了，颜色也不会变。”后来稍为改变，作为东游中“求子”的曲词。这里大约是“贺茂社的松树”的误记。

〔66〕见卷八注〔39〕。

舍人次官，以及警卫的近卫府的中将少将，[67]也是很漂亮的。

其四 祭后归还的行列[68]

祭后归还的行列是非常有意思的。在前一天，万事都是整然，一条大路上扫的很是干净，日光很热的晒进车里来，很有点儿眩目，用桧扇遮着脸，屡次挪动坐位，长久的等待着，很难看的流着汗，到了今天早上出去，在云林院知足院[69]的前面停着的车子上，挂着的葵枝[70]也已显很枯萎了。太阳虽然已经出来，天空却还是阴沉。平常总是等着，夜里也不睡觉，想听它叫一声的子规，却似乎有许多在那里的样子，很响亮的叫着，煞是很漂亮，这中间还夹杂着莺的老声，[71]在学着它叫，虽然有点觉得可憎，但也是很有意思的。

心想行列什么时候来呢，这样的等候着，从上贺茂神社，

---

〔67〕中务省设有大舍人寮，宿直禁中，供奉杂役。御舆四角有绛，由次官及近卫中少将执持而行。

〔68〕贺茂祭系贺茂神社的祭礼，以是日凡侍奉的人们及衣冠车辆，悉以葵叶为饰，故亦称葵祭。于四月中第二个酉日举行，次日有归还的仪式。贺茂祭例以皇女一人为斋主，称为“斋院”，即斋院归还其所居紫野的名称，沿途观者甚多。

〔69〕云林院知足院在京都船冈的南边，前面一带为观览者聚集的地方。

〔70〕“葵”是冬葵之类的总称，此乃系别种，名为二叶葵，实乃细辛之属，取二枝交叉作饰，号曰葵鬘。

〔71〕“莺的老声”言莺啼已过时，声音苍老了，见卷三注〔28〕。

有穿着红衣的人们[72]走了过来。问他们道：

“怎么样，归还的准备完成了么？”回答道：

“还不知道是什么时候哩！”说着，便拿了御舆和腰舆过去了。[73]想〔那斋院〕就乘坐这个的了，觉得很可尊贵，但是为什么在身边使用这些卑微的人们呢，又很是惶恐的事了。

虽是人们说是还时间遥远，但是归还的行列却是不久就来了。行列中从桧扇[74]起首，随后是青朽叶色[75]的服装，看去似有意思，加之藏人所的杂色穿着青色的袍和白的下袭，随便的披着，觉得似乎像是水晶花开着的篱笆，或者子规鸟就会躲在这树荫里的吧。

昨日〔出来游览的时节，〕在一辆车子上坐着许多人，穿着二蓝的直衣，或者是狩衣，[76]乱七八糟的，打开了帘子，不疯不癫闹着的贵公子们，今天却因为作为斋院宴飨的陪客，[77]俨然正式的装束，车子上一个人端然的坐着，后边又陪乘着殿

---

〔72〕穿褪红色的布的狩衣的是服役的人夫，此处指舆夫的人。

〔73〕御舆即肩舆，轿杠搁在抬的人夫肩上，腰舆则杠上系绳，抬时比肩舆要稍低了些。凡远路用肩舆，路程近则用腰舆，故往往两者并用。

〔74〕女车揭了帘子，女官们用桧扇遮面，“扇”字《春曙抄》本作“葵”，乃解作头上所饰的葵叶了。

〔75〕青朽叶系一种织物的颜色，表面经青纬黄，色如青色的朽叶，里面则用青色，见卷一注〔12〕。

〔76〕直衣见卷一注〔11〕。狩衣本系狩猎时衣服，阙掖窄袖，六位以上的常服。

〔77〕贺茂祭归还之后，斋院在紫野宴飨主客，以殿上人作陪。

上童〔78〕，这样子也是很有意思。

行列过去了之后，不晓得大家为什么这样着忙的呢。都各自争先恐后的，急忙想要前去，简直是近于可怕的危险。自己伸出扇去，〔对了赶车的人〕说道：

“不要这样着急，慢慢的走好了。”也并不肯听，没有办法在稍为广阔的地方，硬叫停住了等着，赶车的很是焦急，心里一定觉得主人很是可恨吧。但是这样的看许多车子很有威势的跑过去，实在是很有趣的事情。适当的让别的车子都过去了，前面的路有点像山村了，甚有风趣，什么水晶花篱笆上，枝干茂生，看去很是荒野，伸长到路上的树枝也很不少，花还没有十分开齐，有许多是蓓蕾，便叫折了些来，插在车子的各个地方，昨日所插的枫枝〔79〕已经枯萎了，觉得很是遗憾，似乎这个更是有意思。远远看去仿佛是走不过去〔80〕的道路，及至渐渐走近了，却也并不这样，这是很好玩的。男人的车子也不知道主人是谁，跟在后面来了，这似乎与平常普通的有点不同，〔81〕觉得有意思，到了

---

〔78〕 殿上童见卷八注〔13〕。

〔79〕 贺茂祭时用为装饰的植物有两种，普通说是葵与桂，葵实是细辛，桂则是枫树，但此种枫叶乃是圆形的，与普通五岐的会变成红叶的不同。

〔80〕 《春曙抄》本等解作车马辐辏，疑若不能通行，近人则作远望山路解，似更合理，今从之。

〔81〕 亦可解为与平常时候不同，但文中意思则谓与女车跟了来，其情景便不一样。

分路的地方，朗诵着“在峰头分别”[82]的歌词，也是很有意思的事情。

第一八六段 五月的山村

五月时节，在山村里走路，是非常有意思的。洼地里的水只见得是青青的一片，表面上似乎没有什么，光是长着青草，可是车子如笔直的走过去，进到里边，却见底下是无可比喻的清澈的水，虽然是并不深，赶车的男子走在里边，飞沫四溅，实在很是有趣。路旁两侧编成活篱笆的树枝，都挂到车上面，有时还伸进车里边来，急忙的把它抓住，想拗折一枝下来，却被滑出去了，车子空自走过，觉得很是懊恨。有蒿艾给车子所压了，随着车轮的回转，闻到一股香气，这也是很有意思的。

第一八七段 晚凉

天气非常的热，正是乘晚凉的时候，四周的事物已经不大看得

---

〔82〕《古今和歌集》卷十二有壬生忠岑的一首短歌，本是言情的，其词曰：“风吹白云，在峰头分别了，是绝无情分的你的心么？”这里便是截取了中间这一句。

清楚，看见有男车带着前驱走过，〔很有风趣〕是不用多说的了。就只是普通的〔殿上〕人，车子后的车帘卷上了，两个人或是独自坐着，跑了过来，似乎很是凉爽的样子。特别是〔对面走过来的车里，〕弹着琵琶，吹着笛子，径自过去了，仿佛有点儿惋惜，但是莫名其妙的在这一忽儿，闻着不曾嗅到过的牛的鞦带[83]的皮革的气息，觉得很有兴趣，似乎这是颇奇怪的事。在很暗黑的，月亮全然没有的晚上，前面走着的〔男车〕所点着的火把的烟气，飘浮到车子里边来，也是有意思的。

第一八八段　菖蒲的香气

端午节的菖蒲，过了秋冬还是存在，都变得很是枯槁而且白色了，甚是难看，便去拿了起来，〔预备扔掉，〕那时节的香气却还是剩余着，觉得很有意思的。

第一八九段　余香

衣服上薰得很好的香，经过了昨日，前日和今日好些时候，

〔83〕“鞦”亦作“緧”，牛马尾后的系带，以皮革为之。《考工记》云：“必緧其牛后。”日本古时皆以牛驾车，见卷二注〔9〕。

有些淡薄了几乎忘记。〔夜里〕将这件衣服盖上，觉得在那里边还有薰过的余香，比现今薰得还要漂亮。

第一九〇段 月夜渡河

在月光很亮的晚上，渡过河去，牛行走着，每一举步，像水晶敲碎了似的，水飞散开去，实在是很有意思的事情。

第一九一段 大得好的东西

大得好的东西是，法师。水果。家。饭袋〔84〕。砚箱〔85〕里的墨。男人的眼睛，太细小了便像是女人的，但是，大得像是汤碗〔86〕相似，也是可怕的。火盆。酸浆。〔87〕松树。棣棠花的

---

〔84〕“饭袋”原称“饵袋”，是给鹰装食物的袋子，转为盛饭食和点心的器具。

〔85〕砚箱即中国所谓“文房四宝”，系用木盒上加漆绘，其中有砚及笔墨，亦有瓷铜所制的水滴。

〔86〕“汤碗”原称“金碗”，系指金属所制，盛汤水用者，普通说眼睛如金碗，即言其大而有光。

〔87〕酸浆又名姑娘菜，又名灯笼儿，结子红色，味酸，故名。小儿除去其中细子，以空壳纳口中，嘘气出入，咬压有声以为嬉戏。日本儿女甚喜玩弄，似十世纪时已有此俗。

花瓣。马同牛，也是好的个儿大。

第一九二段 短得好的东西

短得好的东西是，赶忙缝纫时的针线。灯台〔，也是矮的明亮〕。身份低下的女人的头发，这是整齐而且短的好。人家的闺女的讲话。

第一九三段 人家里相宜的东西

人家里相宜的东西是，厨房。从人的休憩所。扫帚的新的。食案。女童。使女。屏障。三尺的几帐。装饰很好的饭袋〔88〕。雨伞〔89〕。粉板〔90〕。橱柜。提壶。酒注子。中型食桌。〔91〕坐墩〔92〕。曲廊。地火炉。画着花的火盆。

---

〔88〕 饭袋见上注〔84〕。

〔89〕 中国古时称无柄曰笠，有柄曰簦，即是雨伞。日本统名为笠，但因为从中国传来，故特称之为“唐笠”。

〔90〕 原名“书板”，以白板涂漆，备随时记帐之用，中国民间称为水板。

〔91〕 日本有食案，供一个人的使用，此则系更大者，长四尺者为中型。

〔92〕 坐墩系蒲团之属，或以帛类制成，故可称作锦墩。

第一九四段　各样的使者

在出外的路上，看见有漂亮的男子，拿着折叠得很细的立封[93]，急忙的行走，这是往哪里去的呢，不禁想问一声。又有很整齐的童女，穿的汗衫并不很新，但是穿惯了有点柔软了，屐子却是色泽很好，屐齿上沾着许多泥，拿着白纸包着的东西，或是盒子盖上装着几册的书本，向那里走去，我真想叫了来，问她一番呢。在她从门前走过的时节，想要叫她进来，可是不客气的走去了，也不答应，那使用的主人〔毫不知情趣，〕也就可想而知了。

第一九五段　拜观行幸

拜观行幸，极是漂亮的事，但是公卿们和贵公子们，〔却是徒步，〕没有车子供奉，略为觉得有点寂寞。

第一九六段　观览的车子

比什么事情最叫人觉得讨厌的，是坐着寒蠢的车子，装饰

---

〔93〕立封，见卷二注〔8〕。

也很是简陋，却出来观览的人了。假如去听讲经，那倒是很好，因为本是希望罪障消灭的嘛。但是即便如此，太是这样，也总是难看的吧。这种人，其实是贺茂祭什么的，便是不看也罢了。车上也没有帘帷〔94〕，只用白布单挂着。在祭礼的当日，这才准备了车子和车帷，以为是这样差不多过得去了，但是出来看到更好的车子，便会相形见绌，觉得为什么坐着这种寒蠢相的车子出来的吧。

在街路上往来的贵公子的车，分开了人丛，走近自己的车边停住了，这时直觉得心里震动。想在好的地方停车，从人们也是催促，早上很早就出来了，等待得很长久，车子里却很宽敞，有时坐下，有时站起来，很是闷热，正在等得不耐烦，这时候有作为斋院的陪客的殿上人，和藏人所的员司，弁官，少纳言等人，坐在七八辆车子上，陆续的从斋院那边过来了，那么这是时候到来了，心里觉得紧张，很是高兴。

殿上人差人过来，〔对了看台的主人〕来打招呼，这时给前驱的诸人请吃水饭〔95〕，把马都牵到看台下边来，有些名家子弟〔做那前驱的人〕，〔看台的〕杂色就下来，替他拿住辔头什么，这是很有意思的。但是对于那些不够身份的人，却就置之不理，实在觉得有点过意不去。

---

〔94〕“帘帷”原文“云下帘”，系车帘下的帷帐，故竹帘称为上帘，多以白的生绢为之。

〔95〕水饭谓以水泡饭，先用米煮成饭，再晒干，称为干饭，为干粮之一种，吃的时候只用水泡便好了。

斋院的御舆走过来了，所有车子的车帘全部放了下来，〔表示惶恐之意，〕等到过去之后，再急忙的卷上，这样子也是很好玩的。

到自己的车子前面，想要停住的车，用力去制止它，但是车夫说道：

“为什么在这里不能停的呢？”很是强辩，觉得对于从人不好再说，便只得去告诉主人，这也是有意思的事。已经没有停车的余地了，但是阔人家的车子以及副车〔96〕，都还陆续到来，看它停在什么地方呢，只见前驱的人们都纷然下马来，把在那里停着的车子，全都拉开了，留出地位来，让副车也给歇着，实在是很大的威势。那些被驱逐的无聊的车子，只好再把牛驾上，摇摆着往有空当的地方去，这模样实在是够寒蠢的。有些华美的车子，却不至于这样无理的被逐。有的也还整齐，却很有土气，不断的把下人叫到车边来，拿出乳儿来叫抱着〔，那些也是很难看〕。

第一九七段　湿衣

〔有女官〕传说这话出去道：

“有个不应当的人，清早从后殿里，〔97〕叫人打着雨伞出去了。”仔细的一打听，这事情乃是关系着我的。其实那人虽是地

---

〔96〕副车系随从的车子，亦或称后车。

〔97〕后殿指宫中女官宿处。“不应当的”谓没有身份，不得住宿的人。

下人[98]，也并不怎么寒蠢，而且也并没有为人家所非难的事情，觉得这是好奇怪的事。正在这样想着，中宫差人送信来了，并且说道：

“赶快要回信。”心想这是什么事呢，打开看时，信上画着一把大伞，不见有人，但是画着撑伞的手，底下题句道：

“三笠山[99]的山边，

天色微明的时节。”中宫对于什么琐屑的事情都极为敏感，很可佩服。觉得有些无聊可厌的事，都不愿意让她知道，现在又有这样的谣言出现，很是遗憾。可是看见那信也觉得有趣，就拿了一张纸，画出正落着大雨，在底下写道：

“并不是下雨，

却给浮名落在身上了。[100]

这样的情形，那么正是所谓湿衣[101]了吧。”这样的启奏上去，后来中宫说给右近内侍等人听，并且笑了。

---

〔98〕地下人，见卷一注〔22〕。

〔99〕《拾遗和歌集》卷十八有一首歌道：

“真是奇怪的，

我是着了湿衣了，

〔我的雨具〕是给三笠山的人

借了去了。”中宫的题句盖取材于此，隐喻那两天早晨的话乃是谣言，著者也就了解此意，敏捷的做了回答。或谓三笠山系近卫府将官的隐语，故上文住宿的人或是近卫少将吧，虽略近穿凿，也颇有意思。

〔100〕歌意说“落在我的身上的，乃是谣言，而不是雨”。原文“落”字双关谣言的流传，“浮名”原文只是“名”字。

〔101〕湿衣穿在身上，甚是难过，系是指冤罪。

第一九八段 青麦条

住在三条宫中的时候，[102]到了五月节，〔从六卫府〕送到菖蒲的车子，[103]〔缝殿寮〕进呈香球。年轻的女官们和御匣殿[104]都做了香球，给公主和皇子挂上了。[105]有很是好看的香球从别的地方也献了上来，我却只把人家送了来的叫作青麦条[106]的东西，用青色的薄纸，铺在很好看的砚箱盖[107]上，盛了进上去，说道：

“这是隔着马栅[108]的东西。”中宫便从那薄纸撕下一角来，写一首和歌作答道：

---

〔102〕中宫因了兄弟的事情，很是失意，于长保元年（九九九）八月由宫中移居大进平生昌的三条邸宅，暂时作为中宫的行宫，这里所记即是次年五月间的事情，中宫也就于这年的年底谢世了，年仅二十四。

〔103〕端午节宫中到处须插菖蒲，故需用极多，须整车的送进去。

〔104〕御匣殿系关白的四女，为中宫的妹子，中宫殁后，由她代为敦康亲王的养母。

〔105〕公主指中宫的女儿修子内亲王，皇子则指敦康亲王。

〔106〕原意云青钱串，系取初熟麦粒，炒熟去皮磨粉，搓作细条，作为点心之一种。中国亦有之，但不知其名，唯《燕京岁时记》中有云：“四月麦初熟时，将面炒熟，合糖拌而食之，谓之炒凉面。”

〔107〕古时砚箱的盖多极精致，率用漆绘，多用以盛果肴，后世有拼盘食物，遂相沿称为砚盖云。

〔108〕《和歌古今六帖》有一首和歌，是这句话的根据，其词云：“隔着马栅吃麦的小马，很不容易够得着，我也是这样的爱慕着啊。”这里著者表明自己思慕中宫的感情，决不致受外界的障碍而有变化。是时中宫虽已晋升为皇后，但关白道长的女儿彰子于二月间晋为中宫，扶植她的势力，其后曾招著者前去供职，辞谢不去，可见这里所说的话是确实的了。

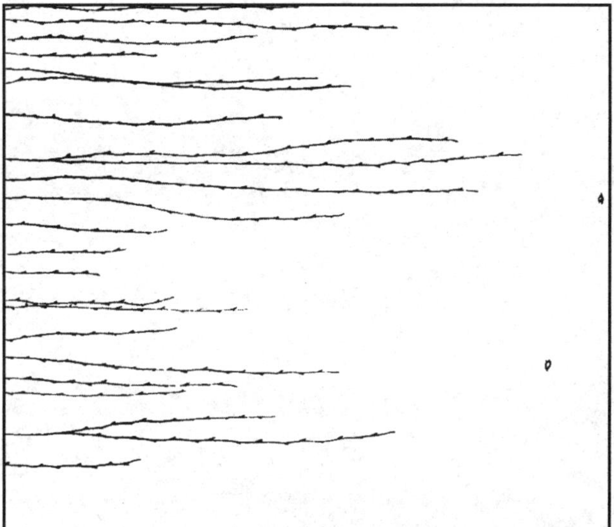

“人家都忙着，

说花呀蝶呀的时节，[109]

只有你是我知心的人。”

这是十分的可以纪念的。

第一九九段 背箭筒的佐官

十月里过了初十的一个月色很是明亮的晚上，大家说在那里走走看吧，有十五六个女官，都穿着浓紫的衣服在上边，把头发藏在衣内，[110]只有中纳言君[111]穿着红色的笔挺的衣服，披散的头发移在颈子的前面。大家都说道：

“这真是很可惜。”又说道：

“倒是很像呢，是背箭筒的佐官[112]哩！”年轻的人给她起了这样一个别号。大家在她背后，立着说笑，她本人还不知道。

〔109〕“花呀蝶呀”，言别人都送华丽的东西，只有你却赠这样质朴之物，深知我的心情，“花呀蝶呀”又隐喻人的奔向荣华，趋炎附势。

〔110〕头发藏在衣内，不散披在后边，见卷三注〔60〕。

〔111〕中纳言君系一女官的名称，见卷七注〔18〕。

〔112〕原文云“靭负之佐”，系指靭负司的次官，“靭负”意云背箭筒的，即是门卫府的官员，平常着浅绯色衣，这里盖因为红衣所以联想到的吧。

第二〇〇段 善能辨别声音的人

成信中将〔113〕善能辨别人的声音。同在一处的人，如不是平常听惯了，谁也不能分别出这是谁来。特别是在男人，对于人的面貌和声音，是不容易看得清楚或听得清楚的。中将却连非常微细的说话，都能够分别得很清楚〔，实在是很可惊异的〕。

第二〇一段 耳朵顶灵的人

像大藏卿〔114〕那样耳朵灵的人，是再也没有了。真是连蚊子的睫毛落下地，也可以听得出来吧。〔115〕我住中宫职官署的西厢〔116〕的时候，同关白家的新中将〔117〕说着话，其时有在旁边的一个女官说道：

"请你把那中将的扇子的画的事情，说给我听吧。"她用

---

〔113〕成信中将即源成信，时为权中将，见上文第十段。

〔114〕大藏卿为大藏省即财政部的长官，其时为藤原正光，系前关白兼通的儿子。

〔115〕蚊子的睫毛落地也能听见，盖系当时俗语，形容耳聪，出典当在中国。《春曙抄》本谓《列子》有"焦螟群飞，集于蚊睫"之句，谓蚊睫盖本于此，或有此可能，因为平常不会想到蚊子的眼睫毛去。

〔116〕此系指长德四年（九九八）三月间事，见上文第四六段。

〔117〕关白家的新中将即前一段的成信中将，因其为左大臣道长的养子。新任近卫中将，故如是称呼。

很低的声音说，我回答她道：

“现在那位就要走了，等那时候〔告诉你吧〕。”幽幽的在她耳边说了，她还没有听见，只是说道：

“什么，什么？”侧着耳朵问。大藏卿远远的却听到了，拍手说道：

“真可恨呢。既然那么说，我今天就不走了。”这是怎么听见的呢，想起来真是出惊。

第二〇二段 笔砚

砚台很脏的，弄得满是尘土，墨只是偏着一头磨，笔头蓬松的套在笔帽里，这样的情形真是觉得讨厌。所有的应用器具都是如此。但在女人，这是镜和砚台上面，最显得出主人的性格来。在砚箱的盖口边沿上积着尘土，却丢着不加打扫，这种事情很是难看，在男子尤其如此。总要书桌收拾得很是干净，如不是几层的，也总是两重的砚箱，样子很是相调和的，漆画的花样并不很大，却是很有趣的，笔和墨也安放得很好，叫人家看了佩服，这才很有意思。说是反正都是一样的，便把缺了一块的砚台，装在黑漆的盖都裂开了的砚箱里，砚上只有磨过墨的地方才有点黑，此外砚瓦[118]的瓦纹里都积着灰尘，在这一世里也扫

〔118〕这里是指瓦砚，是砚中的劣品。

除不清，[119]——在这样的砚台上，水尽淌着，青瓷水滴的乌龟[120]的嘴也缺了，只看见颈子里一个窟窿，也不怕人家觉得难看，坦然的径自拿到别人面前去，这样的人也是有的。

拉过人家的砚台来，想要随便写字，或是写信的时候，人家就说道：

“请你别用那笔吧。”这样的给人说了的时候，实在觉得无聊吧。就此放下，似乎不大好意思，若是还要使用，那更是有点可憎了。对方的人是这样的感觉，这边也是知道，所以有人来用笔的时候，便什么也不说的看着。可是不大能写字的人，却是老想写什么似的，所以把自己好容易才用熟了的笔，弄得不成样子，湿淋淋的饱含了墨，用了假名在细柜[121]的盖上，乱写什么“此中藏何物”[122]，写完了把笔横七竖八的乱抛，笔头浸在墨池倒了，真是可气的事情。虽是如此，却不能说出来。又在〔写字的〕人前面坐着，人家说道：

“呀，好黑暗，请你靠里边一点。”这也是很无聊的。在写字的时候前去窥探，给人家发见了，说些闲话〔，也是很无聊的〕。但是这在相爱的人，却是也无妨。

---

〔119〕极言灰尘之多，一时扫除不尽，在《春曙抄》曾指出措词颇为滑稽。

〔120〕水滴亦称水注，古时文房具的一种，以瓷为种种物形，中蓄清水，这里所说乃是青瓷的小龟，从其嘴出水。

〔121〕细柜，见卷七注〔118〕。

〔122〕原本此句系用假名（即用汉字偏旁所成的日本字母）所写，当作“古波毛乃也阿利”，今译其意义如此。

第二〇三段 书信

这虽然不是特别值得说的事，但是书信实在是很可感谢的。遥远的住在外地的人，很是挂念，不知道现在是什么情形，偶然得到那人的来信，便觉得有如现今见了面的样子，非常的觉得高兴。又把自己所想的事情，写了寄去，就是还未到着了那地方，可是仿佛自己已经满足了。若是没有书信的话，那就会多么忧郁，心里没有痛快的时候呵。在种种思虑之后，把这些写了送给那人，这至少对那人的挂念总已经消除了，况且若是更能见到回信，那简直同延长了寿命一样了。这话实在是有道理的。

卷十

第二〇四段 驿

驿是，梨原驿。日暮驿。望月驿。野口驿。山驿[1]，关于这驿曾经听说有过悲哀的事情，近时又有悲哀的事，前后联想起来，实在深受感动的。

---

〔1〕各处地方有同名的驿站，或写作“野摩”，或写作“夜麻”，但所说悲哀的事情，则无可考。

第二〇五段 冈

冈是，船冈。片冈。鞆冈是小竹所生[2]的山冈，所以很有意思。会谈冈。人见冈。

第二〇六段 社

社是，布留社[3]。生田社。龙田社。花渊社。美久利社。杉树之社，〔如古歌所说，〕就以这为目标[4]吧。万事如愿明神是很可尊信的，但是如果“单是听着人家的祈愿”，〔那么

---

〔2〕 鞆乃是射箭的时候，戴在左肘上，防止箭翎擦伤的皮套。小竹所生的出典是在《神乐》的歌里说：

“这个小竹是哪里的小竹呀？
舍人们腰间所插的鞆冈的小竹。”

〔3〕 据传说，昔有女子在河中洗布，从上流有剑流下，万物遇之皆破，遂止于此布的上面，因建神社名曰布留。

〔4〕 这是指在大和的三轮神社，奉祀大物主神。传说云昔有女子名生玉依姬，遇一伟丈夫，每夜就之，不详所自来，其家人因令女以麻线刺其衣裾，翌晨寻其踪迹，入于三诸山的神社，线余留不尽者凡三圈，因名其地曰三轮山，其人盖是大物主神。《古今和歌集》卷十八有歌曰：

“我的庐舍在三轮山麓，
如恋慕我可以来访，
有杉树立着的门便是。”这里所说以杉树为目标，即指此。

也会有〕叹息的日子的吧，[5]给人这样的说，想来是很有意思的。蚁通明神[6]，纪贯之的马生了病，说是犯了神怒的关系，贯之作歌奉献，于是就平复了，[7]实在是有意思的。

其二 蚁通明神缘起

这蚁通的名字是怎么样起来的呢？也不知道这是不是真的事情，总之据说，在古时候，有一位皇帝，他只爱重那年轻的人们，把四十岁以上的人要全给杀了，所以都逃到外地远国去了，在都城里完全没有这样的老人了。其时有一个近卫中将，是当代顶有势力的人，思想也特别的贤明，他有着七十岁左右的双亲，老人们说：

“既然四十岁都有禁，何况〔将近七十岁的人，〕实在更是可怕了。”正在那里恐慌惊扰。但是中将是非常孝顺的人，他想道：

决不能让两亲住在远处，一天非见一回面不可。便偷偷的

〔5〕《古今和歌集》卷十九《俳谐歌》中，有一首云：

“单是听着人家的祈愿，
那么神社自身也会有
叹息的日子吧。”末一句原作“变做悲叹的树林吧”。

〔6〕蚁通神社在今大阪府泉南郡。

〔7〕纪贯之是九世纪时日本有名歌人，集中曾说在暗夜因为乘马走过蚁通神社，遂触神怒，马忽生病，作歌陈谢，始愈云。日本古时相信歌有神力，能通天地，动鬼神，常用代祈祷，作歌乞雨。

在每夜里将家里的土掘起来，在土窟中造一间房子，把他们藏在里边，每天去看望一次。对于朝廷和世间，只说是失踪了。其实是何必如此呢，老在家里住着的老人们，只装作不知道就是了。[8]这真变成十分讨厌的世间了。老人原来不晓得是不是公卿。但是有着这中将的儿子，〔可见并不是平常的人，〕非常贤明，什么事情都知道。那个中将虽是年轻，却也很有才能，学问很深，皇帝也以他为当时第一有用的人。

当时唐土的皇帝常想设计骗这皇帝，袭取此国，来试验智慧，或设问答比赛。这一次，将一根木头，削的精光，大约二尺长，送了过去，说道：

“这木头哪一头是它的根，哪一头是树梢呢？”没有法子能够知道，皇帝十分忧虑，中将觉得他可怜，便到父亲那里，告诉他有这样这样的事，他父亲说道：

“这很不难，站在水流很快的河边，把木头横着投到水里去，回过来向着上游，流了下去的那一头是末梢。这样写了送去好了。”这样的教了，中将随即进宫，算作自己的意思，说道：“我们且试了来看。”便率引了众人走到河边，将木头投入，将在前边的一头加上记号〔算它是梢〕，真是这样的。

这回又将两条二尺长的同样的蛇送了来，说道：

“这蛇哪个是雄的，哪个是雌的呢？”这件事又是谁也都

〔8〕这几句话疑是故事中所原有，故殊似累坠，不甚简洁。

不知道。于是那中将照例的往问他的父亲，说道：

“把两条蛇并排的放着，用一根细嫩的树枝接近尾部去，其摆动着尾巴的便是雌的。”赶紧来到宫里，这样的做了，果然一匹不动，一匹摆动着尾巴，又做上了记号送去了。

这以后过了很久，送来了一颗珠子，这颗珠子很小，其中有孔，凡有七曲，左右开口。说道：

“把这个穿上绳子。在我们国家，是谁都会做的。”这无论怎么工巧的人，也都没有办法了。上自许多公卿们，下至世间的一切人，都说：“不知道。”于是中将又去〔找他的父亲，〕说这样这样的一件事情，回答道：

“找两个大的蚂蚁来，在腰间系上了细丝，后边再接上较粗的线索，〔放进孔里去，〕在那边孔的出口涂上一点蜜试试看吧。”这样的说了，中将照样对皇帝讲了，将蚂蚁放了进去，蚂蚁闻见蜜的香气，当真的从那出口走出来了。于是把那用线穿了的珠子送到唐土去。以后才说道：

“日本也还是有贤人在。”后来就不再拿这种难题来了。〔9〕

---

〔9〕 此种故事，殆属东洋所共有，中国有《绎史》引《冲波传》云：孔子被围于陈，令穿九曲珠，子贡问于采桑娘，教以蜜涂丝以系蚁，烟熏之，蚁乃过。印度在《杂宝藏经》卷一有《弃老国缘》一篇，与老人的智慧相结合，与此尤相类。有仙人化身，提出种种难题，共有九个，其中间蛇的雌雄和檀木本末，与这里完全一致，此外有问象的重量一节，则与中国的传说是一样的。

皇帝对于这个中将以为大有功于国家的人，说道：

“将给与什么恩赏，授与什么官位呢？”中将回答道：

“决不敢望更赐官职，只是有年老的父母失踪了，希望准予寻求回来，住在京城里面。”皇帝闻奏说道：

“这实在是极为容易的事。”准许了中将的请求，万民的父母听见了这事，都十分的欢喜。据说皇帝后来重用中将，直至位为大臣。因为这个缘故，人们才把中将作为蚁通明神的吧。这位明神对于往神社的人一夜里示梦道：

“钻过了七曲的珠子，

所以有蚁通的名称的，

于今恐已没有人知道了吧。”据人家传说，是这样的说的。

第二〇七段 落下的东西

落下的东西是，雪。雪珠。雨夹雪〔10〕虽然稍为有点可憎，但在纯白的雪里边，夹杂在内那也是很有意思的。雪积在桧皮屋顶〔11〕上，最为漂亮，在稍为融化的时节，又落下好些来，刚

---

〔10〕原文用汉字作“霙”，《玉篇》云：“雨雪杂下。”

〔11〕日本古代建筑以桧木葺屋顶，见卷五注〔24〕。但下文说瓦楞，又是瓦顶了。

落在瓦楞里，使得黑白相间，很是好玩。秋季的阵雨[12]和雨夹雪，是落在板屋上[13]为佳。霜也是板屋，或者在院子里。

第二〇八段　日

日是，夕阳。当太阳已经落在山后的时候，太阳光还是余留着，明亮的能看见，有淡黄色的云弥漫着，很是有趣。

第二〇九段　月

月是，蛾眉月。在东山的边里，很细的出来，是很有趣的。

---

〔12〕原文称“时雨”，意云过路雨，与“阵雨”的意义正相近似。

〔13〕雪珠落在板屋上，琅琅有声，甚是好听，这是从听觉上着想，但下文说霜也宜板屋，则又是说好看了，乃是从视觉上立说的。

第二一〇段 星

星是，昴星[14]。牵牛星。明星[15]。长庚星。奔星[16]，要是没有那条尾巴，那就更有意思了。

第二一一段 云

云是，白的，紫的，黑色的云，都是很好玩的。风吹的时节的雨云〔，也是很有意思的〕。天开始明亮时候的云，渐渐的变白了，甚是有趣。“早上是种种的颜色”，诗文中曾这样的说。[17]月亮很是明亮，上面盖着很薄的云，这是很有情趣的事。

---

〔14〕 昴星即七曜星，中国俗名七簇星。

〔15〕 明星即金星，亦名太白星，朝见称启明，夕见则称长庚，这里所说即是启明星。

〔16〕奔星乃是流星的别名，因流星奔向一处，有如人投其所欢，故名。流星行速，远望如有尾然。

〔17〕所云出典未详，宋玉《高唐赋》中有云：“朝为行云，暮为行雨。”或为此句所本，但原本并未说云的颜色。

第二一二段 吵闹的东西

吵闹的东西是，爆的炭火。板屋上面乌鸦争吃斋饭。[18]每月十八日观音的缘日，[19]到清水去宿庙的时候。到傍晚了，灯火也还没有点的时候，从外边到来了许多的人，而且这些都是从远地或是乡下来的，家里的主人这才回来，这实在是够忙乱的。近处说是火发了，却是得免于被烧〔，这情形也是很乱的了〕。观览终了，车子回来很是杂沓。

第二一三段 潦草的东西

潦草的东西是，低级女官的梳上头发[20]的那姿态。中国画风的革带的里面。[21]高僧的起居动作。[22]

---

〔18〕僧家过午不食，午前吃饭曰斋。食时先取饭食少许，以供鬼神，施饿鬼，曰众生饭，略称“生饭”，投于屋上，供鸦雀之食。

〔19〕“缘日”意谓“有缘之日”，即诸佛菩萨成道或示现的日子，与众生有缘，群往参拜，遂作为“庙会”之称。十八日系观音成道之日，清水寺在京都，供奉十一面观音。

〔20〕女官照例是披着头发，今将头发梳上了，所以显得是潦草了。

〔21〕革带里面的中国画，其情形未详，大概这是一种漆画，却是较为简略的吧。

〔22〕《春曙抄》云，遁世的高僧对世评无所关心，故举动多是随意的。

第二一四段　说话粗鲁的事

说话粗鲁的事是，巫祝的读祭文。[23]摇船的人夫。雷鸣守护阵的近卫舍人。[24]相扑的力士。

第二一五段　小聪明的事

小聪明的事是，现在的三岁小孩儿〔，这是够讨厌的〕。[25]叫来求子，或是祓除的巫女们，请求了各种材料，做出祈祷用的东西，看她把许多纸叠作一起，却用一把钝刀去切，这在平常恐怕连一张纸都切不开的，如今用于敬神的事情上，〔所以什么都可以切似的，〕将自己的嘴都歪着，那么用力的切下去，做成了切口很多的币束[26]垂了下来，再把竹切成夹的东西，似乎十分虔诚的准备好了，随后将这币束摇摆着，举行祈祷的动作，〔很是像煞有介事的样子，〕很是卖弄聪明。并且说道：

"什么王公，什么大人的公子，生怎么样的重病，给他医

---

〔23〕巫祝为神之所凭依，故诵读祭文时，语言多傲慢无礼。

〔24〕故事凡雷鸣三遍，自近卫大将以下，均带弓箭侍候御前，其将监及舍人则均着蓑笠，在南殿守护，称为"雷鸣之阵"云。

〔25〕有小聪明而喜卖弄，往往令人厌恶，小孩儿有过于伶俐者，大抵少年老成，未必著者当时的幼儿真是胜过昔时也。

〔26〕上古祈祷祓除，均以麻缕木棉为币献于神，后改用绢或布帛，或以白纸为之，切块挟竹木上，称曰币束。故俗语谓迷信家为"背币束的人"。

好吧，仿佛像把毛病揩去了似的，得到许多的赏赐。当初叫过〔有名的什么什么人去治〕，可是没有效验。自此以后，就老是叫我去了。很是蒙他们的照顾呢。”这样的说，也很是可笑的。

下流社会家里的主妇〔，也多是有小聪明的〕。而且多配有愚钝的丈夫。〔但是这样女人，〕如果有聪明的丈夫，也还是想要去指挥他的吧。

第二一六段 公卿

公卿中〔理想的官位〕是，春宫大夫。[27]左右〔近卫〕大将。权大纳言。权中纳言。宰相中将。三位中将。春宫权大夫。侍从宰相。[28]

---

〔27〕春宫大夫是东宫职的长官，官位是从四位，所谓公卿是指大臣以外的三位以上的官吏，但宰相即参议是四位，与这春宫大夫乃是例外，也算在内。

〔28〕即是参议兼任侍从的人，侍从原本是从五位，但以职务关系，算作殿上人。

第二一七段 贵公子

贵公子中〔理想的官位〕是，头弁〔29〕。权中将。四位少将。藏人弁〔30〕。藏人少纳言。春宫亮〔31〕。藏人兵卫佐〔32〕。

第二一八段 法师

法师中〔理想的地位〕是，律师。内供奉。〔33〕

---

〔29〕头弁乃是藏人头兼任太政官的弁官，弁亦作辨，太政官有左右弁局，大弁系从四位上。头中将即藏人将兼近卫中将。

〔30〕藏人弁即是藏人兼弁官，弁有中弁少弁，这里或者指中等弁官。

〔31〕春宫亮即东宫职的次官，曰亮曰介曰佐，以汉字为区别，意思皆云佐助，为次长的名称。

〔32〕藏人兵卫佐即是藏人兼兵卫府的次官，兵卫府与近卫府等同为六卫府之一，司侍卫之职，长官称曰督，次官则云佐。

〔33〕律师乃法师善解戒律者之称，为僧纲之一，官位准五位。内供奉凡十人，供奉宫内祈祷读经的职务。

第二一九段 女人

女人〔理想的职务〕是，典侍。内侍。[34]

第二二〇段 宫中供职的地方

宫中供职的地方是，禁中[35]。皇后的宫中。皇后所生的皇女，就是所谓一品宫[36]的近旁。斋院那里，虽是罪障深重，[37]却也是很好的，况且现在〔这位大斋院〕更是非常殊胜的。[38]皇太子的生母的妃嫔[39]那里〔，也是理想的地方〕。

---

〔34〕典侍是内侍司的二等官，官位与从四位相当。内侍是三等官，相当于从五位，通称为掌侍。

〔35〕禁中即指在天皇近旁。

〔36〕皇女叙爵，自一品至四品，不以官位计。

〔37〕意言斋院是奉事神道的职务，平常的人进去从事，未免亵渎神明，以佛教用语来说故云罪深。

〔38〕斋院是奉事贺茂神社的皇女之称，定例每一朝一人，唯当时的斋院系村上天皇的皇女选子内亲王，已经选四朝，甚有才学，所以更为殊胜。

〔39〕天皇妃嫔众多，往往皇太子非是皇后所生，皇后之次有中宫，其次为众女御，今译作“妃嫔”。

第二二一段 转世生下来的人

转世生下来的人，大约是这种情形吧。只是普通女官供着职的人，忽而当上了〔皇太子的〕乳母，就是一例。也不穿唐衣，也并不用裳，只穿着白衣[40]陪了皇子睡觉，帐台的里边是自己的住所，〔旧时同僚的〕女官叫来任凭差遣，叫往自己住的女官房去干什么事情，或是收发信件，那种样子，简直是说不尽的阔气。

藏人所的杂色，[41]后来升为藏人，也是很阔气的。去年十一月贺茂神社临时祭的时候，还扛抬过和琴，[42]现在看来觉得不像是同一个人了。同了贵公子们在一起走路，简直叫人想不起他是哪里的人了。其他〔不是从杂色〕任为藏人的人，虽然是同一样的，但是实在没有这样的可惊异了。

第二二二段 下雪天的年轻人

雪积着很高，现在还下着的时候，五位或是四位的，容貌

---

〔40〕“白衣”亦作“帛衣”，便是平常的服装，不是什么礼服，佛教徒称俗人亦为白衣。

〔41〕藏人所杂色乃司杂役的人，因为没有官位定式的袍色，只着杂色故以为名，定员八人，但定例必升为藏人。

〔42〕临时祭时藏人杂色扛抬和琴，见上文第一二七段。

端整很是年轻的人，衣袍的颜色很鲜丽的，上边还留着束带的痕迹，只是宿直装束，[43]将衣裾拉起，露出紫色的缚脚裤，与雪色相映，更显得颜色的浓厚，衬衫是红的，要不然便是绚烂的棣棠色[44]的，从底下显露出来。〔这样的服装，〕撑了伞走着，这时风还是很大的吹着，将雪从侧面吹来，稍为屈着身子向前走着，穿着的深履或是半靴的边上，[45]都沾了雪白的雪，这种情景真是很有情趣的。

第二二三段 后殿的前面

后殿[46]的拉门很早就打开了，有殿上人从御浴室的长廊下走了下来，穿皱了的直衣和缚脚裤，都有些绽裂，种种的衬衫从那里露出来，一面将这些东西塞到里边去，向朔平门方面走去。走到〔女官房的〕开着的拉门前面，将缨[47]从后边移了过来，遮着脸走过去了，这也是很好玩的事情。

---

〔43〕殿上人宿直时服装，不着礼服，只是着用衣袍，及缚脚裤，比衣冠束带，要简略得多了。

〔44〕棣棠色即黄色，表面为淡的朽叶色，即带有赤色的茶色。

〔45〕“深履”及“半靴”见卷六注〔80〕。

〔46〕所指当时弘徽殿或是登华殿的侧殿，为女官们的居所。

〔47〕缨本来是指冠缨，但这里却是帽后边的飘带，古时有两条，后来只有一条了。以缨覆面，系表示谨慎，不敢窥伺。

第二二四段 一直过去的东西

一直过去的东西是，使帆的船。一个人的年岁。春，夏，秋，冬。[48]

第二二五段 大家不大注意的事

大家不大注意的事是，人家的母亲的年老。[49]〔一个月里的〕凶会日。[50]

第二二六段 五六月的傍晚

五六月的傍晚，青草很细致似的，整齐的被割去了，有穿

---

〔48〕一直过去，言其中间毫无停留，一年四季相继过去，亦令人有此感觉。

〔49〕为什么这里限定于母亲的年老，或者注解谓人的父亲或有官职，或因事务多有外出的机会，故易为人所知，古时妇女绝少有人看见，及年老更甚，此盖根据当时社会情形如此，亦可备参考。

〔50〕“凶会日”古历书所有的凶日，据云是日“百事最凶”，唯每月必有三数日，因其常见，故人反不注意避忌，不及别的凶日，如血忌日及天火地火的重要了。

了红衣[51]的男孩儿，戴着小小的笠帽，在左右两胁挟了许多的草走去，说不出的觉得很有意思。

第二二七段 插秧

在去参拜贺茂神社的路上，看见有许多女人顶着新的食盘[52]似的东西，当作笠子戴，一起站在田里，立起身子来，又弯了下去，不知道在干什么事，只见她们都倒退着走，[53]这到底是做什么呢？看着觉得有意思，忽然听见唱起歌来，却是痛骂那子规的，就觉得很是扫兴了。唱歌说道：

“子规呵，
你呀，那坏东西呀，
只因你叫了，
我们才下田里呀！”[54]

她们这样的唱，但是这又是怎样的人呢，她会得做这样

---

〔51〕红衣系指褪红色，即是淡红，当时一切仆役人夫均着这一种颜色的布制狩衣，见卷九注〔72〕。

〔52〕食盘见卷一注〔30〕，此言如食盘倒置，指田间所用的编笠，俗名“一文字笠”，谓其顶平如“一”字，至今插秧的妇女犹戴之。

〔53〕这里形容插秧的情形甚为滑稽，活写出不知稼穑艰难的人来。

〔54〕此系插秧歌之一，歌者不说农作之苦，却归咎于鸟啼催耕，盖子规鸣时正当插秧，中国有鸟名为“割麦插禾”，用作农候，或亦是子规的一类。

的歌说：

“请你不要随便的叫吧。”[55]〔这实在很懂事的人。〕那些毁谤仲忠[56]出身卑微的人，和说什么“子规的啼声比黄莺不如”的人，实在都是薄情，很是可憎的。

第二二八段 夜啼的东西

〔那说子规的啼声比黄莺不如的人，实在是薄情，很是可憎的。〕[57]莺不在夜里啼，很是不行。凡物夜啼，都绝佳妙，唯独小儿夜啼，却是不佳。[58]

---

〔55〕《万叶集》卷八收有此歌，称藤原夫人所作，其词曰：

“请你不要随便的叫吧！

我是想将你的声音，

混在珠子里穿作五月的香球哩。”意思说叫子规等到五月再叫，不要早时乱叫，使得声音粗糙了。这是赞美子规的歌，与民歌的意思正是相反。

〔56〕仲忠为《宇津保物语》中的人物，关于他生身卑微的评论，见上文第七二段，及卷四注〔56〕。

〔57〕《春曙抄》本上段中“仲忠”读作“中高”，望文生义的加以解说，今诸本悉已订正，《春曙抄》又将下句割裂，列入次段，故今以方括弧加上，表示删削，唯以与下文似不无关系，仍保留其原文如上。

〔58〕此段各本均无有，今译本系以《春曙抄》本为依据，故仍其旧。

第二二九段 割稻

在八月的下旬，去参拜太秦地方的广隆寺，看见那里在稻穗纷披的田里，许多人在忙乱着，这是在割稻。古歌里说："才插了秧，不知什么时候……"[59]的确是这样的。是以前不久的时候，到贺茂神社参拜，那时看见的〔插秧的〕光景，深深的有所感触。但是在这里却没有妇女夹杂着，全是男人，将全是变成赤色的稻子，在稍为绿色的根株上捏住了，用了刀子什么的，[60]在根株边割下，很是轻快似的，觉得自己也想去割了来看。这是为什么这样办的呢，把稻穗向着上前，〔男人们〕都相并的立着，这是很有意思的。又在田间的小屋子[61]，样子很是特别。

---

〔59〕《古今和歌集》卷四有古歌云：
"昨天才插了秧，
不知什么时候稻叶飘飘的
秋风吹起来了。"意思说插秧不久，却已是秋风起来，稻子成熟了。

〔60〕意思是说割稻用的镰刀。

〔61〕小屋子即指农夫在田间看守稻谷的小舍。

第二三〇段 很脏的东西

很脏的东西是，蛞蝓。扫地板用的扫帚。殿上的漆盒。〔62〕

第二三一段 非常可怕的东西

非常可怕的东西是，夜里响的雷公。在近邻有盗贼进来了，若是走到自己家里，〔反而吓昏了，〕全不知道什么事情，所以并不觉得了。

第二三二段 可靠的事

可靠的事是，有点不舒服的时候，许多的法师在给做祈祷。所爱的人生了病的时节，真是觉得可以倚靠的人，来加劝慰，把精神振作起来。遇到什么可怕的事情，在两亲的旁边。

---

〔62〕原文云“合子”，谓系殿上人所用的朱漆的有盖的碗，因为年久用的人又多，故致漆皮剥落，或边沿有缺，甚为难看。

第二三八段 人的容貌

人的容貌中间，有特别觉得美观的部分，每次看见，都觉得这是很美，甚是难得。图画什么看见过几次，就不很引人注目了。身边立着的屏风上的绘画什么，即使非常漂亮，也并不想再看。但是人的容貌，却是很有意思的事。便是不大精巧的家具中间，也总会一点是值得注目的地方。难看的容貌也正是同样的道理，但是因此觉得〔聊以自慰的人，〕那就很是可怜的吧。

第二三九段 高兴的事

高兴的事是，自己所没有看到的小说还有许多，又看了第一卷，非常想继续着看，现在见到了第二卷〔，这是很高兴的事〕。但是〔这很拙劣，〕看了很是扫兴的事也是有的。

拾得人家撕碎抛弃了的书信来读，看见上面有连续的好些文句。做了一个梦，不知道是什么事情，正是害怕，心里惊跳着的时候，据占梦的判断为没有什么关系，这实在很是高兴。

在高贵的人〔68〕的面前，许多女官都侍候着，正在讲以前有过的事，或是现今听说世间种种的事情，说着话的时候眼睛却

---

〔68〕这里"高贵的人"，非是泛指，乃是说中宫，但是这里没有说出具体的事实罢了。

看着我这边，这是很高兴的事。

在远隔的地方那是不必说了，就是同在京都里面，自己所顶为看重的人听说是有病，怎么样了，怎么样了呢，老是惦念着的时候，得到来信说是痊愈了，很是高兴。自己所爱的人给人家所称赞，又为高贵的人所赏识，说不是寻常的人〔，也是高兴的事〕。

在什么时节〔所做的和歌，〕或是与人家应酬的歌，在世间流传为人家所称赞，或者写入笔记什么里去。这虽然不是自己所经验的事，但是也想象得到是很高兴的。

并不怎么熟习的人说出一句古歌或者故事，〔当时不好问，〕后来由别人问明白了，觉得很是高兴。随后在什么书本里面看到了，这是很愉快的，心想原来是出在这里么，更觉得当初说这话的人很有意思了。

陆奥地方的檀皮纸，白色的纸，或者只是普通的雪白的纸，得到手里，很是高兴。在才情学问都很高而自己看了很惭愧的人面前，问到和歌的上下句，〔69〕忽然的想了起来，就是自己的事也很是高兴。即使是平常记得的事，到得人家问到的时候，偏是完全忘了，这样的时候居多。急忙的寻找什么时，忽而见到，也是可喜的。现在就要看的书，怎么也找不着，把种种的东西都翻遍了，好容易才算找到，这实在是高兴的事。

---

〔69〕原本云“歌的本末”，即是将三十一字音的一首歌，分作上下两节，五七五凡三句为本，七七凡二句为末。

在百物比赛〔70〕，及其他赌输赢的事情上面，得了胜利，这怎能不高兴呢？还有暗算那很是自负，得意扬扬的人〔，也是高兴的事〕。赢了女人们那不算什么，要使男子〔上当〕那更有意思。这事情那对手必定要还报的，时常要警戒着，这种心情也很愉快，那边的人又或是装得很是坦然，似乎没有想着什么，叫这边不防备，那也是很好玩的。

平常觉得可憎的人，遇着了不幸的事，虽然这样想是罪过，〔71〕但是觉得很可喜的。

新作木梳〔72〕，很精致的做好了，也觉得是高兴。〔无论什么，〕凡是关于所爱的人，比自己的事，〔73〕更是高兴。

在〔中宫的〕御前，女官们侍候着，房间里没有空地，我那时刚才进去供职，〔74〕在稍为离得远的柱子边坐着，中宫却看见了，说道：

“到这边来吧。”女官们让出路来给我，将我召到御旁去了，这件事想起来也是很高兴的。

---

〔70〕 比赛时分为两组，各组拿出一个同类的东西，比赛高下，以定胜负，称为“物合”，有“绘合”，“贝合”，“扇合”各种，中国古时的“斗草”，也是这类游戏之一。

〔71〕 幸灾乐祸，在佛法是罪过。

〔72〕 原文云“刺栉”，狩谷望之《笺注倭名类聚抄》卷六云：按刺栉常插头发为饰者，非疏发去垢之用，西土（谓中国）有瑇瑁梳旃檀梳，则是刺栉之类。

〔73〕 此一节文意不明，释者谓其上有脱文。

〔74〕 说初进宫时的情形，参看上文第一六三段“中宫”。

第二四〇段 纸张与坐席

在中宫面前，许多女官们侍候着，谈着闲天的时候，[75]我曾说道：

“世间的事尽是叫人生气，老是忧郁着，觉得没有生活下去的意思，心想不如索性隐到哪里去倒好。那时如能有普通的纸，极其白净的，好的笔，白的色纸，[76]或是陆奥的桧纸得到手，就觉得在这样的世间也还可以住得下去。又有那高丽缘[77]的坐席，草席青青的，缘边的花纹白地黑文，鲜明的显现，摊开来看时，不知怎么的，总觉得这个世间也还不是就放弃得，便不免连性命也有点爱惜了。”这样说了，中宫就笑着说道：

“这真是，因了很无聊的事，就可以得到慰藉的了。那么弃老山的月亮，[78]究竟是怎样的人看的呢？”伺候的女官们也

---

〔75〕据编者考证，这是根据长德二年（九九六）六月下旬的事实，日后加以回忆。其时著者被人说成是左大臣道长的党羽，因此觉得很烦恼，退回里居，这里所说的话乃是当时的感想。

〔76〕色纸乃是说种种染色的纸，故有白色的一种。

〔77〕高丽缘系指坐席的边缘，用白绫地黑花纹，织出云形及菊花等花样。

〔78〕《古今和歌集》卷十七，有无名氏的歌云：

“我的心难以安慰啊，
望着那更科的
照在弃老山上的月亮。”

据传说云，在信浓更科地方有“姥舍山”（译言抛弃老姥的山），老母年迈，率弃于山中。有男子弃其母于山上，适见明月，遂悔悟，复召之回家，因作此歌云。

都说道：

“这倒是很简易的长生的方法呀。”

以后过了好些日子，因为有点事情感到烦恼，[79]退出在自己的家里的时候，中宫赐给我很好的纸二十帖，并且传话道：

“早点进宫来吧。”又说道：

“这纸是因为想起从前曾经说过的话，所以给你的，因为不是很好的纸，或者不能书写《寿命经》[80]，也说不定。”这样的说，实在很是有意思。连我自己也几乎完全忘记了的事，中宫却还是记忆着，这就是在普通的人。能够这样，也是怪有意思的，何况这是出于中宫，自然更是感谢不尽了。因为喜欢，心也乱了，觉得不晓得怎么样说的好，只写了一首和歌道：

“提起来也是惶恐的

神明[81]的灵验，

我就将成为鹤龄了吧。

那么，这未免活的太久了吧，请把这话代为启上。”这样写了送了上去。这是台盘所的女官送信来的，把一件青的单衣给她作为赠物，打发她去了之后，就将那纸订成册子，非常觉得高兴，把这几时的烦闷的心情也消遣开了，心里也很是愉快。

---

〔79〕参看上文第一二八段。

〔80〕《寿命经》即《寿命陀罗尼经》之略，凡一卷，唐不空三藏译，受持此经以祈长寿。

〔81〕“神明”读作“加美”，与“纸”字同音，这里利用双关的字音，说因为“纸”的力量将延长寿命，如鹤的寿长千年。

经过了两天之后，有个穿红衣[82]的男人，拿了坐席[83]进来了，说道：

"把这个进上吧。"使女出去问道：

"你是谁呀？好不客气。"粗率的说，那男子放下了就走了。我问道：

"从哪里来的呢？"回答道：

"已经回去了。"拿了进来看时，乃是特别的人使用的所谓"御座"做成的坐席，用高丽缘沿边，很是漂亮。心想这是从中宫来的吧，可是因为不能确定，叫人去找寻送来的那男子，却已经走掉了。大家觉得奇怪，互相谈论着，只是使者已经不在，那也没有办法。假如地方送错了的话，那自然会得再来的。想去试问中宫近旁的人来着，但是此外还有谁是这样好事的人呢，一定出于她的指示，这是很好玩的事。

过了两天没有什么消息，但是事情却是更没有疑问了。我对女官左京君[84]说道：

"有这么的一回事，请你看一下有这样子形迹么？希望你秘密的告诉我。如果没有这样的事，就请把我说的这番话，也不要泄露出去吧。"回答说道：

"这实在是中宫极秘密的教做的事。千万不要说是我所说

---

〔82〕"红衣"系仆役，见卷九注〔72〕。

〔83〕坐席通称云"叠"，聚草稿为褥，上蒙草席，以布帛作缘，长三尺，阔六尺，厚约一寸。

〔84〕左京君为中宫的一个女官。

的，日后也请保守着秘密。”固然不出所料，想起来很是有意思，写了一封信，偷偷的叫人去放在宫里的栏干上边，可是因为送信的人有点慌张，从栏干上拂落，掉落在台阶底下了。

第二四一段　二条宫

二月十日，关白公在法兴院的积善寺的大殿里，[85]举行一切经供养。[86]女院和中宫都要前去，所以在二月初一左右，〔中宫〕先搬到二条宫里去。那时已是夜深了，很是渴睡了，什么也没有看清。到了次日早晨，太阳很明亮的照着，这才起来看时，宫殿新建，布置得很有意思，连御帘也好像是昨日新挂似的。房内一切装饰，狮子狛犬[87]等东西也不知什么时候摆好的，看了很觉得有兴趣。有一棵一丈多高的樱花，花开得很茂盛，在台阶的左近，心想这花开的很早哇，现在还正是梅花的时节呢。再一看时，乃知道实在是像生花。一切的花的颜色光泽，全然和真的一样，真不知道是怎样费事的做成的呵。可是一下了雨，就怕要褪色凋谢了，想起来可惜得很。这里原是

---

〔85〕这是正历五年（九九四）二月十日的事。积善寺为法兴院之大殿，在二条之北，见卷六注〔4〕。

〔86〕书写一切经典，捐赠于寺院，届时举行法会，称为“一切经供养”。

〔87〕狮子狛犬为镇压帘帷的东西，意取辟邪，见卷五注〔10〕。

有许多小房子，拆去了，新建的，所以到现在没有什么可以观赏的树木。可是构造都是宫殿的样式，觉得很是亲近，而且很是优雅。

关白公就过来了。着了蓝灰色的平织的缚脚裤，樱花的直衣，底下衬着红色下衣三重，外面就穿着直衣。中宫以及女官们都穿着红梅的浓色或是淡色的织物，平织和花绫的种种的服装，真是应有尽有，光辉灿烂的，唐衣是嫩绿的，柳色〔88〕或是红梅。关白公坐下在中宫的前面，说些闲话，中宫的回答非常的漂亮，我在旁看着，真想怎么使得平常的人窥见一点儿这才好呢。关白公看着女官们说道：

“中宫不知道是怎么的想呢。在这里这样排列着许多的美人，那么的看着，真是可羡慕得很哪。一个都没有稍差的，而且又都是名门的闺女，真是了不得的事，要好好待遇她们才对呢。可是大家是不是了解这中宫的性情，所以来到这里的么？她是多么吝啬的一位中宫，我自从她诞生以后，一直很用心的伏侍她，但是把旧衣服赏我一件的事情，一回都不曾有过。这听去好像是说背后的坏话哩。”这样的说玩笑的话，在那里的女官们都笑了。

“这是真话。当我作傻子看，这样的笑了，实在是羞得很。”

---

〔88〕 柳色系指夹衣，表白里青，见卷九注〔64〕。

说着话的时候，有使者从宫里来了，这是式部丞某人〔89〕奉命而来。大纳言接了书简上来，交给关白公，解了下来〔90〕说道：

“信里的话倒很想看一看呢。假如得到许可，真想打开来看哩。”虽是这样说，又说道：

“似乎不合适，而且也惶恐得很。”便拿来送给中宫了。中宫接到了，可是并没有立即开封的样子，这种从容应付的态度，实在是很难得的。一个女官从御帘里将坐垫给御使送了出来，还有三四个女官并坐在几帐旁边。关白公说道：

“且到那边去，给御使准备出礼物〔91〕来吧。”说完站起身来，中宫才打开书简来看。回信是用了同御衣一样颜色的红梅的纸所写，那两种颜色互相映发是怎样的艳丽，不曾在旁看着的人，是万想象不来的，想起来实是遗憾。今天说是特别的，从关白公方面给御使发给赠品。这是女人的服装，外添一件红梅的细长〔92〕。准备好了杯盏，原想请御使喝醉了去，但是那使者对大纳言说道：

---

〔89〕式部丞某人下文又有式部丞则理，则是同一个人，姓源氏，其时为六位藏人。

〔90〕古时日本书简多缚着花枝上，故关白公接了来信，从枝上把书简解下。

〔91〕原文称曰“禄”，或训作“被物”，多系衣服之类，受者拜谢，披于头上而出，或说此是中国昔称“缠头”的遗意。

〔92〕“细长”乃是衣服名，见卷七注〔40〕。

“今天是有很重要的职务来的，所以请特别免赐了吧。”这样的说，就退去了。

关白公的女公子们都很漂亮的妆饰着，红梅的衣服互相竞赛，各不相下，其中第三人是御匣殿[93]，看去身材要比那第二女公子为高大，似乎说像是夫人更为适当了。关白夫人也来了。旁边放着几帐，不和新来的女官们见面，觉得很有点无聊。

女官们聚集拢来，商议在供养的当日穿什么衣服，拿什么扇子的事。其中也有似乎赌气的说道：

“像我这样算得什么，反正只穿现成的就是了。”人家便批评她说道：

“这照例说那老话的人。”便都有点讨厌她。到了夜间，有许多人退回自己的家里去，但是这是因为准备服装的事，也不好挽留得她们。

关白夫人每天都来，夜间也住在那里。女公子们也都来了，所以中宫的身边十分的热闹。天皇的御使也每日到来。

其二　偷花的贼

那殿前的樱花，〔因为本来是造花的缘故，〕所以颜色不

---

〔93〕 御匣殿见卷四注〔38〕。

但没有变得更好，日光晒着更显得凋萎的样子，看了很是扫兴，若是遇见落过雨的早晨，尤其不成样子了。我很早的起来，〔想起前人的歌词，〕说道：

“这比起哭了离别的脸[94]来，很有逊色呀。”中宫听见了说道：

“那么说，昨天夜里似乎听见下雨了，樱花不晓得怎么样了呢？”出惊的询问。

从关白公那边来了许多从者和家人，走到花的底下，就把树拉倒了，说道：

“上头吩咐，偷偷的前去，要在还黑暗的时候收拾了。现在天已经大亮。这真是糟了。快点吧，快点吧。”忙着拔树，看了也觉得很有意思，要是懂得风流的人，很想问他一声，可不是想起做那“要说便说吧”的歌的兼澄[95]来了么，但是我不曾这样问，只是说道：

“那偷花的人是谁呀？那是很不行的呀！”笑了起来，那

---

〔94〕《拾遗和歌集》卷六中有一首无名氏的和歌云：“看那樱花湿露的容貌，想起哭了离别的人来，觉得很可恋慕呵。”这里反用歌的意思，谓泪湿的脸甚有情趣，樱花比起来有逊色了。

〔95〕《后撰和歌集》卷二中有一首和歌，题素性法师作，其词云：“看山的人，要说便说吧，我想把高砂尾上的樱花，折来插在头上。”素性为僧正遍昭未出家时的儿子，同为有名的歌人。本文说是兼澄作，兼澄为源信明的儿子，所作具见各歌集，但上述的歌却查不到。

些人拉了樱花的树，径自逃去了。到底关白公是了解风流的人，如随它下去，那么造花被雨所湿了，缠在枝间，那是多么难看的事呀，我这样想就走进屋里来了。

扫部司的女官来了，打开了格子，由主殿司的女官清扫完了之后，中宫这才起来，一看花没有了，便问道：

“啊，怪事，那花到哪里去了呢？”又说道：

“早上，听见有人说偷花的人，以为是稍为折几枝去罢了。这是谁干的事呢？有人看见了么？”我回答道：

“看是没有看见。因为天色还是黑暗，不很看得清楚，只看见仿佛有穿白色衣服的人，猜想是来拗花的，所以问了一声。”中宫说道：

“便是来偷花，也不会这样全部拿走的。这大概是父亲给隐藏了吧。”说着笑了。我说道：

“不见得是这样吧。恐怕是春风[96]的缘故，也说不定。”中宫说道：

“这是你想这样说，所以把真情隐瞒过了。这并不是谁偷去的，乃是雨下了又下，花也都坏了吧。”〔这样敏捷的机智，〕虽然不是珍奇的事，可是也是很漂亮的。

关白公到来了，觉得早上睡起的脸，不是时候的给他看见了不大好，就躲进里边去了。关白公来了就说道：

---

〔96〕《纪贯之集》卷二有一首歌云：“山田都是插秧的时节了，别将花落的缘故，推给春风吧。”

“那花说是不见了。怎么会得这样的被人偷去了的呢？女官们真是睡得好香哪，说是不曾知道哇。”似乎是很出惊的样子。我就轻轻的说道：

“那么，也是比我们更早的知道〔97〕这件事的了。”却是很敏捷的就被听到了，说道：

“我想大抵是这样的吧。别的人是不会觉到的，除非是宰相君〔98〕或是你，才能晓得。”说着大笑了。中宫也说道：

“但是那件事，少纳言却推给春风去了。”说着微微的笑，这样子十分的漂亮。〔以后对着父亲说道：〕

“这是给春风说的谎话，现今是山田都要插秧的时节了。”引用古歌来说话，实在是非常优雅有趣。关白公说道：

“总之，很是遗憾，被人家当场发见了，虽然我当初是怎么的告诫他们的，我们家里有那么样的笨人嘛。”又说道：

“漫然的说出春风，那也真是说得好哇。”便又吟诵那首歌。中宫说道：

“就是只当作平常的说话，也是巧妙得很。但是今天早上那情形，那一定是很有意思的吧。”说着笑了。小若君〔99〕说道：

---

〔97〕《新拾遗和歌集》卷十八有壬生忠见的一首和歌，其词云：“听见莺的啼声，觉得山路深深，比我先知道春光了。”这里便取此意，说关白公预先知道偷取樱花的事。

〔98〕宰相君见卷四注〔43〕。

〔99〕小若君即大纳言的儿子松君，见上文第九三段，本名藤原道雅，当时年十二岁。

"那么这是她，早已看见了，说被雨淋湿了，'这是花的丢脸的事'。"自己很懊悔没有能够看见，这也是很有意思的。

其三　花心开未

经过了八九日光景，我将要退还私第，中宫便说道：

"且等日子近一点再走吧。"可是我仍是回来了。后来比平常更是晴朗的中午，中宫寄给信来道：

"花心开未，如何？"我回答道：

"秋天虽然未到，现在却想一夜九回的进去呢。"〔100〕

其四　乘车的纷扰

在当初中宫出发〔往二条宫〕去的那天晚上，〔101〕车子很是杂乱，大家都争先的乘车，非常嘈杂，觉得讨厌，便同三个〔102〕

---

〔100〕《白氏文集》中有一首《长相思》，其词云："九月西风兴，月冷霜华凝。思君秋夜长，一夜魂九升。二月东风来，草坼花心开。思君春日迟，一日肠九回。"书简文中引用"草坼花心开"之句，意思是询问"思君"之情如何，"君"盖中宫自指。答语即取"思君秋夜长"之句，言现今虽非秋天，却将一夜九回的随侍君侧。

〔101〕这一节所记的事，系追述往事，在第一节之前，由宫中出发到二条宫的事情。

〔102〕大抵一车是四个人，如下面本文中所说。

要好的友人说道：

“这样吵闹的乘车，好像贺茂祭回来时候那样子，仿佛拥挤得要跌倒了似的，真是难看得很。就这样任凭它去好吧，如果没有车坐，不能进去，中宫知道了，自然会得拨给别的车子的。”大家说笑着，站在那里观看，女官们都挤作一块，慌忙的乘车完了的时候，中宫职的官员在旁边说道：

“就是这些了么？”我们答应道：

“这里还有人呢。”官员走近了来问道：

“那都是谁呀？”又道：

“真正是怪事。以为都已经上了车了，怎么还有这些人没有坐呢。这回本来是预备给御膳房的采女们〔103〕坐的。实在是出于意外的事。”似乎是很出惊，使将车子驶近前来。我说道：

“那么，请先给那预定的人们坐了吧。我们便是在下一次的也罢。”中宫职的官员听到了，便说道：

“哪里话，请不要再别扭了吧。”这样说了，我们也就坐上了车。这的确是预备给膳房的人乘用的车子，火把也很是黑暗，觉得很阴郁的，这样的到了二条宫。

中宫的御舆却早已到着，房屋的设备也已齐备，中宫就坐在里边，说道：

“叫〔少纳言〕到这里来。”于是右京和小左近〔104〕两个年

---

〔103〕原文云“得选”，御膳房的宫女，系由采女中选用，故以为名。

〔104〕右京与小左近，均系中宫那里的女官，姓名等未详。

轻的女官，向到来的人们查看，可是没有。女官们下车，〔一车〕四个人都一块儿到中宫面前伺候，〔不见有我们到来，〕中宫说道：

“真奇怪了。没有么，那么为什么不见的呢？”我却全然不知道，直到全部下车之后，才给右京她们所发见了，说道：

“中宫那么盼切的询问，为什么这样迟来的呢？”说着连忙带往御前去，一看那里的情形，仿佛是长年住惯了的模样，觉得很有意思。中宫说道：

“为什么无论怎么寻找，都没有找到的呢？”我不知道怎么说好，同车来的人答道：

“这是没有法子。我们坐了最后的车子，怎么能早到来呢？而且这也是坐不上车，是御膳房的人看得有点对不起，特为让给我们坐的。天色也暗了，真是心里发慌得很。”笑着这样的说。中宫说道：

“这是办事的人员做得不对。你们又为什么不说的呢？情形不熟悉的人，表示谨慎这也罢了，右卫门[105]她们说一声，岂不好呢。”右卫门答道：

“虽是如此说，可是我们怎么能够抢先的走呢？”这么说了，在旁边的女官们一定听了会得怨恨的吧。中宫说道：

“乱七八糟的，这样的上车，真是不成样子。这要有秩序先后，才是对呀。”中宫的样子似乎很是不高兴。我便说道：

“这大概是因为我在私室的期间太久了，大家有点急不及待，所以争先上去的吧。”把这场面弥缝过去了。

---

〔105〕右卫门，与作者同车的一个女官，是要好的友人之一，但是姓名未详。

卷十一

第二四二段 积善寺[1]

明日在积善寺供养一切经，我在前夜便进宫去了。到了南院的北厢，向里边一张看，见有高灯台上点着灯，两个三个或是四个亲近的同僚，用了屏风隔开，或用几帐间隔着，正在谈话。又或不是谈天，也多数聚集拢来，钉缀衣裳，或缝腰带，又装饰容貌，那更不必说了；也有整理头发的，好像今天最要紧，后来就不管怎么都没有什么关系了。

“听说明晨寅时，中宫就要出发了。怎么还能不来呢？还有人来打听，说把扇子送给你哩。”有人这样的告诉我，我心里想道：

“当真的么？在寅时就走么？”这样想着一面准备装束，

---

〔1〕《枕草子》通行本，第二四一及二四二段，悉归并为一段，或又分为七节，而此节则为“其五”。

过了一会天就亮了，太阳也就升上来了。

在西边的对殿的廊下乘车出发，所以大家都聚拢到渡殿那边来，[2]有些才进宫来的女官们，都表示着谨慎。关白公便住在西边的对殿里，中宫也在那里，说要看着女官们乘车出发的样子，所以在御帘内有中宫，和她的妹子淑景舍，第三第四的女公子，[3]关白夫人和她的妹子，一总共是六位，并排的站着。车子的左右是大纳言和三位中将这两位，[4]揭开车子的帘子，放下车帷，来帮助女官们乘车。要是大家一起聚集了上车，那么也可以隐藏的地方，现在乃是四个人一车，按照名单，一一点名上车，走上去时实在觉得为难，似乎一切都显现在人的眼前，很是难为情。在御帘内的各位，特别是中宫，看见自己这样难看的样子，更是难受，觉得遍身流出汗来，整理得很好的头发，似乎也都直竖了起来。[5]好容易在那里走过了，这回是在车子旁边，看见〔大纳言和三位中将两位〕叫人很难为情的。非常俊秀的姿容，微笑的看着，觉得害羞，将要昏过去的样子。可是并没有晕倒，终于走到车子那里，虽然觉得是没有一个人不是变了脸色的，但是全部总算都上了车，把车子拉出到二条

---

〔2〕大殿左右分为两殿，都是南向，名为对殿，与左右相对向者不同。渡殿亦称渡廊，乃是过廊与南北两殿相接连者。

〔3〕中宫在姊妹中居长，第二为淑景舍，第三为敦道亲王妃，第四为御匣殿。

〔4〕大纳言即关白的儿子伊周，三位中将即其弟隆家。

〔5〕凡人遇到兴奋的事，辄觉得毛发直竖，中国只用于惊悚的时候。

的大路上，将车辕都搁在“榻”上面，[6]像是观览车那么排列停着，实在是很有意思的。心想别人看见，也一定觉得漂亮吧，想着不禁心里兴奋起来。四位五位六位的人很多进进出出的，有的来到车子旁边，装模作样的来说话。

最先是迎接女院[7]的行幸，关白公以下，凡殿上人和地下人都到来了。[8]女院过去之后，随后中宫出发，大家都等待得很焦急，太阳已经升上来了，中宫这才通过。女院的行列总共有车十五辆，其中有四辆是尼僧的车。第一辆是〔女院御用的〕唐车[9]，随即接着尼姑的车子，车后边露出水晶的数珠，淡墨色的袈裟和法服，很是漂亮，车帘也不卷起，车帷是淡紫色的，下底稍为浓一点。其次是普通女官的车十辆，樱花的唐衣，淡紫色的下裳，打衣全是红色的，和生绡的外衣，也很显得艳丽。太阳明朗的照着，天空中横亘着浅绿的彩霞，与女官们的服装相映发，觉得漂亮的锦绮[10]要比种种颜色的唐衣更是鲜艳，无

---

〔6〕 车子暂时停驻，将辕下所驾的牛解放，车辕则架在“榻”上，有四足，状如板榻，亦为登车时踏脚之用。

〔7〕 女院即藤原诠子，一条天皇的生母，时为皇太后，称东三条院，略称女院。

〔8〕 四五位以上的官吏例得升殿，故称殿上人，自六位以下不得升殿者为地下人。见卷一注〔4〕及注〔22〕。

〔9〕 唐车系御用的车子，车室特别高大，顶为中国式破风，用槟榔叶所葺。

〔10〕 原文云“织物”，乃指经纬线用各色丝线所织，与一般印染的不同，《和名类聚抄》中称作“绮”，注曰“似锦而薄者也”。后世所称织物，系称一切机织而成的布帛，与此意义各有区别。

可比喻。

关白公和他的几位兄弟，全都到了，过来招呼着，真是非常的漂亮，大家看这情形，很是赞叹。中宫这边的车子共有二十辆，也是这样排列着，由别的方面[11]看来，想必也是很有意思的吧。

这回不知道中宫是什么时候出发，大家等得很久，又不晓得为什么这样的迟呢，心里着急，好容易看见有采女八个人骑了马，牵着出来了。青色末浓[12]的下裳，裙带和领巾，在风中飘着，看着很有意思。名叫丰前的采女乃是医师重雅[13]的妻子，她穿着蒲桃染的锦绮的缚脚裤，〔有点特别的样子，〕山井大纳言[14]笑着说道：

“重雅是许可使用禁色[15]的呢。”

大家都乘了车，排作一列，这时候中宫的御舆乃出发了。看了〔女院的行列〕觉得很漂亮。可是同这又不能相比。朝阳明朗的照着，舆上的葱花[16]宝珠显得非常辉煌，车帷的色泽也

---

〔11〕“别的方面”，即是说从女院的方面看来，一定也很有意思。

〔12〕末浓见卷一注〔13〕。

〔13〕医师是太医院的属官，重雅亦作重正，姓氏不详。

〔14〕山井大纳言为藤原道赖，乃关白公的长子，见卷六注〔18〕。

〔15〕古时某种衣服的颜色及织法，须有身份者方许着用，称为许用“禁色”，织物即锦绮系禁色之一。

〔16〕辇顶的金色宝珠，称为“葱花”，故辇即名葱花辇，因葱花长久不会凋谢，取其吉祥之意。

更是鲜艳。御舆四角的纤[17]拉着，车帷微微的动摇，看着这情形真是非常兴奋，连头发都直竖起来，觉得并不是什么假话，以后头发稀薄的人，或者要以此为口实吧。〔说自从头发直竖之后这就不行了。〕看了出惊，还是说不尽，简直可以说是庄严了，想到自己怎么会在这样的人旁边供职，也就觉得是了不起了。御舆过去之后，卸下来放在架子上的车子，再驾好了牛，跟着御舆前进，这时候心里的愉快真是难以言语形容的。

其二 瞻仰法会

到了积善寺，在大门的地方奏起高丽和唐土的音乐，还有狮子狛犬的舞，[18]笙的音与大鼓的声，听得出了神，觉得这是到什么佛国来了么，听着音乐仿佛是升到天空上去的样子了。走进门内，有种种颜色织锦的帐幕，帘子青青的挂着，四面围着帷幕，觉得这简直不像平常人世了。车子拉近中宫的看台[19]的时候，这里也是刚才的那两位站着，说道：

"请早点下来吧。"在乘车的时候，还是那么害羞，现在更是明亮，在大庭广众之中〔，自然更是迟疑了〕。大纳言是

---

〔17〕 御辇四角有纤，用人拉着，可以减少动摇。

〔18〕 高丽乐为三韩的音乐的总称，当时与中国音乐为朝廷仪式所奏的乐。狮子狛犬的舞，亦为高丽乐的舞蹈。狛犬舞并见卷七注〔3〕。

〔19〕 看台系指略高的座席，便于观看，此处即说明高约一二尺，上面铺有坐席，足敷数人的地方。

堂堂端整而且非常潇洒的姿态，将下袭的衣裾拖得很长，显得地方都狭窄了，揭起车帘来说道：

“请快点下来。”添了假发，整理好好的头发，在唐衣里边鼓得高高的，却已恐怕弄得不成样子，而且连毛发的黑黄颜色也都看得清楚，真很是讨厌，不能立即下来。〔大纳言〕又说道：

“请先从后边坐着的人下来吧。”那人也是同样的意思吧，便说道：

“请你站开一点儿。这样惶恐得很哪。”大纳言笑着说道：

“又是害羞了。”便走到原来的地方去了。好容易我们都下了车，又来到近旁，说道：

“中宫说，瞒过了致孝[20]他们，叫他们下车来吧。所以我是这么的〔在车边等候，〕真是不会体谅人的意思。”便帮助我们下了车，带到中宫的面前来了。中宫那样的说，她的意思实在是很可感谢的。

到了御前，有先下车的女官在观览方便的地方，八个人在一块儿。中宫是在大约一尺多，二尺高的板廊上面。大纳言说道：

“不叫人家看见，将〔少纳言〕她们带到这里来了。”中宫问道：

“在哪里呢？”说着到几帐的这边来了。还是穿着普通的

---

〔20〕 原文但用假名云“武祢多加”，《春曙抄》注云，其人未详，后人考订为“致孝”，姓藤原氏，余事未详，大约系中宫职办事的人员。

唐衣，已经是非常的漂亮，再加上红色的打衣，尤其是美丽。里边是唐绫的柳色御袿，蒲桃染的五重衣服，赤色的唐衣，白地印花的唐土的罗纱，和印有金银泥的细画的下裳，重叠的穿着，其色泽的艳丽，简直无可比喻。中宫问道：

“你们看我的样子怎么样呢？”我回答道：

“非常的好。”要用言语来形容，其实也只是极平常的话罢了。中宫又说道：

“等待得很久吧。那是因为中宫大夫〔21〕，在那陪伴着女院时所穿的衬衣，给人家看见过，现在再穿同样的衣服，觉得不大好，所以叫缝置别一套衬衣，因此迟了。那才真是爱漂亮呢。”说着笑了。

这时天气晴朗，更显得姿容的漂亮异于平时，头发在额上卷起，插着钗子的地方，显明的看得出分界，略为偏一点儿，这姿容的美丽真是说不尽的。

三尺的几帐一双，交错的安放着，作为与女官们的间隔，在这后边横放着一张坐席，铺在板廊上面，有关白公的叔父兵卫督忠君的女儿中纳言君和富小路右大臣的孙女宰相君两个人，〔22〕〔在中宫旁边〕坐着观看。

中宫四边看了一下，说道：

---

〔21〕 中宫大夫即指藤原道长，为关白公的兄弟，后代之为关白。见卷七注〔17〕。

〔22〕 藤原忠君是关白道隆的叔父。富小路右大臣即藤原显忠，右马头重显的父亲，故为宰相君的祖父。

“宰相你到那边，大家所在的地方去[23]看去吧。”宰相君了解中宫的意思，便说道：

“这里也很可以容得三个人看吧。”中宫说道：

“那么好吧。”就把我叫了上去。其他在下边的女官们笑说道：

“这好像许可升殿的小舍人[24]的那样子哩。”别的人又说道：

“那是为的叫人发笑，所以这样做的吧？”又一个人说道：

“那有如跟马的小使[25]吧！”人家这样的说冷话，便因为我到上边去看法事，是很有面子的事呵。我自己讲这话，有点近于自己吹嘘，又使得上头的人给人看轻，把我无样无聊的人那么看得起，让世间去讲闲话，很对不起上边，实在很是惶恐。但是这乃是事实，所以也是没有法子。总之，这在自己实是过分的事情了。

女院的看台和别的各人的看台，四面看来都是很好的眺望。关白公首先到了女院的看台那里去，随后再到这边来。同来的有大纳言等两位，[26]还有三位中将在近卫的卫所，背着弓箭武器，样子非常相配。此外殿上人，四位五位的官员，有许多人

---

〔23〕原文云“到殿上人所在的地方去”，但殊不合情理，各校订本多从别本订正。

〔24〕小舍人见卷二注〔45〕。小舍人身份虽低，但有时因事亦得升殿。

〔25〕因为宰相君为右马头的女儿，著者适在她的旁边，故戏称为跟马的小使。

〔26〕此处系指伊周及道赖即山井大纳言，因三位中将隆家另有说明。

陪伴着。

关白公走进来的时候，女官们全部直至御匣殿，都穿着唐衣和下裳，关白夫人在裳的上边，独穿着小袿。关白公看了说道：

“这简直同绘画里的模样一般哪。自此以后，不要说今日顶好了〔27〕也罢。三四君〔28〕两位，来给中宫脱去那御裳吧。因为这里的主君，乃是中宫嘛。在看台的前面，设了近卫的阵，这决不是寻常的事情啊。”说着高兴得流下泪来。看着的人也都像是要落下泪来的样子，这也是难怪的。关白公看见我穿的樱花五重唐衣，说道：

“法衣刚才缺少一领，急忙中很是着急，拿这借用了岂不是好。但是这或者倒是用法衣裁成的，那也说不定吧。”这样的说，这回使得大家都笑了。大纳言坐在稍为远一点的地方，但是听到了这话，说道：

“那或是借的清僧都〔29〕的衣服吧？”这一句话，也是很有意思的。

所说的僧都〔30〕穿着赤色的罗的衣服，外加紫色的袈裟，极淡的紫色的衬衣和缚脚裤，头剃光得青青的，像是地藏菩萨的

---

〔27〕此句意思很是弯曲，说以后没有这样的好日子，故不要再说“今天顶好了”。别本（三卷本）读作：“现在只有一个人，今天才是平常的样子。”谓关白戏指其夫人，较易明白。

〔28〕即上文“第三第四的女公子”。

〔29〕因为著者姓清原，故戏言“清僧都”，实在并无此人。

〔30〕僧都隆圆见卷五注〔54〕。

样子，混杂在女官们中间走着，煞是好玩的事。大家笑着说道：

“僧都在僧纲[31]中威仪具足，但是在女官队里，很不雅观哪。”

有人从父亲大纳言那里，带了松君[32]来了。穿了蒲桃染织物的直衣，深色的绫的打过的内衣，和红梅的织物等，照例有四位五位的许多人陪侍着。有女官来抱到看台里去了，随后不晓得有什么不如意的事，便大声哭叫起来，这也使得更加添了一番热闹。

法事开始了，把一切经装入红的莲花里，一朵花里一卷经，由僧俗，公卿，殿上人，地下的六位，其他无论何人，都捧着走过去，实在非常尊严。随后是大行道[33]，导师走来，举行回向[34]，稍为等待舞乐就开始了。整天的观看着，眼睛也疲劳了，很觉得苦。天皇的御使五位藏人到来了。在看台前边架起胡床来，坐着的样子，的确显得很是像样的。

---

〔31〕僧纲为僧官的职位，分僧正，僧都及律师数等。

〔32〕松君为大纳言伊周的儿子，见卷十注〔99〕。

〔33〕在法会中，众僧诵经行列，环绕佛像左向进行，三匝七匝不等，表示敬意，称为“行道”。

〔34〕法会终了，导师提唱，言以此功德转向一切人，使自他共成佛果，称为“回向”。普通的回向文句云：“愿以此功德，普及于一切，使我等众生，皆共成佛道。”

其三　盛会之后

到了夜里，式部丞则理[35]到来了，传谕道：

“天皇的旨意，叫中宫今晚就进宫去，并令则理陪去。”因此他自己也便不回去了。中宫说道：

“可是也得先回二条宫去。”虽是这样说，又有藏人弁[36]来到，对于关白公也有书信劝驾。中宫乃说道：

“那么就遵谕办理吧。”便进宫去了。

从女院的看台方面，也有信来，引用古歌“千贺的盐灶”[37]的话，〔对于不能会面的事，表示遗憾，〕还送来很好的水果等物，这边也有回赠的东西，这实在是很漂亮的。

法会完了，女院回去了，女院供职的人和一半的公卿都奉陪了同去。

女官们的从者也不知道中宫已经进宫去了，还以为是回二条宫里，便都往那边去，无论哪样等候，仍不见主人们的到来，夜已经很深了。进宫去了的女官们心想从者们会得拿直宿用衣

---

〔35〕 源则理，其时为六位藏人，兼式部丞。

〔36〕 藏人弁系藏人兼弁官者，这里所说乃是右少弁高阶信顺，即上文八七段里的明顺朝臣的兄弟，是中宫的母舅。

〔37〕《续后撰和歌集》卷二有歌云：“陆奥千贺地方的盐灶呀，虽然路近却是辛苦哪，会见不到那人。”盐灶系地名，暗示咸味，“咸”字又双关辛苦的意义，表示会不到情人的痛苦。《续后撰集》虽是在一二五一年才编成，但这首歌乃是古歌，在著者当时已经流传于世了。

类来的吧，可是等着也并不见到来。穿着新的衣裳，身上也不服帖，天气又寒冷，喃喃的生着气，可是没有什么用处。第二天早上，从者们来了，对他们说道：

“为什么这样的不留心的呢？”说的辩解的话也是很有道理的。

法会的第二天，下起雨来了，关白公说道：

“这样就很可以证明我前世的善根了。你以为是怎么样呢？”这样的对中宫说，可见他是怎么的安心满意了。

第二四三段　可尊重的东西

可尊重的东西是，《九条锡杖经》[38]。念佛的回向文。[39]

---

〔38〕《九条锡杖经》亦称《锡杖经》，作者未详，或云不空三藏所作，文共九条，每唱一条，辄振锡杖一下，故有是名，为法会中重要行事之一。

〔39〕念佛之后所唱道的回向文，《观无量寿经》所载为“光明遍照，十方世界，念佛众生，摄取不舍。”回向见卷十一注〔34〕。

第二四四段 歌谣

歌谣是，杉树立着的门。[40]神乐歌[41]也很有意思的。今样节奏很长而有曲折的。又风俗歌唱得很好的〔，也有意思〕。[42]

第二四五段 缚脚裤

缚脚裤是，浓紫色的。嫩绿色的。夏天是二蓝[43]的。天气顶热的时候，蝉翼色[44]的也是很凉爽的。

---

〔40〕 这是指《古今和歌集》卷十八所记的一首歌："我的庐舍在三轮山麓，如恋慕我可以来访，有杉树立着的门便是。"本系指大物主神的故事，见卷十注〔4〕。

〔41〕 祭祀神祇时所用的歌，分成本末两段，联为一曲。

〔42〕 今样犹云现时的式样，本指俗谣，如催马乐及东游等，后亦变成歌曲。风俗歌也是这一类的东西。

〔43〕 二蓝是蓝和红花所染的间色，有点近于淡紫，若系织物，则是经线用红色，纬线用蓝色的。

〔44〕 "蝉翼色"原文云"夏虫的颜色"，意思即指二蓝。

第二四六段 狩衣

狩衣是，淡的香染[45]的。白色的。帛纱[46]的赤色的。松叶色[47]的。青叶色[48]的。樱色，柳色，又青的，和藤花色[49]的。男人穿的，无论哪一样颜色都好。

第二四七段 单衣

单衣是，白色的。正式服装的时候，还是穿红色的一重的袙衣[50]为佳，〔虽说是白色的好，〕可是穿了颜色发黄[51]了的单衣，也实在不成样子。也很有穿练色[52]的衣服的人，但单衣总是白色的，无论男女穿了都觉得看去像样。

---

〔45〕 香染亦称丁子染，系用丁香煎汁所染，微红而带黄色，古时常用作袈裟的染料。

〔46〕 帛纱是用绢帛复合而成，表里皆用同一材料。

〔47〕 松叶色系表青里紫。

〔48〕 青叶色无此名称，疑是“青朽叶”之误写，卷一注〔12〕。

〔49〕 樱色系指表白，里紫或红。柳色表白里青，见卷九注〔64〕。藤花色系表淡紫，里白或嫩绿。

〔50〕 袙衣虽有一重的，但普通多是表里两重，故这里特别说明。

〔51〕 这里所说，乃是因红色褪而发黄，非是由白色所转变。

〔52〕 练色谓微黄的白色。

第二四八段 关于言语

把一句文字里的发音，读得错误，这是很不好的。只凭着一个字的发音，能使得这句话变成很是高雅的，或是很下流的，这是什么道理呢？在我这样想的人，可是自己本身，特别说话来得高雅，也未必然。这是凭了什么来判断，哪个是好，哪个是不好呢？但是这在别人这也罢了。不过我自己总是这么的想。〔例如〕说什么话，说“我要做什么事”，或者“要说什么”，往往将动词的那个指定助词[53]略去，那就是不行的。若是写成文章，那是不行更不必说了。若是小说里用了这样不行的写法，作品本身就成为问题，连作者这人也要受到轻蔑了。〔假如在抄写的时候，〕旁边要注着“订正”，或者“原本如此”[54]等文句，这是觉得很可惜的。有人把“一辆车子”说成“一个车子”的。至于将“求”字读若“认”[55]字的，更是常见了。有些男子，〔将这些怪话〕故意的不加订正，说着好玩的，那并没有什么不好。独有当作平常言语，自己使用着的那些人，感觉着不满罢了。

---

〔53〕日本语法上有一种指定助词，用于某种动词之前，这里所说乃是“止”字（to）。

〔54〕古时未有木版以前，书籍都是抄写流传，遇有错误的文句，加以改正，辄于旁边注明“订正”字样。其有不能决定者，则就原本抄写，加注表示疑问。

〔55〕“求”字训作“毛止武”，“认”字则训作“美止武”，盖由音近而讹读。

第二四九段 下袭[56]

下袭是，冬天踯躅，练绢袭，苏枋袭。[57]夏天二蓝，白袭。[58]

第二五〇段 扇骨

扇骨是，青色〔的扇面〕用红的，紫色〔的扇面〕则用绿的。[59]

第二五一段 桧扇[60]

桧扇是，没有什么花样的，或是中国画[61]。

---

〔56〕 下袭即是衬衣，着于半臂之内，上面长才半身，后裾特长，垂及官袍后边数尺，以裾的长短定官阶的上下。

〔57〕 踯躅系冬春的服色，表苏枋色，里红色，打使发光。练绢袭系用红色练绢，表里俱用打光。苏枋袭表白里红，亦均用打。

〔58〕 二蓝，此与染色不同，系指表浅蓝带赤色，里浅蓝的衬衣。白袭用绫或绢所制，用于夏季。

〔59〕 这里是指扇面与扇骨，颜色的配合与调和。

〔60〕 桧扇是用桧板拼成的折扇，见卷二注〔14〕。

〔61〕 原文云“唐绘”，系指中国的画，或是中国这一派的绘画。

第二五二段 神道

神道是，松之尾神社[62]。八幡[63]，此神是这国里的皇帝，所以极是伟大的。主上行幸的时候，乘坐了葱花辇[64]前出，实在是壮观。大原野[65]，贺茂神社，那更不必说了。稻荷[66]，春日明神，也都觉得很可尊崇。佐保殿，就这名称也感觉得很有意思。在平野地方，有一座空屋在那里，问这是什么用的呢？答说，这是寄放神舆的所在，这也觉得很可尊敬。墙垣上爬着许多藤萝，红叶各种颜色的都有，想起纪贯之的“不能与秋天违抗”的歌来，[67]深深有所感觉，好久的站在那里。分水的神[68]也是很有意思的。

---

〔62〕松之尾神社在京都市松尾村，奉祀大山咋命及其子别雷神。

〔63〕八幡宫在京都石清水地方，所祀神为应神天皇，乃神功皇后的儿子，相传为武功之神。

〔64〕葱花辇为天皇所乘坐的御辇，见卷十一注〔16〕。

〔65〕大原野在京都府乙训郡，为便于藤原氏后妃就近参拜起见，将奈良的春日明神迁祀于此地。每年三月十三日在奈良举行例祭，朝廷派特使二人往祭，以藤原氏嫡子充任之。

〔66〕稻荷神社在京都市伏见深草区，祭祀与农事有关的神，为春秋报赛，祈年求雨的地方，相传白狐为神之使者，后世转讹为狐神，民间益见信仰。

〔67〕《古今和歌集》卷五有纪贯之的一首歌，其词云：“威严的神的墙垣上，爬着的藤萝也不能与秋天违抗，转变了颜色了。”

〔68〕分水的神据《古事记》九所说：速秋津日子与速秋津日女二神，生有子女分任河海的事。其中有“天之分水神”与“国之分水神”，其在大和吉野山的最为著名。

第二五三段 崎[69]

崎是，唐崎。伊加崎。三保崎。〔都是有意思的。〕

第二五四段 屋

屋是，圆屋[70]。四阿屋[71]。

第二五五段 奏报时刻

〔在宫禁中，近卫的官员〕奏报时刻，是很有意思的事。天气很冷的时节，在夜半的时候，只听得吃哒吃哒的响，是拖

---

〔69〕“崎”字中国本只训作“崎岖”讲，日本却用为“岬”字解释，且作为种种地名，今因地名关系，只能暂且沿用。

〔70〕圆屋系指屋顶及墙壁用一式的材料所造成者，如芦苇或茅草等，即中国南方所谓“草舍”者是。

〔71〕“四阿”，谓四面有檐，用桧皮作屋顶，状如中国的“亭”，故或者可称为“亭子间”。

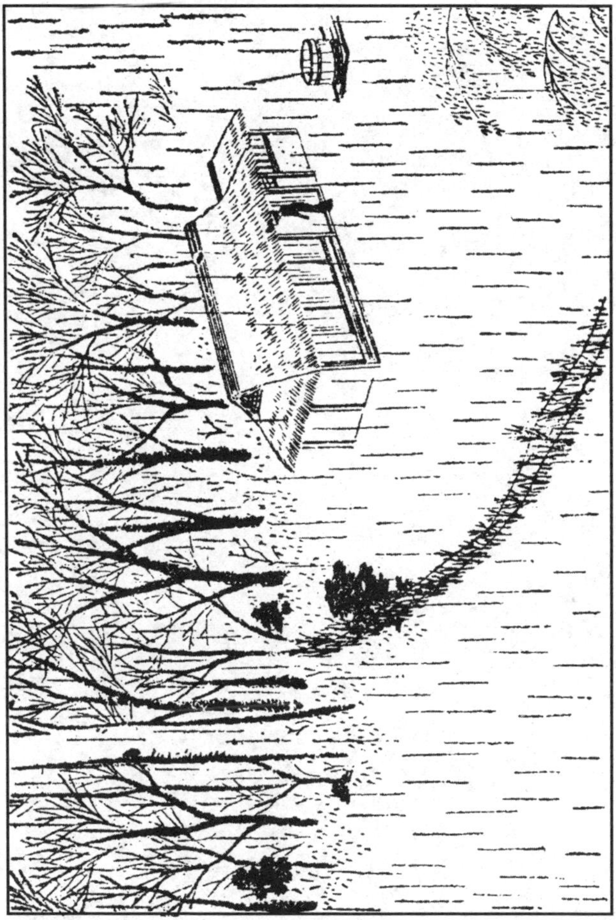

走着鞋子[72]的声音，随后是鸣弦[73]，用了高雅的语音说道："什么家的某人。[74]时刻是丑时三刻。"或者是"子时四刻"。[75]就听见挂上时刻的牌子，这是很有意思的。乡下的人们常说是"子时九刻"，或者"丑时八刻"，[76]其实是一切的时刻，都只有四刻，那时才把牌子挂上的。

第二五六段 宫中的夜半

太阳明亮的照着的正午时节，或是夜已很深了，将要到子时的光景，推想主上已经睡觉了的时候吧。这时听见主上叫道：

"人来呀。"[77]这是很有意思的。又在半夜里，听见有笛声吹着，也很是漂亮的事。

---

〔72〕"鞋子"即半靴，见卷六注〔80〕。这乃是用桐木所制，外涂黑漆内垫布帛，比脚要大好些，走起来的时候吃哒作响，现今唯神官用此，在正式古衣冠的时候。

〔73〕弹弓弦作声，称曰鸣弦，谓可以辟邪，至今在日本宫禁中犹有此种仪式。

〔74〕自己报名，是什么家的谁某。

〔75〕昼夜十二时辰，每一时辰分作四刻，故"丑时三刻"即今午前三时，"子时四刻"即今午前一时半。

〔76〕古时禁中用漏刻计时，平时亦用击鼓，据《延喜式》云："诸时击鼓，子午各九，丑未八，寅申七，卯酉六，辰戌五，巳亥四。"民间相传如此说，与报时的制度不同。

〔77〕"人"系殿上人的略称，即是在殿上直宿的人们。

第二五七段 雨夜的来访者

成信中将乃是入道兵部卿宫的儿子，[78]风采非常闲雅，性情也很优良。伊豫守源兼资的女儿[79]与他要好，后来被遗弃了，就跟了父母到伊豫去，那是多么可怜的事情呀。明天早上就要出发了，中将在那天晚上前去访问，残月的光中照着他归去时的直衣的姿态〔，那女人看着是怎样的心情呵〕！

以前中将常来谈话，人家的事有不对的，便直说不对〔，现在却说抛弃了那女子，也是意外的事〕。

有特别讲究什么“避忌”的人，[80]宫中平常总是叫人家的姓作为称呼，她虽是已给人做了养女，改姓“平”氏了，但年轻的女官们总还称她的旧姓，当作话题。姿容也没有什么特殊的地方，名称叫作什么兵部，[81]虽是缺少优雅风流，却喜在众人前厮混，中宫也说是“难看”，但是人都怀着别扭的心，没有一个人去通知她的。

---

〔78〕成信中将即源成信，为村上天皇的孙子，致平亲王的儿子，致平亲王为四品兵部卿，后出家，旧例殿上人出家者称为入道。

〔79〕源兼资为伊豫守，其女儿初为藤原道隆的次男隆家的妾，后与成信相识，终被遗弃。

〔80〕此处上下文不接气，别本云，疑有缺文约一行许。

〔81〕兵部系是女官家属的官名，依例当称为“平兵部”，如依原姓亦应说出“某兵部”才是，但此处因为对于此人颇有微词，故为隐约其词，不明白的说穿。

在一条院[82]造起来的时候有一间屋子，决不让讨厌的人近前的。是正对着的东御门，很有趣的一间小厢房，我同了式部君[83]无论昼夜都在那里，就是中宫有时也到这里来看什么的。有一天，我说道：

“今天晚上，就在这里睡吧。”就在南边的厢房里边，两个人都睡了。过了一会儿，有人敲门敲得很响的。我们说道：

“真很吵闹。”便装作睡着了的样子，可是还是呼叫不息。中宫说道：

“叫她们起来吧。怕假装睡着哩。”那个叫作兵部的女官走来想叫醒我们，却只是装作熟睡着的样子。兵部说道：

“却总是不起来。”说着去了，到了门口，就那么坐下和〔来访的男子〕谈起来了。当初以为只是暂时，原来夜已经很深了。这谈话的人乃是权中将[84]，我们议论说道：

“这和兵部有什么话说呢？”说着咕咕的笑了，但他们怎么会得知道呢？说话到了天将破晓，中将这才回去了。

“那个人真好讨厌哪。这回再来，决不同他说话了。有什么事情，那么要整夜的讲话的呢？”我们笑着说话，打开了拉门，

---

〔82〕一条院见上文第二五段“小一条院”，记长保二年（一〇〇〇）二月二十日的事。中宫于二月十二日至二十七日，又八月初八日至二十七日，住在此处，这里所记当是在这两段时日间所发生的事情。

〔83〕式部君为中宫的女房，当是与著者要好的一个友人，其姓名不详。

〔84〕权中将即成信中将。

兵部就进来了。

第二天在照例的小厢房里，听见兵部和人家说道：

“在雨下得很大的时候，来访问的男人，实在是很怀念的。平常不很满意，似乎不很靠得住，这样的淋湿了来，一切不如意的事就都已忘记了。”她这样的说，不知道是什么意思呢。假如在昨夜里，前夜里以前一直接连着频频的来访的人，今夜下着大雨也都不怕，仍然走来，那像是一夜都不能隔开，觉得男子或者很是可怀念的。若是不然，好几天没有见面，很叫这边感觉不安心的男人，特别挑了这样时候走来，我是以为断不能算是有情义的人的。这或者也是各人的看法不同吧。有人遇着懂得事情，了解情趣的女子，和她要好了，但是此外也多有要去的地方，〔85〕也还有本来的家庭在那里，因此不能很频繁的来往，所以在雨下得很大的时候来访，人家听了互相传说，自己也可以得到称赞，是这样计划出来的行为吧。可是如果对于那个女人，一点儿都没有爱情，那也何必故意的造作出来，叫人去看呢？总之下雨的时候，非常阴郁，直到今朝为止的晴朗的天气再也不见，虽是住在后殿什么很好的地方，也并不觉得好了，况且住在并没有什么好的家里，心里就只希望它快点停住就是了。

---

〔85〕这是说别的相识的女人的地方，盖当时贵族风俗如此，看唐朝诸传奇文，亦有此类情形。

其二 月夜的来访者

月明的晚上来访问的人，以后无论隔了十天，二十天，一个月，或者是一年，又或索性过了七八年之久，〔因了月光〕而想起自己来，觉得非常的有意思。因此就是在不便相见，别有理由的地方，或是在必要躲避人家的耳目的时候，也总想就是立着说几句话也好，然后叫他回去，又或者是可以留他住下的人，也就想将他留下了。

其三 月明之夜

望着明亮的月光，怀念远方的人，回想过去的事，无论是烦恼的事，高兴的事，有趣的事，都同现在的事情感觉到，这样的时候是再也没有了。《狛野物语》〔86〕说不出有什么特别有意思的情节，文章也很陈旧，没有什么可看，但是里边〔写主人公〕因了月光想念前情，拿出虫蛀的蝙蝠扇，〔87〕吟咏“曾经来过的马驹”〔88〕的诗句站着的那场面，却是富于情趣的。

---

〔86〕《狛野物语》见上文第一七五段“小说”项下，唯其书今已不存，不知内容若何，这里提出主人公怀旧的情景，上段亦曾说及。

〔87〕蝙蝠扇系一种粗制折扇，只单面糊扇骨上，骨只六根，中国亦有此种，唯至少似有九根扇骨，又顶平而不凹凸，故不复形似蝙蝠了。见卷二注〔36〕。

〔88〕《后撰和歌集》卷十三有无名氏作和歌一首云：“暮色苍茫中旧路也看不见，只任凭了曾经来过的马驹，走了来了。”此歌亦见于《大和物语》卷上。歌系用中国“老马识途”的故典，但此歌系是一种情歌。

其四 再是雨夜的来访者

下雨因为觉得很是扫兴的事的关系吧，所以一遇见下起雨来，就有点讨厌。有些要紧的事情，应当很有意思的事情，或是非常尊重的事情，碰着下雨就把好事耽误了，现在弄得遍身沾濡了来访问诉苦，这有什么好玩呢？那个批评交野少将的落洼少将，〔89〕倒是很有意思的。这是因为在昨夜和前夜都曾经来访，所以觉得有些情趣，但是〔途中踏了龌龊东西，〕虽然洗过了脚，〔90〕可是总觉得很讨厌吧。这样〔冒着辛苦前来，假如不是以前每夜都来访的话，〕有什么足取呢？

〔比起落雨天来，〕还是在大风刮得很厉害的晚上来访的男子，更觉得诚实有意思。但是比这尤其好的，乃是下雪的日子。独自口吟着古歌"怎能忘记你呢"〔91〕，偷偷的前去那是不必说了，即使用不着秘密的地方，无论穿着直衣，或是狩衣和衣袍，藏人的青色的衣袍，冷冰冰的被雪所湿透了，都是很有意思的事。就是〔六位人员的〕绿衫，若是给雪沾湿了，也不觉得可厌。

---

〔89〕《落洼物语》系古时小说，今尚存，计四卷，叙继子受后母的虐待，后卒恋爱成功的事。中纳言忠赖有女，才色双绝，而为继母所恶，令居住落洼——这是一种下房，其地板稍洼下，遂称之为落洼君，荏苒将过婚期，有婢仆与以同情，为介绍右近少将藤原道赖往访，遂深相爱悦，结为夫妇。所说落洼少将即指右近少将，交野少将者小说中与右近争夺落洼君的人。

〔90〕"洗了脚"指小说中右近少将的事，雨夜访问落洼，途中踏了粪便，虽到后洗脚，但终觉很是扫兴。

〔91〕诸本引用《万叶集》及《古今和歌集》中歌句，但均疑非是，因此处系指雪夜，而这样的歌词却找不到。

从前的藏人，夜里到女人那里去，必定穿青色的衣服，[92]被雨所湿了，绞干了再穿着，现在是在白天也似乎很少穿着的了。而且现今似乎只是穿绿衫的样子。兼任卫府职务[93]的人所穿的，那更是非常的有意思了。听了我这样的话，恐怕就不外出[94]的人，就会得有，也未可知吧。

在月光非常明亮的晚上，极其鲜明的红色的纸上面，只写道“并无别事”[95]，叫使者送来，放在廊下，映着月光看时，实在觉得很有趣味的。下雨的时候，哪里能有这样的事呢？

第二五八段 各种的书信

平常总是寄后朝的书信[96]的人，忽然〔生了气〕说道：

“这是什么〔孽缘〕呢？如今说也没用了。”这样在那一

---

〔92〕六位以下的人员照例穿绿衫，唯藏人着青色衣，名为鞠尘，本系御用下赐，故颇为名贵。

〔93〕卫府兼职谓藏人兼任近卫府，卫门府及兵卫府的“尉”者。

〔94〕“不外出”意言不于下雨的夜里，去访问要好的女人。

〔95〕《拾遗和歌集》卷十三有源信明的一首歌，题为《月明的夜致某女》。其词云：“恋慕的心情虽不是一样，今夜里的月亮，君岂不见么？”此处所用或者即是这个典故，但只引用“不是”一语，故本文中只能就文义译为“并无别事”，而隐含问询“月光如何”的意思，因为原意甚为隐晦，特加说明。

〔96〕男女相会，别后的早上称曰“后朝”，原语读若“衣衣”，谓各自穿着其衣，旧例男子于别后必写回信送去，致恋慕之意，这信便称为“后朝的书信”。见卷二注〔67〕。

天就不给回信。在〔女人方面〕因为每次总是天一亮，就有书信来的，这回却不见来，觉得有点儿不满足，但是心里想道：

“这样的干脆断了，倒也痛快！”这样子一天就过去了。到了第二天，下着大雨的中午，还是没有信息，心里说道：

“那人真是对我断了想念了。”走到廊下的边沿坐着，傍晚时分，有撑着伞的少年送信来了，比平常更急速的打开封来看时，只见上面写着一句道：

“雨下水涨了。”〔97〕这实在要比写了好些累赘的诗歌，更有意思。

又在今早还看不出要下雪的天气，忽然变得很是阴暗了，随着下起雪来，弄得四周更是黑暗，正是沉闷的坐着，只见在雪白的堆积着，一面还在落下的当中，有一个像是随从〔98〕模样的细长漂亮的男子，撑着伞从侧门里〔99〕进来，送来一封书简，这是很有意思。〔这给同事的女官的信，〕是用纯白的陆奥纸或白的色纸〔100〕上，封缄地方的墨色好像忽然冰冻了的样

---

〔97〕所引据的原歌不详，或者是以《古今和歌集》卷十二的纪贯之的一首为依据吧。原歌云：“有如刈取蒲草的沼泽里，雨落下来，水也增涨了的我的恋情呵。”但引用歌词，已非原本，故是否未可遽定。

〔98〕即随身，见卷二注〔44〕。

〔99〕这是指女官退直后所住的私室，不是指在家里。

〔100〕色纸系指种种颜色的纸，后世称写和歌俳句的用纸即“斗方”为色纸，与此有别。

子，末笔的颜色很是淡了，[101]那人开封来看时，这信卷得极细，卷过的地方遇着封缄结束，细细的有好些凹进去的摺文，那地方的墨或浓或淡，行间也很狭窄，不论表里乱写一气，翻来覆去的长久的看，这里到底写着些什么事呢，旁观者从旁看着，也是很有意思的事情。况且读着有时候更是微笑，更是想要知道这是什么事，但是远隔的坐着，只能够想象黑色的一行行的文字，那是现在读着的地方吧，这也是很好玩的事。

又如或额发留长，姿容端丽的人，在薄暗的时候，接到了来信，似乎连点灯的时间也都等不及，夹起火盆里的炭火来，很勉强的一个个字读去，也是很有意思的。

第二五九段 辉煌的东西

辉煌的东西是，近卫大将的警跸。[102]《孔雀经》的读经

---

〔101〕旧时写信用横长极薄的纸，卷为细卷，于其一端或中间打一结，上加墨笔封缄，有如草书“夕”字，或云此乃“行”字的草体，至今封信时犹用之，随后将信缚树枝上，差人送了去。这一种称云“结文”，此外有“立文”，亦云“立封”，则折作狭长条，于上下两端各捻作鱼尾形，因此又名为“捻文”。

〔102〕天皇出行，由近卫大将前驱警跸，样子甚是庄严，故云辉煌。

法会。[103]祈祷修法是五大尊。[104]藏人的式部丞在白马会的节日里，[105]在大路上游行。御斋会的时候，在右卫门府的佐官都穿着蓝印花，磨的很光泽的衣服，[106]在那里伺候。〔春秋〕二季的读经。[107]尊胜王的祈祷修法。[108]炽盛光的祈祷修法。[109]

雷公响得很厉害的时候，雷鸣警备的仪式，很是可怕。左右近卫府的大将和中少将，〔都武装了来到殿前〕格子的外面侍候着，非常的有意思。末了大将命令道：

---

〔103〕《佛母大孔雀明王经》三卷，不空三藏所译，这个读经系以孔雀明王为本尊，而为祈祷的法会。

〔104〕“五大尊”系直言密教中所建立的五大明王，皆观愤怒之相，名为不动，军荼利，降三世，大威德，金刚夜叉。对五尊的名义为祈祷。

〔105〕藏人式部丞系式部丞之兼任藏人者，称为殿上丞。白马会见卷一注〔3〕。

〔106〕古时衣服与纸张欲使光泽，率以一种贝壳称为莹贝者磨擦，这里所说即是此物。御斋会在每年正月初八至十四这七日中举行，在大极殿为护持国家，开讲《最胜王经》，凡十卷三十一品，唐义净所译。法会中例有检非违使列席，而此职多由卫门府的佐官兼带，故如此说。

〔107〕读经分春秋二次，在二月八月中举行，在宫中讲《大般若经》，凡阅四日。见卷八注〔41〕。

〔108〕“尊胜王的修法”系依据《佛顶尊胜陀罗尼经》，以尊胜佛顶为本尊，祈祷息灾增益，除病减罪。见第一七二段及卷九注〔34〕。

〔109〕“炽盛光的修法”系以金轮佛顶为本尊，祈祷平定天变和兵乱。

"归班，退散。"[110]

《坤元录》[111]的御屏风，觉得真是很有意思的名字。《汉书》[112]的御屏风，却觉得很雄大的。再又每月风俗的御屏风，[113]也有意思。

第二六〇段　冬天的美感

因为避忌改道[114]的关系，住在外边什么人家，在天还没有亮的时候回了来，冷的实在没有办法，连下巴颏儿都似乎要掉下来了，好容易回到家里，把火盆拉了过来，火是大块儿的，一点都没有黑的地方，燃烧的很好，把它从细灰里掘了出来，觉得非常喜欢。

---

〔110〕旧时宫中如遇雷鸣很响者三次，近卫大将及中少将均入宫警卫，见上文第二一四段及卷十注〔24〕。

别本以此节另作一段，题曰"雷鸣之阵"，又下一节亦别为一段，题曰"屏风"，似较为确当。唯译本因为根据《春曙抄》本，故不加以改变。

〔111〕《坤元录》盖是中国古代的地志，今已散佚，不能知其内容。

〔112〕指班固所著的《汉书》，盖图画其事迹于屏风上面，全部共有八帖云。

〔113〕屏风上画每月的风俗行事，后世所称的"年中行事"者，即岁时节物。

〔114〕"避忌改道"系据阴阳家说，人当出行的时候，特别是立春前夜，要避免天一神所在的方向，须向"吉方"的别人家借住一日才好。见卷二注〔6〕。

〔和友人〕说着些闲话，连火要熄灭了都不曾注意的时候，别人进来，重新加上了炭，实在是很讨厌的。可是，如把炭排列在炭火的四周，中间放上炭火，那是很好的办法。若是将炭火都拨到外边，堆起炭来，再在顶上把火搁上去，那就很是难看，没有意思了。

第二六一段 香炉峰的雪

雪在落下，积得很高，这时与平常不同，仍旧将格子放下了，火炉里生了火，女官们都说着闲话。在中宫的御前侍候着。中宫说道：

“少纳言哪，香炉峰的雪怎么样呵？”我就叫人把格子架上，〔站了起来〕将御帘高高卷起，〔115〕中宫看见笑了。大家都说道：

“这事谁都知道，也都记得歌里吟咏着的事，但是一时总想不起来。充当这中宫的女官，也要算你是最适宜了。”

---

〔115〕《白氏文集》卷十六有一首，题曰“香炉峰下新卜山居”，诗云：“日高睡足犹慵起，小阁重衾不怕寒。遗爱寺钟欹枕听，香炉峰雪拨帘看。”又卷四十三有《草堂记》说明云：“匡庐奇秀甲天下山，山北峰曰香炉峰，峰北寺曰遗爱寺，介峰寺间，其境胜绝，又甲庐山。”诗句又收入《和汉朗咏集》卷下，故尤脍炙人口，著者即敏捷的应用此诗句，遂成为佳话。

第二六二段 阴阳家的侍童

在阴阳师[116]家里的侍童，真是很懂得事体的人。遇见什么祓除祈祷，主人到了坛场，读着祝文什么东西，到场的人〔别不注意，〕只当作当然的事听着。他却往来奔走，也不等着主人命令着说：

“把清水洒在〔面上〕吧。”[117]便自会去做，懂得作法规矩，不要主人开口，这实在是很可羡慕的事。这样〔机灵的〕人那里有的时候，很想得着一个来使唤用着。

第二六三段 春天的无聊

三月的时候，遇见避忌，就到一家不很相熟的人家去，院子里种种的树木，没有什么值得注意的，就是杨柳，也不见像平常的那样优美，叶子很宽阔觉得可憎。我说道：

“这似乎是别的树的样子。”答说道：

“是有这个样子的杨柳。”我看着便作成一首歌道：

“自作聪明的

---

〔116〕 阴阳师系旧时日本一种职官，掌卜筮及相地的事，上文第二九段译作“神官”，并见卷二注〔40〕。

〔117〕 阴阳师亦司祈祷医疗，此处即指医病的时候，遇见昏愦不识人事的病人，以清水洒其面，令其清醒过来。

杨柳展开了眉毛，

使得春光失了颜色了。”〔118〕

在那时候，也是因为同样的避忌的缘故，〔从宫中〕退出到那么样的一处地方去，第二天的中午时分，更觉得非常无聊，心想即刻就进宫里去，在这时候中宫有信来了，很高兴的打开来看。在浅绿色的纸上，由宰相君代笔，很有意思的写着道：

“过去的日子

是怎么过了的，

难以排遣的昨日与今日呵。”〔119〕

这样写了，又给我的私信里说道：

“到了今天，颇有一日千秋的意思，请你在明天的早上，快点来吧。”

单只是宰相君这样说，已经够高兴了，再加中宫那旨意，尤其不好轻忽；但又不知道怎样回答才好，只得写了一首答歌道：

“春天的〔无聊赖〕，

在云上尚且不好过，

---

〔118〕柳叶应当很是细长，这才好看，所以比作美人的眉毛。今如很是广阔，便是煞风景了。歌中说柳眉，下面说“春光失了颜色”，取意义双关。

〔119〕歌意云，过去的时候不知道是怎么过的，那时你没有进宫里来，现在你只出去了一两日，却很是想念着你了。

何况我在这地方的呢。”〔120〕

另外又给宰相君的私信里说道：

“在今天晚上，我就做了〔深草〕少将〔121〕，也说不定吧。”

写了送去，到了天明就进宫去了。中宫见了说道：

“昨天的答歌里，说春日不好过，实在是很讨厌，大家都在很批评你呢。”〔122〕实在是很抱歉的，或者确实可以那么的说吧。

第二六四段 山寺晚钟

在清水寺〔123〕中住宿礼拜的时节，寒蜩正在盛鸣，觉得很是有情趣，其时中宫特地的叫人来，送一首歌给我，在红色的中国纸上面，用草体字〔124〕写着道：

---

〔120〕“云上”，即宫禁中生活，在凡人望去如在天上。歌意云，春日无聊，宫中也觉得难过，若是我在这寂寞的地方，更加如此了。

〔121〕深草少将的历史不详，似纯为小说中的人物。小野小町系古代女歌人，生于公元八二〇年顷，相传美而且才，一生不近男子，故世俗称其为石女，因此传说甚多。其最有名者即为深草少将的“百夜访问”，据云少将有情于小町，许以继续访问百夜乃得如愿，及九十九夜少将乃忽死去，谣曲中有《卒塔婆小町》，即叙此故事。

〔122〕中宫故意对于著者开玩笑，故假作不明歌意，谓我的想念你由于寂寞，而你则归咎你的无聊由于境地使然，太是无情了，所以大家都在非议你。

〔123〕清水寺在京都音羽山，所供奉的是千手千眼观世音菩萨。

〔124〕草体字即是草书字母，今称“平假名”者便是。

“近山的晚钟的声音，

每一击是记着相思之情，

这你是知道的吧。

可是，你这是多么长久的逗留呵！”〔125〕仓促旅行中，忘记携带了不致失仪的用纸，所以在紫色的莲花瓣上〔126〕写了回信送去了。

第二六五段 月下的雪景

十二月二十四日，〔127〕中宫举办御佛名会，听了第一夜供奉法师诵读佛名经之后，退出宫来的人，那时候已经过了半夜〔128〕了吧，或是回私宅去，或是偷偷的要去什么地方，那么这种夜

〔125〕寺钟击一百八下，每一击即是报告想念你的数目，这事你当知道。但是你却逗留这么久呵。意思上下连续，是当时很时髦的一种写法。

〔126〕法会中用散华，以紫色纸作莲花用之，今所说即指此，见卷二注〔52〕。这里回信当是答歌，原本应当有，今似缺佚。

〔127〕原文只有月日，不说是何年代，上文第七〇段说及佛名会，乃是正历五年（九九四）的事，不知这是不是同一时候的事情。关于佛名会，见卷四注〔15〕。

〔128〕佛名会凡诵经三日，第一日的诵读是至当夜子时完了，即现今午后十二时。

间行路，往往有同乘一程的事，也是很有意思的。[129]

几日来下着的雪，今日停止了。风还是很猛的刮着，挂下了许多的冰柱，地面上处处现出黑的地方，屋顶上却是一面的雪白，就是卑贱的平民的住宅，也都表面上遮盖过去了。下弦的月光普遍的照着，非常的觉得有趣。好像是在用白银造成的屋顶上，装着水晶的瀑布似的，或长或短的特地那么挂着，真是说不出的漂亮。〔在自己的车前，〕走着一辆车子，也并不挂着车帷，车帘也很高的卷上了，月光一直照到车厢里，〔车子里的女人〕穿着淡色和红梅的，白色的衣服，重叠七八件，加上浓红的上衣，颜色极其鲜明的互映着，显得非常的好看，〔旁边的男子〕是穿着浅紫色的凹纹的缚脚裤，白色的单衫，棣棠和红色的出衣[130]露着，雪白的直衣连纽也解开了，从肩头脱了下来，很美丽的露出在外边。一边的缚脚裤伸在车辕的外面，路上的人遇着看见了，一定觉得很有意思吧。

因为月光很是明亮，〔女人〕有点害羞，将身子往里边靠拢，却被〔男子〕拉住了，外边全都看见，很是为难的样子，看了

---

〔129〕此一节即是“或是回私宅去”以下五句，别本无有，或者径从删削，云与上下文意不相贯串，今从《春曙抄》本译出，故悉仍之。下文所记情形，即《春曙抄》所标注的“男女同车”，就是本文所指的“同乘”，可见文章原是一贯的，盖由著者想象当时情景，觉得很有情趣，因随笔叙述，本非事实，如照事理推测，则牛车前后走着，决不能看见前面的事情如是清晰的。

〔130〕出衣系衬在直衣底下的衣服，因其露出在直衣的裾下，故名。

很有意思。〔男子〕朗咏着“凛凛冰铺”[131]这一句诗，反复的吟诵，也是很有趣的事。很想一夜里都跟着走路，但是要去的地方已经到了，很感觉遗憾。

第二六六段 女主人

在宫里奉职的人们，退出回私宅来，聚在一处，各自讲她的主君的事，加以称赞，并传说宫禁内外的事情，互相闲话，这家里的女主人在一旁听着，实在是很有意思的事。[132]

---

〔131〕《和汉朗咏集》卷上，“八月十五夜”项下，有公乘亿的对句云：“秦甸之一千余里，凛凛冰铺，汉家之三十六宫，澄澄粉饰。”本系咏月，今用以形容背后的雪景，也正恰好。公乘亿系唐诗人，据《全唐诗话》卷五云，咸通中以词赋著称，唯在后世不很有人知道，在日本因其收入《朗咏集》，故颇见重于世。

〔132〕本段与下文第二六七段，各本均合为一段，《春曙抄》本独分而为二，且列在两卷的中间，今姑仍其旧，不加以订正。

卷十二

第二六七段　女主人之二

屋宇宽畅，很是整洁，亲戚的人不必说了，只要可与谈话的，在宫中供职的人，在房子的一角落里，给她们寄住，也是很好的。在什么适当的机会，聚集在一处，说些闲话，把人家所作的歌拿来加以评论，有书信送到来的时候，便大家一起观看，或是写回信，又或者遇着有人亲切的来访问，将房屋收拾得干干净净，招待进来；倘然下雨不能回去的时节，很有意思的接待着，各自要进宫去时，便帮忙照料，像心合意的送她出门，很想这样的做。〔1〕

---

〔1〕此一节本来应当与上段相连，叙说愿有余屋数间，为女官做居停主人，予以种种照料，《春曙抄》本亦说明此意，但别作一段，今仍之。

那些高贵的人的日常生活，是怎么样的呢，很是想知道，[2]这岂不是莫名其妙的空想么？

第二六八段 看了便要学样的事

善于看人学样的事是，打呵欠。[3]幼儿们。有点讨厌的半通不通的人。[4]

第二六九段 不能疏忽大意的事

不能疏忽大意的事是，被说为坏人的人，但是看起来，他却比那世间说为好人的，还似乎更是没有城府[5]〔，因此是不可疏忽大意〕。

---

〔2〕 这里著者假定与禁中生活别无关系的人，空想这样的一个女主人，加以叙述，或谓当是在入宫供职以前之作，但此种假定别无依据，当不可信。

〔3〕 俗说呵欠易于传染，见有人打呵欠者，便会感染了也打呵欠，可见此说在十世纪时已有之。

〔4〕 一知半解的人看见有人比他优越，便想模仿他。

〔5〕 原文意云“没有里面”，大意即是心里坦白，没有城府的意思。此节本与下节合为一段，但《春曙抄》分为二段，故今仍之。

第二七〇段 海路

海路。[6]太阳很明朗的照着，海面非常的平静，像似摊开着一件浅绿的砧打得很光泽的衣服，一点没有什么可怕。〔在自己坐着的船上，〕年轻的女人穿着汗衫，和从者的少壮的人，一起的摇着橹，巧妙的唱着船歌，实在是很有意思的，很想教高贵的人们看一看也好。正在这样想着一面船在行走着，可是大风忽然的刮起来，海面也时刻增加险恶，几乎昏了过去，好容易把船摇到预定停泊的地方，那时节看波浪拍打船身的样子，真不像是从前那样平稳的海了。

细想起来，实在比那坐在船上走路的人，危险可怕的是再也没有了。在不很深的地方，坐在看去很是薄弱的船上面，想摇到〔远处〕去，那是可能的么？况且那简直不知有底，有千寻[7]左右的深浅吧，装着非常多的东西，离开水面不过一尺上下，那些用人一点都不觉害怕，在船上行走着，只要稍为乱动看样子就要沉下去，他们却是在把大的松树，有三尺长短，圆的五株六株，砰砰的扔到里边去，真是了不起的事情。

---

〔6〕 各本这两个字属于上节，即是“不能疏忽大意的东西”之一，以下才来引申，今据《春曙抄》本写在本段里。

〔7〕 八尺曰一寻，即一个人伸直两手一托的长短。

〔有身份的人〕乘坐在有篷顶的船[8]上面。走到里边去的时候，人就更觉得是安稳了。但是那站在船边劳动着的人们，就是旁边看着也觉得几乎要昏晕了。那一种叫作橹索[9]的东西，是扣住那橹什么的索子，这又是多么的细弱呵。若是这一旦断了，那就将怎么样呢？岂不是落到水里去么。可是如今连这个橹索也不曾弄得粗大一点。自己所乘坐的船造的很是整齐，挂着带有额饰的帘子，装着门窗，挂上格子，但是因为也不同别的船只那样沉重，[10]只是同住在一所小房子里一般。看那些别的船，这实在觉得担心。在远处地方的船只，差不多像是用竹叶子所做的，散布在那里，这样子非常的相似。船碇泊着，每只船都点着灯火，看了也觉得很有意思。

有一种叫作舢板的，是很小的船，人家坐着划了出去，到了明朝〔踪迹全无〕，这很有风情。古歌里说“去后的白浪”[11]，的确是什么都消灭不见了。平常有身份的人，我想还是不要坐船走路为是吧。陆路〔若是远路〕也有点可怕，但那到底是在

〔8〕 原本云“屋形船”，即是有篷的，但其篷系方形平顶，中国古时称为楼船。

〔9〕 俗名“橹绊索”，系用一根稻草绳索，上端扣着橹柄，下端扣于船边铁环上，舟子手执以摇橹，其制作有各种样子。

〔10〕此处或疑有缺文，或说是意谓“船造作不厚重”，故仍觉得不安，今从田中本，谓不是装货的船那样沉重，似颇简要。

〔11〕《拾遗和歌集》卷二十有沙弥满誓的一首歌云：

“世事可以比作什么呢，

这有如早朝划去的船，

后边的白浪。”原本系属于“哀伤”的一类，盖是佛教思想的表现。

大地的上面，所以很是安心。

其二 海女的泅水

想起海来既是那么的可怕，况且海女〔12〕泅水下去，尤其是辛苦的工作了。腰间系着的那根绳索，若是忽然的断了，那将怎么办呢？假如叫男子去干这事，那还有可说，如今是女子，那一定不是寻常的这种劳苦吧。男子坐在船上边，高兴的唱着船歌，将这楮绳〔13〕浮在海面上，划了过去。他并不觉得这是很危险的，而感觉着急么？海女想要上来的时候，便拉这绳子〔作为信号〕。男子拿了起来，慌忙的往里拉，那样着忙其实是应该的。〔女人上来〕扶着船沿，先吐一口大气，这种情形就是不相干的旁人看了，也要觉得可怜为她下泪，可是那个自己将女人放下海去，却在海上划着船周游的男人，真是叫人连看也不要看的那样的可憎了。这样危险的事情，全然不是人间所想出来，所能做的工作。

---

〔12〕海女是指海边的女人，以泅水捕鱼贝，或采石花为事，本来是渔人的通称，近来专说女性，文字也由“海士”改写为“海女”了。据说泅水专用女人，是因为她们泅水的时间要比男子为长久的缘故。

〔13〕楮绳即上文所说缚在海女腰间的绳索，乃是用楮树皮的纤维所做成的，故有是名。

第二七一段　道命阿阇梨的歌

有一个右卫门尉〔14〕，因为有个不像样子的父亲，人家见了很是丢脸，自己看了也是难受，所以在从伊豫上京来的途中，把他推落到海里去了。世人听见了这事都觉得是意外，很是惊愕。到了七月十五日，这人〔为他的父亲〕忙着设盂兰盆〔15〕的供养。道命阿阇梨〔16〕知道这事，乃作歌道：

“将父亲推入海里的
这位施主的盆的供养，〔17〕
看了也实在很是悲哀呀！”这是很有点可笑的事情。

---

〔14〕卫门府职司看守宫城的外门，有左右二府，各设长官一人，名为督，其次为佐一人，次为大尉及少尉各二人，这里的尉乃是三等官。

〔15〕“盂兰盆”系梵语的音译，意云“救倒悬”，佛的弟子目连的母亲因宿业落了地狱，受着倒悬之苦，佛教目连救济的方法，设盂兰盆法会，为今世七月十五日供养之起源。日本通称七月十五日为“盆”，供养祖先，馈赠亲友，这种风俗一直流传下来。

〔16〕道命是右大将藤原道纲的儿子，前任关白兼家的孙子，出家后以讽诵唱道著名。“阿阇梨”汉译“轨范师”，是密宗的解行殊胜的法师的称号，见卷六注〔105〕。

〔17〕“盂兰盆”本义是“救倒悬”，这里利用这个意思，隐射推下海去时头向着下，正是倒悬，且既然谋杀了又为营求冥福，是绝对矛盾可笑的事。

第二七二段 道纲母亲的歌

又小野公[18]的母亲，实在也是〔了不得的人〕。有一天听说在普门寺的地方，曾经举行了法华八讲[19]的法会，在第二天有许多人聚会在小野的邸宅里，演奏音乐，或写作诗文，那时她作歌道：

“砍柴的工作昨天既然完了，

今天就在这里游乐，让斧柄都腐烂了吧。”[20]这是很漂亮的歌。这些歌话都是传闻下来的。

---

〔18〕 小野公即指藤原道纲，其母即兼家的妻，为藤原伦宁的女儿，著有《蜻蛉日记》三卷，为平安朝名著之一。大约因为道纲有别邸在小野地方，所以称为小野公。

〔19〕 “法华八讲”系讲读《妙法莲华经》，凡分八天讲毕，见卷二注〔49〕。

〔20〕 “砍柴的工作”即指法华八讲。因经中《提婆品》说释迦志切求法，砍柴汲水，供奉阿私仙人，终乃取得是经，“斧柄腐烂”系用王质故事，在山中观仙人弈棋，及局罢已历若干年，斧柯都已烂掉了。这里“斧”字的读法，与“小野”读音相同，故意取双关。

第二七三段 业平母亲的歌

又业平中将的母亲伊登内亲王〔寄给她儿子的〕歌里[21]说道：

“却更是想见你一面。”深觉得有情意，很有意思。业平打开来看的时候，心里怎么的想，大约是可以推测而知的了。

第二七四段 册子上所记的歌

觉得很有兴趣的歌，把它写在册上了放着，却被使女们拿

---

〔21〕在原业平系平城天皇皇子阿宝亲王的第五子，曾任右卫中将，故世称“在五中将”，是平安朝的一个有名歌人，传说上说是风流才子，轶事流传甚多，有《伊势物语》二卷，凡一百二十五节，据说都是他的故事。他的母亲是桓武天皇的皇女伊登内亲王，这首寄给业平的歌见于《伊势物语》，也收到《古今和歌集》里，有小引云：

“业平朝臣的母亲住在长冈的时候，对母亲说是要去看她，可是终没有去，到了年终内亲王方面有急信送来，打开看时，只见有一首歌。其词云：

‘人到了老去的时候，
虽然总是有永别，
现在却更是想见你一面哪。’业平见了这歌，只送去一首平凡的答歌道：
‘但愿在这世间
没有永别也罢，
为了儿子活到千岁。’”

去念诵，这简直叫人生气。而且把那歌词直读，[22]尤其讨厌了。

第二七五段　使女所称赞的男子

有些稍有身份的人，为使女们所称赞，说道：

“真是很可怀念的人。”这样的说，就会立刻使得人对这个男子发生轻蔑的意思。其实这还不如给她们所批评，要好得多多呢。为使女们所称赞，便是女人也不很好。又被她们所称赞，说的不对，或者称赞倒要变成批评哩。

第二七六段　声惊明王之眠

大纳言[23]来到主上面前，关于学问的事有所奏上，这时候照例已是夜很深了，在御前伺候的女官们，一个二个的不见了，到屏风和几帐后边去睡觉，自己独自一人忍着渴睡侍候，听见外边说道：

---

〔22〕和歌本来乃是咏歌，应当有声调的高吟才好，如只照词句念去，那就失掉了歌的好处了。

〔23〕大纳言指中宫的长兄藤原伊周，见卷一注〔44〕。

“丑时四刻！”是奏报时刻[24]的样子。我独自说道：

“天快亮了。”大纳言说道：

“现在这个时候，请不必再去睡觉了吧。”仿佛觉得不睡觉是当然的样子。糟了，我为什么说那样的话的呢。如果还有别人在那里，那也还可以混得过去〔，溜进去睡了〕。主上靠着柱子，也少为睡着了的模样。〔大纳言〕说道：

“请你看这边吧。天已经亮了，却那么的安息着哩。”中宫看了也笑着说道：

“真是的。”主上似乎都不知这些，在这时候，有宫女所使用的女童〔黄昏时分〕拿了一只鸡来，说道：

“等到明天，要拿到老家里去的。”就把那鸡藏在什么地方，可是不知怎的给狗找到了，便来追赶，鸡逃到廊下，大声的叫嚷，大家都给它吵醒了。主上也惊起问道：

“是什么事呀？”大纳言这时候高吟道：

“声惊明王之眠。”[25]这实在很是漂亮也有意思的事，连我自己渴睡的眼睛，也忽然的张大了。主上和中宫也觉得很有兴趣，说道：

“这实在是，恰好的适合时机的事。”无论怎样，这总是

---

〔24〕“奏报时刻”见上文第二五五段，及卷十一注〔75〕。

〔25〕《和汉朗咏集》卷下有都良香（八三四至八七九）的《刻漏刻》句云：“鸡人晓唱，声惊明王之眠，凫钟夜鸣，响彻暗天之听。”都良香是日本九世纪初的文人，为文章博士，著有《都氏文集》，此文亦见《本朝文粹》中。

很漂亮的。

第二天的夜里，中宫进到寝宫里了。在半夜的时候，我出到廊下来叫用人，大纳言说道：

“退出到女官房去么？我送你去吧。”我就把唐衣和下裳挂在屏风上，退了出来，月光很是明亮，大纳言的直衣显得雪白，缚脚裤的下端很长的踏着，抓住了我的袖子，说道：

“请不要跌倒哇。”这样一同走着的中间，大纳言就吟起诗来道：

“游子犹行于残月。”〔26〕这又是非常漂亮的事。大纳言笑说道：

“这样的事，也值得你那么的乱称赞么？”虽是这么说，可是实在有意思的事〔，也不能不佩服呵〕。

---

〔26〕《和汉朗咏集》卷下有贾岛的《晓赋》句云：“佳人尽饰于晨妆，魏宫钟动，游子犹行于残月，函谷鸡鸣。”贾岛的《晓赋》不可考，朗咏集收有谢观所作《晓赋》，或是同时的作品，唯谢观的生平亦不详。考订者或谓贾岛乃是贾嵩之误，贾嵩的传记亦待考。

第二七七段 卧房的火

同了隆圆僧都[27]的乳母一起，在御匣殿[28]的房间的时候，有一个男子来到板廊的旁边，近前说道：

“我遇到了十分晦气的事情。现在上来，可以对谁来诉苦呢？”说这话的时候，脸上仿佛就要哭出来的样子。我问道：

“这是什么事呢？”他回答道：

“真是刚出去了一会儿，龌龊的房子[29]就给火烧了，现在暂时在这里，像寄居蟹似的，把尾巴安插在别人的家里。[30]从堆着御马寮[31]的马草的家里，发生了火灾，因为只隔着一重板壁，在卧房里睡着的妻子也差一点儿就被烧死了，什么东西都一点没有拿得出来。”御匣殿也听见了，〔觉得他的手势和口调都很可笑，〕就大笑起来。我自己写了一首歌道：

---

〔27〕 隆圆系中宫的兄弟，出家位为僧都，见卷五注〔54〕。

〔28〕 御匣殿系中宫的妹子，任御匣殿别当，见卷四注〔38〕。

〔29〕 “龌龊的房子”系谦词，说自己的住房，犹中国的称“敝舍”。

〔30〕 寄居蟹上半身似大虾，下半身无甲壳，觅取螺壳之空者借居，将尾部伸入壳内，故此人借为比喻。

〔31〕 御马寮有左右两处，设在宫城里，唯堆置马草的地方则在城外。

“烧着马草[32]的这一点

春天的火，为什么把卧房

烧得什么也不剩了呢？”

写好了便丢给他道：

“把这个给了他吧。”女官们哗然笑说道：

“就是这一位，因为你的家被火烧了，很可怜你，所以把这个给了你的。”叫他来拿了，那人问道：

“这是什么票据[33]呢，有多少东西可以领取呀？”女官说道：

“你先念一遍好了。”那人道：

“这怎么成呢？我是睁眼瞎[34]的呀。”女官又说道：

“那么叫人家去代看吧。刚才上头有召唤，我们就要上去了。你既然得到这样极好的东西，为什么还要发愁呢。”大家都笑着闹着，来到中宫那里。乳母说道：

“不知道他回去给谁看了没有。听到了这〔游戏的歌词〕，

---

〔32〕这是纯粹的一首游戏歌，取双关的字句连成，所以也可以解作下列的意思：

“使新草萌长的这一点

春天的太阳，为什么把淀野

烧得什么也不剩了呢？”

〔33〕原文“票据”云“短籍”，后世写作“短册”，系指长尺许，宽约二寸的厚纸，多用作题写和歌俳句，但当初只是一种纸片，官厅用作凭单，写发给米盐的数目，所以这人看见写和歌的纸，误认为可以领取物事的票据。

〔34〕“睁眼瞎”原文云“一边的眼睛也睁不开”，意即云文盲。

不晓得要怎样的生气哩。”便把这事告知中宫，中宫笑着说道：

“你们也真是，真亏做得这样疯疯癫癫的事来呢。”

第二七八段 没有母亲的男子[35]

一个男子没有了母亲，只有父亲一人，那父亲虽是很爱怜他，但是自从有了很麻烦的后母以来，不再能够〔随意的〕进到父亲的房里去了，一切服装等事，只得由乳母和先妻的使用人等加以照顾了。

在东西的对殿里，布置了客室，整理得很是像样，什么屏风和纸隔扇上的绘画也都很可观，就住在这里面。

殿上人中间的交际关系搞得很好，人家都没有什么批评。主上也很是中意，时常召唤，去做音乐或其他游戏的对手，但是他似乎总是郁郁不乐，[36]觉得世事不如意，可是好色[37]之心却似乎不是寻常的样子。

一位公卿有一个妹子，一向非常的珍重，只有她对他情意缠绵，很是说得来，这是他唯一的安慰了。

---

〔35〕这一节或者是记述一个特定的贵公子，并非一般的空想描写，但这人是谁，当然是不能知道了。

〔36〕郁郁不乐的缘故，即是因为有那后母，与家庭不合的关系。

〔37〕这里用这“好色”，并不含有后世谴责的意思，只是有如中国古书里说，“如好好色”，或“则慕少艾”罢了。

第二七九段 又是定澄僧都

“定澄僧都没有袿衣，宿世君没有汗衫。”[38]有人这么的说，这是很有意思。

第二八〇段 下野的歌

有人问我道：

“这是真的么？听说你要到下野[39]去呢！”〔作歌回答道：〕

“想都没有想到的事，
是谁告诉了你，去到
艾草丛生的伊吹山的乡里？”[40]

---

〔38〕定澄僧都见卷一注〔41〕。定澄身体高大，已见上文第一〇段，这又是说他的事的，并且来得很是突然，别本连写在第十段的末尾，或者本来应当是如此的。本篇的意思是说，袿衣本来很长，但定澄穿了便不见得，汗衫即袙衣，本是很短的，可是在宿世君却显得又是长了，盖说他的个子是很短的。宿世的生平不详，原文只是用假名注音，亦不知汉字为何，今姑译作“宿世”，似亦系僧侣的名字。

〔39〕下野在今东京北面，当时距离京都颇远，算是偏僻的地方。

〔40〕这首也是双关取意的歌，艾草是下野伊吹山的出产，作为下野的替代，本意只是说这是谁告诉你的罢了。

第二八一段 为弃妇作歌

有女官和一个远江[41]守的儿子要好，可是那男子又和在同一地方供职的女官要好了。听见了这事，女人很有怨言，那男子说道：

“我叫父亲做证人给你立誓。这实在是一种谣言。我连梦里都没有见过那女人。”女官对我说了，又说道：

“那我怎么说好呢？”〔我就代她作了这首歌去回答他：〕

“你立誓吧，凭了远江的神，

可是我难道没有看见么？

那滨名桥的一端。”[42]

第二八二段 迸流的井泉

在不很方便[43]的地方，与男子说话。男人随后说道：

“那时心慌得很。你为什么那么做的呢？”作歌答道：

---

〔41〕远江在今东京与京都之间，属于今之静冈县。

〔42〕“远江的神”双关“远江守”，因为“神”字训读与“守”字相同。滨名湖乃远江名所，这里“滨名桥”的“桥”字又双关“一端”，言所见不只一端，即全体都已知道了的意思。

〔43〕“不很方便”即是说耳目众多，不适宜于秘密会见的地方。

“逢坂相会总是心慌，
遇见了迸流的井泉，[44]
会得有看见的人呵。”

第二八三段 唐衣[45]

唐衣是，赤衣，淡紫，嫩绿，樱花，一切淡的颜色。[46]

[44] 这首歌亦以双关取意，逢坂乃关名，意云会见，“迸流的井泉”原云“走井”，双关胸中慌张，“水”与“看见”意相近似。

[45] 唐衣系女官所着的服装，穿在礼服的上面，状如短袿，盖系仿照中国古时式样，故有是称。见上文第一一九段“衣服的名称”中，曾有说及。

[46] 《春曙抄》在本段后有附注云：“一本作：女人的上衣是，淡的颜色。淡紫，嫩绿，樱花，红梅，一切淡的颜色。唐衣是，红色，藤花，夏天是二蓝，秋色是枯野。”枯野者表黄里浅绿，或表黄里淡青，像枯槁的田野。通行本或分“女人的上衣”与“唐衣”为二段，今姑从《春曙抄》本。

第二八四段 下裳

下裳是大海[47]，褶裳[48]。

第二八五段 汗衫[49]

汗衫是，春天是踯躅，樱花，夏天是青朽叶，朽叶。[50]

第二八六段 织物[51]

织物是，紫。白。嫩绿的地织出柏[52]叶的也好。红梅[53]虽然是好，可是最容易看厌。

---

〔47〕“大海”亦称“海部”，或作“海赋”，是指织物模样，是海松，贝类，波浪及海边景色。

〔48〕褶裳是古代着于裳上的一种带子，亦称“平带”，当与中国古时的“绅”相似，但列在此处不甚适宜，故通行本均从删削。

〔49〕汗衫即袙衣，见卷一注〔29〕。

〔50〕青朽叶见卷一注〔12〕。“朽叶”系指表茶色，里黄。

〔51〕织物乃指织出花样的布帛，如绫锦之类。见卷十一注〔10〕。

〔52〕日本所谓柏，在中国实系槲树，非松柏之柏。

〔53〕红梅见卷二注〔2〕。

第二八七段 花纹

花纹是，葵，酢浆。[54]

第二八八段 一边袖长的衣服

夏天的纱罗衣服，[55]有人穿着一边的袖子很长的，[56]真很是讨厌。好几件套着穿，便被向着一边牵扯，很是穿不好。棉花絮的厚的衣服，胸口也容易敞开，非常的难看。这与普通的衣服也不能混杂着穿。也还是照从前的那样做了，等样的穿着为佳。那边袖子还是应当一样的长。但是，女官的衣服有时也太占地方〔，未免觉得局促吧〕。男子的如件数穿得太多，也是要一边偏重。整齐的装束的织物和罗纱等薄物，现今似乎都是一边袖子长的样子。每见时式的，又模样长得很好的人，穿着这样的衣服，觉得样子很是不雅观的。

---

〔54〕 葵见卷三注〔43〕。酢浆见上文第五五段“草”中，也说绫织的花样，以酢浆为最有趣味。《春曙抄》注云：“一本此下尚有，霰地一项。”霰地者言黑白小方格，交互排列，如雨霰满地，中古时代此种模样甚为流行。

〔55〕 这一句系依《春曙抄》本所加，诸通行本皆是没有。

〔56〕 《春曙抄》注云：“此节文意颇为费解。是否中古时代，家用的衣服有一边袖子特别长的事么。《论语》有云，亵裘长，短右袂。那是皮裘，所以有一边袖长的例。”

第二八九段 弹正台

容貌风采很好的贵公子，任弹正台[57]的官，很是不像样的。[58]即如中将殿下[59]的例，便是很可惜的事。

第二九〇段 病

病是，心口痛[60]。邪祟[61]。脚气。只是莫名其妙的胃口不开。〔这些都是常见的病。〕

十八九岁的人，头发生得非常美丽，有等身的长，末端还是蓬蓬松松的，身体也很肥大，颜色白净，很是娇媚，显得是

---

〔57〕弹正台等于中国的御史台，设有首长一人，名弹正尹，大弼少弼各一人，掌巡察内外，纠弹非违。因为系是纠察违法的职官，不为人所喜爱，故非容姿美好的人所宜。

〔58〕此一段别本列在“不相配的东西”一段之后，意义似相连贯。

〔59〕中将殿下系指亲王的儿子任为近卫中将者之称，此处指源赖定，本系为平亲王的儿子，正历三年（九九二）任为弹正大弼，六年之后转近卫权中将，此节为其任中将时追记之词。

〔60〕原文云“胸病”，照现代的说法乃是肺病，但如下文所说情形，似只是胃病罢了。胃病中国亦称“心口痛”，今姑译作此语。

〔61〕原文写作“物怪”，“物”为妖魔鬼魅的总称，能为人害者，亦并称死灵即亡魂，以及生灵，谓生人如有怨恨，亦能作祟，而本人并无所知。

个美人，〔62〕却是非常患着齿痛，啼哭得额发都被眼泪濡湿了，头发散乱了也并不管，只按着那红肿的面颊，那是很可同情的。〔63〕

在八月的时节，白色的单衣很柔软的穿着，也很像样的系着下裳，上边披着紫苑色〔64〕的上衣，鲜艳夺目，〔年轻的女人〕很厉害的患着心口痛病。同僚的女官们轮流的来看望她。女官房的外面，也来了些年轻的贵公子，都问讯道：

"真是可怜。这是平常也是这样的苦恼的么？"有的便只是照例的问候罢了。平常对于她深致想念的人，才真心的觉得可怜，感到忧愁，若是秘密的恋慕着的男人，更是回避人家的耳目，想走到病人身边去，也不敢走近，只是焦急的悲叹着，〔就是旁人看着，〕也觉得很可同情。〔65〕非常美丽的长头发，束了起来，说是想呕吐，坐了起来的样子，真是可怜，叫人心痛的。

上头〔66〕也听见了这病状，便派遣了祈祷读经的法师，声音特别好的人到来〔给她治病〕，在病床近旁设了几帐，安置坐位。并没有多大的房间里，访问的人来了许多，又有来听闻读经的

---

〔62〕一本解作"显得是个健康人"，即言看不见有什么毛病，但看来似以本文的说法为长，故从之。

〔63〕原文如直译，当云"很有风趣的"，但嫌总欠适合，故改译如此。

〔64〕紫苑色系指表淡紫，里青色的衣服。

〔65〕同〔63〕。

〔66〕此云"上头"，本系泛指，可解作"天皇那边"，但这里是说女官，或者是指中宫吧。

〔女客〕，外边就完全看得见，法师便有时候看着女人，一面念着经，这个样子我想是要受到冥罚的吧。

第二九一段 不中意的东西

不中意的东西是，到什么地方去，或者上什么寺院去参拜的时候，遇着下雨。偶然听到使用人说：“〔主人〕不爱惜我，现今这是某人，是当今最得时的人哩。”有比别人稍为讨厌的人，却尽自胡猜，没有理由的不平，独自逞着聪明〔，这也是不中意的〕。

有心地很坏的乳母所养育的小孩儿〔，也是不中意的〕。虽然是这样说，可不是那小孩儿有什么不好，只是叫这样的人养育，能够成得什么呢？所以旁人就不客气的说：〔67〕

“在许多小孩儿中间，主人不很看重这位小孩儿吧，所以也被别人所讨厌了。”

小儿方面什么也不知道，〔所以就是这样的乳母，看不见的时候，〕会哭泣寻找，这也是不中意的事情。这样的乳母，在那小孩儿大了之后，很是珍重，着实忙着照料，可是因而发生弊害，也是有的。

---

〔67〕一本以此一节为乳母的说话，但看情形是作为别人所说，或比较适宜。

又有看了很是讨厌的人，就是很冷酷的对待她，还是缠着表示要好。若说是“有点儿不舒服”的话，就比平常更是靠近了来睡，劝吃什么东西，这边是并不算是一回事，可是那边总是纠缠不放的顺从着，加意照料〔，更是不中意的事〕。

其二 在女官房里吃食的人

到在宫中供职的女官房里来访问的男子，在那里吃什么东西，实在是很不行的。这给吃食的女人也很是不对。互相爱慕的女人说“请吃这个吧”，亲切的劝食，所以不好装出似乎很是厌憎的样子，紧闭了嘴，转过脸去，因此就吃了的吧。〔但是若是我呢，〕无论男人喝的很醉的来了，或是夜很深了，住了下来，也决不该给他一碗汤泡饭[68]吃的。假如男人心里想：这是多么不亲切呀，就不再来了，那么便随他不来好了。若是在家里的时候，厨房里做了什么拿了出来，那么这是没有法子。可是就是这样，也决不是可以感心的事情。

---

〔68〕汤泡饭系指用干饭在开水里泡了，古时用米煮饭晒干，称为“糒”，作为干粮之用。

第二九二段 拜佛的民众

到初濑去参拜观音，[69]在女官房里的时候，卑微的民众都乱七八遭的将后面对着人，[70]坐满一屋的那样子，真是太没礼貌了。好容易起了殊胜的信心去参拜，经过河流的可怕的声音，[71]困难的登上了扶梯，本想早点瞻拜佛尊的容颜的，赶紧的走进房里；可是穿着白衣的法师和那些像蓑衣虫模样[72]的人们，都聚集在那里，或坐或立的在礼拜着，一点都无所顾虑，真是看了生气，想一齐推倒了才好。在非常高贵的人们的房前，那里家人虽然回避，若是平常身份的人，[73]就无法制止了。把专管参拜事务的法师叫了来，叫他传话道：

"请大家这边稍为让开一点吧。"说话的时间虽然渐时退去了，但等那法师一旦走开，却立即同先前一样了。[74]

---

〔69〕初濑在奈良市初濑町，有长谷寺，奉十一面观世音，当时深为朝野所信仰。

〔70〕女官房在佛像的对面，民众面对观音礼拜着，所以是后面对着女官房了。

〔71〕"河流的声音"即指初濑川的湍声。

〔72〕蓑衣虫已见上文，系指穿着蓑衣的形状，但这里只是指一般民众，因衣服蓝缕，有似蓑衣虫的杂集树枝草叶，用以为衣。

〔73〕"平常身份的人"指一般异于贵族，有如著者的人。

〔74〕这一段一本连写在上段之后，亦作为"不中意的东西"的一例。

第二九三段 不好说的事情

不好说的事情是，〔到对方去传述〕主人的口信，以及贵人的传言，说的很多，要从头至尾的〔仔细的说〕，很不容易说。〔对于这些的回信〕也是不好说的。遇着觉得惭愧[75]的人，送给什么物事，要给回信〔，也是很难的〕。一个已经成人的儿子，有什么意外的事情，[76]忽然听到了，在本人面前也是不好说得的。

第二九四段 束带[77]

束带是，四位五位的人〔宜于〕冬天，六位的人〔宜于〕夏天，宿直装束，[78]也是如此。

第二九五段 品格

无论男女，均不可不保有他的品格。就是一家的主妇，不

---

〔75〕 意思是指身份高贵的人，如遇着他有点"自惭形秽"的。

〔76〕 "意外的事"殆指关于恋爱事情，与当时风俗习惯不合者。

〔77〕 这里的题目"束带"二字，系是校订者加添的，因为本段是说官员正式装束的。四位的人束带时着用黑袍，五位的着用赤袍，上加角带，与冬季相应，六位则着用绿袍，在夏天觉得凉爽。

〔78〕 宿直装束谓不是束带的便装，只是穿着袍，下用缚脚裤，省去下袭并曳裾的烦文，比束带甚为简略。

见得有人会来评论善否，但是懂得事理的使用人要出入遇见，便免不得有所批评了。况且〔在宫中供职，〕与众人有着交际，自然更容易招人家的注意了。〔所以不应当没有品格，〕像是猫下到地上来的那样。[79]

第二九六段 木工的吃食

木工[80]的吃食的样子，实在是很古怪的。营造寝殿，要建筑像东边对殿一样的房子，那时有许多木工聚在那里吃食。我走出向东的房屋来看，只见首先搬来的是汤，[81]这一拿到手便立即喝了，把空碗[82]直塞出去。其次拿来的是菜，也都吃光了，看去好像是饭也不要了的样子；可是这也一忽儿都完了。有两三个人在那里，都是这个样子，可见这是木工的习惯如此吧。

---

〔79〕此句显得很是鹘突，校订者疑这里有文句脱落，但勉强加以解说，则或如译文的那样子。因为当时猫是稀有的物事，是一种玩弄物，平常只许在室内席上行走，见上文第七段所说的“御猫”，如放在地上，便失了它的品格了，但此说终嫌有牵强之处，只好存疑罢了。

〔80〕原文曰“工”，本是包括百工，但这里乃是说的木工，日本称木匠为“大工”，盖因日本屋皆木造，故以木工为工匠之长。

〔81〕日本食物，主要的是汤，称为“汁”，进食时首先进奉。

〔82〕原文作“土器”，盖指陶土所制，未加釉彩者，古时民众多用之，瓷器普及仅是近二三百年的事。

这是很没有意思的。

第二九七段 说闲话

或是说闲话，或是说过去的故事，有人好像很聪明似的，在中间应答，却又是自己去和别人聊天，把话头打断了，这样的人实在是很可憎恶的。

第二九八段 九秋残月

在某处地方，住着叫作什么君[83]的一位女人，九月里的一天，有一个人虽然不能算是什么名门的子弟，但是大家说是了解风情，也是很有才情的人，前来访问她。〔在黎明正要回去的时候〕，——

“下弦的月亮很美的照着，觉得很有意思，心想把这回归后的风情，让女人老是记着，所以说了些慰藉的言语，走了出去了。女人以为现在已经走远了吧，出来远送着的时候，说不尽有一种优婉的滋味。既然离去以后，也走了回来，站在格子

〔83〕这里“君”是女子的尊称，“什么君”就是说叫作什么的贵女。一本作“中之君”，便是说中间的那一位。

屏风开着的背后，要设法叫她知道自己还是逗留着不肯离去的样子。那时听那女子微吟道：

‘九秋残月如常在。’〔84〕向着外边窥探，头发的上部没有照见，只在这以下五寸的光景〔85〕月光照着，好像是火光一般，出了一惊，心想莫不是天明了么？就走了回来了。”随后那人还同别人讲说过去的事。

第二九九段 借牛车

女官在进宫去或退出的时候，向人家借车的事情是常有的。有时候车主人很爽快的借给了，但是饲牛的人辱骂那牛，比平常使用的那头牛〔86〕更是下等，用力打它叫它快走，这是很觉得讨厌的。而且那跟车的也装出一副不高兴的样子，说道：

“要〔快点走，〕在夜不很深的时候，赶这牛回去才好。”〔这实在是很无礼的，〕而且也可以推想到主人的意思，〔实

---

〔84〕此歌见于《拾遗和歌集》卷三，云是柿本人麻吕作，实乃已见《万叶集》卷十一，是无名氏的和歌，其词曰：“君如是常来，有如九秋残月的那样，那么我的情怀也得安慰。”

〔85〕这里原文稍有错乱，读法不一样，今采用田中氏解说。“九秋”原文云“长月”，为阴历九月的别名，残月即下弦的月亮，至次日天明犹在天际，称曰“有明”，与残月的意境似有不同。

〔86〕原文如此，颇有费解处，或是指桑骂槐的意思吧。田中本解作不像那从前熟识的饲牛的人，他乱骂那牛，似较可通。

是不很愿意借给的，〕以后即使有了急用，也不想再借了。

只有业远朝臣[87]的车子，是无论夜半，或是黎明，人要借它乘坐，丝毫都没有这种不愉快的事，他是那样的教训那些用人的。路上如遇见女车，车轮陷落在道路的洼下的地方，拉不上来，饲牛的正在发怒的时候，业远朝臣便叫他自己的家人，替他拿鞭子打牛，帮助他们。因此若在平常的时候，他对于用人们，可见是训练有素的了。

第三〇〇段 好色的男子

有好色[88]而独居的男子，昨夜不知道在哪里宿了吧，清早回来，还是渴睡的样子，将砚台拉过来，用心的磨墨，并不是随便的拿起笔来乱写，却是很丁宁的写那〔后朝的信〕来，那种从容的态度是看了很有意思的。白的下袭上面，穿着棣棠色和红色的许多衣服。白色的单衣〔为朝露所湿，〕很失了糊气，

---

〔87〕 业远朝臣姓高阶氏，为美浓及丹波的国守，为春宫亮，正四位。

〔88〕好色，见本卷注〔37〕。这里说独身的男子，家里没有正式的妻子，但在外边认识些女人，时时外宿，当时是很普通的，并不算是违反礼法。著者也只是描写这样的情景，并不含有谴责的意味。

有点皱缩了，[89]一面注视着，已经将信写好，也不交给在面前的侍女，却特地站了起来，把一个似乎懂事的书僮，叫到身边来，在耳朵边说话，将信交付了他。书僮走去了之后，暂时沉思着，把经文里适当的章句，随处的低声吟诵着。后边听到预备漱口和吃粥的声响，来催促说“请过去吧”，他走到里边，靠着书几，又看起书来了。看到有兴趣的地方，便随时吟诵了起来，这是很有意思的事。漱过了口，只穿了直衣，便暗诵着《法华经》第六卷。[90]这实在是很可尊重的。刚才这样想着，那送信的地方大约是很近的吧，先前差遣去的那书僮回来了，使用眼色告诉了主人知道，便立刻停止了诵读，把心转移到女人的回信上去了。心想他这样的做，不怕得罪佛法么？这也是颇有意思的。

第三〇一段 主人与从仆

潇洒的年轻的男子，穿着的直衣，袍子以及狩衣，都是很漂亮的，底下衣服也穿的很多，袖口看出是很厚的。这样的一

---

〔89〕古时衣服欲令有光泽，辄用砧打，或欲令坚挺，就用浆糊浆之，至此尚用其法。衣服被露湿了，失了糊气，便皱缩了起来。

〔90〕这里的“第六卷”，且补充说是《法华经》，系依照今通行诸本所说。《法华经》凡七卷，卷六为“寿量品”。《春曙抄》本只作“六”，解说借作“录”字，谓是“语录”。但禅宗语录是时未必流通日本，且不能若是普及，故所说恐不足据。

个人，骑了马走在途中，随从着的男子，拿着一件立封〔91〕，仰望着上边，〔马上的主人〕正在接那封信，这样子是很有意思的。

第三〇二段 邪祟的病人

松树长得很高，院子也是很宽阔的一所人家，东南两面的格子都打开了，所以显得很是凉爽。上房主屋里立着四尺的几帐，前面放着一个蒲团，有一个三十几岁的，不是很难看的和尚，身穿淡灰色的法衣和浅紫的袈裟，很整洁的装束着，手里捏着香染的扇子，念着《千手陀罗尼》〔92〕。那几帐里边的，是被那邪祟所苦恼着的病人吧。为的要找一个可以给那邪祟作“凭依”〔93〕的人，便去找了一个年纪稍为大一点的童女，头发生长的非常漂亮，穿了生绢的单衣，鲜红的裤子很长的穿着，膝行着来到侧向摆着的三尺几帐前坐了。法师便扭过头去，拿出一个很是细长美丽的金刚杵来，叫她拿着，发出“哦”的一声喊，

---

〔91〕 立封系一种封信的样式，见卷二注〔8〕。

〔92〕 《千手陀罗尼》即《千手千眼观世音菩萨广大圆满无碍大悲心陀罗尼经》，亦简称为《大悲咒》。经中云：

“若家中遇大恶病，百怪竞起，鬼神邪魔，耗乱其家，在千眼大悲像前，设坛至心念观世音菩萨，诵此陀罗尼，诵满千遍，恶事悉皆消灭。”

〔93〕 佛法密宗举行祀祷，法师凭佛之大悲威力，使神物凭依一人，显示因果，或即是邪祟本身，以法力迫其退散。此盖是第二种，即在童女身上令邪祟附入，加以对治，故于病人本身初无妨害。

便闭了眼睛，[94]又自念他的陀罗尼，这实在是觉得很可尊贵的。〔在帘子外边，〕聚集着许多女官，毫不隐蔽的看守着这景象。没有多久的时间，那童女就开始颤抖，随即不知人事了。随着法师的祈祷进行，护法神也愈是显出灵验来，这的确是可尊贵的事。童女的长兄穿着袿衣，以及别的年轻的人们，都坐在后边，用团扇给她扇着。大家都感激着神佛的威德。可是假如这童女像平常一样的清醒的话，那样她将怎样的感觉羞耻，无地可以自容吧。此刻谁也明白，她未必知道什么，但是这样的苦恼，哭泣着的模样很是可怜，所以那病人的朋友看了无不觉得怜悯，坐在几帐的近旁，给她整理弄乱了的衣裳。

这样做着的时候，病人说略微觉得好了，便叫拿药汤来给她喝，从厨房里去取来送了上去，其时年轻的女官们很是着急，一面将盛药汤[95]的碗撤下，赶紧往祈祷的地方去窥看。她[96]却是整齐的穿着单衣，浅色的裳也一点都不凌乱，很是整洁的。

到了申刻的时候，邪祟谢罪放走了，那作为凭依的童女也就得了放免。〔她回复了意识，说道：〕

---

〔94〕《春曙抄》本解作“决眦”，云张大眼睛，通行诸本则作“闭了眼睛”，似更近情理。

〔95〕《春曙抄》本无“药”字，通行诸本有之，但亦解释作“煎药，或是米汤之类”。

〔96〕《春曙抄》说明系指病人，当是正解，一本作“她们”，乃指年轻的女官们，疑非是，此处盖说明病人衣服如常，似无所苦，若女官们的服装如何，则于此处固绝无关系也。

“我道是在几帐的里边，怎么变成这个样子，却到了外边来了。还不知道做了些什么样的事哩！”觉得很是害羞，将头发摇得散乱了，遮住了面孔，偷偷的躲进几帐后边去了。

法师暂时留了下来，仍作祈祷，随后说道：

“怎么样？稍为爽快一点了么？”笑嘻嘻的说，样子很是漂亮。又说道：

“本来还该暂时留在这里，但是做功课的时刻已经到了。”便要告辞出去，家里的人留他说道：

“且请等一会儿吧。让我们送上布施的礼物。”可是非常的着急要走，这家的似乎最高的女官便膝行到了帘子的跟前，说道：

“真是多谢了，因为承蒙下降的关系，刚才的那种情形，看了也是难受的，却立即好了起来，所以郑重的给你道谢。明天如有工夫，还请过来吧。”这样的传达主人的意思。法师回答说道：

“好执拗的邪祟，所以请不要疏忽，还是小心一点好吧。现今好起来一了，这是要给你道喜的。”很简单的应酬了，便走了出去，样子很是尊贵，似乎觉得好像佛尊自己的出现了。

第三〇三段　法师家的童子

端丽的男孩儿，头发长得很长的，还有年纪稍为大一点的孩子，虽然已经长出髭须来，头发却是意外的美丽；又或是身体顽强，但是容貌丑陋的，当作使用人有许多人，很是忙碌似的，这里那里的出入奔走〔于大家贵族〕，在社会上很有声望，这就是在法师，也是非常愿意的事吧。那时候〔法师的〕父母，推想起来，也不晓得是怎样喜欢的呢。〔97〕

第三〇四段 难看的事情

难看的事情是，衣服背缝歪在一边穿着的人。又把衣领退后，〔98〕伸向后方的人；公卿所用的下帘〔99〕很是龌龊的旧车。平常少见的客人〔100〕的前面，带了小孩子出来。穿了裤的少年脚上蹑着木屐，这个样子现在却正在时行。壶装束〔101〕的妇人，

---

〔97〕 这一节据别本系与上一段相连，因为是说法师家的事情的。

〔98〕 原文云“退领”，谓将衣领退后，使后颈露出。日本后世因妇女梳髻，后方特别突出，为防与衣领接触，故多如是穿着，在古时盖无此习俗。

〔99〕 下帘见卷九注〔94〕。

〔100〕 《春曙抄》本解作“生病的人”，谓出去访问病人，却带了小孩同行，未免吵闹，似亦可备一说。

〔101〕 壶装束系古时妇女外出时服装，见卷二注〔50〕。

快步的行走。法师戴了阴阳师的纸帽子，[102]在举行祓除的法事。又黑瘦而且容貌丑恶的女人装着假发〔，是很难看的〕。

满生着胡须，身体精瘦的男子，在那里白天睡觉。[103]这有什么好看的地方，所以这样睡着的呢？若是夜里，什么模样也看不见，普通一般又都是睡了，也不必因为我是丑陋，便那么起来不睡。只要早上赶紧起来，那就好了。在夏天时候，午睡了起来〔，也是难看的〕。只有非常美丽的人，那才稍为有点儿风趣，若是容貌平常的人，睡起的脸多是流着油汗，仿佛肿了的样子，而且弄得不好，似乎两颊也是歪斜了。〔午睡醒过来的人们〕互相对看着的时候，应该非常觉得扫兴，觉得没有人生的乐趣吧。

颜色暗黑的人，穿着生绢的单衣，也是很难看的。若是浆过或是砧打的衣服，那虽然一样的透亮，但是也还没有什么。〔若是生绢的话，〕那便连肚脐也可以看得见了。[104]

---

〔102〕 阴阳师举行祓除，系神道教的行事，如佛教的法师代行，则为违法。纸冠以白纸折成三角形，着于额上，在后方系住，如中国南方服丧的人所戴的样子，阴阳师于执事时特戴此冠。《宇治拾遗物语》卷六，记有寂心上人在播磨国，道满法师着阴阳师之纸冠而行祓除，问何为着纸冠，答言因拔除之神嫌忌法师，故于祓时暂着此也。上人取纸冠而破之曰："既为佛弟子，而奉侍祓除之神，犯如来之嫌忌，当坠无间地狱，无有出时。"

〔103〕《春曙抄》本解作"与男子昼寝"，今从通行诸本，但亦可备一说，因为细味文中语气，也有此种意味。

〔104〕 此种单衣因为颜色是红的，所以穿在身上，可以不十分显露出黑色的皮肤来，若是普通的生绢，便不免要露肚脐了。

第三〇五段 题跋

天色已经暗下来了，[105]不能够再写文字，笔也写的秃了，我想勉强的把这一节写完了就罢了。这本随笔[106]本来只是把自己眼里看到，心里想到的事情，也没有打算给什么人去看，只是在家里住着，很是无聊的时候，记录下来的，不幸的是，这里边随处有些文章，在别人看来，有点不很妥当的失言的地方，所以本来是想竭力隐藏着的，但是没有想到，却漏出到世上去了。

有一年，内大臣[107]对于中宫进献了这些册子，中宫说道：

"这些拿来做什么用呢？主上曾经说过，要抄写《史记》……"我就说道：

"〔若是给我，〕去当了枕头也罢。"[108]中宫听了便道：

"那么，你就拿了去吧。"便赏给我了。我就写了那许多废话，

---

〔105〕这一句，田中澄江译本作"已经没有多少余白了"。别本即三卷本无此一节，只从"这本随笔"起，列为第三〇二段。

〔106〕"随笔"原文作"草子"，即系"册子"的音变，这里说它的内容，所以改译作"随笔"了。

〔107〕内大臣即中宫之兄藤原伊周，以前任大纳言，至正历五年（九九四）九月改任为内大臣。

〔108〕此句语意暧昧不明，各家也解说不一，通说云枕即枕边，盖为身边座右常备的册子，随时记录事物的。三卷的译者池田龟鉴则谓此是著者有感于白居易的诗而说的，在《白氏文集》二十五有《秘省后厅》一诗，其诗云："槐花雨润新秋地，桐叶风翻欲夜天。尽日后厅无一事，白头老监枕书眠。"著者盖有感于日后伊周兄弟流放，中宫失意闲居小二条宫，故为此言，以老监自况，所说也颇有意思。但伊周进册子为其任内大臣时事，尚在流放之前，清少纳言无由预知，引用香山诗意，且深得中宫的嘉许也。

故事和什么，把那许多纸张几乎都将写完了，想起来这些不得要领的话也实在太多了。

本来我如果记那世间的有趣的事情，或是人家都觉得漂亮的，都选择了来记录，而且也有在歌什么里头，苦心吟咏草木虫鸟的，历举出来，那么人家看了，就会说道：

“没有如期待的那么样。根底是看得见的。”那么这样的批评，也是该受的吧。但是我这只是凭了自己的趣味，将自然想到的感兴，随意的记录下来的东西，想混在那些作品的中间，来倾听人们的评语，那似乎是不可能的吧。然而也听见有读者说道：

“这真是了不起的事。”〔109〕这固然是觉得是很可安心的事，可是仔细想来也不是全无道理的。世人往往憎恶他人偏说他好，称赞的反要说是不行，因此真意也就可以推想而知吧。但总之，这给人家所看见了，乃是最是遗憾的事情。

其二　又跋

这是左中将〔110〕还叫作伊势守的那时候，他到我家里来访

〔109〕“了不起的事”原意云“害羞”，盖称赞人家的殊胜，为自己所万不能及，故感觉惭愧，犹云相形之下，自惭形秽。

〔110〕左中将即源经房，见卷四注〔28〕。

问，[111]想在屋角里拿坐垫给他，这本册子却在上边，便一起的拿了出去了。急忙的想要收回，〔可是已经来不及，〕就被拿了回去，经过了好久的时期，这才回到我的手里来。自此以来，这本册子就从这里到那里的，在外边流行了。[112]

---

〔111〕第一二八段“牡丹一丛”中，有左少将往访著者于私宅，别本三卷本谓即是经房，且考订其时为长德二年（九九六）的六月下旬，谓这里所说的即是那时候的事情。

〔112〕《春曙抄》本文中不见此节，但载在小注里，称一本在本段的末尾，有此一节，别本三卷本刚与上文相连，通行本又别作一段，今改定为本段的第二节云。

关于清少纳言

《枕草子》的作者通称为“清少纳言”,这却不是她的真姓名,只是在宫中供职时的名称。她是歌人清原元辅的女儿,所以取这一个“清”字做代号,“少纳言”则似乎由于她父兄的官名,但详细不得而知了。她的名字无可考,生卒年月也不知道,但据后人考证,她当诞生于村上天皇的康保二年(九六五)或三年,也就是宋太祖的乾德三年或四年间。

十七世纪中,日本的水户侯德川光国有志于编修日本国史,曾招集文士,用汉文写了一部《大日本史》,里边有一篇清少纳言传,今抄录于后:

“清少纳言为肥后守清原元辅之女,有才学,与紫式部齐名。一条帝时,仕于皇后定子,甚受眷遇。皇后雪后顾左右曰:‘香炉峰之雪当如何?’少纳言即起搴帘,时人叹其敏捷。皇后特嘉其才华,欲奏请为内侍,会藤原伊周等被流窜,不果。老而家居,屋宇甚陋。郎署年少见其贫窭而悯笑之,少纳言自帘中呼曰，不闻有买骏马之骨者，笑者惭而去。著《枕之草纸》，行于世。”

清原氏家世，历代以文学著名，曾祖深养父为著名歌人，其著作被选入《古今和歌集》及《后撰和歌集》中。父元辅曾参与编选《后撰和歌集》事，为梨壶五歌人之一。少纳言家学渊源，深通歌道，又熟知汉学，于《白氏文集》及《和汉朗咏集》所得尤深。其兄出家比叡山为僧，法名戒秀，少纳言因之亦得有多少关于佛教的知识和修养，但当时所信似以关于密宗为多。

少纳言少时与橘则光结婚，生有一子名则长，则光武勇，但缺少文化教养，遂即离别，嫁于藤原实方，未几亦复离异，实方亦旋即转客陆奥，客死其地。其后则光亦供职宫廷，复与少纳言相遇，复相交往，以兄妹相待云。

正历元年（九九〇）父亲清原元辅去世，二三年后，清少纳言始出仕于中宫藤原定子，诸说殊不一致，大抵以正历四年（九九三）冬天之说为最妥当吧，其时中宫年十七岁，清少纳言则当在十年以长了。自此至长保二年（一〇〇〇），中宫逝世为止，这短短的不到十年的期间，乃是清少纳言一生最幸福的时节，也即是《枕草子》里面所见者是也。

正历元年藤原道隆任为关白，将长女定子进奉一条天皇为“女御”，旋即册立为中宫，地位略亚于皇后，至五年（九九四）长子伊周任为内大臣，当时关白家的荣华，盖已达到顶点了。

至次年长德元年（九九五）三月，道隆得病，四月初十日遂去世了。那关白的职务，照例是应该由伊周承继，却是意外的给了道隆的兄弟道兼，道兼不久谢世，遂为其弟当时的左大臣道长所获得。伊周这人很是漂亮，也很有才艺，可是政治手腕却非他的叔父道长的对手，所以他终于失败了。长德二年春间，伊周和隆家终于因为家人箭射花山法皇，犯了“大不敬”的罪而被捕，左迁为地方官，伊周为太宰府权帅，隆家为出云权守，到次年四月虽然同被召回，但是道隆家运从此不振了。中宫引咎迁出宫外，先后居于二条邸，中宫职院及大进生昌宅，虽然一条天皇的眷爱似乎没甚变更，中宫于是年十二月生皇女修子，于长保元年（九九九）十一月生皇子敦康亲王，次年十二月生第二皇女媄子，而中宫亦遂于产后得疾去世，年二十四岁。是时道长的女儿彰子已进宫来，时方十二岁，初为“女御”，次年二月即正位为中宫，而以中宫定子为皇后。这时以后作者的女官生活也就完了。当初有人疑心她依附左大臣道长，她很是愤慨，这时候中宫彰子曾经想竭力拉拢她，到她自己身边来供职，可是她拒绝了。所以虽然有人说，敦康亲王后来归中宫彰子接收养育，作者便以侍奉敦康亲王的名义在宫，但这事没有证据，所以是未可凭信的了。

清少纳言晚年的生活，据说是颇暗淡的。她出宫后嫁给了摄津守藤原栋世，生有一个女儿，可是栋世不久去世了。她回到京都来，寄寓在兄长的家里，但是后来只剩了她一个人，过的很贫困的生活，《古事谈》里所记“买骏骨”的话，恐怕就是那时的故事。女儿名叫“小马命妇”，大约也是供职宫中的女官吧。

清少纳言一生的事情，最好的记录是她所写的《枕草子》。但是书流传至于今日，已经将近千年，所以这原来是如何形式，有点难于知道了。从它的内容来看，大约可以分作下列三类：

其一是类聚的各段。这就是模仿唐朝李义山《杂纂》的写法，列举“不快意”“煞风景”等各事，以类相从，只是更为扩大，并及山川草木各项，有美的也有丑的，颇极细微。大约在关白家失势的长德二年(996)夏秋间开始记录，由其亲友源经房借出，遂渐流布于宫廷内外。

其二是日记的各段。在皇后定子逝世以后，作者离开宫廷以后这几年中，回忆中宫旧事，不胜感念，因加以记述，或者留赠中宫遗儿修子内亲王的，由是流传出来的也未可知。

其三是感想的各段。在她的晚年，老夫栋世既已死去，自己返回京都，出家为尼，过那老年孤独的生活，这时候对于自然和人生发生些感想，随时加以集录，秘藏于家。后来经了所遗子女橘则长和小马命妇诸人之力，遂流传于后世。

原来是这三种成分，似是各个独立的，后来经编订者混在一起，就变成现在的那个样子了。以上是池田龟鉴氏的一种看法，虽然未必就是那样，但是说得颇得要领，所以抄了过来，用作说明。至于本书的译文系依照北村季吟的《春曙抄》的底本，一切分卷分段都依原书，唯字句之间有参照别本，另加解释的地方，随处加以注明。

周启明